U0740269

铁人三项
训练宝典

THE TRIATHLETE'S
TRAINING BIBLE
4th EDITION

第4版

［美］乔·弗里尔（Joe Friel）著

李天 郑艺 译　全球铁三 审校

人民邮电出版社
北　京

图书在版编目（CIP）数据

铁人三项训练宝典：第4版 /（美）乔·弗里尔
(Joe Friel) 著；李天，郑艺译. -- 北京：人民邮电
出版社，2021.2
（悦动空间. 铁三训练）
ISBN 978-7-115-52422-5

Ⅰ. ①铁… Ⅱ. ①乔… ②李… ③郑… Ⅲ. ①铁人三
项全能运动—运动训练 Ⅳ. ①G888.12

中国版本图书馆CIP数据核字(2021)第001098号

版 权 声 明

内 容 提 要

　　这是一本全面讲解铁人三项训练的宝典，是铁人三项爱好者进行全方位自我训练和制订训
练计划的综合手册。本书从精神和身体，训练的基本原则，目的性训练，制订训练计划，压力、
休息与恢复，竞争优势等 6 个方面，科学系统地介绍了铁人三项训练的知识和方法。本书涵盖
了如何提高精神以及身体素质，如何科学训练并设置训练强度，如何为赛季设定目标并进行身
体上的准备，如何制订有针对性的训练计划，如何应对比赛压力及赛后与日常恢复，如何利用
提速技巧、肌肉力量及训练日志来获得竞争优势等内容。最后，本书还给出了年度训练计划模
板，各项的基础训练单元和骑跑组合训练方法等。

　　本书作者为国际顶尖的铁人三项运动教练，将其毕生研究的训练方法、成功经验、各项动
作技巧等汇集于此，并历经多次修订改版。本书适合广大的铁人三项爱好者，尤其是中高级水
平的业余爱好者和半职业铁人三项选手学习阅读

◆　著　　　　[美]乔·弗里尔（Joe Friel）
　　译　　　　李 天　郑 艺
　　审　　校　全球铁三
　　责任编辑　王朝辉
　　责任印制　陈　犀

◆　人民邮电出版社出版发行　　北京市丰台区成寿寺路 11 号
　　邮编　100164　电子邮件　315@ptpress.com.cn
　　网址　https://www.ptpress.com.cn
　　廊坊市印艺阁数字科技有限公司印刷

◆　开本：700×1000　1/16
　　印张：20　　　　　　　　2021 年 2 月第 1 版
　　字数：401 千字　　　　　2025 年 7 月河北第 8 次印刷
　　　　著作权合同登记号　图字：01-2016-7587 号

定价：99.00 元
读者服务热线：(010)81055410　印装质量热线：(010)81055316
反盗版热线：(010)81055315

业界对本书的盛赞

"乔·弗里尔是铁人三项运动最值得信赖的教练之一。"

——《LAVA》杂志

"乔·弗里尔是世界上最为重要的耐力运动专家之一。"

——《户外》杂志

"乔·弗里尔在铁人三项方面的知识之丰富令人惊叹，并且他能用一种很好的方式来与所有运动员分享这些知识。"

——思锐·林德利，铁人三项世界冠军

"作为一个多次夺得铁人三项世界冠军的运动员，我认为乔·弗里尔是当今铁人三项教练界的领军人物之一。乔的专业方法和对运动生理学的实践认知已经帮助了许许多多能力各异的耐力运动员充分发挥了他们的运动潜能。"

——西蒙·莱辛，5次夺得铁人三项世界冠军

"本书是一部极好的指南，用其中的建议来解决问题是不会有错的。"

——斯科特·"终结者"·莫利纳，铁人三项世界冠军

"乔·弗里尔把一生大部分的时间都投入到了对体育运动的理解和教学之中。乔一直专注于寻找比赛成功的关键因素，同时排除干扰因素。当你作为铁人三项运动员想要更进一步的时候，这本书将发挥重要的作用。"

——贾斯汀·戴尔，职业铁人三项运动员

"作为铁人三项教练、2004年奥运会选手，以及前世界排名第三的铁人三项运动员，本书是我重要的参考书之一。乔·弗里尔的训练用书让曾经'疯狂'的铁人三项运动向大众敞开怀抱，同时也引导着经验丰富的运动员发挥出了他们的全部潜能。通过凝练、优化和简化所有的运动科学和实践经验，乔为刚入门的铁人三项运动员铺平了道路，这也是他从数十年的教练生涯中所掌握到的技能。"

——巴伯·林奎斯特，2004年奥运会选手

"本书将科学研究的成果和顶级耐力运动教练的实践经验融为一体，为我们提供了目前最好的训练用书。"

——盖尔·伯恩哈特，2004年美国铁人三项奥运代表队总教练

"本书可以帮你备战任何距离的比赛，特别是对于需要传统训练建议的新手和自我训练的运动员帮助最大。"

——《图书馆期刊》

"作为一名天赋异禀、每个赛季都参加多场比赛的运动员，我一直是所有铁人三项教练的麻烦。因此为了成功地训练自己，我需要一个可靠而强大的工具。我仔细搜寻了所有的资料，终于找到了乔·弗里尔的这本书。不管我有什么问题，总能在这本书里找到解决办法，这本书塑造了我对训练的认知。"

——彼得·万波罗斯科，职业铁人三项运动员

"本书对于每一位志在提升自己的铁人三项运动员都是不可估价的工具。"

——克勒斯·毕约林，职业铁人三项运动员

"本书对于运动员和教练来说都是必读之作，它用详细而实用的方式概述了体育运动的科学与艺术，抓住了多项运动训练的本质，是我书架上最有价值的资料之一。"

——利比·伯勒尔，前美国铁人三项国家项目总监

"任何在书名中加入'Bible'一词的作者都面临着与超高水准相比较的风险。那些有着三项运动的经验但又没时间和预算去聘请教练的人应该会发现，这本书正是你们所需要的。简直是太棒了！"

——《影响力》杂志

"乔·弗里尔将运动科学和他作为运动员以及新手、业余精英、职业选手教练的丰富经验结合起来，为所有类型的铁人三项运动员创作了这本非常有用的参考书。如果你从这本书中没找到什么有用的信息，那才让人惊讶呢。"

——加拿大《铁人三项》杂志

"乔·弗里尔用通俗易懂的语言阐明了科学训练的内涵。"

——"业余爱好者"网站

"乔·弗里尔最擅长的就是复盘顶级运动员的表现，并以简单、好用的语言解释给读者听。"

——"撕裂肌肉"网站

译者序

20世纪90年代中期，美国著名铁人三项教练乔·弗里尔先生撰写了第1版《铁人三项训练宝典》，总结了他15年来的实战经验，这本书也一跃成为美国史上最畅销的铁人三项训练书籍，其后不断修订再版。如今，在第1版问世20多年之后，为了紧跟时代和铁人三项运动的发展，乔·弗里尔先生在原有架构下以最新的运动科学为基础，对内容进行了一次全新的重写，形成了第4版全新的《铁人三项训练宝典》。而我们也非常荣幸，能够首次正式将这本优秀的图书翻译、介绍给中国的读者朋友。

近年来，铁人三项在国内蓬勃发展，吸引了诸多马拉松、自行车、游泳和其他项目的爱好者投入其中，各地的新赛事纷纷涌现，受关注度也在迅速提高。但与一些其他运动项目一样，目前，铁人三项在国内的普及度和参与水平仍与欧美和日本等地区有着很大的差距，可以说还没有真正走进大多数人的视野和生活。大家提到"铁人三项"仍会觉得非常小众，甚至会以为是不是标枪加铁饼之类的？就连奥运会上的铁人三项转播都门庭冷落、观者寥寥。

乍看起来铁人三项似乎就是"游泳＋骑行＋跑步"三项运动的顺序相加，但实际上它是一种综合性、策略性和丰富性很强，对运动员的要求很全面、很多元的运动，远不是蛮干和耐力这么简单。想要安全完赛、水平精进，需要非常多的思考与脑力方面的准备。因此，学习运动科学知识、科学训练、科学备赛就显得尤为重要。而加深大家对铁人三项运动和对自身情况的清醒认知，设定合适的目标，防止冒进与伤病，在有限的资金和时间条件下提高效率，合理运用身边的资源，从而能够正确、可持续地"玩铁三"，也正是这本书的目的和意义所在。

就像书中所讲的那样，铁人三项不仅仅是比赛与成绩，更是训练、作息与饮食的自律，是家人、事业、时间上的安排与平衡，是一种我们与运动共同向前的生活方式。在参与训练比赛的过程中，我们接触到很多俱乐部里面的年龄组业余选手，他们在辛苦而纷杂的日常生活与工作中仍然对这项运动保持着一份拼搏热血的赤诚之心。坚持科学训练，不断设立新的目标，在十几年甚至几十年如一日的严格自律之下，保持非常高的竞技水平。一步步地接近自己完成226千米比赛或者在年龄组中站上领奖台的梦想。

其实铁人三项能带给我们的东西还有很多。长期的摸索训练、在青山绿水中进行比赛，铁人三项也是我们与身体、与自然对话的一种方式，是距离我们每个普通人最近的挑战自身极限、体会运动魅力的项目之一，不分年龄，鼓励参与。由于成长过程和自身条件所限，不是每个人都能在年少时有机会成为职业运动员，尽情享受绿茵场上的激情与荣耀。但铁人三项给了我们这样一个机会，让我们知道，只要你的训练与准备足够科学、足够勤奋，每个人都可以从中汲取力量，追寻自我，30岁、40岁、50岁开始都不算太晚。

它让你我在挑战自己的过程中散发光芒，受到激励和鼓舞，这是大众体育的魅力所在，也是体育的精神内核。

清华大学的马约翰先生在1930年提出"为祖国健康工作五十年"，鼓舞了万千从园子里走出来的学子以体育为伴，在良好锻炼习惯的支持之下投入工作和生活。而铁人三项比赛中那一张张冲过终点线后与家人相拥的照片，那一声声孩子的加油助威和他们兴奋期待的面庞也是诸多选手无尽的力量源泉。铁人三项，不仅是一个人的战斗，也是一家人共同参与、共同见证的回忆与骄傲，它是我们能给自己的一笔财富，也是给孩子的一份礼物。

作为一名从中收获良多的业余选手，我衷心希望能通过这本书的翻译和出版，为推动铁人三项运动在国内的发展尽一份绵薄之力。让越来越多的朋友可以在这本优秀图书的带领下，了解铁人三项，深入铁人三项，爱上铁人三项，让大家发现科学训练、甚至像专业选手那样训练并不是一件遥不可及的事情，也让越来越多和我一样的普通人可以享受到这项运动所带来的激情、健康和快乐。

非常有幸能够遇到这样一本"举重若轻"的图书，讲解细致、深入浅出、颇具实用性与可操作性，并且一点都没有职业大咖教练的"高不可攀"，虽然本书是为进阶选手而写，却对入门选手和运动水平还不那么高的业余选手同样友好。在翻译的过程中，我们尽可能还原和保留英文原文的专业性与幽默感，同时用词和表达尽量贴近国内铁人三项爱好者的语言习惯。但苦于第一次担纲运动类图书的翻译工作，时间紧任务重，恐仍有许多疏漏和遗憾之处，敬希广大读者给予指正。

感谢我的好搭档郑艺在这颇具挑战性的过程中迎难而上，与我并肩作战！从最初的翻译、修改，到后面多次的核验、校对，几个月来牺牲了大量的休息时间，在完成已然非常繁忙的本职工作之后，争分夺秒地挑灯夜战，对每个术语译法都很认真地反复对比斟酌。虽然现在想来，全都是我们非常美好的回忆。

感谢大洋彼岸的郑伟博士在前期组织翻译及多个章节的初稿形成中做出的贡献，因远赴美国等原因没能参与后续的翻译工作是我们共同的遗憾。也感谢他为了书稿能更好地出版而积极推进的翻译安排上的调整，希望今后能有机会再次合作！

感谢何家傲、胡适、陈鹏、廖宁、阎栋、肖世泽、陈军玉、贾良杰、张晓岚等各位水木铁三俱乐部的队友在翻译、校对过程中给予我们的宝贵意见和无私帮助，也感谢本书出版社的编辑老师和"全球铁三"的胡春煦老师在整个出版过程中的支持。

最后，特别感谢在翻译、校对的过程中降临这个世界，陪伴妈妈一起度过这段难忘时光的我的小王子。爱你，千千万万遍。希望这份特殊的礼物你会喜欢。

译者　李天
于北京

致"弗里尔运动队"
乔伊斯、金、基拉和德克

前　言

这是一个关于热爱的故事。1983年6月，我第一次参加铁人三项比赛就爱上了它。那次比赛与后来被称作奥运距离或者标准距离的比赛相比，赛程距离稍微短了一点儿，我在泳池里游了1000米，之后又骑行了约32千米（20英里），并跑了10千米。这可比马拉松有意思多了，而在改变我人生的这一天到来之前，我正是一名马拉松选手。实际上最初也是马拉松把我引到铁人三项上来的。

作为一个跑者我常常受伤。每当我受损的跟腱、僵直的膝盖、疼痛的臀部，或者其他一些因为我跑得太多而使用过度的身体部位发生损伤时，我就会靠骑行来维持身体素质，这样的情况经常发生。有一天，当我在科罗拉多落基山脉用骑行的方式来克服一个伤病问题时，我在一段高速下坡中摔车了，还造成了肩膀骨折。这下可好了，接下来怎么办呢？我的医生告诉我，在骨折愈合之后，对我的肩膀最有利的事情就是游泳（那时候还没有伤病复健的说法）。我听从了他的建议，之后有一天我在泳池里游泳时突然想到：现在我游泳、骑行、跑步，这听上去很像传说中的一项新奇运动——铁人三项啊！那我为什么不尝试一下呢？于是我真的这么做了，从此我的人生也为之改变，我深深地爱上了它。

在铁人三项运动刚刚起步时，很多参与这项运动的选手都和我一样，是从另一项运动转项而来。早期的铁人三项选手大部分都曾是跑者，也有一些曾是自行车选手和游泳选手。而现在铁人三项作为主流运动之一，大多数参与者就是以一名铁人三项选手的身份开启运动生涯的。此外，这项运动在其他很多方面也发生着改变。早期铁人三项的训练过程是比较随意的，我们会尝试各种各样的方式来看哪一种训练方式会成就最好的竞赛表现。因为我有跑步的背景，所以我把自己对跑步的认知和经验运用到游泳和骑行中，而其他有游泳和公路自行车运动背景的人（那时候还没有山地自行车运动）也把他们原有项目的训练方式运用到其他两项运动中。在早期，铁人三项就是一个汇集各种训练理念的熔炉，那时候真是一个激动人心的时代。

由于我对运动科学有着强烈的兴趣，而不同运动员看待这项新运动的视角往往各不相同，因此从其他铁人三项选手那里所学到的东西总是让我深深着迷。我在这三项运动的每一项中都尝试了各种各样的练习方式，有时它们起作用，有时它们不起作用。渐渐地，我开始基于自身所学开发出了一套个性化的铁人三项训练方法。

20世纪80年代早期，我还是个新手教练。在科罗拉多州的一个小镇上，我开了一家名叫落基山脚的跑步用品商店，并兼职指导了很多顾客进行训练——起初仅仅指导跑者。但在我爱上铁人三项之后就变了，我深深迷恋于这项新运动，所以我买下了商店隔壁的自行车店，拆掉了二者之间的墙，从而拥有了大约是世界上第一家铁人三项主题商店（虽然很快我发现，1984年的世界还没有为迎接一家铁人三项主题商店做好准备）。在这样的改变发生之后，我商店的顾客和接受我训练指导的客户开始逐渐从跑者转为铁人三项选手和自行车选手。我也渐渐意识到当教练实在比做零售有意思多了，所以1987年我卖掉了商店并且找了一份日常工作，同时用晚上和周末的时间来从事让我充满热情的事业——做教练。之后我用了6年时间来积累足够多的客户，从而能辞掉日常工作而专注于执教事业。

到20世纪90年代中期，我想我已经充分理解了铁人三项应该如何进行训练，因此我写了一本书——《铁人三项训练宝典》来总结我15年来在这项运动中的所学。其实，这本书并不是为读者写的，而是为了我自己写的。我想看看自己是否能清晰地阐明我所学到的东西，不仅包括作为铁人三项选手和教练的直接经验，也包括从我的另一所爱——运动科学中所受到的启示。

其实在很长一段时间里，我并没有期望这本书会有多么成功。也许能卖出去几百本吧，但是我至少把我所学到的东西记录下来了，它唯一的目的就是帮助我自己作为一名教练去成长。然而最终的结果却是这本书成为了美国史上最畅销的铁人三项训练书籍。在那之后的几年里我又学到了更多东西，因此这本书先后修订了多次，加入了一些新的训练理念。

从最初的版本问世到现在已经过去了20年之久，最近几年我意识到已经不能仅对旧书进行一点点修订来让它跟上潮流了。20年间有太多东西已经发生了改变，这本书需要的远不只是一次修订，而是一次完全的重写。所以我扔掉了全部手稿从头开始。现在唯一保留下来的东西就是这本书的整体框架，如果你有旧的版本，你可以通过对比目录看到相似之处，但那也是仅有的相似之处了。这本书里其他的一切都是全新的。

如果你曾认真地研读过旧版的《铁人三项训练宝典》，你会看出这一版本的一些重大改变甚至是与旧版相矛盾之处。我重新思考了一切，和20年前完全一样的内容可以说微乎其微。因为20年来这项运动改变了，运动科学改变了，我也改变了。而这本全新的书正反映了这项运动、科学以及我本人的发展现状。

这一版本不仅仅是"全新"——更是升级。我知道这听上去像个营销策略，但它的确是事实，只要开始阅读，我想你就会明白我的意思。

有时人们并不喜欢改变。我时常受到某些人的指责，因为他们读了我的博客，并注意到我现在所说的和我20年以前在第1版《铁人三项训练宝典》中关于同一个话题所说的不一致。事实确实如此，因为我相信你现在手里所拿的这本书中的变化是为了让它能够更好地帮助人们训练。如果你一直遵循的是初版书中的准则，你将来可能会不得不思考自己所学到底适用与否。这是一件好事，因为要想获得提升，你必须做出改变。

这本书主要面向那些想要达到高水准运动表现的读者，因此并不适用于新手。如果你是刚接触铁人三项的新人，那我建议你先去读一本入门类的书籍。当你已经通过训练和比赛亲身体会了这项运动的内涵，再回到这本书上来。当你开始以一名高水准铁人三项选手的标准要求自己时，这本书会帮到你，让你取得更好的比赛成绩。

你想成为最好的铁人三项选手吗？高水准的训练能让这一目标成为可能。但是，高水准不仅体现在比赛成绩中，因为高水准指的不仅是你在比赛中能达到的高度，它也是一种态度，这种态度基于你相信自己总是能变得更好的信心。我从来没有指导过任何一个不能达到更高水平的选手，从来没有。在目前的运动表现和潜力之间，我们每个人都有很大的提升空间。

作为一名铁人三项选手，你完全有能力在比赛中变得更快并且达到更高的目标，我对此深信不疑。在这本书里我想要教给你的就是如何能够达到高水准的竞赛表现。也许读完本书你只能从中学到这一件事，但这一件事足以影响深远。另外，这本书可能会引导你去完全重新思考你的训练、比赛和作为运动员的生活方式。多年来我见证了在我所指导过的许多运动员身上所发生的变化，而且这些变化为他们带来了更好的成绩。

但是，就像对待我的客户一样，我不会帮你制订每天的训练计划，你得成为你自己的教练。如果你觉得自己做不到，那么我强烈建议你去请一位聪明的教练，针对你所选择的训练项目和他一起研究决定训练计划，毕竟现在全球已经有数以千计的教练可供选择了。

2000年以来对执教来说最大的改变之一就是训练网站的出现，例如TraininPeaks网站。借助互联网上的这些服务，你和你的教练人在哪里就变得无关紧要了，即使你们在地球的两端也没关系。但如果你刚投身这项运动不到3年，我强烈建议你去请一位当地的教练。很多事情，例如新技巧，最好还是通过手把手的方式来进行教学。可如果你是一位进阶的铁人三项选手——也正是这本书的目标读者，那就没有必要非得与你的教练面对面。

所以什么是"进阶的"铁人三项选手呢？我们或许可以列出一个长长的清单来定义其特点。但是就现在而言，我们这里所说的进阶的铁人三项选手是指投身这项运动至少3年的选手。因为3年的时间足以很好地理解这项运动，理解个人的身体和训练状况。

所以，这本书是给那些力求高水准竞赛表现的进阶选手准备的。全书分为6个部分：第1部分分析了精神品质和身体素质；第2部分探讨训练的基础，强调基本的概念以及对于进阶、高水准选手来说训练中最为重要的元素——强度；第3部分为针对性训练打下根基，这对于自我执教的选手来说可能是最为关键的一个话题；第4部分终于讲到了比赛的准备过程，从整体规划你的赛季和训练到计划一次具体的练习，这一部分从上到下地介绍了如何去准备比赛，我认为这正是本书的核心，有一个坚实的计划对于达到高水准来说至关重要；第5部分论述了那些认真练铁人三项的运动员在训练中最容易忽视的方面——压力和休息的平衡，很多自我执教的铁人三项选手对这一点有不小的误解，导致他们从未发挥出自己应有的潜能；最后第6部分介绍了那些经常被选手们忽略，但却对他们的铁人三项表现有巨大影响的问题——如何提升技巧、变得更强，以及如何有效地利用训练日记。

你为什么从事铁人三项运动？你参加这项运动的动机是什么？可能和参与铁人三项运动的大多数人一样，是因为它看上去很有意思；或者是把它当作塑造身材的一种方式；抑或是为了挑战他人或挑战自我；也可能是像我一样，从游泳、骑行或者跑步等其他运动中转项，把铁人三项作为打破单一运动项目训练单调乏味的一种方式，同时在不一样的领域试试手。这些是多年来我从铁人三项选手们那里最常听到的原因，我猜还有很多其他可能的答案。但无论你开始铁人三项的原因是什么，你在读这本书的时候，请一定时常提醒自己不忘初心。

在下面的章节中，我们将会严肃地探讨如何成为一名高水准的铁人三项选手。所以你会读到通常是教练才会考虑的东西，因为这本书的本质就是以铁人三项训练哲学和方法论为主题的进阶课程，某些章节会讲得很深入。你需要通过不定期地反思"我为什么要从事铁人三项运动？"来不忘初心。这本书所讲的内容对那些渴望在高水平竞技中有所突破的选手非常管用，但这也许并不是你想要的。你读这本书的目的也许仅仅是想知道怎么能稍微提升一下训练水平，可能你根本没有期待在年龄组中获胜、进入国家队或者是取得夏威夷IRONMAN®KONA世界锦标赛的资格。尽管如此，绝大多数铁人三项选手仍然想在比赛中做到比以前更快，哪怕只是在当地比赛中把个人最好成绩缩短几分钟。但无论你的目标是什么，请在阅读的过程中脚踏实地，并时常提醒自己到底为什么从事铁人三项运动。

准备好进化为你能够成为的最好的铁人三项选手吧，如果你消化吸收了这本书中的理念，你就会发现自己正走在通向高水准训练和比赛的坦途之上。让我们开始吧！

——乔·弗里尔
写于美国科罗拉多州博尔德

致　谢

这本书的内容主要归功于我30多年间所指导过的数百名运动员，他们的评论、问题、想法和感觉为我多年来训练理念和方法的演变提供了十分宝贵的反馈。运动员们不断地通过我的训练营、研讨会、社交媒体、电子邮件以及博客向我提出很棒的问题，他们的好奇心是无限且富有感染力的。如果没有他们对训练的兴趣和好奇心，我的训练方法和这本书就不可能出现，我非常感激他们每一个人。

我也要感谢其他几位为本书的写作做出直接贡献的人。特别有帮助的是：英国训练圣经俱乐部的老板和经营者罗布·格里菲斯，他对第1章内容提供了反馈；耐力康复中心的内特·科赫，帮我审核了第5章中的体检建议；TrainHeroic的首席体验官乔什·苏查尔，他对第13章进行了审稿并提出建议。我要感谢他们所有人。

一如既往地，Velo出版社的编辑和设计使这本书的可读性和趣味性更强。感谢康妮·奥林、维姬·霍普韦尔和芭芭拉·戈麦斯，也要感谢查理·雷顿，是他把我整本书的草图都变成了漂亮的图表。特别要感谢出版商特德·科斯坦蒂诺，是他鼓励我再次把自己的想法述诸笔端，并在写作拖延了18个月的情况下一直陪我坚持着。

最后，我要感谢我的妻子乔伊斯，因为在我研究和写下这些令我着迷的东西期间，她忍受了我每天早上4点开始的写作日程。没有她50多年来的鼓励、承诺和支持，我的梦想绝不会实现。

目 录

精神和身体

在第1部分中，随着我们对铁人三项训练中心理和身体各方面的讨论，你将逐渐了解到自己精神品质和身体素质的底层基础究竟是什么。这些基础将最终决定你的训练和比赛能够达到什么样的高度。

第1章会先从我认为耐力运动中最重要的3个心理技能——坚定、信心和耐心开始讨论，三者结合构成了我们通常说的意志力。一个意志坚强的运动员是很难被击败的，即使处境不顺他们也总能找到方法克服困难，找到出路。

在第2章中，你将读到在耐力运动的身体训练中最为基本的几个要素。你将会学习到30多年来我在指导各种水平运动员的生涯中所使用的训练理念。同时我们也会讨论身体耐力素质的三大支柱：有氧能力、无氧阈值和效率。这三方面的提升是你进行一切训练的目的所在。我们还将深入探讨你可能已经掌握了的技术，以及该如何使用这些技术来改进你的训练。最后我们来看看成功的训练都会涉及哪些方面。

精神品质

通常来说，训练书籍会将身体素质训练计划和相应的计划规则概述作为第1章节，也会有对装备的讨论和对各种训练原则的简要回顾，但我不会那样开始。在这本书中，精神品质将被排在最前面，因为这是我认为每一名运动员在训练计划开始之前都必须开发和培养的最为重要的东西。如果没有明确的心理策略和对成功的志在必得，任何运动员都无法达到自己的目标。所以在讨论任何其他问题之前，让我们先来看看你究竟为什么要接受铁人三项的挑战，以及你怎么才能开发出一套成功的训练方法。掌握了本章所述的原则，一个硕果累累的铁人三项赛季就在向你招手了。

我认识的所有高水平铁人三项运动员都有一个共同的特点，就是有"我能做到"的心态，他们对"自己一定能成功"这一点深信不疑。这让我相信，精神品质至少和身体素质是同等重要的，甚至可能是更加重要的。一名精神品质过硬的运动员总是能克服困难，找到出路。

卓越的成就总是从梦想开始的。铁人三项运动员都是大梦想家，他们会梦想下一赛季自己可能取得的种种成就：完成大铁比赛，在最喜欢的比赛中登上领奖台，获得全国前10名的排位，获得世锦赛资格，或其他远大的梦想。

远大的梦想和取胜的决心，哪个更重要呢？我想也许是后者，但实际上二者相辅相成、密不可分。因此我认为，铁人三项运动员必须同时培养精神品质与身体素质。就像身体素质一样，精神品质也是可以进行训练的，并且两者都必须始终如一地坚持训练。无论是身体训练还是精神训练，都需要我们每天干劲十足地去完成。对于这两种训练来说，既有艰苦的训练日，也有相对轻松的训练日。在某些日子里你心里嘀咕"不，我做不到"，这就是一个艰苦的精神训练日，你必须发挥自己强大的意志力挺过去。正是这些难熬的日子最终奠定了你作为铁人三项运动员的成功。

运动生涯的艰苦付出不是立竿见影的，其成功之路也不是万无一失的。想要实现远大的梦想，必须要发挥出一个人最大的潜能。成就卓越绝不是件容易的事，否则每个人都能位于杰出之列了。大多数人并不会志存高远，对于他们来说达到一个平常的水平已经足够了。虽然成就卓越听起来很诱人，使得很多人也会去谈论梦想，但往往只有少数人会有实现它的决心。

那么，你的梦想是什么呢？

梦想、目标与使命

卓越是稀有的，首先你需要有远大的梦想。不幸的是，大多数人只有梦想，却很少有人将其设定为目标，他们的梦想实际上只是空想而已。真正拥有梦想、目标并下定决心去追求它们的人是目的明确的。如果那个人是一名运动员，无论遇到多少障碍和挫折，他都会找到方法实现梦想。

瑞安的梦想

1997年12月，一名年轻的铁人三项运动员打电话找到我，他的名字叫瑞安·博尔顿。尽管他还是一名新手，但他有一个梦想，一个远大的梦想。那时候国际奥委会（IOC）刚刚宣布铁人三项正式成为2000年澳大利亚悉尼奥运会的比赛项目，这是我们这些从事铁人三项运动的人多年以来的愿望。而瑞安的梦想就是取得奥运会的参赛资格，代表美国出战悉尼奥运会。美国代表队只有3个铁人三项运动员名额，他需要一名教练来助他一臂之力。我要同意帮助他吗？

提示

成就卓越需要远大的梦想。

在国际奥委会宣布消息后的第一时间，就有很多运动员联系我，他们都想成为美国奥运代表队的一员，为此都在寻找教练。然而他们大多数只是有个期望而已，对于这到底需要付出什么却知之甚少，多数人甚至没有任何与这项运动相关的运动背景。瑞安和他们截然不同，他在大学时曾是一名全美长跑运动员，毕业后也参加了一些铁人三项比赛，最重要的是，他完全明白要实现自己的梦想需要付出多少努力。在和我的电话交流中，他的态度非常务实。我能帮助他吗？通常我不会轻易做决定，但是他极强的渴望和志在必得的决心使我确信他能够做到，因此我同意指导他。

为了有资格参加2000年春天的美国铁人三项奥运代表队选拔赛，瑞安必须在世界排名中位列前125位。在我们共同努力的前两年里他取得了巨大的进步，世界排名上升至第25位，一切都进展顺利。但在1999年春天，我们开始遭遇挫折，而且困境一直持续到了1999年冬天。频繁的上呼吸道感染常常迫使瑞安中断训练，他的医生也无法确定到底是哪里出了问题。为了增强他的免疫力，我们一直在削减他的训练量。与此同时，他的世界排名也在逐渐下滑。到1999年秋天，距离美国奥运代表队资格选拔赛只有几个月的时候，他的世界排名已经滑落到第75位，而那年冬天情况甚至变得更糟。虽然我们一直没法确定他为什么会如此频繁地受到疾病的困扰，但是我们也不得不极大地缩减他的训练量。不过好在第二年的春天到来时，他终于恢复了健康并为奥运选拔赛做好了准备。

在那关键的几个月中，瑞安疾病缠身，梦想似乎正在离他远去。但他始终保持着冷静和自信，对自己能加入美国奥运代表队这件事从未表示过怀疑。他总是坚定而乐观，我从来没有指导过任何一个对目标如此坚定并且在努力实现目标的过程中意志如此坚强的人。最终，在5月份的奥运会选拔赛中，在得克萨斯州达拉斯的那个炎热潮湿的日子里，他后来居上，出人意料地达成了目标。他如愿地获得了奥运会的参赛资格，3年来的梦想终成现实。瑞安成为了首次奥运会铁人三项比赛的美国代表队成员。

提示

你所能取得的成就远超你的想象。

瑞安是一位不可多得的选手，他追求梦想的脚步不曾停歇，随后他拥有了更多远大的梦想、目标和使命，包括在大铁比赛中获胜。2002年他再次实现了梦想，在纽约普莱西德湖美国大铁锦标赛中斩获冠军。

很少有人敢像瑞安这样怀有远大的梦想，而有决心为实现这样远大的目标倾尽所能的人则更少，更不要说将其作为使命来完成了。在遭遇挫折的第一时间，大多数人可能就已经选择放弃了。

在那之后，瑞安继续用行动影响着铁人三项运动，现在他是一名教练。他与来自世界各地的运动员分享他在训练和比赛方面的丰富知识，以及能让他实现高远目标的内在驱动力。

勇敢地心怀梦想吧！作为铁人三项运动员你想要达到什么成就呢？设定一个目标，让你的梦想更进一步吧。一旦有了目标，一定要让它成为你的使命。目标越具有挑战性，你就越需要专注于它。它必须成为你每天都要去完成的使命。为了让使命最终变为现实，在挫折来临时，我们还需要另外一样东西——毫不动摇的坚定。

坚定性

实现远大的目标需要毫不动摇的坚定。坚定其实就是在你说出某个目标的兴奋劲儿已经过去了以后，仍然说到做到。在几周、几个月甚至几年的时间里坚持目标，这需要坚定不移的全力投入和自我约束。对目标的坚定不移、全力投入本身就是一项使命，这最终会产生激情。但在产生激情之前，你必须要全力投入和自我约束。换句话说，在最初的阶段你可能还没有对自己的目标充满激情，但是随着训练中对这一目标全力投入程度的不断加深，和自我约束的不断加强，你对它的激情就会不断高涨。能够让瑞安在看似毫无希望的情况下继续前行的，正是他对目标的激情。

要想实现那些高远的目标，制约你的最重要因素不是训练量，而是你的头脑。你所能取得的成就其实远超你的想象，当然前提是你能做到坚定不移、全力投入和严于律己。为了一个目标去训练很困难吗？在过去30多年的执教生涯中，我所教过的最优秀的运动员都是全力投入而且严于律己的，他们都在艰苦的训练中茁壮成长。一路上你会遭遇挫折吗？答案几乎是肯定的。当你的训练强度不断接近身体和精神的极限时，一切都绝非易事。

成功始于坚定，因此在你的坚定最终转化为激情之前，你需要对这项使命做到全力投入、严于律己。而一旦拥有了激情，你在面对挫折时坚持达成目标就变得容易多了。但是总会有那么一个艰难的阶段，激情还不够充分，只有全力投入和严于律己才能督促我们为使命继续前行。在这一阶段，始终保持坚定不移与忠实就显得尤为必要。

你有实现目标的决心吗？有决心意味着什么呢？当然是能承受住艰苦的训练。空想并不会让你有所提高，提高你的是艰苦的训练，是日复一日不停歇的体能训练。

当然，你也必须聪明地训练。如果想取得成功，艰苦的训练日必须与轻松的训练日相平衡才行。运动员们更容易搞砸的是轻松的训练日，而不是艰苦的训练日。我们稍后会对此进行深入探讨。

一项使命越具有挑战性，生活中你对它的专注程度也得越高才行。这不仅指训练，也包括饮食和睡眠、家人和朋友的支持，以及很多其他东西。每天24小时，一年365天，你必须完完全全地忠实于目标，坚定不移。本书将帮助你把身体训练部分导入正轨，但是请记住，精神的训练同样重要。

提示

运动上的成功需要信心、意志力和耐心。

训练你的头脑

要为实现一个高远的目标做好准备，远不止训练你的身体去游泳、骑行和跑步这么简单，精神训练也同样重要。这是许多运动员在比赛准备中做得不足的地方，他们的身体准备好了，但精神上还没有准备好。运动上的成功需要信心、意志力和耐心。这3种心理技能无论从哪个方面看都与身体技能同样重要，甚至可能更为重要。那么你能通过什么方式来提高自己的心理技能呢？这通常比身体训练更具有挑战性。让我们来看看心理训练都需要做哪些事。

对成功的信念

在准备比赛的过程中难免会遇到挫折，但请务必将它们当作你成功路上的垫脚石。所有成功的运动员，无论处于哪一水平，都经历过挫折。面对挫折时你必须保持足够的自信心、耐心和坚强意志，缺一不可。

在训练之初还没有产生激情的时候，自信是我们遇到挫折时依旧可以保持坚定不移的关键。如果你自己都不相信自己能做到，那你就永远都无法达到自己的目标。你必须相信自己会成功——你能做到吗？你真的相信自己吗？即使事情进展不顺利，你也会保有信心吗？自信，正是你脑中那个"我能做到"的声音，但不幸的是，当你需要它的时候，这种积极的声音并不总能出现。更有可能的是你会听到头脑里负面的声音，它总是用一种愤怒而霸道的语气对你喊着"你做不到！"你经常会在准备比赛时听到这种硬邦邦的声音，特别是在比赛当日一切都箭在弦上的时候。这种时候，你尤其需要相信自己，保持足够的专注和坚定。

人们生来都是自信的。当你还是个孩子的时候，你做过很多冒险的事情，因为那时你确信自己可以做到。是啊，为什么不呢？事实上冒险真的很有趣。但不幸的是，在后面的人生旅途中，大多数人都渐渐失去了自信心。特别是对于消极的人来说，早期的失败往往会在内心被不断放大，以至于耗竭了自信。但好消息是，对目标的信心匮乏是可以克服的。下面这两种简单的方法就可以用来建立信心。当然，你必须每天都这样做才有效，不能偷懒。

积累成功经历

为了提升自信心，请你开设一个成功经历储蓄账户。做法非常简单，每天晚上关灯上床时，你拥有这一天中唯一没有外部干扰的宝贵时间，这是一个可以用来快速回顾当天训练情况的好时机。这时，请回想自己当天的训练，并找出一件你完成得很不错的事，不必是件大事，也许是爬一座山爬得很好，也许是做了一组不错的间歇练习，也许是完成了一项很艰苦的训练，抑或是刷新了某项赛季个人最佳训练记录。无论今天的成功事件是什么，请反复重温直到你入睡。如此一来，你就能把这一成功事件存到自己的成功经历储蓄账户当中去了。

有的成功经历存款是一大笔，有的则是一小笔，但是无论大小，你的账户必须每天都有进账。每当消极且愤怒的声音开始干扰你时，你就可以从账户中取款了。比赛周是一个特别好的取款时间，因为那正是你开始怀疑自己备赛情况的时候。每当你对即将到来的比赛感到有一点焦虑不安的时候，请回过头来从你的储蓄账户中取出一个成功的记忆，生动地重温它；每当你头脑中有个霸道的声音说"你不能"的时候，立即取出一个，用成功的经历淹没这个声音；当有人随口对你能成功表示怀疑时，取出一个；当你踏上起点线的时候，再取出一个。在那些尤为关键的时刻，请取出你账户中储存的最大成就，并对自己说"遥想当年，我可是……"

永远不要去储蓄那些训练中不好的体验或不舒服的时刻，决对不要，就让它们随风去吧，都是垃圾，更不要去重温。要专注于正面的经历，让你账户中存入和取出的只有积极的体验，这招非常管用。

假装自己可以做到，直到你真的做到

你可以做的第2件提升自信心的事就是"扮演自信"，也就是说要以一个充满自信的运

动员的姿态和气质出现，坚持如此。即使你内心并没有那么觉得，也要扮演出有信心的样子。这样的扮演对自我认知产生的影响将让你感到十分惊讶。

那么你该如何表现出自己有信心呢？在比赛或团体训练中环顾周围，找出那些信心满满的运动员。好好研究一下他们是如何表现的。你会发现，他们往往都站得笔直，昂首挺胸，并且在交谈时总是注视着对方的眼睛，他们从不以诋毁别人来提升自己的自尊心。正如优秀的运动员常做的那样，他们的动作娴熟而流畅，看起来不焦虑也不紧张，非常平静。通过这些举止，他们把自己的信心表现得十分明显。

现在的你还无法每时每刻都充满自信，特别是在比赛日。但无论怎样，请扮演出充满信心的样子。假装做到直到你真的做到。即使在你的内心尚不自信时，扮演信心满满的姿态和举止也能效果显著地帮助你产生信心。相应的，颓废的姿态和落败的举止是不可能产生信心的，这就像是明明在点头嘴上却说"不"，言行不一，无法协调。当你的信心消退时，试试看扮演自信，这会助你走出低谷。

> **提示**
>
> 信心满满的姿态有助于产生信心，即使你的内心尚未那么觉得。

意志力

每场比赛都有成功和失败悬于一线的时刻，你会感觉自己已经到达极限，疲劳正在上涌。这时，你的精神开始妥协，你甚至开始觉得那个你为之长期训练的目标可能并没有那么重要。这正是整场比赛的关键时刻，意志坚强的运动员会渡过难关，而其他人则会降低目标，放弃自己的梦想。放弃的人缺少的是为目标而战的比赛激情，他们先前的努力都将因此付诸东流。

> **提示**
>
> 每场比赛中都有成功和失败悬于一线的时刻。

什么样的细节差异导致了这样的区别呢？意志坚强的运动员到底拥有什么其他人没有的东西呢？

几年前，精英表现心理学领域的教授格雷厄姆·琼斯博士在《哈佛商业评论》上发表了一篇论文。他研究了众多奥运选手，想看看获得奖牌的运动员具有哪些没获得奖牌的运动员所不具备的心理素质。琼斯博士发现，与那些没获得奖牌的运动员不同的是，站上奥运会领奖台上的运动员们通常都做到了以下事情。

• 专注于自己的目标。
• 有强大的内在驱动力。

- 追求卓越。

- 不受外界干扰。

- 征服失败。

- 很快摆脱阴影，从不自我责备。

- 庆祝胜利。

- 总结成功的原因。

- 对自己的能力充满信心。

琼斯博士的研究中当然还有其他发现，但上述这些已经让我们对意志坚强意味着什么有了一个很好的认识。这些和我们在本章中探讨的东西是不谋而合的：卓越而远大的梦想、目标、使命、坚定、全力投入、自我约束和信心。

从列表中我们可以看出，意志力绝不仅仅是比赛日在少数幸运儿身上神秘出现的东西，而是运动员在备赛过程中应有的日常心理状态。你的每一个想法，你日复一日所做的一切都是意志力的一部分。只是在艰苦的比赛中，意志力更容易展现出来罢了。

想要变得意志坚强，你还需要另一样琼斯博士在论文中略微提及但并没有明确强调的东西——耐心。

耐心

成功并不会快速到来，它不会仅仅因为你有梦想、有目标且坚定不移，就立刻到来。铁人三项是一项需要耐心的运动，比赛的距离越长，就越需要耐心。比如大铁比赛，与其说是一场比赛更不如说是对耐心的一次考验。我每年都会去参加几次大铁比赛，每次我都会感到惊讶：总有运动员明显是处于无氧状态的，他们才骑了约1.6千米（1英里）就已经呼吸困难了，接下来可还有约178.6千米（111英里）要完成啊！真不明白他们在想什么。

成为一名优秀的铁人三项运动员需要有极度的耐心，不仅在比赛中需要耐心，在训练方法上也需要。真正的巅峰运动表现需要的是经年累月的积淀，不是几天几小时就能达到的。耐心是必要的，你必须做好长期艰苦战斗的准备。

哪怕只是在训练中，你的耐心好坏也显露无疑。一名缺乏耐心的运动员总是在一次训练或者一组间歇的开头冲得过猛，体力消耗很快，最终草草收场。在比赛中，缺乏耐心的运动员做着同样的事情，他们开头速度太快，然后一瘸一拐地呜咽着结束。这常常是由于对某一使命，或者说是某一件你必须要成功的事情过度充满激情而导致的。也只有这时，你的全力投入和志在必得会成为不利的因素。

🔍 **提示**

成为一名优秀的铁人三项运动员需要有极度的耐心。

如果想取得成功，你就必须用耐心把自己的冲劲控制在一个合理的范围内。你的高远目标不是在某一次关键训练中或者比赛的最初几分钟里就能实现的。你不可能在一开始的阶段就实现目标，训练、间歇练习和比赛的后段表现才至关重要，后半程才是取得成功的关键。为了后面真正关键的时刻，你需要节省能量，耐心地控制住自己。我们通常称之为节奏掌控，但实际上它是情绪的掌控，因为耐心就意味着你在任何事情的初期阶段都能控制好自己的情绪而不冒进。

怎么才能变得有耐心呢？没有什么简单的解决方法。因为它与你生活中每一天所做的每一件事密切相关。当我指导的那些运动员出现缺乏耐心的迹象时，比如第一个间歇做得过快，我就会让他们一次又一次地重复练习直到他们做对了为止。如果他们在一场比赛中开头太快而后面掉速，我们会在赛后好好地聊一聊，分析一下这次他们没有达成本来能够达成的目标的原因是什么。帮助运动员们变得有耐心是我作为教练要做的难度最大的事情。

当你学着成为自己的教练时，请注意自己缺乏耐心的情况，并时刻控制住自己。在艰苦的训练或比赛之前提醒自己，必须在早期控制好自己的情绪，这样才能确保以良好的姿态最终完成训练或比赛。在赛季开始之初请提醒自己，耐心是在几个月的时间里为自己的目标每天进步一点点，而不是强求在一次训练中突飞猛进。如果你做到上述这些，你就能变得有耐心，而耐心是铁人三项取得成功的关键精神属性。如果你不能培养自己的耐心，那么就注定在实现目标的路上挣扎且屡战屡败，就是这么简单。

你的团队

让我们来换一个话题。我想提出一个与上述讨论有关的内容，虽然它并不是一种精神品质。我要说的是训练计划中精神品质之外的东西，但它肯定能帮你提升实现目标的信心，同时还会让你更加坚定。

在我早期的执教生涯里，我发现为所指导的运动员组建一个"团队"可以提高他们成功达成目标的概率，同时还能提升他们的积极性。因此，我建议你也这样做，这将成为你实现目标的一大助力。

组建个人团队的目的是为你提供专业的以及其他和运动相关的帮助，来辅助你训练。当然，这个团队中至关重要的一部分已经组建好了，那就是你的家人和朋友。此外，我强烈建议在你的团队中添加训练伙伴——教练或者有专业知识的训练导师、物理治疗师、运动医生、按摩师以及自行车设定调整师（bike fitter）。其他值得考虑的专业人士还包括健身房私人教练、游泳教练、营养师、脊椎按摩师以及运动心理学家。你的铁人三项目标越高，拥有这样一个团队在背后支撑你的好处就越大。他们能在不同的方面为你提供辅助，因此可以帮助你在即将到来的赛季中应对各种可能遇到的挑战。

把你的目标告诉团队中的每一位成员，然后和他们讨论怎样才能帮助你实现目标。事实上，其中一些成员你可能永远不会真正用到，比如整个赛季你都没有任何身体问题，那你可能就不需要用到医生。但是知晓他们已经准备好了并且随时可以帮到你，会对提升你的信心大有裨益，他们还能在事情出岔子的时候让你安渡难关。

除了对你运动上的成功有所贡献之外，你的团队成员还必须是乐观、积极和成功的人，同时完全了解并支持你的目标。如果他们中的任何一个不符合此描述，请立即把他替换成符合描述的人。确保你的周围有且只有信任你同时拥有正能量的人，避免那些不符合条件的人在你左右。

小结

以上我们讨论的几种精神特征对取得最高水准的成功至关重要，因此我努力在我指导的每一位运动员身上都去培养这些精神品质，包括对高远目标的坚定、对自己能够实现目标的信心，以及将实现目标视为长期计划的耐心。这些综合起来就构成了我们所说的意志力的主要部分。可以说，具有这些品质的运动员在认真的身体训练正式开始之前就已经朝着自己的目标迈出了一大步。

正如我需要了解我指导的运动员当前的身体素质水平一样，在我们开始合作时，我也需要了解他们当前的精神品质水平。为了发掘他们的精神品质，我会问很多问题。开场白往往是他们如何开始这项运动，以及为什么要继续从事这项运动。回答中他们是否提及了"有趣"或者"享受乐趣"这些词是很关键的。还有他们是否谈到了从事这项运动所遇到的挑战？从这些问答中我可以进一步地了解到他们本赛季最大的目标是什么，以及这一目标是如何确立的。我们还会聊到过往的赛季目标，以及他们为之努力的程度如何。过往的目标看起来容易实现还是难以实现，通过这样的讨论会看出一些他们在耐心和坚持方面的情况。另外我还会问他们实现新目标需要做些什么，以及新目标与当前身体能力的匹配程度如何。这可以作为一个了解他们信心水平的机会。

备注1.1　意志力评估

请坦率回答以下问题以了解自己的意志力如何。

你为什么从事铁人三项？

为什么没有从事别的项目？

除了铁人三项之外，你的生活中还有什么其他重要的爱好或活动吗？

这一赛季你最想在这项运动中取得什么样的成绩？

为实现这一目标，你必须完成的最重要的事情是什么？

本赛季你取得成功的阻碍是什么？

对于实现目标，你有多强的信心？

上一赛季你最大的目标是什么？你实现它了吗？

为了实现去年的目标，你克服了哪些障碍？或者你为什么没能实现它？

如果这个赛季你没能实现自己的目标，未来你会再次尝试吗？

去年还有其他人对你的目标给予支持吗？如果有，这些支持你的人是谁？

你会常常在训练和比赛中开头速度太快，而后面坚持不住掉速吗？

你缺席训练的频率有多高？缺席训练的原因是什么？

你更喜欢和别人一起训练还是独自训练？

你和其他运动员一起训练的频率有多高？

你的家庭和朋友对你在铁人三项上的目标支持力度如何？

我也会问他们训练的情况。比如，他们会缺席训练吗？经常缺席吗？什么样的情况会影响训练？训练的稳定性是精神坚定性的一个标志。还有，该运动员是否与其他运动员一起训练？多久一起训练一次？我的经验是，那些几乎所有训练都有训练伙伴、很少独自训练的运动员，他们往往对自己的目标不够坚定，这样的运动员需要外在动机迫使自己迈出家门。你可以想象，这将是一次漫长而深入的谈话。

通过这样的讨论，我可以很好地了解一个运动员实现目标的潜力，以及他还需要进一步发展哪些精神品质。在我看到运动员游泳、骑行或者跑步的状态之前，一个赛季训练的蓝图就已经开始成形了。

你的目标坚定性、自信程度和耐心程度如何呢？是什么推动运动员不断前进呢？备注1.1"意志力评估"列出了我用来摸清这些情况的问题。请你阅读这些问题，并以自己的真实想法来思考作答。要坦率而真诚，因为在这里你不需要通过它来取悦别人，它只是你的自我评估而已。如果你发现自己意志力的堡垒存在裂缝，请回到前面的相关部分重新阅读，从中学习怎样才能强化它，或者你可以读一本运动意志力方面的书。当然，如果你的团队中有教练、训练导师或运动心理学家就更好了，你可以安排一次面谈，与他好好讨论一下训练和比赛中心理方面的问题。

不可否认，精神品质是运动取得成功的必要条件。即使它不比你在训练中所做的其他任何事情更重要，至少也是同等重要的。本书的其他部分都是关于身体训练的，但这并不表示精神训练到这里就已经结束了，它永远不会结束。正如本章前面说的那样，你必须每天都去训练它。如果没有出色的精神品质，单靠身体素质永远也不足以让你发挥出一名铁人三项选手的全部潜能。

第2章

身体素质

第1章讲的是拥有远大的梦想和相信自己，最终它们会让你设定一个富有挑战性的目标。第5章将会回到目标设定的话题，设定目标会帮你专注于训练并明确该做什么类型的训练。尽管你可能在铁人三项上有着远大的抱负，但你的目标不能过于宏大，以至于为了它必须改变整个生活。毕竟除了铁人三项，你还有很多事情要做。毫无疑问，你一天中的大部分时间都要投入到游泳、骑行和跑步之外的其他事情上，比如你的家庭、家人、朋友和事业。你必须在生活和训练之间找到平衡。

平衡意味着什么？它关系到你对各种事务的优先级排序，因此只有你自己才能回答。但我可以告诉你的是：你的铁人三项目标越具有挑战性，你生活中的所有事务就越需要以它为中心——当然是在合理的范围内。对于大多数铁人三项运动员来说，完成短距离铁人三项比赛的目标并不需要生活中过多地以它为中心，但是获得夏威夷IRONMAN®KONA世界锦标赛的参赛资格则是一个宏伟的目标，这就几乎需要你生活的方方面面都为了实现这一目标而服务了。

即使是参加世锦赛这样宏伟的目标仍然需要有合理的安排，你不能为了达成它而舍弃你的家庭、辞掉你的工作（虽然这样的事情也不是没有发生过）。在限制因素明显存在的情况下，如此高的目标会考验你的极限。

在本章中我们将探讨的是，为了实现铁人三项的目标，你需要在身体方面做哪些准备。我会讲一种让你的目标高度可行的训练理念。为此，我们还会研究怎么能让你从训练和装备中获得最大收益。所有这一切的出发点都是一个你可能已经考虑过很多次的问题：我在铁人三项运动中到底能达到什么样的高度呢？

你的铁人三项潜能

到目前为止我们只探讨了铁人三项取胜在精神方面的决定性因素，例如坚定、信心和意志力。从现在开始，本书的其余部分都是关于身体方面的决定性因素。本章和接下来的3章，将会为理解训练方法做好铺垫。然后在第6章中，我们将十分详细地考察身体上关键的生理限制因素（短板）有哪些。当你朝着目标努力时，它们将成为你整个赛季训练的核心关注点。如何针对这些限制因素（短板）去训练，与有望达到什么样的目标息息相关。

这就让我们回到了当前的关键问题——你的潜能上。在设定合理的铁人三项赛季目标时，你总是会思考自己到底能达到什么样的高度。当一个运动员思考这个问题的时候，其实他真正的疑问是："在不改变目前核心生活方式的前提下，我的身体有多大潜能能达到高水准的运动表现呢？我有可能取得比过往赛季更大的成就吗？"这个问题很难回答。即使你在运动科学实验室中用最好的装备、配合最有经验的科学家做测试，也没办法获得一个确切的答案。这是因为实在有太多的精神变量和身体变量无法测量了。但你可能比任何科学家都能够更好地解答这些关于你自己的问题，不是通过科学测试去预测未来，而是通过回顾过去，在过往的经历中找到答案。

如果你过去几年的训练轨迹依照的都是最佳的运动科学方法，颇具体能挑战性并且高度结构化，同时你也一直努力遵循计划，没有缺席什么训练，那么你能够提升的空间已经十分有限了。或者如果你有一位聪明的教练并一直忠实遵循他的安排，那么情况也是一样。也就是说，你已经达到或已经非常接近你的潜能极限了。但如果你最近的训练并没有那么好的结构化或不是很科学，或者你缺席了很多训练，又或者训练的挑战性不足，那么你其实还有很多潜能可以释放。

当然，你更有可能介于这两个极端情况之间。这就意味着你作为铁人三项运动员还有成长的空间，绝大多数人都是如此。你和你的最大潜能之间到底还有多少空间，我们肯定无法给出确切答案，但是我们可以确定的是，你需要完全投入才能在这项运动中逼近自己的最大潜能。释放潜能的两个关键因素就是意志力和有目的性的训练，而目的性就始于你的训练理念。

提示

作为铁人三项运动员，你仍有不小的成长空间。

训练理念

无论你自己是否意识到了，你都是有训练理念的，只是你可能从未认真地思考过这个问题。每个人都有自己的训练理念。从他们做的而不是他们说的来判断，其实很多铁人三项运动员的训练理念都是"练得永远不够多"或"多训练总是更好的"。这项运动确实吸引了很多A型人格者（过于追求成功、争强好胜），他们常常把训练逼近自己的绝对极限。作为教练，我遇到过很多这样的运动员，他们会把自己逼到崩溃的地步，常常感到疲惫，有时甚至是心力交瘁。过度训练可不是什么好事。想要实现高远的目标，过量的身体训练并不是必要的。但不要误解我的意思，遵循本书的指导并不会让训练变得容易，而是要求你精神和身体双重强韧。如果你遵循的都是正确的训练方式，那么你完全可以在不过度训练以致达到崩溃边缘的情况下完成这一目标。这就是训练理念的价值所在。

我将提出一种训练的思维方式，这种方式可能与你以前的方式截然不同，但就竞赛表现而言却高效很多。这种方式关系到训练的稳定性。听起来可能过于简单了，稳定的训练听上去不是什么大不了的事，但是如果你接受了这种理念并遵循它，我可以向你保证，只要你还有潜能未发掘，那么你的铁人三项水准一定会提高。如果你还有成长的空间，你一定会通过稳定的训练不断进步。多年来，我已经见证这种情况在我门下的运动员们身上发生了很多很多次。

稳定的训练

积极性高的运动员经常会训练得太过频繁、时间太长、强度太高。抱着"永远不够，多练总是更好的"这样想法的运动员，不可避免地会过度训练、精疲力竭、生病或受伤。在过去的30年里，通过教他们如何稳定地训练，我已经帮助许多运动员摆脱了自己制造的这些训练陷阱。稳定意味着"坚持不懈、规律如一和坚定不移"，这是运动能取得最高水平成功的至理名言。总结来说，就是要进行能实现目标的最少量的训练。没错，最少的训练，而不是最多的。在必需的训练之外做额外的训练只是"过度训练"的另一种说法而已，最终它一定会让你陷入困境，只是时间早晚的问题。

如果你的竞赛表现不稳定，而且无法在最高优先级的比赛中发挥出自己预想的水平，那么很可能就是因为没有进行稳定的训练。事实上，我发现这也常是导致许多认真训练的运动员表现暗淡的原因。如果在长时间或高强度训练中你经常感到疲劳，那么原因就是不稳定的训练了；如果生病、受伤或精疲力竭经常困扰你，肯定也是因为你没有进行稳定的训练。你必须学会驾驭和引导自己对成功的渴望，这也是意志力的体现。那你该怎么做呢？坚持不懈、规律如一和坚定不移其实都基于一个看上去与铁人三项训练无关的东西：适度。

适度训练意味着你最好不要去试探自己的身体极限。运动员们经常企图尝试他们能做到的最艰苦的训练。远距离训练往往持续时间过长，强度也过高。大多数人似乎都认为，只有每周多次地逼近自己的极限，身体素质才能达到巅峰，而休息则被认为是件胆小软弱的事。这种思维方式无疑会干扰你的训练，你应该追求的是在训练中保证持续时间和强度的适度。

图2.1所示为一名运动员在不稳定训练和稳定训练时的真实训练记录。在赛季的前22周中，这名运动员有几个高负荷训练周，经常进行强度过高、时间过长的训练。这样做的

结果就是，她经常感到极度疲劳，不断受到膝盖伤痛的困扰，还患了几次伤风感冒。这些足以打乱她每周的训练计划，导致的结果就是，在近6个月的训练中，她水平提升的效果极为有限。你的训练日记中的那些空缺也会造成同样的后果，它们会耽误你的训练进度。当这位运动员意识到她并没有向自己的比赛目标前进的时候，她聘请了一名教练，这真的是一个明智之举。在接下来的10周内，教练让她以更加适度的强度和持续时间进行训练。这让她训练的稳定性提高了很多，身体素质和比赛表现也都有了非常显著的提升。所以说，有时候你必须有所节制才能更好地进步。

提示

有时候你必须有所节制才能进步。

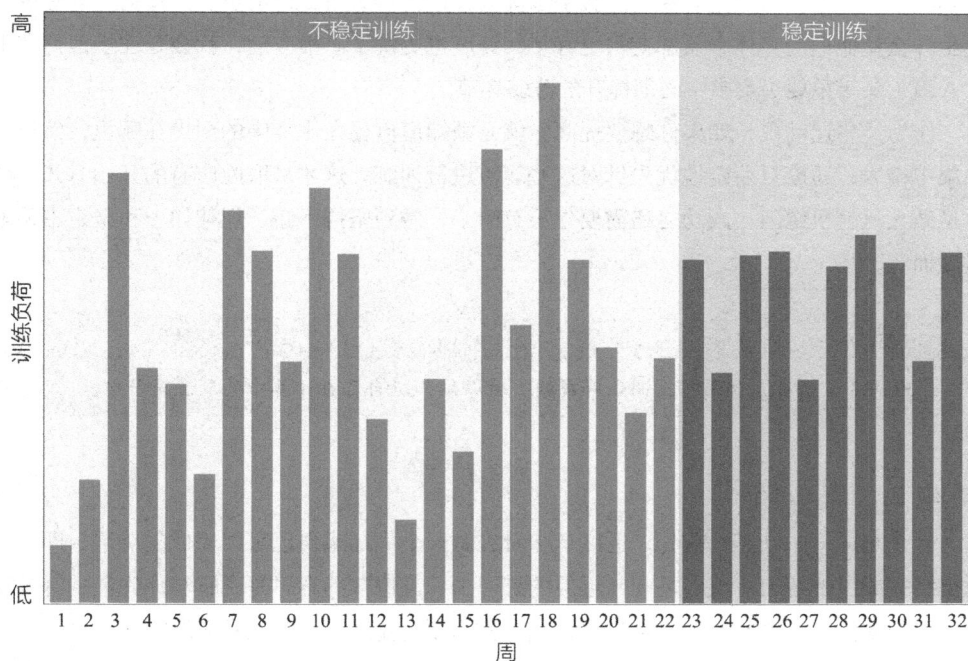

图2.1　22周的不稳定训练和接下来10周更为适度的稳定训练

有趣的是，虽然适度会带来稳定的提升，但适度本身也是个不断变化的指标。幸运的是，它是以好的方式变化的。随着你身体素质的提升，几周前的艰苦训练就会变成适度训练。因此在同一个赛季中，你对于训练时间长短和难度是否合适的界定会有所上调。你的身体素质提升了，从而能够进行更高水平的训练。

同样的事情每个赛季都在发生。如果训练适度，你承受高训练负荷的能力会在长期的训练中逐渐提升。上个月的艰苦练习到了这个月就成为适度练习了，上一年看来很难达到的目标在这一年就已经是难度适中的了。所有这一切都与你在第1章读到的一项至关重要的意志力相关——那就是耐心，你必须有耐心、稳定地进行训练。

稳定训练是适度的结果，同时也意味着你永远不能缺席训练，或者几乎很少缺席训练。让我们面对现实吧：每个人都会偶尔缺席，这无法避免，因为生活中有很多别的事情。但是训练日记中频繁的空缺对于完成高远目标而言是一个巨大的障碍。缺席既定的训练往往是由于过量：可能是训练强度过大、持续时间过长、频率过高，也可能是生活中有过多其他事情要去做。如果你能适度地训练（和生活），你就可以保持稳定。如果你能保持稳定，你就会进步得更快。重点不在于你进行了多难的训练，而在于你有没有稳定地训练。稳定性总是比训练难度更重要。

当我开始指导一名运动员几周后，我会问他现在的训练比之前自己训练时更难了还是更容易了，答案通常是更容易了。我基本都会让运动员练得比以前更少。猜猜练得更少会发生什么？他们的身体素质都变得更好了，速度也更快了。相应的，我会专注于他们在下次A级（头等重要）赛事中必须提升的薄弱环节。

作为一名运动员，如果你想要提高，就必须知道自己在比赛中的弱点在哪里，然后必须集中精力，适度且稳定地优先针对这些弱点进行训练。这才是取胜应有的开始方式，而不是做大量随机练习。成功之路需要你很有耐心，做到坚持不懈、规律如一和坚定不移地适度训练。

提示

作为一名运动员，如果想提高比赛成绩，就必须知道自己在比赛中的弱点是什么。

什么是适度训练？

什么是适度的训练？首先，适度意味着去做一个你知道自己可以完成的练习，即你最近已经完成过的练习（或者是非常近似的练习）。"近似"的意思是说它与你先前的练习在持续时间或强度上的差距大约在10%以内，你需要避免过大幅度地增加训练难度。

其次，如果你知道自己可以从一个训练中及时、快速地恢复过来，并按照计划进行下一项训练的话，那么这就是一个适度的训练。

最后，如果你不能在训练后48小时内完全恢复，那就说明这个训练的难度可能过大，至少目前你还没有为进行这么高难度的训练做好准备。总有一天你可以适应高难度的训练，但你需要循序渐进地达到相应的状态，请保持耐心。

当然，这不意味着你永远不能做难度增幅大于10%的训练，我会在后面的章节中提出一些具体方案。但难度增幅大的训练确实应该只是偶尔进行，因为这样的训练会挑战你的极限，你必须在恰当的时机做这些训练，不应该经常做。

适度训练也要求你密切关注自己的身体。你的身体不会仅仅因为一场即将到来的比赛而被迫适应，或者适应于某些人为的日程表。因为你的身体有着自己天然的日程表，你必须遵循它才能朝着自己的比赛目标前进。身体的适应节奏是很慢的，或者说至少对大多数运动员来说节奏是很慢的。因此，最好在你的身体表明时机成熟时再去做难度大于平时的训练，即使这个时机并不一定符合你的期待。你的身体总会告诉你何时是时机成熟的时候。在后面的章节中我们将看到在特定的练习中你应该关注的一些生理"信号"。

🔍 **提示**

适度训练需要你密切关注自己的身体。

目的性训练

在你开始思考自己的训练理念之后，如果你想要在自我训练上做得更好，下一步就是建立一套训练的方法论。如果要取得最高水平的成功，你的训练就必须遵循一个兼具结构化与目的性的成熟流程。随性的训练在你的目标不是那么具有挑战性的时候或许还行得通，但是当你专注于高水准的目标时则力有不逮了。我希望你在日常训练过程中遵循以下4个步骤，它可以让你的训练更加有目的性、更加高效，具体步骤如图2.2所示。

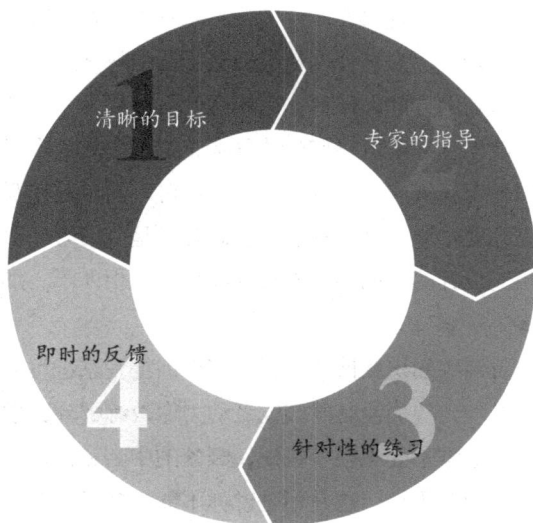

图2.2　目的性训练的流程

（图中内容）
1 清晰的目标
2 专家的指导
3 针对性的练习
4 即时的反馈

第1步：清晰的目标

目的性训练始于对赛季有一个清晰的目标。这个目标定义了你所追求的主要结果，也就是你训练的原因。如果你的目标是模糊不清的，那么整个目的性训练的过程就会土崩瓦解。为了使目标足够明确清晰，它必须符合几个标准，现在我们不深入探讨，但我们将在第5章回到这些标准的具体细节上。到那时，你应该已经对自己的赛季目标足够明确了。

同样的，每次训练也都应该有一个目标。我把每次训练的目标称为目的，这样两者不容易混淆。训练目的可以是在3区跑20分钟来锻炼肌肉耐力，或者在1区轻松骑行1小时来进行恢复。训练目的不必非得是"硬核"的才行，有时与朋友一起骑行只是为了享受美好时光而已。毕竟往往乐趣才是你开始从事铁人三项运动的原因。

明确训练目的主要是为了避免随意性的训练。经常对要做的事糊里糊涂就出门训练，肯定会让你收效甚微并且在比赛中显得准备不足。没有目的性的训练最终导致的结果就是表现不佳。因此，在任何训练开始之前，都请问问自己这个关键的问题：进行这次训练的目的究竟是什么？

第2步：专家的指导

训练目的最终应该指向相应的赛季目标。事实上，赛季目标就是由数周的日常训练目的累加而成的。目的应该遵循一种模式，让你逐步从赛季开始时的身体状态发展到目标的身体状态。这可能相当复杂，因为它会涉及很多对于运动科学的理解。在这一点上，如果有专家可以给你指示出清晰的方向，告诉你应该做什么，将是很有帮助的。这个专家可以是为你制订训练计划的教练，或者值得信赖的导师，绝大多数铁人三项运动员都会因为有这样的专家一起并肩作战而获得指数级的提升。你也可以简单地在互联网上购买一套训练计划来遵照执行，然而你要知道，这样的通用计划并不是专门为你设计的，而是为具有相似特征的一大类运动员而设计的。如果这些特征碰巧和你相匹配，那么购买的这一训练计划也可以充当你的训练"专家"。

如果你本身就是一位训练知识渊博的学者，那么训练专家也可以是你自己。可惜大多数运动员都不具备这种条件，他们没有时间或者动力像教练那样去学习和研究运动科学的知识。自我执教的运动员通常都会犯很多错误，频繁的中断和挫折使他们虽然学习曲线非常陡峭，目标进展曲线却趋势平缓。这并不是说你不能做自己的教练，就像我认识的很多优秀的自我执教运动员一样，你也可以这样做，而本书的作用就是帮你成为这种高手。

想要实现具有挑战性的目标，却没有专家指导，那么成功概率将大大降低。训练专家应该充分理解你想要达到的目标，然后给出能让你达成目标的有针对性的指导。比如在日常基础性训练中你需要这样的指导：如何安排间歇训练的时长；如何在一次训练中针对不同的能量系统来设置不同的强度；如何提升技巧；如何安排与游泳、骑行和跑步相关的力量训练等。

如果你是这项运动的新手，那么无论你怎么练几乎都会带来快速的提升。但是对于为高水准运动表现而战的进阶运动员来说，训练需要的就远远不是提高心率和深度呼吸那么简单的事了。

那么谁将成为你可以依赖的训练专家呢？

第3步：针对性的练习

一旦明白了专家设计某一特定训练的目的和相关细节，接下来你的一切行动都必须是针对这些的，你必须全力按照计划去完成训练。只有一种情况例外，那就是当你感觉自己状态不够好而决定降低训练难度的时候。例如你需要更长的恢复时间，或者由于某些其他原因当下不适合按预定难度执行。而反过来，如果你想要提高预设的训练难度，必须先得到设计专家的同意才行。一个训练看上去容易，很可能是有充分的理由和必要性的。我告诉我门下的那些运动员，如果他们觉得有必要降低训练难度，他们可以自行决定，事后告知我即可。但如果他们事先没与我交流的话，我不鼓励他们自行提高训练难度。

对每一次训练要做到什么都了然于胸是非常重要的。如果某次训练相当复杂，请你把重点记下来，并把笔记带到游泳池、公路、跑道或者室内骑行台旁边去，以便能随时查看，确保自己练得没问题。

> **提示**
>
> 对每一次训练要做到什么都了然于胸是非常重要的。

目的性练习最大的阻碍很可能来自其他运动员。在大多数训练中，如果你的训练伙伴想要做些不同的事情，你就很难遵循计划中的训练目的和细节。因此，在和他人一起训练的时候，最好先聊聊自己当天的训练目的，如果另一位运动员不愿意与你保持一致，那么你最好单独训练。除了游泳训练可能是个例外，铁人三项在很大程度上是单人运动。单独进行骑行和跑步训练通常来说效果会更好。

> **提示**
>
> 单独进行骑行和跑步训练通常来说效果会更好。

总之针对性训练的底线就是：如果想取得计划中的收获，你的任何训练都必须按照预期的训练目的来进行。

第4步：即时的反馈

毫无疑问，想取得进步，最高效的方式就是整个训练过程中都有教练（专家）陪同。

这样你就可以即时从他那里获得相应的反馈，看看若进展不如预期，需要做出哪些调整。最好的例子就是你游泳技巧的改进，当你的"抓水"动作不正确时，如果有人能在岸上观察并立即告诉你该如何调整的话，会比隔天回去让教练看视频再给出指导意见的效果好得多。当然，即便是隔天的指导也比没有指导强。对于间歇训练也是如此，训练结束后立即查看训练数据要比数小时后再查看数据有效得多。因此，教练的即时指点对你的进步至关重要，收到反馈越及时，效果越好。

然而，教练不太可能参与你所有的训练。对于铁人三项运动员来说，有教练在岸上指导的游泳高级组训练或由教练带领的每周场地训练已经算是最常见的教练陪同了。这些可以说是获得专家反馈的绝佳机会，但通常情况下教练的反馈都会有一定延迟。越早得到反馈，你的进步就越快。反馈可以由教练在现场直接传达，也可以通过电子邮件或短信来传达。如果能每周通一次电话讨论训练进展、向教练提问，那么这对于确保自己达到训练预期目的将是个绝好的机会。

如果你是自我执教的运动员，那么你必须在训练中保持精神与身体同步。如果你在游泳技巧训练或在赛道上做间歇训练时神游天外的话，那就和教练中途消失没什么两样。自我执教的运动员必须始终专注于训练，时刻分析当下的情况，训练结束后做分析时也应如此。无论你用的是何种设备，都应该在每次训练结束后尽可能快地分析所有的训练数据。技巧性训练之后你也应该尽快地查看录像，并且最好是练完后马上观看。在反馈和分析中，你应探究的关键问题就是：我达到训练目的了吗？

提示

如果你是自我执教的运动员，那么你必须在训练中保持精神与身体同步。

如果你在每次训练过程中都完整地做到了上述的4个步骤，那么下次训练你就可以回到第1步开始新的循环。但在最终确定下一次的训练目的之前，你需要评估当前进展相对于赛季目标来说进度如何。如果一切都在依计划进行，那么就可以开始下一阶段的训练了；但如果你发现情况与计划有些偏离，那么你可能就需要重新考虑自己的目标，同时适当调整训练策略了。

训练科技

目的性训练的第4个步骤要求我们去做分析，而许多运动员并不喜欢做分析，这是可以理解的，因为分析实在是个无聊的工作。这就是为什么和专家合作会效果卓著，因为他们知道分析的时候要重点关注什么，并且可以向你解释分析的结果。但是如果你享受训练后研究数据的过程，那么下面就告诉你分析时都需要关注哪些东西。

首先需要判断本次训练是否达到了训练目的，其次是看它对你的最终目标有什么贡献。那么，你需要测量什么数值、怎么去测量呢？下面就让我们来谈谈训练科技，谈谈那些常用于分析的运动装备。

训练中你只需要测量3样东西：频率、持续时间和强度。在下一章中我们将深入研究这3个方面的内容，但现在我们只需简单探讨其中的两个方面：持续时间和强度。

训练中用科技手段来测量持续时间和强度是很有用的。测量持续时间很简单，用时钟或秒表都可以。但是测量训练强度却非常难，这就是先进科技可以帮你提升训练效率的地方，它不仅可以在训练进行过程中显示强度，还可以在结束之后以训练分析的形式即刻给出反馈。

提到技术常常会触怒一些人，总会有一些坚决反对运动科技的运动员，无论什么样的运动科技都会遇到反对的声音。20世纪初，当自行车的变速器发明出来的时候，有些运动员拒绝使用；20世纪30年代，当自行车码表投入使用的时候，许多人表示反对；20世纪80年代，当心率监测器被引入的时候，也有很多人坚决反对。对某些人来说，它们都太"高科技"了，无论具体是什么科技，他们总是会站出来反对。因为他们自认为是坚守竞技体育精神的"纯粹主义者"，他们不喜欢数字。

说实话，先进的高科技装备确实不是每个人都必需的。比如一些经验丰富的运动员就很善于感知自己的训练强度。有些跑者甚至可以只凭经验和身体感受就准确地说出自己的跑步配速，误差仅在几秒之内。他们的确对自身情况的感知非常敏锐。如果他们是自我执教的，那么即使没有任何强度测量装备也不成问题。但如果这些运动员是有教练或者导师的，那他们的教练和导师就没法时刻掌握训练的情况了。另外，没有数据记录也意味着运动员必须准确记住每次训练的感觉，并且保持记忆数周，这样才能横向比较多次训练、衡量进步，以确定哪种训练方法最优。虽然这种做法不是很精确，但我发现确实有人可以运用得不错。

但是毫无疑问，即使这些感觉依赖型的运动员在训练或比赛期间根本一眼都不看装备上的数字，强度测量装备也一定会在分析训练、衡量进步和设计以后的训练内容方面帮到他们。我到底提高了没有？与去年同期相比我的表现如何？我是否进行了足够多的与比赛强度相当的训练？我怎么才能在比赛中更好地掌控节奏？我上次比赛时的节奏掌控如何？爬坡和逆风时我的表现如何？科技将让你不再依赖于记忆和猜测，而是轻松且准确地回答这些问题。

提示

精确的测量结果会让你更有优势。

我会要求我门下的铁人三项运动员们必备这3种强度测量装置：心率监测器，跑步的速度-距离监测设备（大多是全球定位系统，即GPS），以及自行车功率计。就在写作这本书的同时，针对跑者的功率测量设备刚刚被开发出来，如果事实证明它们是准确可靠的，将来我也会要求门下的运动员们必备跑步功率计。就像自行车功率计曾彻底改变骑行训练一样，跑步功率计也很有可能让跑步训练焕然一新。

为什么我要求大家配置这些设备呢？因为有了它们，将有更好的数据来支撑运动员和我做出很多决定。没有准确的测量数据，竞技运动员将处于相当不利的境地。如果你有一个高水准的目标，那么你也该有与之匹配的科技手段加持。在缺少这些设备的情况下训练和比赛，将会极大地限制运动员的发展。

我知道铁人三项是个花费很大的运动，配置这些设备又会让成本进一步增加，但其实我所建议购买的每种设备价格都在下降。当然了，你可以花上一大笔钱来购买最顶级的科技产品，但实际上最便宜的产品也能准确提供你最需要的信息——可重复测量的训练难度。你或许想要多花一些钱去获取基本信息之外的花里胡哨的数据，但这些是完全没有必要的。如果你的预算紧张，那就在体育用品商店和俱乐部转转看有没有二手装备出售，因为运动员们经常为了升级到最新科技而卖掉他们的旧装备。

心率监测器、GPS设备和功率计并不是完美的。你需要学习如何去使用它们，这可能得花上好一阵时间去钻研。这也是为什么与专家合作会让你更轻松。当然，这些装备还可能会带来另一个问题，就是让你过分关注上面的数字，特别是当装备全新而你仍在学习怎么使用的时候。比如，这可能会带来安全隐患，如果你在拥挤的车流中骑行时还紧盯着功率计上的数字，那就相当不明智了。

另外，对于那些过度沉迷于数字的运动员来说，科技装备也会让他们失去"感知能力"。上面所说的似乎让我看起来反对根据身体感知进行训练和比赛，但是其实完全不是这样的。我甚至经常让运动员在装备显示屏上贴条胶带，让他们仅凭感觉进行训练，因为这是个学习训练和比赛艺术的好方法。如果你会因为装备电池没电而导致比赛成绩糟糕，那么说明你还没有学到耐力运动的艺术所在，而这种"艺术"将与我们要讲到的自我感知评级（RPE）有关。第4章将详细介绍如何使用高科技装备，我会完整地总结有关如何使用这些装备以及如何运用RPE的全部信息。

> **提示**
>
> 我经常让运动员们在装备显示屏上贴条胶带，让他们仅凭感觉进行训练。

本书中的训练强度将用RPE（针对全部三项运动）、配速（游泳和跑步）、心率（跑步和骑行）和功率（骑行）这几个指标来表示。有些训练需要对照不同的强度测量指标，例如心率和配速或心率和功率。少了其中一样设备你也可以训练，但如果两样设备都没有的话，能反馈的信息就非常有限了。

小结

现在，制订高水平的铁人三项训练计划所需的基本要素你应该都已经具备了。通过回顾过去的训练历史来判断自己的竞赛潜力，你过去训练越缺乏结构化、越没有稳定性，你的潜能就越大。这可以算是个好消息。当然，要想发挥更大的潜能，我们必须假设未来的你会让训练计划更加结构化，并尽全力完成每次训练。为了获得最佳的训练效果，训练计划应该基于目的性训练而制订，首先你要做的就是让每项练习都具备目标导向的目的性，并得到专业化的设计，同时密切关注训练的实施细节，并在训练结束后尽快地获得反馈。

> **提示**
>
> 为了获得最佳的训练效果，你的计划应该基于目的性训练来制订。

作为铁人三项运动员，你最终的成功依赖于整合所有这些目的性训练的步骤，并且经常（至少每周，如果更频繁效果会更好）去评估计划的进展情况。

如果想在训练进行过程中实时获取详细信息并在结束后获得反馈，你就需要同时测定训练的持续时间和强度。持续时间很容易测定，但强度测定要复杂得多，而强度至少与持续时间同等重要，或许还更为重要。强度最好使用能够实时追踪、并可以在结束后提供反馈的设备来测量。最常见的强度测量设备是心率监测器、GPS设备和功率计。为了能真正达到最高水平的运动表现，在既有潜能的基础上，这3种训练装备对你而言都是非常重要的助力。当然，有些天赋异禀的运动员也可以不依赖这些装备，但这样的人毕竟很少见。我们大多数人的竞赛表现都会因借助这些科技手段而快速提高。读完第2部分，我想你会找到原因。

训练的基本原则

什么是身体素质？这似乎是一个非常容易回答的问题，毕竟你和训练伙伴应该经常会用到这个词。那疲劳呢？我相信你肯定经历过疲劳，但它到底是什么呢？然后是状态，这比其他几个词的概念要模糊一些，但认真练铁人三项的运动员们应该理解这个概念。

你熟悉有氧和无氧阈值吗？你能够感知到自己是否达到了这些强度吗？你知道怎么利用它们来优化自己的训练吗？

身体素质、疲劳、状态、阈值和强度都是从训练科学中提炼出的基本训练概念。它们其实比乍看上去要复杂一些，但是别担心，我没有打算用书的这一部分把你打造成一个运动科学家。但我们可以从科学中学到很多，如我们应该怎么训练，以及为什么要这么训练。这就是我在接下来的两章中要向你介绍的内容。

我们将从第3章开始探究训练科学，尽管不会太深入。读完此章，你将对训练起作用的方式有一个充分的理解。而后在第4章中，我们将深入研究可能是高水平运动员训练最为关键的一个因素——强度。

下面就让我们开始学习训练的基本原则吧。

训练的基本概念

本章要介绍的是一些与高水平训练有关的基本概念，我们将要探讨的每一个话题都源于专家对人体如何运转，特别是在耐力运动中如何运转的理解。你将读到的大部分内容都会非常有意义，也许你已经理解了其中的很多概念，但是由于这些概念看上去过于基础，你可能从来没有认真地思考过。实际上，它们对于训练能否成功非常关键，所以希望你对其中的每一个关键概念都能有所把握。在这一章里你将理解它们的含义，在随后的章节中你将明白如何运用它们来让自己的训练达到期望的目标。一旦你知道了如何在实际的铁人三项训练中使用这些概念，你的身体素质和竞赛表现将得到极大的提升。

训练原则

准备一场重要的比赛牵涉到对训练中很多事项的矫正。但是你首先要做的，就是对 4 个基础性的训练原则——超负荷、针对性、可逆性和个性化原则形成一个完整透彻的理解。如果你想有效地准备比赛，就必须严格遵守这些原则。这些原则是经科学研究而得出的，但对于绝大多数认真练铁人三项的运动员来说，这些道理也是显而易见的，我相信读完本章你也一定会表示赞同。但由于对这些原则没有完全理解到位，我们偶尔还是会在训练中犯错。训练中的方方面面都可以归结于这些原则，本书的其他章节中的大部分内容归根结底也是基于它们。因此，在阅读这一章的时候，请回想一下过去你是如何训练的，看看以前的训练和计划是不是全都合理地贯彻了这些原则。在本书的后续章节你会学到具体如何使用它们，以使自己成长为一名真正的运动员。

渐进超负荷原则

训练负荷是衡量训练吃力程度的一个标准。如果训练负荷每周都一样，你的身体就会适应它，从而不再变得更强壮，身体素质也不会再提升，这就意味着你的比赛水准会稳定不变。不过有时这也有好的一面，比如你可以在比赛前短暂地减量来避免疲劳。但是绝大多数时候，看到身体素质发生积极的改变总是好的。

> **提示**
>
> 训练负荷是衡量训练吃力程度的一个标准。

为了使体能可以随时间推移稳步提升，你的训练负荷必须逐渐增加，这就是超负荷这个词的出处。为了使训练更具有挑战性，你需要更频繁地训练、做更长时间的训练，或者做更高强度的训练。

渐进是这里的另一个关键词。训练难度不能增加得过大和过快，否则你的身体会很快垮掉，特别是当你为了更努力地训练而压缩了休息和恢复的时间时，就更不要过大、过快地增加训练难度了。为了做到渐进训练，训练负荷增加的幅度应该小一些。你的身体可以很好地应对10%的负荷增加，但是如果一次性把训练负荷加大很多，特别是在持续几周（甚至只是几天）训练负荷增量远超10%的情况下，受伤、生病、心力交瘁或者过度训练的风险会大大增加，毫无疑问一旦如此你的身体素质将无法获得提升，甚至很可能会大幅退步。

渐进超负荷原则的关键在于，你应该相当保守地提升训练负荷。还记得第2章所讲的适度吗？你应该密切关注自己的身体，因为它会告诉你什么时候开始增加难度是正确的。在后续章节中，我们将要探讨如何有效地感知你的身体，从而让超负荷的过程渐进地开展。

针对性原则

当你训练时，有两种生理性的身体素质会发生广泛的改变，一种被运动学家称为中心性（central）改变，而另一种称为外周性（periphreal）改变。中心性改变主要是指那些发生在心脏、肺和血液上的改变。你所参加的是哪种耐力运动项目对这种改变来说并没有太多不同。比如说，心脏并不知道跑步和骑行之间有什么不同，不管是哪种类型的训练，它只需要泵出富氧的血液就好。因此对于身体的中心系统来说，铁人三项交叉训练的收益是极好的。

外周性改变则与肌肉有关。这回你可糊弄不了腓肠肌了，因为它知道跑步和骑行之间的区别。即使两种运动都会用到腓肠肌，这两者使用它的方式也是完全不同的。因此你不能通过骑行来训练你的腓肠肌让它适应跑步。对于铁人三项运动中要使用到的其他所有主动肌肉来说都是一样的，必须以对该运动来说非常有针对性的方式来训练它们。对于肌肉来说，交叉训练基本是无效的。一种可能的例外是用举重训练和其他形式的健身房训练来增加肌肉力量。但是即使如此，健身房中的训练动作也必须要严格模仿铁人三项运动中使用肌肉的方式。仅仅给效用肌肉增加许多负重是不够的，你必须在这个负重下以在游泳、骑行或者跑步中特定的肌肉使用方式来做动作。第13章将会讲解如何具体把这个原则运用到肌肉训练上。

所以是中心性的身体素质更重要，还是外周性的身体素质更重要呢？或许你已经猜到了，二者都重要。如果没有同时对这两个系统进行良好训练，你永远无法成为一名高水准的铁人三项运动员。一般来说，在训练季之初，选手应该把重点放在中心系统上，然后慢慢地转向肌肉系统。离你最重要的比赛时间越近，你的训练就应该越多地放在肌肉的素质上，也就是说应当增加针对性的训练，渐渐地让你的训练负荷变得跟比赛中一样。

我注意到当运动员说到自身的肌肉训练时，往往只考虑了健身房中所做的那些举重训练。虽然肌肉的素质肯定能够在健身房得到提升，但是通过铁人三项中的各项运动来训练肌肉更为重要。因为运动员只有在特定运动当中才能做出该运动所需的动作，从而让肌肉学会如何高效地收缩。在第6章中我们会进入游泳、骑行和跑步各自的分类训练，即肌肉力量和肌肉耐力训练中。要想通过有针对性的外围肌肉训练来发掘你的潜力，你还有很多事情要做。

最终是你的肌肉决定了你在比赛中能有多快，是它们产生了游泳时在水中推进你、骑行时驱动脚踏以及跑步时将你推离地面的力量。而心脏、肺以及血液的作用是回应肌肉的需求，供给它们强力收缩所需的能量。就此而言，我们可以得到如下结论：肌肉是主导，而心脏、肺和血液只是做了要求它们做的事情而已。

提示

最终是你的肌肉决定了你在比赛中能有多快。

当然了，你的肌肉耐力越强，它们对中心系统的需求就越大。对于中心系统和肌肉系统而言，任何一个状态不佳，另一个就不能完成工作。为了成为一名高水准的铁人三项运动员，你必须让二者同时在高水平上运转。但是注意，你可以分开训练它们。无论进行哪种运动，中心系统在当时都会反应良好。但是肌肉系统作为最关键的、也是最常被耐力运动员忽视的系统，需要在训练中进行有针对性的训练。你必须通过想要提高的那项运动本身来训练它们，而不可以通过交叉训练或者其他能提高心率、但不能有针对性地给肌肉施加压力的运动来完成。

在第7章和第8章中，你将会看到这个针对性原则是如何在你的赛季训练计划中贯彻到底的，以及随着时间的推移你所做训练类型的改变会带来的效果。

可逆性原则

可逆性与身体素质下降有关，这在赛季当中会多次发生（我们将会看到，有些是故意为之的）。无论何时你的训练负荷下降，都会给你的身体素质带来负面的影响，这就是我在第2章中强调连续训练的原因。在你的训练日志中出现的一个零就意味着身体素质的损失，错过一次训练的损失也许很小，可能远小于1%，但是每一次错过的训练所带来的损失，则往往需要两次或者更多次的训练来弥补。

提示

在你的训练日志中出现一个零就意味着身体素质的损失。

损失一些身体素质也是可以接受的甚至是好的，其中一个例子就是在你年度最重要、压力最大的比赛之后的那几天，这样的赛后期不会有太多，并且减少训练负荷的情况（通常并不是一堆零）只会持续那么几天而已。假设你没有受伤或者生病多日，那么最大的身体素质损失往往会发生在赛季的末尾，即当你从专注的训练中脱身，进行一次长时间而且必要的休息的时候。我们将会在第7章中介绍更多的细节。

这里我的基本观点是，身体素质总是处于改变中——有时是正向的，有时是负向的。你完全可以掌控其方向，适度的训练会持续提升它，使你拥有更棒的身体素质。

个性化原则

你是独一无二的，我确信对于你来说这算不上一个重大启示。就像你比一些运动员高而比另一些矮一样，你游泳、骑行以及跑步的速度也是与他人不同的。你或许是一位出色的跑者，一位不怎么样的泳者，以及一位还说得过去的自行车手——或者其他可能的组合，这也定义了你是怎样的一名铁人三项运动员。就像你的身高和你在每项运动中的运动表现定义了你一样，你生理上的其他情况也是独一无二的。你也许能够很好地应对炎热，又或者炎热时你会比大多数人觉得更痛苦；或许你擅长爬坡，但是当赛道是平路的时候就不太行；也许你的身体在漫长的比赛中能很好地消化食物，而其他人吃同样的食物就会呕吐……是的，毫无疑问你在很多方面都是独一无二的。

因为你是独一无二的，所以你的训练一定也是独一无二的。你不能仅仅做你的同伴所做的训练，而期望获得同样的结果。即使你最喜欢的职业铁人三项运动员做了某一项训练，也不意味着对于你来说那就是一个好的训练。如果你想发挥出自身的潜能，你所遵循的训练计划就必须与你自身的能力相匹配。从第5章开始，你将能发掘自身独一无二的特点，在第7章、第8章和第9章中，你将会学习如何设计对你有效的训练计划。

> **提示**
>
> 因为你是独一无二的，所以你的训练一定也是独一无二的。

频率、持续时间与强度

让我们来看看另一个你可能理解、但是没有仔细思考过的核心概念，这个概念与如何定义训练有关，是我们理解如何规划训练的基础。

无论你作为铁人三项运动员有多少经验，训练中你能左右的也只有频率、持续时间和强度这3个要素而已。不管你是经验丰富的铁人三项老将还是初来乍到的新手，都没什么区别。为了提升自己的身体素质，你能够调整的3个训练变量就是训练的频率、持续时间，以及强度。

其实，铁人三项运动员还有一件事需要考虑，就是在训练中要做什么运动。但这个问题的答案已经给定了，所以这里我们就不把它当作变量。当然，我们将在后面的章节中介绍训练中要做哪些运动以及具体怎么做。现在，就让我们更加深入地理解3个基本的训练变量——频率、持续时间和强度。

频率

你多久训练一次呢？职业铁人三项运动员通常每天会训练2~3次，或每周18~20次，而新手则更有可能每天只训练1次，也就是一周7次。造成差距的原因显而易见：职业运动员必须进行大量高频的训练才能取得微小的进步，因为他们已经非常接近于自己的身体潜能极限；而对于铁人三项新手来说这种方式肯定是得不偿失的，因为新手们每周只需要进行少量的训练就可以得到显著提升。

那么，你应该多久训练一次？你一周的训练次数是多少呢？对于大多数人来说，这个问题的答案取决于不同的生活方式。为了比赛而训练是职业运动员的"工作"，但对于你来说很可能不是。毫无疑问，你拥有自己的事业、家庭，生活中每天还有许多其他重要的事情，然而你还是想方设法在忙碌的一天里硬塞进了几次训练。对于认真备赛的年龄组铁人三项运动员来说，每天2次，每周10~12次的训练频率很正常。但无论怎么说这都实属不易，对运动员的身体和心理状态都有很高的要求。

所以对于年龄组铁人三项运动员来说，成功的关键就是如何最有效地利用他们十分有限而宝贵的"自由"时间。这意味着他们得在正确的时间做正确的训练，没有训练失误的余地，马虎不得，每次训练都必须算数。这就是为什么我强烈建议读者做一个详细的训练计划。我知道做计划听起来很无趣，但是如果你想要把铁人三项上的潜能发挥到一个较高的水平，计划是必需的。本书的第4部分将在做计划上助你一臂之力。

持续时间

持续时间是对训练时间长短的衡量，而不是距离长短。运动员们往往会更多考虑距离，因为比赛是按照距离而设计的。但是一名成功的铁人三项运动员会以一个确定的比赛所需时间来准备比赛。这里我想说的是，比赛的时间才是你成功的关键，而不是比赛距离。所以训练中，你需要思考持续时间而不是距离。下面我来解释为什么。

除了极少数的例外，你在本书中读到的训练都是基于持续时间，而不是距离的。原因就是，某项训练的强度是针对其时间长度而言的，而不是针对其距离长度。例如，在10千米比赛中有两个跑者，一个在30分钟内完成，另一个同样尽其所能在60分钟内完成，但他们的强度是不一样的。以最大摄氧量（VO_2max）的百分比来看，30分钟完赛者的运动强度更高（下一章会更多讨论VO_2max）。而如果他们都尽其所能地跑30分钟，那么他们的强度大致相当，只是一个会比另一个跑的距离更长。但是比赛并不是这样设计的。

下面的另一个例子，也可以帮助你理解为什么我建议在训练中注重持续时间而非距离。假设你打算参加一场半程大铁距离的比赛，自行车赛段是90千米平路，你也已经做好了以某一强度完成它的训练准备。但不巧的是比赛当天的风非常大，自行车赛段估计还得多用30分钟才能完成。那么在这种情况下你该怎么办，该以多大的强度骑行呢？还按原计划进行吗？毕竟比赛的距离没有变，仍是90千米长。还是说因为自行车赛段用时变长了，应该降低强度呢？

答案是应该降低强度。因为强度总是和持续时间呈直接相关，而不是和距离相关。如果自行车赛段需要额外的30分钟，而你仍然保持原定的强度，那么结果就是，你会在骑行的最后几千米严重掉速，跑步也会表现糟糕。

这里的基本规则就是强度应与时间成反比。也就是说，一个变量升高，另一个变量就要降低。当比赛或训练时间变长时，你能够保持的强度也会变低，这是显然的，就像你不可能以跑5千米的配速来跑马拉松。在马拉松比赛中你的速度要慢得多，因为你得跑更长的时间。一个30分钟的10千米比赛和一个60分钟的10千米比赛本质上就不是同一种比赛，也不应该以同样的方式去训练。如果因为风力等环境因素，使比赛的完成时间比原计划要长，那么你就需要降低强度。简单地说就是，相较于距离，训练和比赛中强度与持续时间的关系更为密切。

现在让我们来更加深入地看看训练强度这个要素。

强度

频率和持续时间这两个指标都非常容易测量，只需要日历和计时器就够了。而强度的测量则要复杂和困难得多。在第2章中我说过，我要求我指导的所有进阶铁人三项运动员都配有心率监测器、GPS设备和功率计。为什么这样要求呢？因为随着运动员的经验日益丰富，身体素质日益提高，强度对于竞赛表现而言也愈加重要。新手只需要关注训练的频率，经常到泳池里和路面上去训练就够了。如果他们真的这样做了，不需要关心训练的时间长短——短了没关系，或者训练的困难程度——轻松最好，这样他们就会在从事这项运动的第1年取得很大的进步。从事这项运动第2年和第3年的进阶铁人三项运动员应该注意增加游泳、骑行和跑步的持续时间。而第4年是铁人三项运动员应该更多强调训练强度的时候。

到那时，运动员已经获得了增加训练频率和持续时间能带来的大部分收益。但这并不是说可以从此忽略这两个训练要素，它们仍然很重要。只是过了最初的几年，作为铁人三项运动员如果要继续进步成长，那么强度就必须成为训练的焦点。研究也一再印证了这一点。

不幸的是，很多进阶铁人三项运动员仍然认为长时间的训练是他们成功的关键。这在一定程度上是因为持续时间是很容易且花很少的钱就能测量的，早在运动生涯的初期，运动员们就习惯于使用这一指标。相反，要想准确测量强度，则既不容易也不便宜——想要利用好强度测量设备还需要学习才行，并且这样的设备肯定也比秒表昂贵得多。

在第4章中我们将深入探讨强度这一要素，以及探讨正确运用强度将怎么帮助你成为一名高水准的铁人三项运动员。

训练量

训练量是频率和持续时间的组合，将一周中的训练时间简单相加即可得到训练量。如果你一周做了10次训练，每次持续1小时，那么你的周训练量就是10个小时。大多数铁人三项运动员都以训练量来考量训练进展。当被问到训练情况如何时，绝大多数人的回答都是他们每周训练了多少小时。为什么会这样呢？因为时间这一数字容易测得也容易理解。然而正如我们刚才说到的，对于经验丰富的运动员来说，强度才是成功的关键，可是要去量化强度又非常困难。

这并不是说训练量对于进阶铁人三项运动员而言不重要，它只是不如强度重要。对于经验丰富的高水准铁人三项运动员来说，训练量对身体素质的影响大约占到40%，而强度则占剩余的60%。

> **提示**
>
> 训练量对身体素质的影响大约占到40%，而强度则要占剩余的60%。

所以很明显，你的重点应放在训练的强度上。这不是说训练必须要在你所能达到的最高强度下进行才有效。强度有不同层级的划分，称为区间（zone），我们将在下一章中讨论。训练中会使用到所有区间，而每个区间的训练时间长短则要根据你的目标赛事、独特需求以及当前处于赛季的哪一阶段而定。我们将在本章节的剩余部分多次回到这个概念上来，因为它对你的成功至关重要。

训练剂量与训练密度

为了造就最佳的竞赛表现，你必须在训练中给予训练量和强度恰到好处的重视——正如我们刚才解释过的，大约是按照40%训练量和60%训练强度的比例。而这就带来了训练剂量和密度的概念。

训练剂量与训练的难度有关，非常艰苦的训练被称为大剂量（high dose）。它可能是一次长时间的训练，例如持续时间很长的游泳、骑行或跑步训练；或者是强度很高的训练，例如间歇训练或者反复的爬坡训练；它也可以是持续时间和强度的组合——由很多中等强度的训练组成的一次长时间的训练——例如针对大铁距离比赛的训练。相反，小剂量的训练通常是持续时间短而且强度较低的训练。

而训练密度则与大剂量训练所间隔的时间长短有关。训练密度高意味着你最艰苦的训练之间的间隔很短——可能仅隔了1天，甚至在连续的日子里完成。相应地，训练密度低则意味着在最艰难的训练之间会安排几个小剂量的训练日。

所有运动员的训练剂量和训练密度都不相同。按照个性化的原则，它们是针对你特定的需求和能力而独有的，每次训练的剂量都必须根据你当前的需要而定。但是，所有进阶运动员都必须不时地进行针对于目标赛事的大剂量训练。这些训练的持续时间和强度会根据目标比赛的类型而有所不同，长距离铁人三项运动员在比赛前的最后几周会进行持续时间长、强度中等的训练；而对于短距离铁人三项运动员，训练的持续时间不会很长但强度会更大。

针对于某一类型比赛的特点，无论哪位运动员，训练的剂量都是非常相似的。然而在训练的密度上，即使对于同一类型的赛事，不同运动员间的差异也是非常大的。通常情况下，年轻和身体素质较好的铁人三项运动员训练密度较高——他们进行艰苦训练的间隔时间很短。而运动员年龄越大或者身体素质越不好，训练密度就应该越低，也就是说，应该在大剂量的训练课程之间安排更多轻松、小剂量的训练。

提示

你的年龄越大、身体素质越不好，训练密度就应该越低。

这种训练剂量和密度的概念对你来说可能是全新的。但如果你已经从事这项运动并认真训练几年时间了，你就应该很容易理解。因为即使你没有从这个角度想过，你也肯定已经在以这种方式训练了。在随后的章节中，当我们讲到训练周期时，你就会认真考虑训练剂量和密度了，因为运动员的身体素质水平最终会和这两个指标有很大关系。

训练负荷

这里我提出一个新的概念——训练负荷（training load），它是训练量和强度相结合的综合评价指标。一些铁人三项运动员可以承受极高的训练负荷，他们可以在一周内安排20个小时的训练，包括高强度间歇训练和其他一些有着同等挑战性的训练课程。这些运动员的训练剂量和密度都非常高。而其他人只能承受仅含1 ~ 2场大剂量训练的每周几个小时的训练量。这种差异的产生往往还是和个性化原则有关。不过也有其他决定训练负荷的因素，其中最普遍的因素就是可用于训练的时间。

如果你的职业要求苛刻，特别是需要很长的工作时间，那么你的训练负荷可能只能维持在最低限度上。同样地，家人和家庭责任也决定了你可用于训练的时间，从而决定了训练负荷。这些和生活方式相关的因素与训练量有很大关系。当你的训练时间减少到比你计划备赛的最低限度时长还要短的时候，就不存在什么时间要求了，为了在比赛中有高水准的表现，只能提高训练强度才能达到足够的训练负荷。这是许多年龄组铁人三项运动员都不得不面对的难题。我们将在第7章研究周期的时候，探讨面对这些问题具体应该怎么操作。

提示

训练量和训练强度相结合的综合评价指标称为训练负荷。

超量恢复

训练负荷有时会很大，因此你常常会感到疲劳，而这就是我们要在艰苦训练之间加入休息－恢复日的原因。实际上，身体素质正是在这些轻松的日子里提升的。这是因为大剂量的训练只是开发了身体素质的潜能而已，而随后的小剂量日才是将这种潜能变为现实、真正实现身体素质提升的时候。它可能是完全休息的一天或者进行短时间低强度训练的一天。这种压力和休息交替的过程对于身体素质的提升是必要的。

如果你一味给自己施加大剂量和高密度的训练，而且不经常做恢复，那么你可能就要承受过度训练的恶果。过度训练不仅仅是让你有点疲劳而已，它比疲劳要严重得多。过度训练就像患有严重疾病一样，比如单核细胞增多症或慢性疲劳综合征。你必须要避免过度训练，因为我亲眼目睹了一些选手的铁人三项生涯因此而终结。但是，如果你仅通过进行小剂量训练来休息而且时常有停训情况的话，你的身体素质并不会产生积极的变化，同时你的竞赛表现也会受到影响，因为这违背了渐进超负荷这一原则。

通过压力与休息的交替进行来提升身体素质的过程称为超量恢复（supercompensation）。人体是个令人惊叹的有机体，运动员可以通过稳定的训练被塑造得更好，从而达到更高的运动成就。但是机体的超量恢复过程是不能强求的，你无法强迫它以超过自然属性的速度发生。大自然赋予了一部分幸运的人更快的响应能力，而其他人则响应缓慢，这也是个性化原则的又一例证。慢速响应者和快速响应者之间的差异可能是源于基因的不同。这就是为什么如果你想在避免过度训练的同时提升身体素质，就必须密切关注自己身体的响应情况，并且不要试图人为地加快进程。

提示

压力和休息的交替对于提升身体素质是必需的。

身体素质、疲劳与状态

截至目前，在对训练的探讨中我已经多次用到了身体素质（fitness，或称为体能）这个词，我想你已经对这个词印象深刻了。在耐力运动中，我们经常提到身体素质，却从没考虑过这个词到底是什么意思。我们将在第6章中深入理解铁人三项中身体素质的含义，而当前，我们就将身体素质理解成比赛的准备就绪程度即可。接下来，我会介绍一种相当新颖的针对比赛准备情况的思考方式。与前面的情况类似，你可能已经充分了解它，只是从来没有仔细思考过而已。我还将介绍另外两个与比赛准备就绪程度直接相关的概念：疲劳和状态。

身体素质

铁人三项运动员有4种常见方式来确定自己比赛的准备就绪程度如何。其中我们最感兴趣的一种是与比赛结果相关的，这也是对认真训练铁人三项的运动员来说最终的衡量标准。你先前设定的比赛目标实现了吗？如果实现了，就说明你的身体素质在比赛日很不错。于是我们可以推测出你的赛前训练一定进展顺利，因为比赛结果不会说谎。

> **提示**
>
> 比赛结果不会说谎。

虽然实现目标可以说是比赛准备就绪程度的最终衡量标准，但它来得有些晚。如果在赛前几周就能有指标表明你的身体素质在稳步提升，那么在比赛前一天晚上你就能睡得更踏实了。那么具体该怎么做呢？以下就是确定身体素质水平的其他3种常用方式。

在你准备比赛的过程中，你会经常记录自己的训练情况如何，以及在训练中感受如何。这些信息往往预示着你身体素质的走向是有所提升、保持稳定还是有所下降。这可能是非常主观的，尤其是在用自我感觉判断身体素质的时候。但这仍然是关乎身体素质进步情况的有用信息，虽然它不是那么准确可靠。

如果想得到身体素质进步情况的客观反馈，你可以去做临床测试。技术人员将为你佩戴高科技设备，然后让你以从低到高的各个区间配速进行运动，经历折磨程度递增的几分钟。全部结束后，你将获得一份印有一系列数据、显示你的身体素质水平的报告。这是非常有用的信息，如果能在一个赛季中进行多次测试，就可以显示出运动员在准备比赛的过程中身体素质的进步情况如何。虽然这是一种完美而客观的测量身体素质水平的方式，但是这样的测试十分昂贵。

还有一种方式是测定你每天的训练负荷，并确定其如何随时间变化。这种方式其实只是把数据加入到上面讲的"你感觉如何"的方法中而已。如前所述，训练负荷是训练量和强度相结合的综合指标。如果训练负荷随着时间的推移而增加，那么你的身体素质水平也在提高，因为你能够承受的训练剂量更大了，或者训练密度更高了。这是身体素质提升的一种间接的衡量方式。因此，测量和跟踪你的训练负荷随时间产生的变化会很大程度地显示出你身体素质的变化。

显然，最大的问题在于如何结合训练的持续时间和强度，前者用计时器就能简单地测出，后者的测量则颇具挑战性。即使可以很容易地测出强度，又该如何将强度与持续时间结合起来呢？一个长期惯用的方法是，使用心率监测器、计时器和软件得出每天的训练"得分"，然后每周结束时将每天的得分加在一起，得出一个训练负荷数，这样得出的数值就可以和后面其他周的训练负荷做比较。如果训练负荷增加了，你就可以推测出自己的身体素质正在提升。因为相比这个赛季早期，你的身体现在已经能够承受更大的训练压力了。

下面是具体操作方法。训练完成后，将心率监测器里记录的数据下载到你的软件中，设置好的软件可以显示你在每个心率区间的训练时长是多少（第4章的内容将帮助你设置这些区间）。假设你用的是最常用的五区间体系，那么软件会自动为每个区间分配一个数值。例如，1区被赋值为1，5区被赋值为5，其他在中间的区间分别是2、3、4。然后将每个区间的数值乘以在该区间内所用的时间（以分钟为单位），再把所有得到的乘积相加即可得到相应的训练得分。你也可以用功率计或GPS设备，或者任何可以测量区间和强度的东西来进行这个测量。表3.1给出了一个如何使用这个体系来计算训练得分的例子。

提示

结合训练强度和持续时间可以得出你的训练得分。

表3.1　　　　　基于每一训练区间用时的60分钟训练的"得分"示例

A. 区间及其数值	B. 各区间时长（四舍五入到分钟）	区间得分（A×B）
1	30	30
2	8	16
3	5	15
4	15	60
5	2	10
	总计：60分钟	训练得分：131

表3.1所示的运动员1小时训练的总得分为131。同样地，一周中的每次训练都会这样计算得分，然后在一周结束时把所有单次的训练得分相加，即可得出该周的训练负荷数值。虽然这种计算训练负荷的方式看起来很简单，但实际计算起来非常枯燥而且耗费时间。

更简单的方法就是在下载心率监测器（或功率计、GPS设备）的数据后，用软件来计算训练得分。运动科学家安德鲁·科根博士所开发的系统可能是目前最为强大的此类应用，你可以在TrainingPeaks网站上找到。他开发的系统叫作训练压力得分（training stress score），在多项耐力运动中被运动员们广泛采用。这个软件会帮你完成所有的数值计算工作。

通过这种评分系统一周又一周地跟踪训练负荷情况，可以让你对自己的身体素质水平有很清楚的认识。如果你能逐渐增加自己的训练负荷，那么你就可以得出结论：自己的身体素质正在提高。TrainingPeaks网站还提供了另一种工具，叫作运动表现管理图表（performance management chart），它会显示出你在整个赛季中的训练负荷变化情况。用类似的方式，它也可以揭示你的疲劳情况。

疲劳

当训练负荷增加时，你可以认为身体素质也在提升，还可以推测出疲劳程度也在增加。这是有充分根据的。如果训练量和强度都很大，那么你一定会疲劳；相反，如果你的训练负荷在减少，那么你的身体素质就会降低，你的疲劳程度也会下降。因此对于训练负荷来说，身体素质和疲劳程度的变化趋势是相同的，一个上升时另一个也在上升，一个下降时另一个也会下降。

> **提示**
>
> 当训练负荷增加时，你可以认为身体素质也在提升。

疲劳总是在身体素质提高之前出现。如果今天你做了一次艰苦的训练，那么明天你会很疲劳，身体会明显感觉出来。但是我们还无法在第二天就测量到身体素质的变化。疲劳程度的变化很快，而身体素质的变化则非常缓慢。这是一件好事，你将在第9章学到相关的内容，可以在为了重要的比赛而减少训练量时用到它，而逐渐减量的目的就是能够在比赛日有一个很好的状态。

状态

状态（form）这个词你可能已经听到过很多次了，特别是电视解说员描述运动员表现如何的时候，他们可能会说"他在状态"或者"他状态欠佳"。那么状态到底指的是什么呢？体育运动中状态的概念一般被认为起源于19世纪晚期欧洲的赛马运动。如果你去看比赛并且想要下注，那么你就会去找到"赌注管理员"，也就是记录下注情况的人。赌注管理员会提供一张纸，也就是一张表格（注：表格的英文与状态的英文相同），上面罗列着当天所有参赛的马匹和它们最近的比赛情况。然后你会选择一个来押注，因为这匹马在表格上（注：一语双关，表示在状态）看起来比得不错。差不多同时在欧洲兴起的自行车比赛也是一种用类似的表格进行赌博的运动，所以自行车比赛也沿用了这个词。而在接下来的一个世纪里，其他运动项目也开始谈论状态了。

那么状态到底指的是什么呢？从前面说的内容看，它指的是比赛准备的充分程度。这可以理解为在状态的运动员是活力满满、休息充分的。如果疲劳程度很高，无论你的身体素质多好你都没法儿在状态，因为疲劳会影响你的竞赛表现。在比赛日活力满满的唯一方法就是在之前休息几天，也就是我们通常所说的减量（taper）。

回想一下，我在前面解释过身体素质和疲劳的趋势相同，一个上升时另一个也在上升，一个下降时另一个也会下降。因此，如果疲劳程度正在下降，那身体素质会怎样呢？它也在下降。当你为了比赛而减量时，如果身体素质在下降（我知道这听起来很可怕），该怎么去比赛呢？理解这一点的关键其实前面也讲到了：当你休息时，疲劳的变化会比身体素质的变化更快。因此赛前减量将会很快消除疲劳，而身体素质只会非常缓慢地流失。所以在比赛日你反而会感觉好像身体素质提高了，虽然这种感觉实际上是疲劳程度降低的结果，但是没关系——你是在状态的。在第9章中我将告诉你怎么才能在摆脱所有疲劳的同时只损失很少的一部分身体素质，理解并运用这一概念对赛出高水准至关重要。

提示

在比赛日充满活力的唯一方法是在赛前几天逐渐减少训练量。

小结

可能你之前觉得这些都只是训练相关的简单概念。如果你已经从事耐力运动多年，那么对于你来说这些都不是什么新名词，但我相信本书能够给你提供一个全新的方式去思考它们，我也希望你对每一个概念都有更加深入的理解。我们将在后面章节中频繁地回顾这些概念，你会知道如何将它们运用到自己的训练中。而透彻地理解它们也可以让你更深地理解训练当中许多微妙的小差别。

训练其实就是所有这些概念的一个整合。它不仅和训练持续了多久或者一周内一共训练了多少小时有关，还和训练的强度有关。不仅要看训练多么艰苦，更要看训练多么紧凑。投入大把时间进行艰苦训练不是目的，以时机恰到好处的休息来实现超量恢复才是。身体素质不是一个独立的对象，它与疲劳和状态有必然的联系。超负荷、针对性、可逆性和个性化，这些训练原则将上述概念有机结合。正确理解这些概念会引领你实现高水平的竞赛表现，并实现自己的目标。

请注意，这里的许多概念都涉及对训练强度的理解。如上所述，强度对于认真练铁人三项的运动员和有经验的运动员而言是关键要素。如果你为即将到来的赛季设立了一个很高的目标，那么对训练强度的把控将很大程度上决定你能否取得成功。因为它对你竞赛表现的影响占比高达60%左右，其余的40%是持续时间。因此，你需要对训练强度有一个深刻的认识，这就是我们接下来要讲的内容。

训练强度

在本章，我们将深入探讨一个年龄组的铁人三项运动员，包括很多认真对待这项运动的运动员都没能完全领会的主题。为什么我会这样觉得呢？因为每当我询问一名运动员训练进展如何时，他们总是告诉我训练量如何，即他们每周花了多少小时进行训练。对于这个基本问题，大多数人都是这样回答的。然而大量的重复性研究告诉我们，对于进阶运动员来说最重要的训练要素是强度。当然了，认真的铁人三项运动员有时会去做艰苦甚至极其艰苦的训练（也许还频率过高），可是谁没这样做过呢？毫无疑问他们知道这对身体素质的提高很有用。但关键是在回答训练进展如何这一问题时，很难简单地把训练的强度大小解释清楚。

本章将介绍更多关于训练强度的内容，从而在更宽泛的背景下讨论训练。这是一个很大的话题，在后面的许多章节中还会出现。

强度的测量

在第3章中介绍了3个在进行每周训练规划时可以调整的变量。第一是训练频率，即你的训练有多频繁。这只需要一个日历就可以轻松量化，数数你在一周内游泳、骑行和跑步的次数就得到了频率。第二是持续时间，这也很容易测量，你只需要一块秒表就够了。你每次的训练时间是多少？将你一周内所有训练的持续时间加在一起，就得到了训练量，训练量就是频率和持续时间的组合。

相较于前者，强度测量起来要困难得多，得借助特殊的工具或技术来完成。铁人三项运动员目前可以通过4种方式来测量训练强度，具体采用哪种方法取决于运动类型。这4种方式分别是：自我感知评级（RPE）、配速、心率和功率。对于经验丰富的铁人三项运动员，即参加这项运动超过3年的人来说，强度是达到高水平运动表现的关键。想要发掘出自身的潜能，你必须得理解和掌握这些常用的测量强度方式。

提示

测量训练强度的4种方式是RPE、配速、心率和功率。

自我感知评级

最基本的测量强度的方法，也是所有铁人三项运动员都需要掌握的方法，是自我感知评级（RPE）。你只需对每次训练的强度水平给出一个对应的评级就好，最常见的评级标准是从0到10。最低的0级表示毫无运动强度，1级表示不怎么费力地、非常缓慢地运动，而最高的10级表示在一段时间内已经竭尽所能。表4.1展示了整个评级标准。

经常使用这一量表可以让你熟练地掌握评级这门艺术。当你在游泳、骑行和跑步时，想想当前所感知到的强度水平有多高，并使用量表中的数值来评级。熟能生巧，你会变得非常善于使用RPE。你可能会发现，与伙伴一起训练会比单独训练时更难以对自己的努力程度进行打分。不论强度水平如何，与他人一起训练时，运动员们通常会打出较低的RPE。

表4.1 　　　　　　　　　　　　博格的RPE 10分标定

评级	自我感知
0	毫无感觉
1	非常轻微
2	轻微
3	中等
4	有点困难
5~6	困难
7~8	非常困难
9	非常非常困难（几乎接近极限）
10	极限

RPE非常主观，它确实是你对运动时自身感受的主观看法。而如果想要更精确地测量客观的强度，你就需要借助工具。最常用的工具是心率监测器、速度和距离设备，例如全球定位系统（GPS）以及功率计。在第2章中我就曾提过这些工具对训练大有裨益。准确测量强度是非常重要的，所以我要求门下的运动员们都配备这些工具。在本章后面的部分中，我将教你如何快速为这些工具设定训练区间。每种工具测量训练强度的方式都各不相同，能够提供另外两种工具无法提供的信息。

配速

配速（pace），即每千米或每英里的速度有多快。只要运动员们在游泳、骑行或跑步的过程中，配速总是客观存在的，直到20世纪后期它都是耐力运动中精确测量强度的唯一方法。为此每名运动员都会使用一块秒表，通过计算配速来描述训练强度。例如他们会用下列方式来描述训练的强度："我以7分钟的配速跑了约4.8千米（3英里）"，或者"我以每100米1分30秒的配速游了1000米"。然而这对自行车手来说效果并不好，因为诸如刮风、爬坡和跟骑等外部因素都使配速（或者说速度）对强度的描述变得非常不精确，所以自行车训练曾经是三项运动中最不科学的训练，并且非常依赖于RPE来计量强度，可以说那时的自行车训练是非常主观的。

如今，配速仍然常用于游泳和跑步。在泳池中游泳意味着训练的距离是稳定可控的，并且墙上常有个时钟，配速很容易测量，所以配速仍然是测量游泳强度的首选方式。而对于跑步训练来说，配速就不那么有意义了，因为在跑步路上鲜有距离数的标记，因此心率成为了跑步者们常用的强度测量标准。近年来跑步者们也开始用GPS设备来测量配速了。正如你将在本书后面学到的那样，配速（或者说速度）和心率都是训练时的宝贵信息，最终我会教你如何将它们结合起来，帮助你更好地进行有氧耐力素质的训练。

心率

心率监测器发明于20世纪70年代末的芬兰，但直到20世纪90年代初才迎来爆发期，自此开始被耐力运动员们广泛使用。绝大多数的跑者和自行车手花了大约15年的时间才接受这项监测技术，铁人三项运动员是最先使用心率监测器的一批人，但是这一设备在游泳训练时监测效果并不理想。

心率可以告诉你训练强度如何，但是不能给出任何关于运动表现水准高低的信息，比赛中最后一名完赛者的平均心率可能和获胜者一样高。高心率并不意味着能站上领奖台，因为心率并不能告诉你速度的快慢，它只能显示出训练时的努力程度。如果想要精确测量努力程度这一指标，心率监测器是最佳工具，在这方面心率非常像RPE，只是更客观而已。

> **提示**
>
> 心率可以显示你的训练强度。

功率

可移动式的功率计是由一位转行成为自行车手的德国工程师于20世纪80年代末发明的，自行车手和铁人三项运动员花了大约20年的时间才将其广泛用于训练强度的测量上。自从自行车手认可并接受了功率计这一装备，自行车运动的训练已经从三项运动中最不科学的项目变成了最科学的项目，可以说功率计彻底改变了自行车训练。在撰写本书时，已经有些公司正致力于开发用于跑步的功率计。目前，尚不清楚它们的准确性和可靠性如何，但如果它们能达到自行车功率计的标准，那么跑步训练也会发生巨大的变化。

自行车功率计测量的是两个参数：施加在自行车踏板上的力和踏板转动的速度。踏板力被称为扭矩，踏板速度称为踏频，二者的组合用瓦特表示。可以这样说，学习使用功率计将会大大提升你的训练和竞赛表现。

强度参考点

我应该提醒你的是，在这一部分关于强度的讨论中，我会有一点点"科学化"。谈论强度时我会试着解释一下我在书中所使用的术语的含义，请对此保持耐心，我会尽可能地讲得通俗易懂。

运动科学家在测量运动强度时经常会使用RPE，因为这个指标会告诉他们运动员的感受，但他们也喜欢使用一些强度的生理指标作为运动员努力程度的固定参考点。最常用的两种指标就是有氧阈值（AeT）和无氧阈值（AnT），我将在接下来的章节中多次提及这两个词，它们与你的训练有着密切的关系。现在，让我们先站在万米高空对上述两个指标有个概念性的了解，之后再更加深入地探讨。

图4.1将这几个指标与RPE进行了比较，以便让你了解每个指标所对应的强度。请记住这张图，下面我们会简略描述一下这些强度参考点的含义。

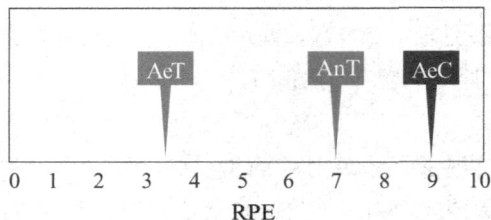

图4.1　和RPE相比较的强度参考点

有氧阈值（AeT）

在实验室里，运动科学家有多种测量运动强度的方式。一种常用的方法是通过针刺手指或耳垂来取得运动员的一滴血液，然后在特定的仪器中进行分析。你一定听说过血液中含有乳酸，其实乳酸本身并不是我们曾以为的那种"坏东西"，它与疲劳或肌肉酸痛并无关系，相反，它是运动强度的一个很好的评定指标。血液中的乳酸越多，运动强度就越大。科学家以毫摩尔/升（mmol / L）为单位来测量乳酸含量，在静止时（0 RPE），乳酸浓度约为1毫摩尔每升，这是一个非常小的量，随着运动强度增加到大约3或4 RPE，血液中的乳酸就会上升到2毫摩尔/升，此时通常认为运动员处于有氧阈值上。

AeT也可以通过其他方式来确定，实验室中另一种常用的方法是测量运动员在运动时吸入和呼出的氧气和二氧化碳的量。这种"气体分析"的方法可以预知乳酸水平的变化，而且它是非侵入式的，不需要抽血，但仍然需要进行昂贵的测试。

这里有很多科学上的晦涩术语，你不需要了解其全部内容，也不是必须通过实验室测试才能确定你的AeT。你可以用一种更为简单廉价的方法，只需要一个心率监测器就够了（我想你大概已经有了）。AeT通常出现在最大心率的65%附近，你甚至不必知道有氧阈值是什么。另一种方法是当心跳达到无氧阈值以下20～40次/分钟时，就是你的有氧阈值。接下来我们就会说到（无氧阈值）那个参考点。除了去实验室进行测试之外，你可以在训练时注意观察心率，当处于无氧阈值以下30次/分钟时，你就接近AeT了。

稍后我将教你如何在训练中使用这个临界强度标准来充分改善你的有氧运动体系。正如下文中将要讲到的，它对训练有巨大的帮助，我建议你经常这样做。

无氧阈值（AnT）

无氧阈值是两个参考点中强度较高的那一个，到了无氧阈值你就开始跨越运动中的"红线"了，它在RPE表上的费力程度也比较高，大约为7。当你在训练或比赛中达到了这一"红线"时，就表明你正在艰难地输出，并且明白自己无法长时间保持下去，因为"痛苦"才刚刚开始。一般达到AnT时的强度也被称为乳酸阈值（lactate threshold）。但是从一名运动科学家的角度来看，乳酸阈值和无氧阈值并不完全相同，因为它们一个是通过气体分析测试来确定的（AnT），而另一个则是通过测量血液中的乳酸含量来确定的（乳酸阈值）。但是在本章中，我们将不加区分地使用这两个术语。

从上文中我们已经知道，当血液中的乳酸浓度达到2毫摩尔/升的水平时就达到了AeT，而当乳酸浓度达到4毫摩尔/升时，你就处于AnT了。在乳酸浓度较低时，身体对流经肌肉的乳酸相关酸性物质的分解速率和生成它们的速率一样快，但是在4毫摩尔/升或更高的浓度下，氢离子形式的酸性物质（以及其他可能的化学物质，如无机磷酸盐）开始堆积，从而限制了肌肉的收缩。这就是为什么你开始感受到痛苦，并且只能在很有限的时间内保持这一输出强度。身体状况良好的运动员可以维持AnT强度1小时左右，而AeT强度则可以维持数小时之久。

> **提示**
>
> AnT强度的训练大约可以维持1小时；而AeT强度的训练则可以维持数小时。

正确的训练可以让你的AnT变得更高，这样你在达到AnT之前就可以达到更高的速度。但请注意，尽管身体素质发生了变化，但你处于AnT时的心率仍将大致保持不变，这是我们将在本章后面更详细介绍的内容，它与我们所谓的身体素质有关。

大多数铁人三项运动员将在AeT到AnT之间的强度下进行比赛，如图4.2所示。在大铁比赛中你会接近自己的AeT，并且RPE将达到下限；而参加半程标铁比赛时，RPE则处于上限，此时你的强度可能会略低于或略高于AnT，RPE在7左右。换句话说，强度和持续时间呈反比关系，你输出得越努力，比赛中可以持续输出的时间就越短；而强度越低，比赛中可以持续的时间就越长。这很容易理解，因为你也明白自己不可能以半程标铁的强度去进行大铁比赛。我们将在以下几章中多次回到这一基本概念。

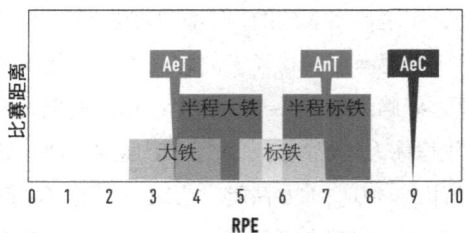

图4.2 强度参考点所对应的RPE和常规铁人三项比赛距离

有氧能力（AeC）

有氧能力，也被称为最大摄氧量（VO_2max），指的是利用氧气来产生能量的能力。通常AeC越高，你的功率或速度潜能就越大。然而有氧能力对于我们在这里讨论的问题并不重要，我们将在第6章学习如何增强身体素质时再来讨论它。

功能阈值（FT）

在AeT和AnT这两项指标当中，对训练和比赛来说更为关键的是AnT指标。我们可以用AnT心率减去30次/分钟来粗略估算AeT。AnT也更容易被运动员所感知，因为它的到来会伴随着一种非常确切的痛苦感受。一旦掌握了这个关键的指标，设置训练区间就会很容易，我们马上就会讲到具体如何操作。

这里的麻烦之处主要是该如何去理解AnT背后的科学含义。首先需要进行的是实验室测试，然后还要做定期的测试，观察随着时间的推移发生了什么，以便准确评估身体状况的变化。这种测试虽然可以提供不错的信息，但它并不便宜。而这时，我们的运动科学家安德鲁·科根博士就要出场了。

科根博士自己也是一名自行车手，他在21世纪初提出的一个想法彻底改变了设置训练区间的整个流程。他不仅简化了AnT的概念，而且大大减少了在实验室测试中确定AnT和衡量训练进展的工作量。他的想法是这样的：如果我们已经知道了一个状态良好的耐力运动员可以维持AnT的时间大约是1小时，那么我们为什么不做一个时长为1小时的测试，并假设那1小时中的平均心率、平均配速和平均功率就代表了AnT呢？机智啊！这不但容易让人理解，而且还能避免产生昂贵的测试费用，任何人都可以在任何时间去做测试。因此，科根博士就把这个新想法所对应的参考指标称为功能阈值（FT）。

所以FT实际上就是AnT的一个简化替代。也就是说，功能阈值心率（FTHR）、功能阈值配速（FTPa）、功能阈值功率（FTPo），每个指标都是1小时计时测试中相应的平均心率、平均配速和平均功率。和AnT一样，对于不同的运动项目，这些指标的数值也会有所差异。例如，跑步和骑行的FTHR就是不同的，跑步的FTHR要比骑行的高一些，而骑行的FTHR又比游泳的高一些。不过科根博士的想法也有个缺陷，那就是竭力进行1小时的测试显然相当痛苦。大多数人永远都不会产生独自一人拼尽全力去运动的动力。由于本性使然，我们难免会自我怜惜，所以在痛苦了头几分钟后，我们往往都会不自觉地放慢脚步。因此这种实地测试所测出的结果往往偏低很多，无法预测或者接近真实的AnT。

如果能经常有完成时间在1小时左右的单项游泳、骑行或跑步比赛（而不是铁人三项赛）就好了，因为这些比赛正是进行实地测试的绝佳机会。但可惜，这显然不大现实。

为了解决这个难题，科根博士想出了一个简化的实地测试方法，让大家能免受长达1小时的痛苦，对骑行和跑步来说只需要20分钟就够了。虽然20分钟的测试仍然很痛苦，但是痛苦时间毕竟没那么久。游泳测试则稍有不同，这个我们很快会再讲到。一旦掌握了骑行和跑步的FTHR、FTPa（跑步）和FTPo（骑行）这些指标，你就可以去设置自己的强度训练区间，然后开始训练了。下面让我们看看具体是如何操作的。

> 🔍 **提示**
>
> 用FTHR指标、FTPa（跑步）指标和FTPo（骑行）指标分别为跑步和骑行设置强度训练区间。实地测试必须以运动员可承受的最大强度持续20分钟左右。

设置训练区间

不能使用铁人三项赛中的数据来设置训练区间的原因是，在这种多运动项目的比赛中，为了有足够的能量来完成整个比赛，运动员肯定会在每一项中都对体力稍有保留，不会竭尽全力。但为了获得有效数据来设置训练区间，实地测试必须以运动员可承受的最大强度持续20分钟。因此如果运动员为了整个铁人三项比赛能够完赛而对体力有所保留（确实也应该这么做），那么在这个过程中得到的数据相对于准确的FTHR、配速和功率区间就会偏低很多。换句话说，在单项的游泳、骑行或跑步比赛中，运动员理论上会比铁人三项比赛更加竭尽全力，也就是说会有更高的心率、更快的配速和更大的功率输出。明白了这一点后，就让我们继续讨论如何设置你的训练区间。

> 🔍 **提示**
>
> 做一个实地测试来测得你的FTHR。

游泳配速区间

针对游泳的测试与科根博士提出的20分钟测试的标准流程稍有不同，因为游泳是一项运动距离通常比运动时长更容易把控的运动。一个已知距离的泳池所提供的标准和条件，让我们可以随时随地测试FT。

　　进行游泳配速测试的方法有很多。我所使用的标准距离测试是基于1000米距离的一个计时测试。在这个计时测试中，你所得到的是自己的T时（T-time），即一场比赛中游100米的平均配速。另外，测试过程中如果有人能帮着在岸上数圈会很有帮助，因为自己数圈很容易数错。接下来，我们就可以根据表4.2来确定配速区间，在左栏中找到你完成1000米的时间，然后对应到表的右栏去找你的游泳配速区间T时。这些区间随后将用于确定游泳训练的配速，如附录B所示。

表4.2　　　　　　　　　　　　　　　估计游泳训练区间

时间每 1000米	训练区间（以分：秒计的每100米/配速）						
	训练区间1	训练区间2	训练区间3	训练区间4	训练区间5A	训练区间5B	训练区间5C
9:35–9:45	1:13+	1:09–1:12	1:04–1:08	1:01–1:03	0:58–1:00	0:54–0:57	0:53–max
9:46–9:55	1:15+	1:11–1:14	1:06–1:10	1:02–1:05	0:59–1:01	0:55–0:58	0:54–max
9:56–10:06	1:16+	1:12–1:15	1:07–1:11	1:03–1:06	1:00–1:02	0:56–0:59	0:55–max
10:07–10:17	1:17+	1:13–1:16	1:08–1:12	1:04–1:07	1:01–1:03	0:57–1:00	0:56–max
10:18–10:28	1:18+	1:14–1:17	1:09–1:13	1:05–1:08	1:02–1:04	0:58–1:01	0:57–max
10:29–10:40	1:20+	1:15–1:19	1:10–1:14	1:06–1:09	1:03–1:04	0:58–1:02	0:57–max
10:41–10:53	1:22+	1:17–1:21	1:12–1:16	1:08–1:11	1:05–1:07	1:00–1:04	0:59–max
10:54–11:06	1:23+	1:19–1:22	1:13–1:18	1:09–1:12	1:06–1:08	1:01–1:05	1:00–max
11:07–11:18	1:24+	1:20–1:23	1:14–1:19	1:10–1:13	1:07–1:09	1:02–1:06	1:01–max
11:19–11:32	1:26+	1:21–1:25	1:15–1:20	1:11–1:14	1:08–1:10	1:03–1:07	1:02–max
11:33–11:47	1:28+	1:23–1:27	1:17–1:22	1:13–1:16	1:10–1:12	1:05–1:09	1:04–max
11:48–12:03	1:29+	1:24–1:28	1:18–1:23	1:14–1:17	1:11–1:13	1:06–1:10	1:05–max
12:04–12:17	1:32+	1:26–1:31	1:20–1:25	1:16–1:19	1:13–1:15	1:07–1:12	1:06–max
12:18–12:30	1:33+	1:28–1:32	1:22–1:27	1:17–1:21	1:14–1:16	1:08–1:13	1:07–max
12:31–12:52	1:35+	1:30–1:34	1:24–1:29	1:19–1:23	1:16–1:18	1:10–1:15	1:09–max
12:53–13:02	1:38+	1:32–1:37	1:26–1:31	1:21–1:25	1:18–1:20	1:12–1:17	1:11–max
13:03–13:28	1:40+	1:34–1:39	1:28–1:33	1:23–1:27	1:20–1:22	1:14–1:19	1:13–max
13:29–13:47	1:41+	1:36–1:40	1:29–1:35	1:24–1:28	1:21–1:23	1:15–1:20	1:14–max
13:48–14:08	1:45+	1:39–1:44	1:32–1:38	1:27–1:31	1:23–1:26	1:17–1:22	1:16–max
14:09–14:30	1:46+	1:40–1:45	1:33–1:39	1:28–1:32	1:24–1:27	1:18–1:23	1:17–max
14:31–14:51	1:50+	1:44–1:49	1:36–1:43	1:31–1:35	1:27–1:30	1:21–1:26	1:20–max
14:52–15:13	1:52+	1:46–1:51	1:39–1:45	1:33–1:38	1:29–1:32	1:23–1:28	1:22–max
15:14–15:42	1:56+	1:49–1:55	1:42–1:48	1:36–1:41	1:32–1:35	1:25–1:31	1:24–max
15:43–16:08	1:58+	1:52–1:57	1:44–1:51	1:38–1:43	1:34–1:37	1:27–1:33	1:26–max

时间每 1000米	训练区间（以分：秒计的每100米/配速）						
	训练区间1	训练区间2	训练区间3	训练区间4	训练区间5A	训练区间5B	训练区间5C
16:09–16:38	2:02+	1:55–2:01	1:47–1:54	1:41–1:46	1:37–1:40	1:30–1:36	1:29–max
16:39–17:06	2:04+	1:57–2:03	1:49–1:56	1:43–1:48	1:39–1:42	1:32–1:38	1:31–max
17:07–17:38	2:09+	2:02–2:08	1:53–2:01	1:47–1:52	1:43–1:46	1:35–1:42	1:34–max
17:39–18:12	2:13+	2:05–2:12	1:57–2:04	1:50–1:56	1:46–1:49	1:38–1:45	1:37–max
18:13–18:48	2:18+	2:10–2:17	2:01–2:09	1:54–2:00	1:50–1:53	1:42–1:49	1:41–max
18:49–19:26	2:21+	2:13–2:20	2:04–2:12	1:57–2:03	1:53–1:56	1:44–1:52	1:43–max
19:27–20:06	2:26+	2:18–2:25	2:08–2:17	2:01–2:07	1:56–2:00	1:48–1:55	1:47–max
20:07–20:50	2:31+	2:22–2:30	2:12–2:21	2:05–2:11	2:00–2:04	1:52–1:59	1:51–max
20:51–21:37	2:37+	2:28–2:36	2:18–2:27	2:10–2:17	2:05–2:09	1:56–2:04	1:55–max
21:38–22:27	2:42+	2:33–2:41	2:22–2:32	2:14–2:21	2:09–2:13	2:00–2:08	1:59–max
22:28–23:22	2:48+	2:38–2:47	2:27–2:37	2:19–2:26	2:14–2:18	2:04–2:13	2:03–max
23:23–24:31	2:55+	2:45–2:54	2:34–2:44	2:25–2:33	2:20–2:24	2:10–2:19	2:09–max
24:32–25:21	3:02+	2:52–3:01	2:40–2:51	2:31–2:39	2:25–2:30	2:15–2:24	2:14–max

基于1000米计时

骑行和跑步的心率区间

在设置跑步和骑行心率区间时，让我们回到科根博士的20分钟测试。但在深入探讨这个问题之前，我想先说清楚一点，那就是不要使用公式来设置你的训练区间。如果你上网搜索，你会发现许多公式是依据年龄、性别等个人指标和变量去计算最大心率的。而一旦通过这个方法获得了最大心率的数值，你就会接着按网上的说法取这个数值的某一百分比当作自己的AnT指标或代表高RPE的其他指标。而计算最大心率的公式当中最常见的一个就是用220减去你的年龄。实际上，这些公式都不能全面地适用于所有运动员，因为每一个运动员都是独一无二的个体（请记住第2章所讲的个性化原则）。这样的公式只适用于一部分运动员，而不适用于绝大多数的运动员。如果我们去描绘一大群人的实际最大心率，比如描绘阅读本书的所有铁人三项运动员的实际最大心率，那么描绘结果将会是一个钟形的曲线。对于那些在曲线中部的运动员来说，用220减去年龄的公式计算出的结果是非常准确的；但对于那些并没有处于曲线中间，而是偏左或者偏右的运动员来说，这个公式计算出的最大心率并不准确。

另外，因为你不知道自己到底在曲线的哪一边，所以你依据这个公式得出的心率区间可能会有非常大的偏差——可能多达±20次/分钟。这可是相差40次/分钟的心率啊！如此大的偏差，你还不如直接去猜一个最大心率得了。所以说这里的关键点就是——请不要使用公式计算最大心率。想获得自己的FTHR就来做一个实地测试吧，下面来讲具体的操作方法。

由于骑行和跑步的测试将以同样的方式来完成，所以这里所描述的一套测试的标准流程对于骑行和跑步都适用。但用来确定每项运动训练区间的方案都是独一无二的，对不同项目来说训练区间的设置方式并不相同，这个我们稍后再讲。

运动员选择的测试场地对测试结果的好坏至关重要。好的场地标准是，它是一个将来可以回来重复进行测试的地方。对于跑步测试来说，一条跑道就是很好的场地，因为它既平整又安全。而一个好的骑行测试场地则有点难找，我们所寻找的目标道路应该有比较宽阔的自行车道，交通畅通，没有停车标志，并且交叉路口和拐弯都很少，同时道路还应该平直或稍有坡度（坡度低于3%）。测试道路需要有8 ~ 16千米长，具体长度取决于运动员速度的快慢。这项测试对于骑行的运动员来说尤其危险，因此拥有安全的测试场地是非常重要的。整个测试过程中运动员要保持头脑清醒，务必一直注意前方、关注交通情况，不要为了获得好的测试结果而冒险。运动员在骑行时要时刻小心，特别是在进行这种全力运动测试的时候。

> **提示**
>
> 不要为了获得好的数据而去冒险。

为了确保能获得好的测试结果，测试应在某个休息良好的日子进行。大家要像对待比赛一样对待这个测试，提前两三天就要停止安排训练任务，而且尽量只做短时间的健身活动。

无论是骑行测试还是跑步测试，在正式开始20分钟的实地测试之前，请先进行充分的热身。对于大多数运动员来说，通常至少需要20分钟的热身才能从非常低且稳定的RPE中建立起强度，以便你能用越来越大的力度来完成持续时间越来越长的加速，以使你每次有几秒的时间达到RPE 7以上（见表4.1）。在这样高强度的热身结束之后、正式开始20分钟测试之前，请注意在低RPE下进行大约2分钟的恢复。

测试刚开始的阶段，请使用较大但保守的力度进行，就是那种你感觉应该还可以更快的力度。做这项测试时运动员最常犯的一个错误就是刚开始时速度太快，因为前几分钟确实感觉好像很容易。这也是为什么你做这个测试的次数越多，速度就会把控得越好。测试的前5分钟应该感觉相对容易，之后每5分钟的节点你就要决定是否应在下一个5分钟内加快或减慢速度。以5分钟为周期进行的RPE调整应该是小幅度的。

20分钟测试结束后，放松身体，让心率和呼吸恢复到静息水平。从疲劳中恢复过来以后，你就可以开始进行那个有趣的部分——分析数据了。

把测试所得的心率数据上传到你最喜爱的软件当中，算出20分钟测试的平均心率数值。再把这个数值减去自身的5%，就得到了一个非常好的骑行FTHR估值或者跑步FTHR估值。然后根据表4.3（骑行）或表4.4（跑步），就可以分析计算出你的个性化训练区间了。

表4.3　　　　　　　　　　　确定你的骑行心率区间

骑行心率区间	用你的bFTHR乘以	你的骑行心率区间
1	81%	低于 _____
2	81% ~ 89%	_____ ~ _____
3	90% ~ 93%	_____ ~ _____
4	94% ~ 99%	_____ ~ _____
5a	100% ~ 102%	_____ ~ _____
5b	103% ~ 106%	_____ ~ _____
5c	106%	高于 _____

注：用表中所示的百分比乘以20分钟测试中所得到的骑行FTHR值（bFTHR），即可得到你个性化的骑行心率区间。

表4.4　　　　　　　　　　　确定你的跑步心率区间

跑步心率区间	用你的rFTHR乘以	你的跑步心率区间
1	85%	低于 _____
2	85% ~ 89%	_____ ~ _____
3	90% ~ 94%	_____ ~ _____
4	95% ~ 99%	_____ ~ _____
5a	100% ~ 102%	_____ ~ _____
5b	103% ~ 106%	_____ ~ _____
5c	106%	高于 _____

注：用表中所示的百分比乘以20分钟测试中所得到的跑步FTHR值（rFTHR），即可得到你个性化的跑步心率区间。

骑行功率区间

如果你在自行车上安装了功率计或使用带有功率计的室内骑行台，就可以通过FTPo的测试来确定自己的功率训练区间。其实如果你做了上述测量心率的20分钟测试，那么完全可以在同一个测试中测出你的FTPo数据，没有必要再做一次单独的功率测试。同样的，从平均功率（而不是标准化功率）中减去自身的5%就可以得到很好的FTPo估值，然后就可以使用表4.5来计算出自己的功率训练区间了。与FTHR的测试一样，重复进行这个测试的次数越多，结果就会越准确。因为对这样一个像单人比赛一样的测试来说，其实也存在相关的学习曲线。

跑步配速区间

就像骑行功率的数据一样，跑步配速的数据也可以在相应的跑步FTHR测试中确定。在20分钟测试的数据当中，从GPS设备中找到每千米平均配速，然后用表4.6来计算你的配速区间。计算时最好先把平均时间转换到以分钟为单位，例如7分30秒就是7.5分钟。然后把这个平均配速加上自身的5%来确定你的FTPa（注意算配速时不是减去5%）。举个例子，20分钟跑步测试的平均配速为7.5分钟，7.5乘以0.05是0.375，因此7.5加0.375就得到了你的FTPa数值，那么在这个例子中的FTPa就是7.875分钟（7分52秒）。

表4.5 　　　　　　　　　　　　　确定你的骑行功率区间

骑行功率区间	用你的FTPo乘以	你的骑行功率区间
1	55%	低于 _____
2	55% ~ 74%	_____ ~ _____
3	75% ~ 89%	_____ ~ _____
4	90% ~ 104%	_____ ~ _____
5	105% ~ 120%	_____ ~ _____
6	120%	高于 _____

注：用表中所示的百分比乘以20分钟测试中所得到的FTPo值，即可得到你个性化的骑行功率区间。

表4.6 　　　　　　　　　　　　　确定你的跑步配速区间

跑步配速区间	用你的FTPa乘以	你的跑步配速区间
1	129%	低于 _____
2	114% ~ 129%	_____ ~ _____
3	106% ~ 113%	_____ ~ _____
4	101% ~ 105%	_____ ~ _____
5a	97% ~ 100%	_____ ~ _____
5b	90% ~ 96%	_____ ~ _____
5c	90%	高于 _____

注：用表中所示的百分比乘以20分钟测试中所得到的FTPa值，即可得到你个性化的跑步配速区间。

区间一致性

如果你在跑步的同时使用GPS设备和心率监测设备，在骑行的同时使用功率计和心率监测设备，那么你很快就会发现，上面我们所设置的心率区间、功率区间和配速区间并不总是协调一致的。当你的心率在2区时，跑步配速区间和骑行功率区间并不一定在2区。这不是你的心脏、腿或设备出了什么问题，而是本来就应该这样。区间不一致是件好事，下面就来解释原因。

对于一个进阶选手来说，心率区间在整个赛季中即使有变化也是幅度甚小的，但是他的跑步配速区间和骑行功率区间的变化会很大。例如，当你进入更好的状态时，你的FTPa和FTPo会随之升高，跑步速度越来越快，骑行功率也越来越高，这就意味着你所有的功率和配速区间都会随之上调；而当身体状态下滑时，你的FTPa和FTPo会降低，功率和配速区间也会随之下降。但是在任何时候你的心率区间都是保持不变的。所以在一个赛季当中，各种区间有可能会出现一些或大或小的重叠，但是也很有可能在一年中的某些时段这些区间并没有重叠。

> **提示**
>
> 一个高水平运动员的心率区间在整个赛季中变化非常微小。

为何会如此呢？我们可以这样想，如果功率区间不变化，那么在某一给定心率下，速度岂不是永远都不会变得更快？就像稍后会讲到的，能否在某一给定的心率或运动强度下以更高的功率骑行、以更快的速度跑步，正是衡量运动员进步与否的关键。换句话说：比赛和训练永远不会变得更轻松，你只能是游、骑、跑得更快罢了。

强度分布

目前，运动科学家们对于一个赛季当中运动员的训练时间应该如何在AeT和AnT指标中进行合理分配的问题存在很大争论（图4.1）：大部分的训练是应该在低于AeT的水平上进行，还是应该在AeT和AnT之间的水平进行，或者在高于AnT的水平上进行呢？有些人认为应该在AeT以下非常轻松地训练，或者在AnT之上非常努力地训练，而中间部分则很少，这被称为极化训练（polarized training）。而另一些人则建议应该在比赛强度下进行大量的训练，如图4.2所示，这就意味着你的大部分训练时间将花在强度AeT和AnT之间。

科学家们一致认可的是，一个赛季中大部分时间的训练强度都应该低于AeT。这个结论看起来没什么问题，也就是说大部分时间（可能70% ~ 80%）的训练应该都是非常轻松且低于AeT的。在赛季中你的时间分布可能如图4.3所示，大量时间处于AeT以下，其余部分则分布在其他两个分段之中。至于要在这两

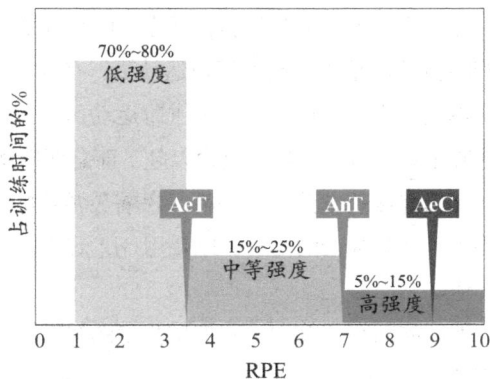

图4.3 相对于AeT和AnT参考点的赛季训练时间分布

个强度更高的分段中各自花费多少时间可能就是个因人而异的问题了（麻烦的个性化原则再次出现），而这要根据你做了多少训练、你正在做针对性训练的比赛类型、以及你对训练的反馈来确定。如何分配其余的时间？我不认为有适合每个人的一劳永逸的方法。而这里讨论的最重要的一点就是，你的大部分训练应该处于AeT或者更低的强度。

> **提示**
>
> 你的大部分训练要处于AeT或者更低强度。

为什么如此多的训练时间应该处于AeT附近或更低的强度呢？这不会让训练过于轻松吗？是的，这正是关键点所在：你轻松的训练越轻松，你艰苦的训练才能越艰苦，一个轻松训练日可以确保接下来的艰苦训练日的艰苦程度。如图4.3所示，如果你把很多AeT强度之下的训练时间转移到其他两个更高强度的范围内，特别是转移至AeT到AnT之间的部分，你就会很疲劳，导致每周的关键训练受到影响。而这些关键训练无法达到应有的挑战性，就会导致你不能锻炼出高水平的身体素质。这种把轻松的训练（低于AeT）变成中等强度（在AeT和AnT之间）并因此减少恢复时间的做法，无疑是认真训练的运动员所犯下的最大错误。如果想达到高水准的运动表现，你就需要很多很多轻松的训练，我知道这听起来是矛盾的，但它确实有效。

当然了，这些因素都催生了赛季规划的问题。在整个赛季中，周复一周地以同样的方式训练并不是一个好主意，这不仅会增加身体崩盘的风险，而且身体收益也可能会出现平台期。也就是说，在几周内持续采用相同的训练方法无法实现突破。这样来看，改变是有好处的。我们将在第7章探讨赛季规划的问题。

小结

耐力运动的训练其实很简单，并不比大多数事情困难多少。无论经验或能力水平如何，你只需要处理好3件事：训练频率、持续时间和强度。无论你是刚开始参加铁人三项比赛的新手还是职业铁人三项运动员，在训练中都应关注这3项内容。但是如何安排它们却与你的进步息息相关。对于进阶运动员来说，铁人三项训练成功的关键是训练强度，但是这并不意味着一直都要全力以赴，而是要以适合当前赛季和目标比赛的强度进行训练。

计算强度的方法有很多种，目前最常见的是范围0～10的自我感知评价（RPE）、监测心率、计算骑行的功率，以及用GPS设备或者在固定长度的跑道上使用秒表来衡量跑步的配速。

理解如何在训练中正确把握强度的关键，在于理解某些生理参考点，最常用的是有氧阈值和无氧阈值，即AeT和AnT。AeT是二者中较低的那个强度，出现在你以中等输出进行训练的时候，大约是RPE标度上的3或4。当你以大约7的RPE运动时，就会非常明显地感知到AnT了——非常艰苦的感觉。AeT心率大约要比AnT心率低30次/分钟。

AnT可能是这两个参考点中更为重要的一个，因为无论使用何种测量工具，所有的训练区间都是基于此而划分的。AnT的唯一问题是，在实验室中测出它的成本相当高，而FT是一个不错而廉价的AnT替代品，可以用实地测试来测得。在本章中你已经了解了骑行和跑步中的FTHR、游泳和跑步中的FTPa以及骑行的FTPo，也学习了如何进行各项运动的实地测试来设置各自的训练区间。

你还会发现，某项运动的各种不同区间并不总是一致的或者能对应上的，例如跑步的心率区间和配速区间，或者骑行的心率区间和功率区间。它们本来就不应该是一致的。随着整个赛季中身体素质的提升，训练区间之间的差异也将进一步拉开，这是因为你的rFTHR保持不变而FTPa不断增加。同样的道理，赛季中你的bFTHR不会改变而FTPo会不断增加。当你的身体素质下滑时情况则刚好相反，这在赛季结束时很常见。

> **提示**
>
> 随着整个赛季中身体素质的提升，你的各个训练区间之间的差异也将进一步拉开。

一旦设置了训练强度区间，你就应该留意在AeT以下、AnT之上以及这两个阈值之间所分配的训练时间的比例如何，你的大部分训练都应该采用AeT或更低强度。换句话说，可能多达80%的训练应该在中等强度的RPE 3 ~ 4或者更低的水平上进行，这将有助于确保你在进行下一次AnT或AeT到AnT间的高强度训练时已经得到了充分的休息和恢复，而这些高质量的训练对于你在比赛日的状态至关重要。如果你以这种方式去训练，就是向目的性训练迈出了第1步。在第3部分中我们还将深入探讨针对高水准比赛进行目的性训练的话题。

目的性训练

　　为了在铁人三项比赛中呈现高水准的表现而训练，就像人生中其他真正要追求卓越的事情一样，都是从有明确目的开始的。当你还是个刚刚接触这项运动的新人时，毫无计划的训练也许会有点作用，但是当你成为一名进阶运动员之后，这种方法就只会浪费宝贵的时间，并在比赛时给你带来挫败感。如果你没能达到自我预期的潜能水平，你可能就需要好好思考一下自己训练的目的性了。

　　想要有目的性，首先得有一个目标。很可能你已经有不止一个目标了，但是你的目标真的让训练变得有目的性了吗？我们将在第5章探讨这个问题。在第6章中，我们将分析你的能力和限制因素（短板），从而进一步探讨如何把你的目标与训练联系在一起。

　　想在铁人三项赛中力求高水准的运动表现，有目的性的训练可能是最重要的一个方面。设定适当的目标，并将它们与你的限制因素（短板）紧密结合，然后带着明确的目的去进行训练，就会让你的身体素质得到针对比赛的特异性的提升。

开始新的赛季

在本章，我将向你介绍我是如何指导运动员一步步开始新赛季的。无论之前已经这样做过多少次了，在每个新赛季，我们还是会重复这个启动流程中的每一个步骤。看起来可能有些多余，但坚持这样做是因为一切都处于变化之中，很多事情都随着时间发生了改变。最重要的变化就发生在你的身体上，它永远不会是静态的。你所有的生理系统都处于不断更新的状态中，你的身体时刻都在重建。年复一年，有些变化可能很细微，你甚至都注意不到它们，但请相信我，这些变化的确发生了，并且影响着你的竞赛表现，还有些变化则更为显著。我们将简要讨论一下这些变化。

在接下来几页中我建议你做的很多事情，眼下看起来都可能是毫无意义的，你甚至会想跳过它们。但我可以非常肯定地说，从长远来看，你会很感激自己当初完成了这些事。你不仅会学到很多有关运动员的身体规律方面的知识，而且还会记录下每个赛季之初你处于什么历史性的位置。当你作为一名运动员不断进步时，这些与你身体素质相关的记录将会显示出它们的宝贵价值。

如果你在上个赛季中受伤了，我希望现在你已经完全康复并准备好重新开始了；如果你没有完全康复，从一个赛季结束到下一个赛季开始之间的过渡期，就是从伤病中完全恢复并采取措施防止其再次发生的好时机。如果你正受到小伤的困扰，那么此时开始为新赛季进行训练是毫无意义的，你不仅无法从中获益，反而会损失很多。你应该以休息充分并且很健康的身体来迎接新赛季的开始，同时还需要坚定一个信念：不要再受伤了。本章中的一些建议会对此有所帮助。

重复一遍赛季的启动流程还有一些其他原因。在上一赛季中，你可能购买了新的自行车或者诸如车座之类的新组件，你需要确保这些组件对于你的新赛季来说都是合适的并且已经准备就绪了。同样的道理，我们也需要确认你当前正在使用的跑鞋是合适的。此外，在过去一年中你的某些肌肉可能变得更强壮了，而其他一些肌肉却变得更脆弱了；你不同关节的活动范围可能增大或减小了；你的体重可能增加或减轻了；你三项运动中每一项运动的技巧可能也略有改变。

在赛季之初，你还需要知道目前自己的身体素质如何，以及与前几年相比如何。这一基准最终将帮你确定如何开始制订自己的训练计划。我们将在第7章中再次讨论这一话题。

在新赛季第1次认真训练之前搜集这些信息非常重要。但如果你不是在赛季之初读到这一章的呢？可能你已经进入到新赛季当中了，如果距离比赛已经仅剩几周了，你该怎么办呢？我强烈建议你现在就按照本书中的指南重新开始你的赛季，就好像现在才是赛季真正的起点那样。如果你遵循余下章节中的指南，从很多方面来看，这就是一个新的赛季。

另一方面，如果你目前正处于频繁的比赛中，最好推迟这里建议的所有流程，直到你在下一次优先级较高的比赛前有几周休整时间时再启动。无论你现在处于赛季的哪个阶段，最终都需要将本章所述的赛季启动步骤纳入其中。这有助于你快速获得训练收益，从而在之后的比赛中显著提高运动表现水平。

让我们用一种比你之前尝试过的方法更有效的备赛方法来开始新赛季或正在进行的赛季。信不信由你，一切都从梦想开始。

梦想、目标、目的及训练意图

在谈到目标时，一些运动员认为，把目标定得远大一些是一个好主意，因为即使没有达到最终目标，他们至少还可以命中途中的小目标。我就认识这样设定目标的运动员。但是实现目标的过程并非如此，设置远远超出实际情况的目标将导致事与愿违。有梦想很好，但梦想不是十指相扣许愿就能实现目标那么简单的事情。

1961年，美国前总统肯尼迪梦想着要在10年内将人类送上月球并安全返回。不管什么原因，这个梦想很快成为美国宇航局（NASA）最大的目标，也可以说是人类历史上最大的技术挑战。在月球上安全降落然后安全返回地球的目标是宏大的，它始于一个梦想。

请注意，NASA并不是以把人类送达最近的恒星为最初的目标，而后将期望降低为最终至少可以到达月球。这样做并不能实现目标。一个好的目标应该具有挑战性，但不应该是远远无法企及的幻想。如果你自己都不相信自己可以实现这个过于宏大的目标，那么它甚至都不是个梦想，只是个幻想罢了。

> **提示**
>
> 一个好的目标是具有挑战性的，但并非无法企及。

幻想很廉价，它们几乎不可能实现，也没有什么实质内容。当你向星星许愿时，什么也不会发生。然而与幻想不同的是，梦想通常可以实现，它们距离目标只有一步之遥。梦想是你作为铁人三项运动员取得最高成就的起点。在1961年初，把人类送上月球并安全返回还仅仅是一个梦想，但它很快就成为了一个目标，并在几年内取得了成功。那么作为铁人三项运动员，你的梦想是什么，目标又是什么？

你的赛季目标

新赛季的起点就是设定合理的目标。我认为设定3个赛季目标比较合适，如果目标太多，有一些就会被忽视。当然了，你可以设定更少的目标。而且我发现，将运动表现的成果定为目标是最为有效的，即你想要在一场比赛中取得什么样的成绩。这里的成绩是比赛的成绩，而不是备赛过程中的某个阶段你想要达到什么样的成绩。

梦想可能就是你目标开始的地方。作为一名铁人三项运动员，你或许已经梦想了很长一段时间要达成某些重大的成就，比如获得夏威夷IRONMAN®KONA世界锦标赛资格、进入国家队、赢得一场当地的比赛、完成你的第一场铁人三项比赛，或者其他任何可以点燃你激情的事。如何才能把梦想变成一个实际的目标呢？毫无疑问，你已经听过很多次下面的内容了，但无论如何我还是要让你重新回忆一下，这对于我们正确地开始新赛季非常重要。

每个目标都应该有明确的定义，它们都应该包含一个基本元素：在给定的比赛中，你到底想要达到什么样的确切目标。辅助性的成就，如减轻体重、提高功率或者跑得更快，实际上是训练目的，而非赛季目标。稍后我们会讨论训练目的。如果你正为参加高水平的比赛而训练，那么请确切地说明你想要在该比赛中取得什么样的成绩。

目标应该是可量化的，仅仅设定一个"比赛更快"的目标是不够的。你的目标应该是类似这样的：在2小时20分钟内完成5月7日的×××铁人三项赛。注意要包含目标完赛时间。目标定义得越严格，在整个赛季中就越容易向着目标而努力训练。在这个意义上，设定一个时间目标比设定一个诸如赢得你所在组别的比赛，或者进入年龄组排名前10名之类的目标更好，因为这些目标在某种程度上总是取决于比赛当天你所在年龄组的其他参赛人员的表现。而你唯一可以掌控的是自己在比赛中的运动表现，这主要是由你自己的能力和日常训练决定的。如果能力和训练都比你优秀的人碰巧也参加了比赛并获得了胜利，但你仍然达成了自己的时间目标，那么你也应该对自己的运动表现结果感到满意。

你的训练目的

你可以实现自己的目标吗？你的脑海中应该至少有一粒怀疑的种子，否则这个目标就过于容易了，它并不是一个真正需要去争取实现的目标（或者说不值得为之投入时间和精力）。如果你毫无疑问可以取得成功，那这个目标对你来说就没有什么挑战性，训练也就没有什么目的性可言，结果也是没有意义的。

另一方面，如果目标过于宏大以至于你甚至都无法想象如何去完成它，那么你的训练很可能也是在浪费时间。你只是在幻想而已，幻想并没有什么好处。要想取得成功，你必须有充分的理由相信，实现目标是在自己的掌握之中的。让我来给你讲一个与此有关的故事。

曾经有一位新客户告诉我，他想赢得全国冠军。我想，好的，正好可以先聊聊他的成绩。所以我问他以前是否参加过全国锦标赛，他回答说："没有。"然后我问他参加比赛多久了，他告诉我说："我从来没有参加过比赛。"接下来我询问他进行了多少训练，他说："我从来没有做过任何认真的训练。"天呢！我认为在这种情况下需要进行大量的讨论才能确立一个具有挑战性、但不要过于有挑战性的目标。他有的是一个幻想，而不是梦想。他在瞄准星星，并幻想着能命中月球。也许在不久的将来，他终有一天可以站在全国锦标赛的最高领奖台上，但这不太可能发生在他的第 1 个赛季中。

这里还有一些其他你需要仔细思考的问题：为什么现在你无法实现自己的目标呢？这其实是一个如何定义的问题，如果你现在就可以实现它，那么我们应该称之为成就，而不是目标。因为在目标水平上，你的运动能力还有一定程度的不确定性，所以显然你和立即成功之间还存在一些障碍，也就是限制因素（短板）。而你的训练意图正是改善这些运动表现的限制因素（短板），那些给出想要突破限制因素需要做些什么的子目标，就称为训练目的。在第 6 章中我们还将更深入地探讨限制因素（短板）这个重要概念。

现在你只需要弄清楚，训练目的是在实现赛季总体目标的过程中要实现的短期子目标。在训练过程中，你可能会实现这些训练目的，这表明你正在朝着目标迈进。举个例子，训练目的可以是在备赛过程中，你想要在某项特定训练或测试中达到的时间、功率或者配速。生活方式的问题或者是心理障碍也会限制你的运动表现。如果涉及了你的生活方式或者心理障碍，这些限制因素（短板）最初不会在游泳、骑行和跑步上的成绩中反映出来，但它们仍然在你的竞赛表现中扮演了重要角色。我们很快会回到这一话题。

> **提示**
>
> 训练的目标是消除运动表现的限制因素（短板）。

你的日常目的

实现远大的目标和目的绝非易事，它总是需要决心、汗水和耐心。你每天都必须拆解自己的目标和目的，这里一点、那里一点。如果你这样做了，那么训练目的和最终的目标就尽在你的掌控之中，你会一步步地稳步前进。这就意味着每一次、每一天的训练都必须是有目的性的，每一次训练都必须专注于至少一件有助于你提升的事情，每一天都要有所关注。在任何特定的日子里，你都需要有所专注。你所专注的可能是颇具挑战性的事情，例如提升骑行功率或者游泳技巧；或者，也可以是一些非常简单的事情，比如从前一天的艰苦训练中恢复过来，这对于成功也至关重要。不管具体是什么，每天早上醒来时你都应该清楚地知道你当天要做些什么让自己接近目的和目标的事情。高水平的运动表现需要每天都付诸行动，你的目标越高，你每天的决策也就越重要。

最优秀的运动员会为微小的日常进步而努力，因为他们知道，他们最终会实现自己的赛季目标。同样地，你的目标越大，你每天的每一个决策就越重要。这包括你的日常选择，从营养到睡眠到训练伙伴，甚至是你所想的一些小事情。毕竟，即使是命中小目标也不是件容易的事情。

当下你要做的，就是想想自己的梦想是什么，本赛季你最渴望实现的是什么？你的目标、目的以及意图最终都会从中产生。稍后在第7章中，我将会要求你写下自己的目标和目的，然后在第8章我们探讨如何制订周训练计划时，将深入探讨你的日常目的。

评估

如何才能实现你的目标呢？你的目标越高，你的训练目的也会随之拔高，手头的任务也就会越重。这就像开车穿过一座你从未去过的大城市一样，需要做些计划，不考虑方向和路线、跳上车就出发是很愚蠢的。而路线选择最基本的要素就是：我现在在哪，我想要去哪？如果搞不清楚这两个问题的答案，你的旅行注定会失败，即使成功也只是靠碰运气罢了。

虽然幸运女神站在你这边是好事，但我们不能把它作为赛季的训练策略。正如上文所述，你需要建立自己的赛季目标，也就是确定这次旅行的目的地。而路线选择的另一个要素是知道你现在的位置，我们将从3个角度来确定你的位置：你的身体对训练的准备充分程度、你的心理对训练的准备充分程度，以及你目前的身体素质水平。

身体评估

当我指导运动员开始全新的赛季时，我首先让他们做的一件事，就是去找物理治疗师（PT）进行全面的身体检查，这同样也是你应该做的事情。如果你能找到专门从事运动员治疗，并且有和耐力运动员合作经验的PT是最好不过的。问问你周围的人，特别是你的训练伙伴和你购买装备的体育用品商店的工作人员。你要寻找的是可以对你的姿势、力量、关节活动度、肌肉均衡度、动态功能，以及任何其他可能影响你身体健康和训练持续性的身体结构特征和不对称情况进行全面彻底检查的人。这样做的目的是确定你受伤的风险，最重要的就是要避免你在即将到来的赛季中受伤。

在发现你容易出问题的某些特殊情况之后，治疗师会为你设计一个功能强化和灵活性相关的训练计划。他也可以给你的自行车设定调整技师提供一些自行车设置方面的建议，并推荐最适合你的跑鞋类型。如果你有教练，治疗师可能也会给你和你的教练提供一些建议，比如已证实对你的身体有益的训练类型和最好避免做的练习和动作。

为你量身定制的伤病预防计划和你的游泳、骑行和跑步训练同样重要，你应该在整个赛季中都非常认真地去执行这个计划。曾经与耐力运动员合作过的PT会理解你的时间是非常有限的，他们会精简那些纠正性训练，以便你可以在合理的时间内收益最大化。如果检查发现你有严重的结构性缺陷，那么最好安排一名治疗师做跟进检查，持续评估你的进展，并不断对你的训练计划做出调整。是否通过充分地身体评估来预测可能出现的伤病并降低受伤的风险，往往是一个成功的赛季和一个充满沮丧与泪水的赛季之间的区别所在。

心理评估

在第1章中，我们已经讲过心理素质对于铁人三项运动员实现高水平运动表现的重要性。现在是时候评估你的心理技能了，请完成备注5.1中的心理技能简况调查，在你思考表中每个问题的答案时请保证完全诚实。没有其他人会看到你的结果（除非你想要分享），所以没有必要美化你的答案。请答完所有的题目之后，再回来继续阅读本章节，我就在这里等你。

鉴于你已经在阅读本书了，我想你在积极性方面应该会得高分（4或5）。一般来说，铁人三项运动员都是积极性很高的人。尽管人们普遍认为积极参与训练和比赛是一个正面的特征，但它可能也有不好的一面。当运动员发现在一段时间的艰苦训练之后难以减少训练来进行休息，甚至无法在比赛前逐渐减量来调整状态时，积极性高的缺点就暴露出来了。我就认识一些这样的运动员，他们过于积极，除非被疲劳压垮，否则就省掉了所有休息和恢复的时间，而这样做的结果往往就是过度训练。很少有运动员了解过度训练的后果会有多么严重，我们将在第10章中更详细地讨论它。现在你只需知道，要想在比赛中尽可能高地发挥出自己的水平，你就必须学会控制自己的训练热情和对功成名就的强烈渴望。

此外你的信心、思维方式、专注程度和想象能力对于运动表现也至关重要，如果你在这些要素中的任何一项打分较低（1、2或3），那你就需要想办法来解决短板了。最有效、可能也是最昂贵的方式，就是请一个运动心理学家。而一个不那么昂贵的替代方式，就是阅读运动心理学家所写的书籍。

提示

你的信心、思维方式、专注程度和想象能力对于你的运动表现也至关重要。

身体素质评估

在指导选手训练过程中，我非常认可"能够被量化的东西才能够被改进"。如果你想要提升生活中的某些事情，首先要衡量它当前的情况，然后频繁而有规律地反复测量，观察它的进展情况。如果你这样做了，其提升的可能性会大大增加。例如，如果你希望自己的银行账户储蓄增长，就定期频繁地查询它；如果你想花更多的时间陪伴家人，就定期频繁地检控自己的时间分配情况；如果你想读更多书，就定期频繁地记录自己读了多少书。如果没有其他状况发生——当然，这个简单的概念可能也指代了很多好的状况——你会更频繁地思考相对于目标而言，你现在做得怎么样。关注带动行动。相比于放任自流，频繁定期地跟进与评估会促使你更加积极努力，从而实现财务、时间管理、阅读或其他方面的目标。

备注5.1　心理技能简况调查

阅读下面的每一句描述，然后从这些选项中选择合适的答案。

1 从不　　2 偶尔　　3 有时　　4 经常　　5 通常　　6 总是如此

_____1.我相信自己作为铁人三项运动员潜能一流。

_____2.我训练的持续性很好且热情很高。

_____3.比赛途中进展不顺的时候，我仍能保持积极的心态。

_____4.在艰难的比赛中，我可以想象自己做得很好。

_____5.比赛前，我能够保持积极、乐观向上的心态。

_____6.多数时候，我认为自己是成功者而不是失败者。

_____7.比赛前，我能够消除自我怀疑。

_____8.比赛日早上醒来时，我会紧张但是充满热情。

_____9.我会从一场不尽如人意的比赛中学到些东西。

_____10.我知道自己可以处理好艰难的比赛状况。

_____11.我能够在比赛中发挥出自己大部分或全部的能力水平。

_____12.我能够很容易地想象到自己在训练或比赛的画面。

_____13.在长距离比赛中保持专注对于我来说很容易。

_____14.我在比赛中发挥稳定。

_____15.赛前，我会在心里预演技巧和策略。

_____16.在比赛过程中，我善于保持专注。

_____17.我愿意为了实现自己的目标而做出牺牲。

_____18.在一场重要的比赛之前，我能够想象到自己表现得很好。

_____ 19. 我会期待进行艰苦的练习。

_____ 20. 当我想象自己在比赛时，真实感会非常强。

_____ 21. 我认为我自己是一个强大的竞争对手。

_____ 22. 我在比赛中心无旁骛。

_____ 23. 我为自己设定了远大的目标。

_____ 24. 我喜欢艰苦比赛带来的挑战。

_____ 25. 当比赛变得更加艰难时，我甚至可以更加专注。

_____ 26. 在比赛中我意志如铁。

_____ 27. 我能够在比赛前放松自己的肌肉。

_____ 28. 无论面对比赛延迟开始、天气恶劣还是其他状况，我都能保持积极的心态。

_____ 29. 在一场糟糕的比赛之后那一周时间里，我仍然信心十足。

_____ 30. 我力争成为自己所能成为的最好的运动员。

得分：把下面每一组描述所对应的得分累加起来，然后利用本页下面的标准来确定评级。

心理技能	描述	总分	评级	如何确定评级：	
动机	2, 8, 17, 19, 23, 30	_____		如果"总分"是…	那么"评级"就是…
信心	1, 6, 11, 21, 26, 29	_____		32~36	5
思维方式	3, 5, 9, 24, 27, 28	_____		27~31	4
专注程度	7, 13, 14, 16, 22, 25	_____		21~26	3
想象能力	4, 10, 12, 15, 18, 20	_____		16~20	2
				6~15	1

这与铁人三项的目标和目的道理是一样的，如果你频繁而有规律地去跟进这些成功的量化指标，它们就将成为你心目中优先级最高的事，从而想方设法地去实现提升。如果你从未进行过任何量化指标跟进，那么直到比赛日你才能知道自己在训练准备的过程中到底做得怎么样，可是这就太晚了。通过频繁而有规律地跟进正确的量化指标，实现目标的可能性将会大大提高。

所以你要量化些什么、什么时候进行量化呢？有一些可以指示身体素质如何的指标，其中一些只能在临床环境下进行测量，而有些则可以通过实地测试轻松完成。它们之间的区别是什么呢？

提示

频繁而有规律地去跟进正确的量化指标会提高你成功的可能性。

临床测试，有时也被称为实验室测试，通常是在大学、健康俱乐部、体育用品零售店或者医疗诊所（包含骨科医师、脊椎按摩师、物理治疗师或体育医师）中进行的。耐力运动教练通常也提供这种类型的测试服务，可以问问周围的人，附近哪里可以进行这样的测试。

实地测试，则是你可以在泳池、路面、跑道以及健身房中自行完成的。一些简单的运动表现测试同样可以监测训练进展情况，只是测试的方式与临床测试不同。两种类型的测试都有其各自的优点和缺点。

临床测试测量的是有高度针对性的身体素质指标。这种测试的准确性通常都非常高，但其缺点是成本很昂贵。此外，由于临床测试的技术性较强，所以需要技术人员对测试结果进行解读，看看通过测试发现了什么。

提示

临床测试提供了大量与你身体如何运转相关的详细信息。

备注5.2 临床测试指标

在临床测试中，使用气体分析和（或）乳酸分析的常见耐力测量指标如下。这样的测试一般仅针对铁人三项的骑行和跑步部分，而游泳测试的设施非常少见。心率测试适用于骑行和跑步，配速测试适用于跑步，功率测试适用于骑行。

常见的气体分析指标

- 有氧能力（也称VO_2max）：运动员在最大有氧输出时所消耗的氧气量。
- 有氧阈值（AT1）心率、配速或功率：可能让有氧身体素质有所进步的最低运动强度。
- 无氧阈值（AT2）心率、配速或功率：运动员开始进入"红线"的强度，伴有典型的呼吸费力，自我感知评级大约是7（以10级划分），肌肉有灼热感。
- 在不同的心率、配速或功率强度下的热量消耗。
- 在碳水化合物能量源储存有限的情况下，你的身体利用脂肪供能的能力。

常见的乳酸分析指标

- 第一乳酸阈值（LT1）心率、配速或功率：能让有氧身体素质有所进步的最低运动强度。
- 第二乳酸阈值（LT2）心率、配速或功率：运动员开始进入"红线"的强度，伴有典型的呼吸费力，自我感知评级大约是7（以10级划分），肌肉有灼热感。与最大乳酸稳态（MLSS）这一指标密切相关。

- 在不同的心率、配速或功率强度下的乳酸水平，反映了你输出的费力程度，与你的比赛配速密切相关。

而实地测试是没有经济成本的，另一个好处是，它们与比赛非常类似。临床测试通常是在跑步机和骑行台上进行的，而实地测试则在开放的路面、跑道或是泳池中更准确地模拟比赛的情况。此外，实地测试的结果通常也更容易理解，因为它们一般仅是一或两个数字而已，而这些数字与你在测试中的运动表现明显相关。与临床测试相比，实地测试的主要缺点是产生误差的可能性更大。在诊所里，技术人员会确保从一次测试到下一次测试诸如设备选择和热身等变量是相同的，而运动员们在实地测试中则不太可能这样做，他们会引入一些容易对两次测试结果造成1%～3%改变的干扰变量。而微小的运动表现提升（或损失）可能会被那些不受控制的变量所抵消，例如天气、营养、热身或路线选择。

此外，还有其他一些要考量的因素。临床测试为你提供了有关你的身体如何运转，以及要在训练中怎么做才能提高运动表现的大量详细信息。而另一方面，实地测试更像是一个"黑匣子"测试：你只需要努力输出，最后看看运动表现测试的数据。至于如何解释这些数据则要看你自己，除非有一位能够帮助你得出结论的教练。

这两种类型的测试都是有价值的，能够帮助我们全面了解自己在赛季起点的身体状况。对于我所指导的运动员们，这两类方法我都会使用。后续的测试可以很容易地与实地测试相结合（便宜），而临床测试则需要仔细斟酌训练安排（昂贵）。

备注5.2给出了可以考虑在诊所进行的测试类型的建议，你可以通过与技术人员讨论自己的比赛目标以及之前的训练历史来简化这一清单并减少开销。技术人员可以根据你的特殊需求，帮你聚焦测试的核心内容。如果你可以既进行骑行测试又进行跑步测试，那就太棒了（游泳测试很少见），但这非常昂贵并且需要花费大量的时间，所以我建议只进行骑行测试，因为自行车项目对你的比赛结果影响更大。进行临床测试的最佳时机是在赛季之初，在基础期和建设期结束时还要再进行测试（有关训练周期的详细信息请参阅第7章）。一个赛季至少要进行3次测试，根据你的比赛目标，可能还要进行额外的2～3次测试。

提示

请在你的赛季之初以及基础期和建设期结束的时候进行测试。

实地测试很容易融入你的日程安排中。和临床测试前一样，你需要提前几天训练减量，就像你在B级（中等重要）赛事前可能会做的那样。在疲劳状态下进行任何类型的测试都将极大地干扰测试结果。在进行实地测试时，你必须努力做到的是控制可能导致结果混乱的变量。除了休息恢复情况这一最重要的变量之外，你还需要确保下表中的因素在两次实地测试中尽可能保持相同（并且应记录在你的训练日记中，以帮助你保持测试因素的稳定性）：

- 装备选择（自行车装备和跑鞋尤其关键）。
- 赛道选择（如果可能的话，同一项运动每次测试都采用相同的赛道）。
- 测试前的饮食。
- 热身。
- 测试起始时的配速。

最后一项配速对于实地测试而言尤为重要。在进行备注5.3中所描述的功能阈值的实地测试时，运动员们总是在开始时速度太快。由于配速掌握得糟糕，他们在测试的后半部分会掉速很多。在开始时，太慢要比太快好得多。我要强调的是，这些测试中存在学习曲线，测试的次数越多，你对于配速就掌握得越好。

提示

实地测试的配速非常关键，开始的时候不要太用力。

我建议立即对每项运动都进行功能阈值测试。除了为你提供当前身体素质水平的良好指标外，它们还有助于设置你的配速、功率和心率区间。如果你没有功率计或GPS设备，你也应该进行测试，只关注于设置心率区间即可。解耦和效率因子的测试也应安排到你的每周训练中，在第6章和第8章中我们会讲到相关的内容。

如上所述，在赛季中进行这两种类型测试的最佳时机是在完成了一个持续若干周的训练周期之后，比如说在基础期和建设期结束时。当然了，你也应该在新赛季开始之前进行测试，以建立基线与后续的测试进行比较，从而了解你的训练进展。同样地，如实记录训练日记也将帮助你追踪所有这些基线。

备注5.3　实地测试指标

游泳、骑行和跑步的常见实地测试列举如下。心率测试适用于骑行和跑步，配速测试适用于游泳和跑步，功率测试适用于骑行。附录B（游泳）、附录C（骑行）以及附录D（跑步）更加详细地描述了每一项目的实地测试，第13章则描述了力量的实地测试。

常见的游泳实地测试
- 功能阈值配速（sFTPa）：进行1000米的计时测试，确定游泳配速的训练区间以及评估游泳方面身体素质的进步。

常见的骑行实地测试
- 功能阈值功率（bFTPo）和心率（bFTHR）：进行20分钟的"计时赛"，确定骑行功率和心率的训练区间，以及评估自行车方面身体素质的进步
- 功率–心率解耦（Pw:HR）：在特定日期进行"长距离"有氧耐力骑行，确定疲劳会在何时发生。

- 效率因子（bEF）：在有氧阈值上进行"长距离"的有氧耐力骑行，评估在相似训练中有氧身体素质随时间的进步。

常见的跑步实地测试

- 功能阈值配速（rFTPa）和心率（rFTHR）：进行20分钟的"计时赛"，确定跑步配速和心率的训练区间，以及评估跑步方面身体素质的进步。
- 配速－心率解耦（Pa:HR）：在特定日期进行"长距离"有氧耐力跑，确定疲劳会在何时发生。
- 效率因子（rEF）：在有氧阈值上进行"长距离"的有氧耐力跑步，评估在相似训练中有氧身体素质随时间的进步。

训练准备

本章的目的在于，通过一种可以大大提高你成功可能性的方式来开始一个全新的赛季。到目前为止，我们已经查看了你的目标，了解了本赛季你想要达到的水平，评估了你的身体和心理对于训练的准备就绪程度，并且让你开始进行身体素质基线的测试。那么现在，在合适的装备及其他资源均已到位，可以确保你从训练中获得最大收益的基础上，我们就要更加直接地关注于铁人三项中的各项运动了。

游泳

在铁人三项运动中，游泳的独特之处在于其运动表现很大程度上取决于技巧。事实上，对于大多数年龄组的游泳运动员而言，在运动表现上技巧比身体素质更为重要。在第12章中，我们将研究提升游泳水平你需要掌握的技能。在提升游泳技巧时，你能做的最重要的事情就是聘请一位教练或游泳指导，频繁地就你的技术问题给予反馈。你的资源可以是一个值得信赖的、对游泳技巧掌握得很好的训练伙伴、你聘请的导师、你的铁人三项教练，或者你在参加配有岸上教练的游泳高级组训练时所得到的反馈。一个配有知识渊博的教练的游泳高级课程，将为你的游泳训练创造奇迹。在你周围搜索看看，试着找到一位主要专注于铁人三项并且其训练课适应你日常生活安排的教练，然后尝试每周参加2 ~ 3次这样的训练课。

> **提示**
>
> 频繁的反馈对于游泳技巧的提升至关重要。

如果你找不到可以参加的游泳高级课程，那么你需要一个家或者工作地点附近的泳池，以便将花费在路上的时间减到最少。铁人三项本身已经是一项非常耗时的运动了，尽量不要在训练以外再增加很多开车的时间。理想的泳池会有每日固定的开放时间和可记圈游泳的泳道，人很少，并且泳道是按能力划分的。如果泳池有一个移动隔离壁，可用于在25米到50米之间切换泳道长度，那就太棒了。较长的距离有助于提升公开水域的游泳耐力。

说到公开水域，有条件去湖泊或海洋里游泳对于提升你的比赛技巧有很大帮助。这里请注意一点：永远不要独自在公开水域中游泳，要安排至少一个其他的泳者和你一起。有些俱乐部整个夏天都会定期安排公开水域游泳团体训练课，这将是非常好的适应真实比赛环境的机会。

至于装备，我不太相信很多游泳辅具的作用。但是当你试图掌握游泳技巧时，可能会发现浮板派得上用场。在其他时候，你需要的只是好的泳镜、泳帽和泳衣。

骑行

每年我都会参加很多比赛，我经常看到的一件令人沮丧的事情是，有些运动员，我确信他们已经花费了数百小时的时间来为这项赛事进行训练，并且可能花费了数千美元用于购买装备和支付路费，但是他们的自行车尺寸设定却不合适。这是多么大的浪费啊！这些可怜的运动员甚至都没有机会去接近他们的能力极限。

为什么自行车的尺寸调整如此重要呢？因为骑行正是比赛的关键，大约一半的比赛时间都是花费在骑行上的。糟糕的自行车尺寸设定——座垫太高或太低、太靠前或靠后，车把太长或太短、太高或太低，还有更多种种——意味着自行车手无法在踩踏时正确地发力、不符合空气动力学、浪费体力和耽误时间。这样的情况着实令人沮丧。然而一次正规的自行车尺寸调整就可以轻松解决这些问题。

我要求我所指导的每位运动员在每个赛季之初都去做自行车尺寸调整，即使他使用的是和上一赛季相同的自行车。再次强调：我们每年都会这样做。我们总是请专业的技师来帮运动员做自行车尺寸调整，我强烈建议你也这样做，不要自己做调整，也不要让训练伙伴、朋友或配偶来帮助你调整自行车。去找有经验的人吧，特别是那些经常给铁人三项运动员做自行车设定调整的技师。在第12章中，我们将更加深入地讨论这个话题，因为它与你的骑行技巧以及运动表现有很大关系。

> **提示**
>
> 骑行是比赛的关键。

我相信你也很清楚，在装备方面，自行车部分是铁人三项运动中花费最高的。你会花几千美元买一辆合适的自行车。因此，在寻找新的自行车时，你很有必要认真地挑选和确定价格。如果你的预算紧张，可以去看看二手自行车。自行车商店和铁人三项运动用品商店经常有公告牌，运动员们会在上面张贴出售自行车的告示，铁人三项俱乐部的成员也经常会在更换新车时出售旧的自行车。并且，去年和今年的车型之间的速度差异通常可以忽略不计。你经常可以找到有很大折扣的二手自行车，只要确保它的尺寸适合你就可以了。如果自行车的尺寸不对，那么再好的价格也没什么意义。耐心地，多逛几家店，直到找到适合自己的那一辆。

除了一辆好的自行车，你还需要一个心率监测器。此外，我强烈建议你购买一个功率计。我要求我所指导的每位运动员都配备这两样东西。你可能已经有了一个心率监测器，但你可能在功率计面前犹豫不决，因为它太贵了。我不能因此而责怪你，不过功率计的价格正在快速下跌。它们的价格一度是心率监测器的25倍，但现在只需要差不多相同的价格就可以买到某些型号的功率计了，而与此同时心率监测器并没有变得更贵。如果你只是买不起新的，可以在周围找找二手的功率计。当运动员升级装备时，他们经常会出售旧的。

提示

功率计比其他任何配件都能更好地提升你的竞赛表现。

在装配功率计时，另一个令人困惑的问题是如何使用它。功率计获取的数据比心率监测器要稍微复杂一些，看起来有些无从下手，但实际上它们很容易掌握。我写过一本名为《自行车功率训练完全指南》的小书，旨在简要介绍相关内容。它可以很快地教会你如何使用新的功率计。我写下这本书是因为我相信功率计的确比其他任何可以购买到的装备（包括空气动力学轮组）更能提高你的竞赛表现。因为决定比赛结果的是"发动机"而不是轮组，而你自己就是发动机。功率计将帮助你充分开发自己的全部潜能。

在大多数地方，骑行时的天气可能会成为问题，雨、雪、炎热、寒冷和风经常会干扰户外骑行。在这些情况下，室内骑行台非常有用。这就是你的功率计再次派上用场的地方。如果你已经有了一个功率计，就不需要再配置带有内置分析工具的昂贵骑行台了。你所需要的仅仅是个提供阻力的设备，而功率计将完成其余的工作。

在进行自行车训练时，你所需要的最后一样东西是合适的路线。最好能找到一条可以骑行的、包含平坦、轻微起伏以及爬坡路段的或长或短的道路，坡度在7%左右的陡坡及坡度为3%左右的缓坡可以用于某些提升功率的训练，稍后我们会讲到。当然了，你可能住在像桌面一样平坦的地方。在这种情况下，你通常可以借助强风来代替山丘进行训练，从而帮助你成为更强大的自行车手。

骑行安全至关重要，在这方面你最需要担心的一点是交通。最好是在有自行车道且车辆较少的地方骑行，可能需要开车去某些远离大城市的地方进行训练。我认识很多经常这样做的运动员，这已经成为他们的第二天性，他们并不觉得这有什么不便。小型闪光前灯和尾灯将有助于你在路上被看到，并且价格很是低廉。

跑步

跑步的事情很简单。跑鞋是最重要的装备，一定要购买适合你独一无二跑步特点的跑鞋。要再次强调的是，对你身体力学进行评估的精通跑步的物理治疗师可以针对跑鞋类型提供建议。此外，我强烈建议你在当地的跑步或铁人三项运动用品商店购买跑鞋，那里的销售人员都非常有经验。一般来说，你最好有几双可用于特定类型赛道的跑鞋，例如分别用于公路跑、跑道跑和越野跑的鞋子。

请在你的跑鞋出现损坏迹象的第一时间换掉它。为了评估跑鞋的支撑功能随时间的变化，应定期将它们放在平坦的表面上，并从后跟处进行观察。如果你看到任何向内侧或外侧倾斜的迹象，马上进行更换。购买新鞋比治疗受伤更便宜，心理压力也小得多。

> **提示**
>
> 请在你的跑鞋出现损坏迹象的第一时间换掉它。

除了跑鞋之外，我强烈建议使用速度和距离测量装备，它也可以兼作心率监测器，例如跑步GPS。市场上有一些产品不仅可以告诉你瞬时的速度和距离，还可以提供跑步技术细节的反馈，例如垂直幅度、触地时间等。在第12章讨论铁人三项的运动技巧时，我们会回到这些技术话题上来。

和骑行一样，同时在相对平坦的道路以及一些或陡峭或稍平缓的山路进行训练是非常好的。在山路上训练可以提高你的跑步功率。此外，与骑行一样，如果你可以使用跑步机或室内跑道等室内训练设施会很好，在室外天气恶劣、不适合跑步的日子里，可以使用它们在室内进行训练。

力量训练

在第13章中我们将详细讨论可以提高铁人三项运动表现的力量训练。如果你方便使用自由配重，如杠铃和哑铃，这将是非常宝贵的条件。但是如果你唯一可用的设备是增强力量的器械，你也可以让它们发挥作用。进行力量训练时，为了节省路途中的时间，最为理想的健身房就是自己的家。建立起一个基础的家庭健身房真的花费不了太多钱，但你的挑战可能是要在家里找到一个合适的空间。我认识一些车库有多个车位的运动员，他们会把其中一个停车位变成自己的"健身房"。对于大多数铁人三项运动员来说，一组调节范围为5千克到25千克、增量为5千克的哑铃就足够了。此外，你还需要一条长凳和一个可以承载较小负重的坚固背包，然后就可以完成大部分的基础练习了。我将在第13章中进行介绍。

小结

在本章中，我逐步向你介绍了我指导运动员开始新赛季的整个过程。赛季之初，是仔细查看那些可能影响你训练和比赛的因素的一次难得的机会。我强烈建议你在每个赛季开始时都重温本章。多年来我所指导的铁人三项运动员每年都很期待这么做，因为他们知道这样做可以在接下来的赛季中让自己有更好的运动表现，你也一样。

新赛季的起点应直指你未来数月所向往的方向。这将落实到你的梦想、目标、目的，最终到每日的训练意图上。在后面的章节中，我会明确其中每一项的结构，并将它们融入你新赛季的年度训练计划当中。而现在，我只想让你思考基于梦想的目标。作为铁人三项运动员，你有什么要实现的梦想？在未来数月中，你最希望实现哪些高水平的目标？

提示

新赛季的起点应直指你未来数月所向往的方向。

为了实现这些目标，我需要引导你踏上通往成功的道路。这涉及你作为运动员的心理优势和弱点的评估，以及制订一个消除弱点的计划。你需要为自己的身体做同样的事情。你身体上的限制因素（短板）是什么？你是否有一些结构性的弱点？在即将到来的赛季中，这些弱点一开始会潜藏在深处，随着赛季的推进，它们最终会以伤病的形式暴露出来并扰乱你的训练。每个人都会有这样的弱点。在新赛季之初，与物理治疗师共度的一小时将有助于减轻这些弱点的影响。通过对自己心理和身体上的弱点对症下药，你将比以往任何时候都离成功更近一步。

接下来是对你身体素质的评估，这涉及用测试来确定每项运动的基线。赛季之初，是进行临床测试来确定身体素质现状的最佳时机。测试人员可以为你提供重要的反馈，包括你作为一名运动员生理上的优势和弱点，以及针对你的限制因素（短板）要如何训练的建议。这也是对每项运动进行实地测试，以便从另一个角度了解你身体素质状况的好时机。除此之外，这类测试还可帮助你设置好自己的心率、配速和功率训练区间。需要注意的是，虽然你的心率区间在整个赛季中会保持相对稳定，但你的配速和功率区间将会发生改变，这反映了你身体素质的变化。因此在赛季中，你需要时不时地重复进行实地测试。稍后我们会继续这一话题。

因为铁人三项中的骑行赛段相对于游泳和跑步而言要长得多，所以你必须从现在开始就对此保持足够的重视。为了提升骑行水平，你能做的最重要的一件事就是做一次自行车尺寸调整，找一位有帮助铁人三项运动员进行自行车调整经验的专业技师来做这件事。他做出的调整很有可能会提高你自行车赛段的成绩，从而大大提升你的整体运动表现。

准备新赛季的最后一步，是确保你拥有每项运动高效训练所需的装备、设施和训练场地。需要提醒你的是：这可能很昂贵，特别是在自行车装备方面。想要降低成本，请考虑购买二手装备。自行车、功率计、快速轮组、GPS设备、心率监测器、家庭健身房的举重器材，以及其他此类训练和比赛的辅助工具通常都可以买二手货，你可以多逛一逛周围的商店。

完成以上这些事项，你就已经准备好开始新的赛季了。当你在年底进行回顾的时候，你会意识到本章的所有建议对你的运动表现有多大的帮助。现在，是时候开始为即将到来的赛季增强身体素质了，这就是我们第6章要讲的内容。

构建身体素质

第2章中解释了为什么训练必须要有目的性，第5章中通过测试评估了你当前的身体素质状况，在建立训练的目的性方面取得了相当大的进展。本章将介绍更多与比赛准备相关的概念，为你的训练增添更多目的性。我们将探究身体素质、能力和限制因素（短板）这些关键概念。读完本章，你能做好专注备赛训练的准备。先从一个看似简单的概念——身体素质开始。

什么是身体素质

在第3章中我介绍了一种看待身体素质的新方法。首先，我从身体素质就是展示你比赛准备就绪程度的一种方式开始讲起。一场表现出色的比赛很大程度上要归功于出色的身体素质，而较差的身体素质则会导致较差的比赛结果。而后，我进一步引导你理解了身体素质是训练负荷（即训练频率、持续时间和训练强度的结合）的产物。随着训练负荷逐渐增加，你的身体素质应该也会逐渐提高，这是因为对身体施压会使身体适应压力，而后就会变得更加强壮。

我还描述了几种基于训练负荷来衡量身体素质变化的方法，其中之一是把各个心率区间（或功率区间、配速区间）的训练分钟数相加，通过计算就得到了该训练的得分，然后和该周内所有其他训练的得分相加。随着每周训练负荷得分的增加，我们可以放心地假设你的身体素质水平也在提升。然而为每次训练做这样的数学计算是一项相当费力和耗时的工作，所以我推荐TrainingPeaks网站上的一款软件，它使用了类似但更为精确的方法来衡量你的训练负荷，并将数据显示在整个赛季的表现管理图表中，方便你轻松查看身体素质的进步。

这是一种用你的训练负荷来衡量身体素质的方法。但是，如果你想用一种基于生理学，而不是基于算术的方法来衡量自己的身体素质，从而更精确地衡量进步，那该怎么做呢？这就是第5章中所描述的临床测试的作用所在。这样的测试可以测量你的身体素质水平，并给出一些数字，这些数字可以与之前身体素质相关的数字进行比较，显示出你的生理状况是如何变化的。

那么这些临床测试究竟测量了什么呢？如果你知道测量的指标是什么，那么比起简单计算训练负荷的变化，你可以通过一种更为准确的方式理解什么是身体素质。当然了，这种测试的缺点就是成本太高。尽管如此，知道这些临床测试的测量指标还是可以让你对身体素质有更深的理解，从而知道在训练中应该怎么做才能为比赛中的高水平发挥做好准备。

临床测试的内容实际上非常简单，只测定代表身体素质的3个基本生理指标：有氧能力、无氧阈值和效率。让我们快速看一下它们分别代表了什么，然后探讨如何通过特定类型的训练来提升这些指标。

有氧能力

有氧能力，也被称为 VO_2max，是指利用氧气来产生能量的能力。你的身体能够消耗掉的氧气越多，你所产生的能量就越多，从而功率就越高、速度就越快。通常你会发现，比赛中最快的运动员在所有参赛者中的有氧能力也是最出色的。一般来说，比赛结果越差，说明该运动员的有氧能力越差。但也不要想当然地认为知道了自己的 VO_2max，就能预测在某一比赛组别中和其他人相比你会处在什么位置。你所在年龄组的完赛顺序不仅仅是有氧能力的排名，另外两个生理因素——乳酸阈值和效率——在比赛结果中也发挥着重要作用，这3个因素中的任何一个都不能构成快速完赛所需的全部条件。当然了，这三者也没有涵盖配速掌控、营养、炎热适应能力等诸多其他关键的比赛因素。

> **提示**
>
> 有氧能力，或者说 VO_2max，是指利用氧气来产生能量的能力。

而这些比赛因素并不会降低你对提升有氧能力水平的需求。因为有氧能力的确是铁人三项运动员身体素质的核心所在。有氧能力的改变很大程度上取决于每次心跳时心脏可以向效应肌肉泵出多少含氧的血液，这一单次搏动的输出量，也被称为每搏输出量，与你有氧能力的好坏程度密切相关，而训练的目的之一就是要提升你的每搏输出量。

基本上，有两种增加每搏输出量的方法。一种是专注于你的训练时间、训练距离。心脏会对长时间处于高于静息强度（大约50% VO_2max）的状态做出积极的反馈，从而变得更加高效，也就意味着最终每搏可以泵出更多的血液。

另一种提升每搏输出量（即有氧能力）的方法是进行高强度间歇训练，特别是在与你临床测试所测得的 VO_2max 相应的功率或速度下进行。在这种强度下你的心率将达到最大值，训练将非常艰苦。这种方法会比仅依靠高训练负荷更快地产生更高的每搏输出量。大多数有经验的运动员会同时采用高训练负荷和高强度间歇这两种训练策略。在本章和后面的章节中，你将会学习到如何将这两种方法结合起来，并将它们融入训练当中。

除了每搏输出量，还有其他一些会对有氧能力产生影响的生理因素，例如肌肉中的有氧酶、血管直径和扩张能力、血容量、血细胞比容或红细胞计数等。所有这些都与你全速前进时向肌肉输送大量氧气的能力有关。

体重也与有氧能力有很大关系，确定VO_2max的公式是以每千克体重每分钟消耗的氧气毫升数来表示的。这意味着，当你减少体重，特别是通过减少脂肪而不是减少特定的运动肌肉来减重时，你的VO_2max就会增加。毫无疑问，当你处于自身正常体重范围的上下限时都会遇到这种现象。当你体重增加时，跑步或骑行上坡的速度就会变慢；相反，当你的体重很低时，在任何给定的功率或者速度下，运动都会更轻松，这显然是体重对有氧能力的影响。

我相信你曾经听过这样一句话："要想成为一名出色的运动员，就要好好选择你的父母。"部分原因在于，有氧能力的好坏很大程度上取决于你的父母。（研究表明，同卵双胞胎的有氧能力几乎相同。）但请注意：虽然遗传因素可能限定了你VO_2max的上限，但是适当的训练可以让你非常接近这一上限。还要记住，另外两个生理因素对耐力运动的表现也很重要：无氧阈值和效率。

无氧阈值

我们在第4章中首次提到了无氧阈值的概念，那时我强调的是把它看作训练强度的两个标志之一（另一个是有氧阈值），训练心率、功率以及速度应该围绕这两个标志来安排。在那一章中，我还给出了使用无氧阈值作为参考点来设置训练区间的方法。现在，我们将通过展示无氧阈值如何体现运动员的身体素质，来完善对无氧阈值的讨论。

虽然有氧能力在铁人三项杂志中着墨甚多，但高水平的铁人三项运动员应该将他们大部分的训练重点放在无氧阈值上。如果你已经进行了3年或更长时间的高强度训练和比赛，那么你的有氧能力就不会有太大的变化了，但是依然有提升无氧阈值的可能。

> **提示**
>
> 高水平的铁人三项运动员应该将他们艰苦训练的重点放在无氧阈值上。

那么什么是无氧阈值呢？第4章中，你知道了它是与一个相当高的运动强度相对应的，在以1～10的评分标准进行打分的自我感知评级（RPE）中分数大约为7的时候。此时如果训练强度继续增加，你就开始达到"红线"了。大多数状态良好的铁人三项运动员可以在这种强度下坚持大约1小时的时间，虽然是痛苦煎熬的1小时。这种高RPE和红线感觉的产生，是由于肌肉在接近其上限时发生了化学变化。身体素质优秀的运动员，无氧阈值通常为有氧能力的80%～85%，而你旁边久坐的人无氧阈值则相当低。

> **提示**
>
> 身体素质优秀的运动员无氧阈值通常为有氧能力的80%～85%。

你的无氧阈值占有氧能力的百分比越高，你游泳、骑行和跑步的速度也就越快。这就是为什么在本章和其他许多章节中，你会看到我大力强调那些可以提高无氧阈值的特定类型的训练。如果你经常定期进行正确的训练，无氧阈值是颇具可塑性的。

你很可能会发现，你在铁人三项的每一项运动中都有不同的无氧阈值。这就是为什么在第4章中，我要让你对每一项运动都进行实地测试，从而设定你自己的心率区间。这也是第3章中讲解个性化原则的原因之一。如果你想提升自己跑步的无氧阈值，那么就必须进行跑步训练，再艰苦的游泳训练也不会提高跑步的无氧阈值。这是因为影响无氧阈值的主要是肌肉，而你在游泳、骑行和跑步时使用的是不同的肌肉，所以它们的无氧阈值训练效果几乎没有重叠。

> **提示**
>
> 你的无氧阈值占有氧能力的百分比越高，你游泳、骑行和跑步的速度也就越快。

效率

生理素质的三大决定因素中的最后一个是效率。运动科学对效率的了解比其他两个因素要少，但它可能是最重要的，它关系到你在运动时能够多么有效地利用氧气。测量氧气消耗只是测量能量消耗的另一种方法而已。在人体中，氧气的消耗与有氧运动所消耗的能量直接相关。你的运动效率和汽车的效率很相似，对于一辆汽车来说，效率就是每升汽油能跑多少千米，而对于运动中的机体来说，效率就是跑每千米需要多少毫升的氧气。

> **提示**
>
> 效率用于衡量运动时氧气利用率。

有氧能力的重要性随着比赛长度的增加而降低，而效率的重要性则随着比赛长度的增加而提高。这是因为在较长距离的比赛中，实际上你是在以有氧能力中的很小一部分在进行比赛，因此拥有太高的VO_2max并不会有多大的好处。但如果效率不佳，即使是每次划水或者迈步时只浪费了很少的能量（消耗了过多的氧气），最终都会逐渐累加为大量的能量浪费，从而导致在长距离的比赛中表现不佳。

你还记得有氧能力是如何提高的吗？——结合大训练量和高强度间歇训练来提高。但是效率有所不同，有些事情你可以控制，有些你却无能为力，甚至自相矛盾。例如，身材高大、长臂大脚可以提高游泳的效率，但不幸的是你无法改变这些。大腿骨长度占总腿长比例更高的自行车手会效率更高，但对于跑步来说，较长的大腿骨却是一个不利因素，跑者需要较长的胫骨才能跑得更有效率，身材矮小一些也对跑步有利。作为铁人三项运动员，拥有高比例的慢肌纤维会提升你的效率，因为慢肌纤维对于耐力运动有好处；而对于冲刺手来说，则是快肌纤维更好。但是快肌纤维和慢肌纤维的具体组合很大程度上是由基因决定的。如果快慢肌的比例我们能够控制，那么我们还会想做些其他改变，比如增加线粒体的数量（线粒体是肌肉细胞中产生能量的微型工厂）。但其实这些事情都是我们无能为力的。

那么你能控制哪些事情来提高自己的效率，从而在游泳、骑行和跑步时减少氧气的消耗呢？通常你最可能改变的就是你的技术，也就是你对于某项运动的动作技巧精通程度。如果你的技术差劲，就得推翻它重来。但你必须明白，在努力改进技术的过程中，你会有那么一段时间效率变得更差。这会表现为在任何给定的配速或者功率下心率和RPE都比正常水平要高。即使不需要几个月，也可能需要几周的时间才能使新技术成为你的常规技术。那时，你才能在和以前相同的心率下变得更快，并且比改变技术前消耗更少的氧气。这些都是非常积极的改进，非常值得追求。

其他有利于骑行和跑步效率提升的改变包括减少多余的体重和使用较轻的装备。你还可以在自行车上安装休息把，以及使用其他空气动力学装备，如轮组、头盔和自行车车架来提高效率。作为游泳运动员，你可以通过增加肩膀和脚踝的灵活性（尤其是脚尖绷直的能力）来提高效率。但有趣的是，研究表明踝关节的灵活性越低，跑步的效率就越高，因为每走一步，它似乎都能促进小腿肌肉释放所储存的能量。这又是铁人三项众多相互矛盾的挑战中的一个：一项运动表现的提升可能会带来另一项运动表现的下降。

为了提高效率，你需要专注于训练的强度和频率。高速度或高功率的训练已被证明可以让运动员在任何速度和功率输出下的效率都更高，包括较低速和低功率的区段。当你试图通过改善技术来提升效率时，恰恰不应该去做那些长时间的耐力训练。

提示

为了提高效率，你必须专注于训练的强度和频率。

提高技术和效率最好的方法之一就是更高频率地做某一项运动，特别是在每次训练的时间都很短的情况下。比如，想要成为一名更高效的游泳运动员但每周只能投入2小时，那么就每周游泳4次、每次30分钟，这将比每周游泳2次、每次1小时能更快地改善你的效率。

爆发力训练（超等长训练），即纵跳、蛙跳和单足跳练习，也被证明可以提高跑步和骑行的效率。高功率输出的骑行和跑步的重复爬坡练习效果也是类似的，也有利于效率的提升。这就是为什么你会在随后的训练讨论中看到这些类型的训练。

传统的力量训练是否能够提高效率，目前仍然存在很大的争议。但我相信它可以提高效率，因为多年来我指导过的很多运动员在经过一个冬季的举重训练后，运动表现都有了显著的提高，只要他们做的动作能够很好地模仿铁人三项中各项运动的动作即可。做弯举不太可能让你成为更好的跑者，但是做台阶练习则会有很大帮助。

能力

现在是时候把所有3个身体素质指标相关的晦涩难懂的术语整合成通俗的铁人三项训练指导了。为此，我将所有的训练分为六大类能力，每种能力都在一定程度上与有氧能力、无氧阈值和效率相关。它们分别如下。

- 有氧耐力。
- 肌肉力量。
- 提速技巧。
- 肌肉耐力。
- 无氧耐力。
- 冲刺能力。

前3种能力是最基本的，必须先建立起这3种能力，才能继续提升后面的3种高级能力。让我们简要地介绍一下它们，在本书其他我讨论训练的部分会经常提到这些能力，因此，掌握与这些能力有关的实用知识非常重要。

> **提示**
>
> 有氧耐力、肌肉力量和提速技巧是身体素质的基础。

基本能力

基本能力——有氧耐力、肌肉力量和提速技巧——是最为重要的，因为它们是建立身体素质的基础。这3项能力发展得越充分，你最终比赛时的身体素质就越优秀。而如果你的基本能力很弱，那么你高级能力的训练就会受到很大的限制，导致你永远无法发挥出自身的潜能。

基本能力（图6.1）通常是铁人三项运动员应该在赛季早期（基础期）专注发展的能力。并且在赛前长时间的减量和赛后长时间的恢复之后，为了进一步的发展需要再次训练的。因为在这些低训练量期间，基本能力会逐渐衰退，所以需要重塑。

有氧耐力。 有氧耐力是指能够以低强度持续运动很长时间的能力。它可以通过在心率、功率或者配速的2区中进行长时间、相对轻松且稳定的训练来提升。这种

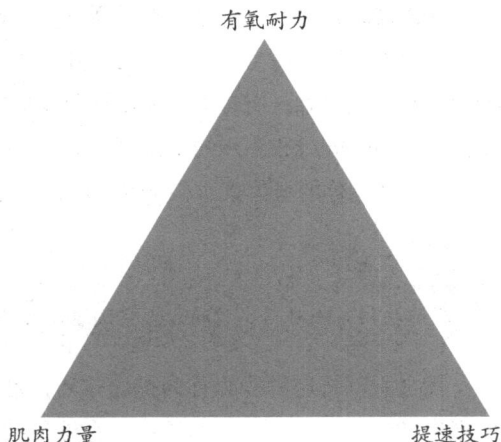

有氧耐力

肌肉力量　　　　　　　　　提速技巧

图6.1　训练的基本能力

训练与增强有氧能力有很大关系，因为它们对训练量有着显著的贡献（回忆一下，大训练量会提升 VO_2max ）。有氧耐力训练，是通过对你的生理造成若干积极的变化来达到这个目的的。比如，通过进行大量的有氧耐力训练，你的一些快肌开始呈现出慢肌的耐力特征；你的血液也能更好地将氧气输送到效应肌肉；你的身体会产生更多毛细血管，将富含氧气的血液输送到你的肌肉中；而肌肉细胞会制造更多的酶，利用输送过来的氧气产生能量。训练这种能力在有氧能力上的益处颇多。有氧耐力的训练毫无疑问是铁人三项运动员6种能力中最重要的。作为一名耐力运动员，你的有氧能力必须出色。

稍后，你将看到如何在整个赛季中通过效率因子的简单测试来衡量你的有氧耐力提升进展，该测试将告诉你每周有氧耐力的提升情况。

肌肉力量。这是克服阻力的能力。在游泳时，因为水是一种厚介质，所以当我们在其中移动时它会产生阻力。当你骑行或跑步时，空气也会产生阻碍前进的力量。如果是逆风，阻力就会更大。当你骑行或跑步上坡时，重力也会产生阻力。你克服这些阻力的能力越强，你游泳、骑行和跑步的速度就越快。

就生理学而言，这种能力的关键在于你的肌肉系统，特别是每项运动的主要驱动肌肉。如果它们很发达（但不笨重），那么当阻力很大时你也能够克服。但如果你的肌肉很弱，那么无论你的有氧能力有多好，你也快不起来。肌肉力量与效率密切相关，如果你可以轻松地克服阻力，那么你就是高效的。

肌肉力量可以通过克服阻力的训练来提高，也就是在举重时克服重力、在骑行和跑步爬山的时候顶风前进，以及运用阻力装置或在波涛汹涌的水中游泳。这些训练会大大提升你的运动表现。它们很简单，但并不容易。肌肉力量训练通常是以上述某种阻力进行的高强度的简短重复练习。在年度训练中相当早期的阶段，你可以去健身房，但在那之后还是需要把训练转移到泳池中和路面上，即转向每项运动的针对性训练。

提速技巧。提速技巧是一种用高效的方式完成运动动作的能力。如前所述，改善技巧是提升效率从而提高身体素质的最佳方式之一。某些运动的动作非常复杂且难于学习，但无论简单还是困难，所有运动项目都会涉及技巧的改善。在铁人三项中技巧最复杂的莫过于游泳。虽然骑行和跑步的动作没有那么复杂，但也并非没有技巧。掌握了游泳、骑行和跑步的技巧，你的身体素质和竞赛表现就会得到提升。

提示

提速技巧是一种用高效的方式完成运动动作的技巧。

我之所以将这种能力称为提速技巧，是因为它能够使运动员以比赛所要求的速度完成规定动作，无论动作多么复杂。在这里我不是指身体的速度——即你的移动速度有多快——而是指手臂和腿的速度。在比赛中，你必须熟练地完成游泳、骑行和跑步的高节奏动作。如果速度足够慢，你就很容易掌握一项技巧，实际上节奏缓慢通常也是新技巧的引入方式。但当训练或比赛需要很快的节奏时，你的技巧也必须保持高效。如果你在快节奏时变得动作拖沓，那么你就会浪费能量，你的身体素质也会很不理想。

提速技巧是通过模拟训练、几秒的快速重复练习和运动针对性的练习［如爆发力训练（超等长训练）］来学习和提高的。正如前面讨论效率时所提到的，短时间、高频率的训练是掌握一项新技巧的最佳方式。在第12章中，我们将详细介绍游泳、骑行和跑步技巧的诸多细节。

进阶能力

一旦你在赛季早期建立起了自己的基本能力，就需要把训练转向肌肉耐力、无氧耐力和冲刺能力这些进阶能力了（图6.2）。对于经验丰富且具有竞争力的铁人三项运动员而言，这些能力是高水平竞技的关键。它们与你的速度，以及能够持续高输出的时长有很大关系。

肌肉耐力。这种能力最终决定了你在铁人三项比赛中的速度。因此，我们后面给出的训练计划在一场重要比赛前的最后几周训练中安排了大量的肌肉耐力训练也就毫不奇怪了。

肌肉耐力是指在适度高的输出下持续游泳、骑行和跑步适度长的时间的能力。持续时间是"适度的"，它比你做有氧耐力训练的时间要短。而其强度则比有氧耐力训练要高，但又不如无氧耐力训练的强度那么高。训练肌肉耐力这一能力时，你会处于或者稍低于无氧阈值，所以它的强度是"适度"高的。

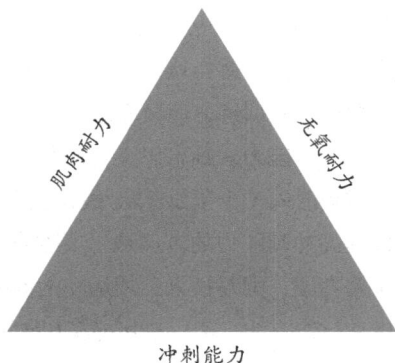

图6.2 训练的进阶能力

提示

肌肉耐力与在适度高的输出下持续适度长的运动时间有关。

你的肌肉耐力可以通过长时间（6 ~ 12分钟）的间歇训练配合较短的恢复时间来提高，或者是在心率、功率或者配速的3、4区中进行长时间（20 ~ 60分钟）的稳定输出训练来提高。这些训练是艰苦的，但它们所带来的回报却能极大地提高你的身体素质。请记住，和无氧阈值一样，肌肉耐力的训练也必须是针对具体的每项运动的。为了提高跑步的肌肉耐力，你必须进行跑步训练，游泳间歇训练是不会提高跑步的肌肉耐力的。按照后面几章的训练指导，你将在所有三项运动中进行大量此类训练。

无氧耐力。这是能够以非常高的输出运动若干分钟的能力——其强度明显高于无氧阈值。无氧耐力训练是提高有氧能力的最佳方式。我知道无氧耐力和有氧能力听起来是矛盾的，下面我会试着解释这些科学上的用词不当，它可以追溯到20世纪60年代的运动生理学中。

一旦你的运动强度超过了无氧阈值，按照定义你就是无氧的。换句话说，如上文关于无氧阈值的讨论中所说的，此时酸性氢离子在肌肉中累积，这个过程还伴随着其他细胞的变化，最终导致短期疲劳。但无论何时，只要你利用氧气来产生能量，按照定义你都是有氧的。并且即使无氧这个术语的意思是没有氧气，当你使用有氧能力时，你仍然在消耗氧气。所以，在进行无氧耐力训练时，你的肌肉会迅速疲劳，但在某种程度上，你仍然在利用氧气来产生能量。因此，无氧是一个不准确的术语，但它已经被使用了50年，恐怕会一直存在下去。

无氧耐力的训练需要的是短时间（几秒到几分钟）、高强度（区间5）、恢复间隔更短的间歇训练。你应该谨慎且有节制地进行无氧耐力训练，因为它是猛药，而不是糖果。在本书后面的训练指南中，你将看到我只在整个赛季中几个特定的时间内强调这些训练。你需要做这些训练，但要谨慎。

冲刺能力。顾名思义，冲刺能力是能够在非常高的功率输出下冲刺几秒的能力。进行非常短时间（少于20秒）最大能力的输出，且恢复时间很长（数分钟）的间歇训练，是可以提高冲刺能力的。这是一项对公路自行车比赛至关重要的能力，例如环法自行车赛中的平路赛段，但对铁人三项运动的影响不大。复合项目运动比赛中运动员们很少以冲刺的方式冲过终点线，所以这可能是6种能力中你不太需要担心的那一个。

确认能力的限制因素（短板）

第5章介绍了限制因素（短板）的概念，限制因素（短板）是针对特定目标的弱点，它会阻碍你成功实现这一目标。为什么我称之为"针对特定目标"的弱点呢？这是因为并不是所有的弱点都是竞赛表现的限制因素（短板）。让我们来看一个例子：一名运动员或许不太擅长骑行爬坡，这当然是一个弱点，但如果这名运动员赛季中最重要的比赛中没有任何山路，那么这个弱点就不是一个限制因素（短板），也并不妨碍其成功。这就是为什么限制因素（短板）是针对于特定目标的，你可以将限制因素（短板）视为你的弱点与你为之训练的赛事要求之间的不匹配。所有运动员包括职业运动员其实都有限制因素（短板），只是对于一些运动员而言他们的限制因素（短板）比其他运动员更为明显罢了。铁人三项的3项运动都是如此，其中一或两项对你来说是限制因素（短板），意味着你在其中某一项上比另外的项目更弱。例如，你可能是一名出色的自行车手和跑者，但作为一名游泳运动员只能算是中等水平，在这种情况下游泳就是一个限制因素（短板），因为它是你在铁人三项比赛中肯定会受到挑战的弱点。而具体到游泳项目上，最拖你后腿的特定能力很可能是提速技巧。或者你可能会发现在波浪起伏的公开水域中游泳是自己的一个弱点，但是如果你最重要的比赛总是在平静的水域中进行的，那么这就不是一个限制因素（短板）了。

提示

限制因素（短板）是阻挡在你和你的目标之间的特定弱点。

用同样的方式，我们可以评估你在3项运动中的所有强项和弱点所在，从而确定你的能力限制因素（短板）。一旦我们弄明白了这些，就能够知道如何以更为专注且有针对性的方式推动你的训练了。

如何通过运动来确定能力的限制因素（短板）呢？你可能已经对自己的强项和弱点有了很好的认识，毫无疑问你已经知道自己在这3项运动中哪项是最强的，哪项是最弱的，你甚至可能可以从能力的角度理解为什么会是这样。备注6.1中提供了确定你弱点的快速指南，这组简单明了的问题可以帮助你评估自己的能力。请按照此备注的说明进行操作，然后回来继续阅读如何利用这些结果。

备注6.1　针对不同的运动项目评估你的基本能力

阅读以下的每一条表述然后确定它是否适用于你。请选择合适的选项（同意或不同意）作答，如果不确定，就跟着你的第一感觉走。做3次——游泳、骑行和跑步各1次。

A同意　　D不同意

_____1.我游泳/骑行/跑步时的划频/踏频/步频比较低。

_____2.我喜欢游泳/骑行/跑步部分相对较短的比赛。

_____3.随着游泳/骑行/跑步的间歇训练变短变快，我比我大多数的训练伙伴都表现得更好。

_____4.在距离非常长的游泳/骑行/跑步训练的最后，我比我的训练伙伴更强一些。

_____5.在健身房中，我比大多数和我同样块头的运动员更强壮。

_____6.相比于短距离的游泳/骑行/跑步训练，我更喜欢较长距离的训练。

_____7.我在波浪起伏的水域游泳/骑行爬坡/跑步上坡时，比同年龄组的大多数运动员表现得更好一些。

_____8.我很享受游泳/骑行/跑步训练量大的训练周。

_____9.我认为我的游泳划水/自行车踩踏/跑步触地时间短且速度快。

_____10.我在短且快速的游泳/骑行/跑步训练中比在长耐力训练中表现得更好。

_____11.我能够比我大多数的训练伙伴更为强势地完成长距离的游泳/骑行/跑步训练。

_____12.与同年龄和性别的大多数泳者/自行车手/跑者相比，我的肌肉更为发达。

_____13.我的上半身（游泳）和腿部（骑行/跑步）的力量很不错。

_____14.我认为我的游泳/骑行/跑步技术很好。

_____15.在距离很长的训练开始时，我对自己游泳/骑行/跑步的耐力充满信心。

计分：对于以下每组表述计数，并在空白处记录下你选择"同意"的数目，上面每一条表述你都要回答3次，请对游泳、骑行和跑步分别计分。

表述

1，5，7，12，13：选择"同意"的数目_____肌肉力量

2，3，9，10，14：选择"同意"的数目_____提速技巧

4，6，8，11，15：选择"同意"的数目_____有氧耐力

针对不同的运动项目打分：分运动项目记录下自己3种基本能力的得分。得分越低，该能力为弱点的可能性就越大，并且对于你来说很可能就是一项限制因素（短板）。得分为0或者1当然说明这种能力是你的弱点，而得分为4或者5则很好地表明了该能力是你的强项。

游泳	骑行	跑步
肌肉力量得分	肌肉力量得分	肌肉力量得分
提速技巧得分	提速技巧得分	提速技巧得分
有氧耐力得分	有氧耐力得分	有氧耐力得分

这种强项-弱点的评估工具并不是完美的，但如果你已经对自己在3种基本能力中的弱点有所怀疑，它可以帮助你确认弱点所在。而想要发现弱点所在其实是非常困难的，特别是在你已经是一名有所成就的铁人三项运动员之后。正如你在完成备注评估时所看到的那样，评估能力不仅是简单获悉你在这3项运动中的薄弱之处。因为目的性训练的关键就在于要知道你需要改进这9项基本能力中的哪一项。

提示

目的性训练的关键在于知道这9项基本能力中的哪一项你需要改进。

那你进阶能力的弱点是什么呢？进阶能力的弱点就源自你现在应该已经知道了的不那么满意的基本能力，图6.3可以帮我们确定这件事。请注意每个进阶能力都位于三角形的一边，而基本能力则位于顶点，每个进阶能力都基于其两端的两个基本能力。例如进阶能力肌肉耐力是有氧耐力和肌肉力量这两个基本能力的产物，如果这两个基本能力中的任何一个较弱，那么对应的进阶能力也会很弱。

如果你的有氧耐力或肌肉力量有一项较弱，那么你的肌肉耐力就很可能不足。

如果有氧耐力和肌肉力量都是弱点，那么毫无疑问肌肉耐力肯定是一个弱点。

通过比较备注6.1中的结果和图6.3，你可以很好地了解自己的弱点是什么。当然，这并不意味着它们就是限制因素（短板）。稍后我们会很快回到关于弱点和限制因素（短板）的讨论中来。

对于铁人三项新手们来说，基本能力是典型的限制因素（短板）。这就是为什么新手应该更有针对性地利用他们的训练时间。在基本能力建立好之前（可能需要1～3年的基础训练），他们没有必要去训练进阶能力。而对于已经致力于提升有氧耐力、肌肉力量和提速技巧多年且经验丰富的运动员们来说，常见的限制因素（短板）则是肌肉耐力和无氧耐力这些进阶能力。但是当我们在第7章中讨论如何规划你的赛季时，你会看到，经验丰富的运动员在开始进行每个赛季进阶能力训练之前，仍然需要重新建立起基本能力。

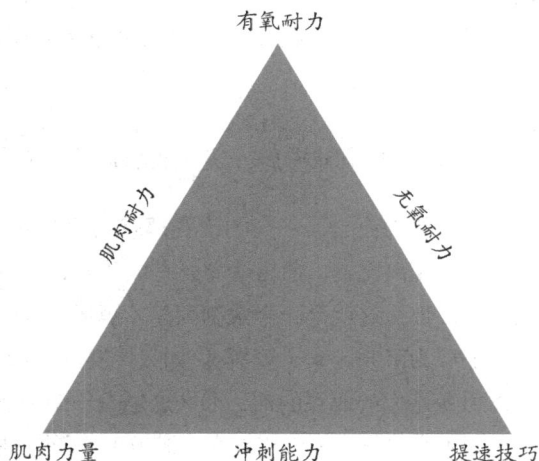

图6.3 完整的训练三角

除了图6.3所示的6种能力之外，还有许多其他可能的弱点也许会限制你的运动表现。其他弱点主要是与生活方式相关的问题，包括训练连续性差、训练时间有限、缺乏自信、缺乏家人和朋友的支持、营养选择糟糕、装备不足、训练场地受限、过度训练倾向、频繁地生病或者受伤、睡眠不足、心理压力异常、工作的体力要求较高等。作为铁人三项运动员，如果你想发挥自身的潜能，就必须解决这些问题。我想你了解哪些方法适用于自己，并且已经知道该怎么做了。这本书会涉及其中的一些问题，但主要焦点还是你基础和进阶能力的限制因素（短板）。

能力和训练

让我们来回顾一下。无论是从经验出发还是从备注6.1得出的结论，你已经确认了自己能力的强项或弱点，也就是你在比赛中做得好或者不足的地方。就基本能力而言，这意味着你对3项运动的每一项都有或强或弱的有氧耐力、肌肉力量和提速技巧。对于经验丰富的铁人三项运动员来说，在进阶能力方面的强弱意味着在肌肉耐力和无氧耐力上要么不错，要么仍有不足。

限制因素（短板），就是在本赛季最重要的比赛中拖你后腿的弱项能力，而这项能力过硬正是比赛成功的必要条件。你的限制因素（短板）要么是基本能力，要么是进阶能力。但通常情况下，如果你有一种基本能力较弱，那么它也会影响你的某种进阶能力。

提示

你的限制因素（短板）要么是基本能力，要么是进阶能力。

对于能力而言，不同的比赛都有其独特的需求。比如说，如果你正在进行一场大铁这样的长距离比赛，那么就需要有氧耐力。而如果有氧耐力恰好是你这3项运动中某一项的弱点，那么这就是一个限制因素（短板）。而对于半程奥运距离的比赛，有氧耐力就不太可能成为限制因素（短板）。如果比赛的自行车赛段有颇具挑战性的山峦，并且骑行的肌肉力量是你的弱点的话，那么这也是一个限制因素（短板）。但对于平坦的赛道，肌肉力量则不太可能成为限制因素（短板），即使它是一个弱点。对于经验丰富的运动员来说，参加短距离的比赛需要高水平的无氧耐力，如果无氧耐力是一个弱点，那么它也就是一个限制因素（短板）。另一方面，因为铁人三项运动的独特需求，某一项运动中的肌肉耐力弱点很可能成为所有类型铁人三项比赛的限制因素（短板），这就是为什么在后面的章节中你们会看到这么多肌肉耐力训练方面的建议。

在那些作为限制因素（短板）的能力得到提升之前，你永远不会意识到自己作为铁人三项运动员的潜能有多大。现在，你应该知道了自己的限制因素（短板）是什么。确认你的限制因素（短板）并不是一种消极的行为，相反，它是一种积极的行为，因为之后你就可以通过改善它去实现自己的目标。就这么简单。

在你着手确定自己限制因素（短板）的过程中，要记住的关键问题是：哪些限制因素（短板）拖了我的高水平运动表现的后腿呢？回答这个问题对于实现你的目标至关重要。可是大多数运动员从来没有这样问过自己，他们毫无目的地训练，随意地做着当时他们觉得对的事情。对于许多人来说，训练重点通常只放在他们本就擅长的事情，即他们的强项上。如果他们爬坡很强，他们就会进行大量的爬坡练习；而如果长而慢的耐力训练是他们最喜欢的，那么这就是他们最常做的了。他们永远不会醒悟，除非他们能够改善拖自己后腿的任何事，否则就不能取得突破。持续地只专注于强项而忽略限制因素（短板），意味着几乎或根本没有机会去提升运动表现。

这里有一个简单有效的原则：为了有目的性地训练，你必须清楚自己的弱点和目标赛事的能力要求。这就是基于限制因素（短板）的训练。

提示

消除限制因素（短板）需要有目的性地训练。

那你的强项是什么呢？在这3项运动中你擅长的是什么？这些强项该如何融入你的训练计划当中？你当然不想妥协或失去你的优势能力，对吗？没错，当涉及你的强项时，有两个考虑因素。一个因素与训练有关，你需要在一些训练中强调自己的强项，才能维持这些强项。如果有氧耐力是你的一个强项能力，那么你需要在整个赛季中不时地进行一些有氧耐力的训练，但是你不需像有氧能力是弱点的运动员那样做那么多的训练。保持强项比改进限制因素（短板）要容易，所以你必须恰当地平衡好你的训练安排。

关于强项能力的另一个考虑因素是比赛选择。如果你可以在安排赛季比赛时有所选择，那么注意，你更有可能会在和你的强项非常匹配的比赛中有好的表现。如果有氧耐力是你的强项，那么你就很有可能在长距离比赛中取得好成绩；如果你的无氧耐力不错，那么你就会在短距离比赛中表现出色；如果你在山路上有优势，那么山地赛就是为你而设的。因此，比赛选择与成功与否确实有很大关系。

提示

选择那些和你的优势相匹配的比赛。

当然，你并不总是有机会可以选择那些与你的能力相匹配的比赛，最重要的比赛是哪种类型往往无法选择，要么接受，要么放弃。一个国家级、地区级或者世界级的锦标赛，一个赛季只会举办一次，而且赛道可能也与你的强项不符。或者赛季中你最喜欢的比赛也可能与你所擅长的事情不匹配。在这些情形下，你的选择只能是跳过不匹配的比赛，或者去加强自己的限制因素（短板）。最终，你很可能会选择去参加比赛并通过训练改善自己的限制因素（短板）。

参加一场与自己能力不匹配的比赛需要围绕你的强项来制订策略。你需要从特定的运动强项中节省出尽可能多的时间，同时最大限度减少你在比赛中弱项部分的损失。这是一个真正的挑战，但也正是因为如此，这项运动才会如此好玩和有趣。而在这种情况下的出色表现，就变得更有价值。

小结

　　本章介绍了运动科学家通常认为的决定耐力运动表现的生理因素——有氧能力（VO_2max）、无氧阈值和效率。在总结这些的时候，请回忆一下，有氧能力在很大程度上是由基因决定的，但可以通过多年的持续训练来优化。参加的比赛距离越长，有氧能力对于运动表现来说就越不重要，但拥有高的 VO_2max 永远都不是一件坏事。

　　无氧阈值是高度可训练的。随着训练进展将你的无氧阈值提高到占有氧能力更高的百分比，你会看到自己的竞赛表现稳步提升。

　　效率可能是3项运动表现中最重要的决定因素，运动科学仍然在研究它。现在我们所知道的许多重要内容都是你无法控制、仅仅由基因决定的。而你可控的那些变量通常需要很长时间才能完成改变（比如改变你的技术），或者改变起来非常困难（比如减轻你的体重），抑或是花费昂贵（比如买一辆更轻的自行车）。

　　在本章中我们还考察了你的能力。能力是你特定于竞赛表现的、生理上的强项和弱点。有些是基本能力——有氧耐力、肌肉力量和提速技巧，有些是进阶能力——肌肉耐力、无氧耐力和冲刺能力。每一种能力都定义了一种特定类型的训练，并以某种方式与身体素质的3个决定因素相关联，了解这些能力将帮助你确定如何训练以备战比赛。

　　这让我们关注到了限制因素（短板）的概念，如果一场比赛需要掌握6种能力中的某一种，而你在这种能力上存在弱点，那么它就会限制你发挥出自己的潜能。而训练的主要目的之一就是让你的限制因素（短板）变强。同时，保持你的强项能力也很重要。在接下来的章节中，我们将十分详细地深入研究如何实现这些事情。

第**4**部分

制订训练计划

我认为这个部分是本书的核心所在。为什么这么说呢？因为制订计划是在实际训练之外你可以做的唯一最重要的、能够提升运动表现的事情。

书面计划对于帮助你集中精力实现更高目标来说效果卓著。很多运动员从未体会过这种显著的效果，因为他们以为没有必要提前制订计划。他们的一次训练就是一次训练而已，很少考虑自己已经进行的一系列训练对目前的身体素质水平有怎样的影响，也很少考虑他们正在进行的训练将如何与未来的训练相结合，从而在比赛中发挥出更高的水平。他们目光短浅，只看得到当下。如果你训练的唯一目标是玩得开心，那这样还算可以接受；但如果你也想实现高水准的目标，那么制订一个直指目标的计划是必不可少的。因此，在本部分中，你将学习如何制订年度训练计划和每周的训练计划，以及了解其中诸多的复杂之处。

第7章和第8章将一步一步地教你建立起自己的年度训练计划，并确定一个标准的训练周。这两章还介绍了在准备训练计划时你需要考虑的因素和大量的相关细节。第9章将介绍制订赛季计划和典型周计划的多种不同方法。

我建议你在坐下来草拟自己的计划之前，先把这部分的3章内容都读完。当你阅读前两章时，你可能会从一个全新的角度看待自己的训练，与你过去看待它的方式很不同。但是第9章会扔一个弧线球给你，列出其他制订训练计划的方法。一旦阅读了第9章，你就可以根据自己现在知道的一切来确定哪种训练体系是最优的。到那时，你就可以回到前几章中，着手制订自己的赛季计划了。

当你制订完自己的年度训练计划（附录A），你就拥有了一个训练工具，这与我指导运动员达到高水准目标时所用的工具非常相似。你将学着在整个赛季中依靠你的年度训练计划来指导自己达到目标。在训练计划的帮助下，这个目标实现起来容易多了。在接下来的赛季里，你会回顾这个计划，考虑如何调整它来实现更高的目标。

制订赛季计划

制订计划是让我走上执教道路并最终开始写这本训练书籍的原因。20世纪70年代末，当我还是个年轻运动员时，我就发现如果可以制订一个覆盖整个赛季的训练计划，用以平衡训练的频率、时长和强度，那么我就可以循序渐进地把自己的身体素质提高到一个较高的水平，并达到比赛目标（那时我是一名跑步运动员）。因此，我开始规划自己的赛季。

我最初的计划非常基础。首先，我在日历上标注出为了准备最重要的比赛每周所需的训练量。接下来，确定每周的关键训练是什么，包括间歇训练、节奏训练、登山、长跑、举重训练和恢复期。随着我慢慢学会安排轻松的训练周、艰苦的训练周以及单次训练的最佳方式，这些基础的日历计划也逐渐变得复杂。

又过了一段时间，我了解到一种新的制订训练计划的方法，叫作训练周期法。现在，全世界的运动员都在使用这一系统来规划训练。训练周期法是一种简单地以几天、几周、几个月甚至几年为1个周期制订训练计划的方法。每个周期有一个目标，如果按照一定的结构来安排这些训练周期，就可以让运动员在几场目标赛事中均达到巅峰状态。

在实际应用中，我发现训练周期并不会让我一直保持在准备好比赛的状态。但这没有关系，因为每年我只会挑选几场我希望取得好成绩的比赛。这样规划赛季意味着我不会一整年都处于顶级的竞技状态，因此我必须要接受在非巅峰状态的时候参加一些不重要的比赛。但在参加重要比赛时，我会展现出惊人的运动水平。

在过去的这些年中，我阅读相关的书籍，和其他运动员、教练讨论如何使用这一方法，把自己当作实验品进行试验，不断地完善我的训练周期模型并最终把它应用到了我所指导的运动员身上。巅峰竞赛表现往往要几年才能达到一次，作为突破它的新入口，不断优化训练周期成为了我一生追求的事业。学习如何应用运动科学去计划和训练是一个永无止境的过程。自从20世纪90年代我写了第1版《铁人三项训练宝典》，近年来又有大量新的与训练周期相关的理念被提出。本章和下一章与初版的《铁人三项训练宝典》非常相似，但是有很多微妙的变化。同时，我们还会探讨一些与训练周期相关的新概念。

例如，模块化训练周期就是一个在20世纪90年代仍处于开发阶段的训练周期新方法，到了21世纪初期它就已经被优秀的耐力运动员广泛应用了。在传统的训练周期中，几种能力会同时得到提升。这种方法适用于几乎所有的年龄组运动员。但是对于某几项能力已经接近自己最高水平的优秀运动员来说，传统训练周期的低密度——单项能力的训练间隔较大——就值得我们注意了。为了让优秀的运动员可以集中提升单项技能，相关的训练必须非常紧凑。然而如果每个训练周都要同时训练几项技能，那就不太可行了。

出于这一考虑，教练们开始在每个为期几周的训练模块中只关注一项、最多两项能力。一旦运动员的该项能力达到了较高的水平，就可以开始新的模块进行下一技能的训练了，同时做适当的训练以维持之前已经建立的能力。这已被证明是一种对于优秀运动员来说非常有效的周期化训练方法，但是并不适用于大多数的年龄组运动员。

近年来，很多其他周期化的训练方法也在不断地发展与完善。在这一章中，我将要向你们介绍的方法叫作传统或线性训练周期，它很好理解，应用起来也很简单。这一方法已经存在很久了，现在仍然被各个水平的运动员广泛应用。这是几年前我在第1版《铁人三项训练宝典》中就描述过的方法，但是在那之后它又有了一些改进，我们在本章和下一章中会进行介绍。在第9章中，我会用一些案例分析来向你举例说明包括模块化训练周期在内的其他周期化训练的方法。

提示

巅峰竞赛表现并不会突然地、无缘无故地出现。

训练的周期化

制订计划要从接受"训练是一个循序渐进的过程"这一理念开始。巅峰竞赛表现不会突然地、无缘无故地出现，为了达到好的竞技状态，你的身体需要发生许多变化，这急不得。你不能强迫自己的身体立刻适应一些人为制订的训练日程，你必须慢慢地让身体在遵循自然规律的前提下逐渐达到更高的素质水平。

为了遵循身体的自然变化规律，你必须乐于不时地对计划进行修改。一个不允许你在过度疲劳时休息、也不考虑其他诸多生活琐事对时间的需求的死板计划还不如没有计划。你的计划需要不断变化，从而变得更有效。你需要每天都关注自己的感受。计划的灵活性对于你比赛的成功至关重要。你必须乐于做出改变。在很多情况下，这意味着在需要休息的时候进行休息。在第11章中，我们会讨论与休息和恢复相关的话题，包括详细地介绍"按需恢复"。

第2个你需要理解和接受的与训练周期化相关的理念和逐渐变化的训练过程有关，随着赛季的不断深入，你的训练必须向比赛靠拢。换句话说，当时间越来越接近最重要的比赛时，你的训练内容必须逐渐与该项赛事中你的目标相匹配。例如，如果你的目标是在跑步阶段达到4分20秒/千米（7分钟/英里）的配速，那么在邻近比赛时，你就需要更多地按照这一配速进行跑步训练。如果骑行阶段起伏较多，那么在赛前的几周里，你就应该增加包括起伏路段的骑行训练。如果游泳是在公开水域进行的，那么你就需要在湖中或海里进行达到比赛强度的游泳训练，最好是和其他铁人三项运动员一起。如果比赛日可能会很热，那么在赛前的最后几周里，你需要频繁地在高温环境中进行训练。最后几周的目标就是让你最重要的训练尽可能地接近实际比赛。

提示

随着赛季的推进，你的训练必须向比赛靠拢。

计划细节

接下来我们将讨论和训练进展有关的另一个重点，也就是训练周期的一个重要原则——根据能力来规划训练时间。第6章中介绍了能力相关的概念，并把它们分成了基础能力和进阶能力两类。图7.1用一张图表示了这两类能力，其中基础能力位于能力三角的3个顶点——有氧耐力、肌肉力量和提速技巧，在三角形的3条边上是进阶能力——肌肉耐力、无氧耐力和冲刺能力。第6章中一个重要的观点就是进阶能力是基础能力的产物。如果你想要在比赛中具备好的肌肉耐力，那么首先需要提升有氧耐力和肌肉力量。同样地，不断提升有氧耐力和提速技巧可以造就好的无氧耐力。（如第6章中提到的，铁人三项运动员并不需要训练冲刺能力。）

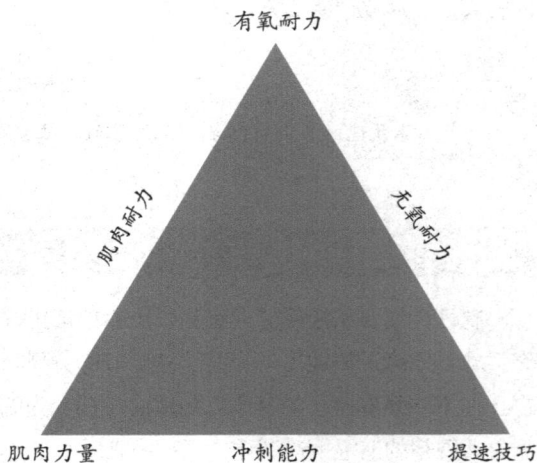

图7.1　基础能力与进阶能力

因此，在线性周期中，赛季之初我们应该主要关注基础能力，随着训练的展开逐渐把重点转移到进阶能力上。从基础能力到进阶能力不是一个突然的改变，而是一个需要考虑二者重合度的循序渐进的过程。

运动科学家把赛季初期关注基础能力的时期叫作普适性备赛期，而大多数运动员称之为基础期。然而事实上，普适性备赛期这一名称可以更好地描述基础期的目的——为接下来的赛季做普适性的准备。本质上，在普适性备赛期（基础期），你是在为训练打基础。运动科学家把下一时期称为针对性备赛期，而大多数运动员把它叫作建设期。同样地，针对性备赛期这个名字更好，因为它表明了训练重点是那些基于目标赛事的、具有针对性和更接近于比赛的训练。考虑到更常见的说法，我会继续使用基础期和建设期这两个词，但是在读到它们时你应该时刻牢记其普适性和针对性的定义。

> **提示**
>
> 基础期是具有普适性的，而建设期更具针对性。

除了基础期和建设期，你还需要理解其他一些时期以充分掌握规划训练周期化的概念。在常用的运动员语言中，它们被称为准备期、巅峰期、竞赛期和过渡期。表7.1按照顺序罗列了这些时期，并进行了相应的描述。

表7.1　　　　　　　　　　　　**线性周期化模型当中的常见时期**

时期	时长	目的	主要关注能力
准备期	1~4周	为训练做准备	基础能力
基础期	9~12周	为训练打基础	基础能力
建设期	6~8周	针对比赛进行训练	进阶能力
巅峰期	1~2周	赛前减量	进阶能力
竞赛期	1~3周	消除疲劳，加强身体素质	进阶能力
过渡期	1~4周	休息与恢复	基础能力

训练计划概览

现在，你应该已经理解了你的训练应该关注什么：你需要最小化限制因素（短板）对你的影响，并把你已经建立的优秀能力发挥到极致。同时，你也应该对年度训练计划（ATP）中会用到的训练周期有一个大体的了解。记住这些概念，我们会制订一个贯穿当前和未来赛季的、通过提升这两类能力来全面备赛的计划。这是一个关乎你的目标和在备赛过程中应该如何训练的大图景，是一个概览。我们将把前面章节所提到的很多概念集合在一起，以体现训练的整体结构和目的。

如果你是在一个全新赛季刚开始的时候读到这一章的，那就再好不过了。但相反，如果这一赛季已经开始一段时间了，为了把我们现在所说的理念结合到你的训练中去，你就需要对自己目前为止所进行的训练进行一些调整，使之与一种新的、也许更加高度结构化的训练方法相结合。不论是哪种情况，在本章结束时，你应该已经为自己下一场重要比赛基本完善了ATP。你可以在接下来的赛季中反复使用这一方法，它可以让你很容易地制订训练计划，从而明确赛季的核心目标，进一步提升比赛日的身体素质。在每个赛季结束时，请保存好你已完成的计划，这样你就有了一份重要的记录，其内容不仅涵盖了你在过去一段时间做了什么，也包括了赛季末总结出的未来你将要做出的调整。

在开始规划你的赛季之前，理解能力训练如何融入一个线性训练周期中是非常重要的。图7.2以各个子周期的形式列出了所有的时期，并说明了当你为赛季第1场重要比赛做准备时，要如何把基础能力和进阶能力的训练融入训练计划中。

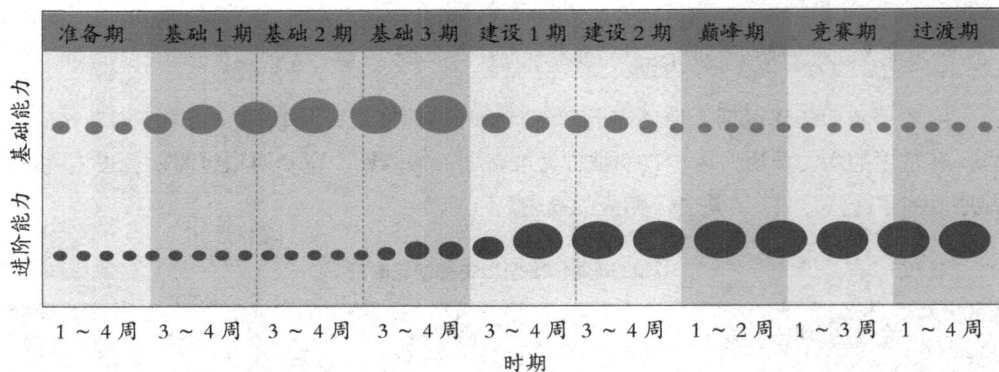

图7.2　备战赛季中第1场重要比赛的线性训练周期概览

图7.2只展示了应该如何为赛季第1场比赛做准备。要为赛季后续的最重要比赛做好准备，你不需要重复图7.1所示的全周期过程，因为在赛季推进过程中你已经逐渐积累了相应的身体素质。但当接近于训练周期中的竞赛期时，你还是会轻微地损失掉一部分身体素质。当你在巅峰期为了比赛而减少训练量或是在赛后过渡期进行恢复时，即使减量只持续了几天，你的身体素质（特别是基础能力）还是会受到影响。你在第1场比赛前所建立的身体素质不会在你暂停艰苦训练的减量中完全损失掉，但是在即将到来的第2场或第3场比赛之前，你还是需要重新增强一些基础性的身体素质。

🔍 **提示**

为后续比赛做计划比为一年中第1场比赛做计划更复杂。

相比于计划一年中的第1场比赛，计划后续比赛的过程要复杂很多。这要看第1场和第2场比赛之间隔了多长时间，间隔时间越长，你越容易为之做好准备。在一个完美的赛季中，两场重要比赛的间隔最好是12～16周。也就是说，在第1场比赛后的短暂休息期（过渡期）之后，进入到建设期、巅峰期和竞赛期之前，你需要重新进行一些基础训练（基础3期）。在这种情况下，你的训练周期计划应该像图7.3所示的那样。

但大多数时候，第2场、第3场重要比赛距离前一场比赛仅有不到12周的时间。你准备的时间越少，制订计划的挑战也就越大。图7.4给出了一种两场比赛间仅有7～11周间隔的计划。

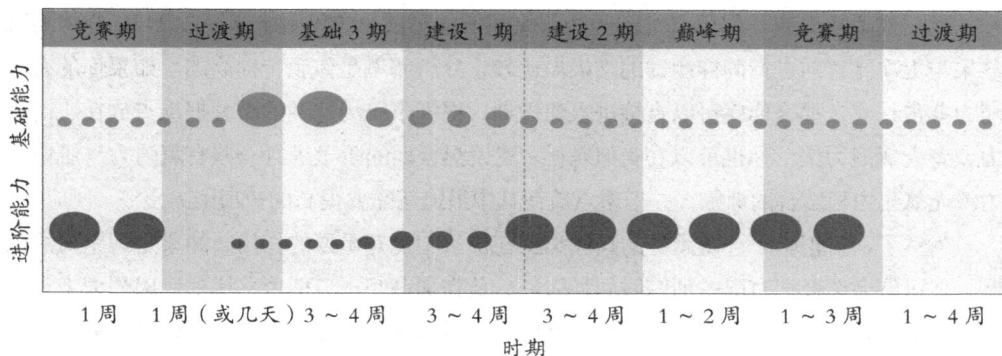

图7.3　当前一场比赛结束后有12~16周的训练时间时，备战赛季中第2场、第3场
重要比赛的训练准备计划参考图

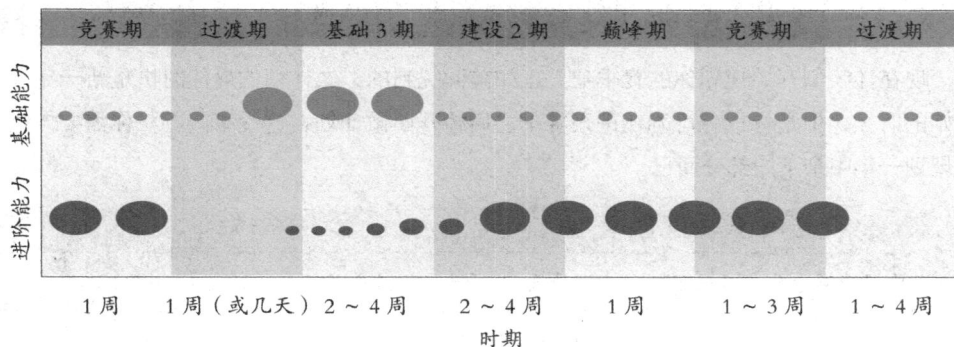

图7.4　当前一场比赛结束后仅有7~11周训练时间时，备战赛季中第2场、第3场
重要比赛的训练准备计划参考图

在很多情况下，两场重要比赛之间的间隔甚至少于7周，此时你必须改变备战下一场比赛的计划。前一场比赛结束后，你还是需要一个过渡期，它可以只持续几天，这取决于前一场比赛的情况。长距离比赛比短距离比赛需要更长的过渡期。

结束了艰苦训练间宝贵的休整过渡期，你又重新做好了投入训练的准备。你必须要明确在这一阶段你最需要的是基础能力还是进阶能力。在下次比赛来临前仅有的可以用来训练的几周中，这二者都很重要。不幸的是，这种条件下我无法给出一个适用于所有运动员的简单计划，即使是对训练周期和生理机能理解深刻的教练也很难解决这一问题。然而我可以给你提一个很棒的建议：先跟随你的直觉，然后去做测试，看看测试结果与你的直觉是否相符。

根据你的直觉，问问自己这一阶段自己的有氧能力如何。请记住，你的有氧能力对于肌肉耐力和无氧耐力来说是至关重要的。

就测试项目而言，你可以进行一些有氧阈值的测试（参见附录B、C、D），并将测试结果与上次比赛前进行同样测试的结果做比较，分析哪些是你亟待提高的。如果你的有氧耐力非常扎实，那么你就可以直接进入建设期，根据下一场比赛的类型把重点放在肌肉耐力或者无氧耐力上。你也可以在类似基础－建设混合期的阶段进行一些有氧耐力与肌肉耐力或无氧耐力相结合的训练，并把重点放在其中最迫切需要提高的一项能力上。

当然了，日程中下一场比赛的具体类型在决策中也有重要的作用。如果是短距离的比赛，你可能会选择把有限的训练时间绝大部分放在提高某一项能力，比如肌肉耐力上。如果拿不准，就不用考虑比赛类型，直接针对弱项进行强化。请密切关注在即将来临的比赛中自身的感受，并在训练日记中记录下如果可以重来并做出改变的话，你应该如何训练。当下一次类似的情况发生时，这些信息是非常有价值的。

你的年度训练计划

现在让我们开始规划你的赛季吧。正如前面提到的，做计划的最佳时机是新一年训练开始的时候，但是你也有可能在进入赛季之后才开始做计划，这没有问题。你需要做的就是规划一年中余下的部分而已。

提示

不要因为赛季已经开始了就放弃做计划。

做计划的形式有很多种。你可以在纸质日历上记录下文中提到的所有细节；你也可以使用电脑中的电子日历，这种方式可以快速、简单地进行修改；另一种电子版的记录方式是使用TrainingPeaks网站中的ATP功能，它遵循了本章所阐述的流程，用户可以很方便地使用该功能。最简单也最便宜的方式大概是使用如附录A中所示的纸版训练计划。通常情况下，由于版权问题你不可以私自制作一本书的副本，但是对于这本书来说，我（和出版方）都同意你去复印附录中有关ATP的部分。如果你使用纸版计划，请确保你使用的是铅笔，因为在一年中你必然会做出许多改动。在我执教的30年中，我从没见过一个整赛季都没有对计划进行任何改动的运动员。

在开始计划细节之前，首先让我们简要地回顾一下为什么要这样做。这样做不是为了打动任何人或者仅仅让自己觉得很有条理（虽然条理感会带来自信这件事很值得一提），而是为了引领你度过接下来的赛季而制订一个动态指导。在赛季之初从长远角度做计划，比在激烈比赛中做计划简单得多。在没有情绪妨碍的时候做计划通常是最好的。

提示

在没有情绪妨碍的时候做计划通常是最好的。

在本章后续的部分中，我会带领你一步一步地了解制订ATP的全过程。现在你最好复印一份附录A中的ATP，并且在你接下来的阅读过程中跟着我说的做。如果任何时候你产生了疑问，请直接跳到本章的最后，图7.5提供了一个完整计划的范例。

我们将按照以下6个步骤来制订你的ATP。

- 明确你的赛季目标。
- 确定你的训练目的。
- 设置年度训练量。
- 设定比赛的优先级。
- 将赛季划分为不同时期。
- 估算你的周训练量。

当你读完本章时，应该已经完成了大部分的ATP，剩下的就是规划周训练日程了，我们会在第8章完成这一部分。

第1步：明确赛季目标

在附录A的ATP中，页面最上方留出了一部分空间写下自己的赛季目标。在第5章中，我们谈到了如何设定赛季目标。不必重新阅读，这里快速总结一下其中的要点。

赛季目标不要多于3个。如果你设定了3个以上的赛季目标，就将面临被压垮的风险，而且因为包含了太多的细节，容易导致有些事情被忽略。目标太多会让你很难把注意力集中在真正重要的东西上。而目标少于3个也是个不错的选择，这会让你的训练重点更加突出，所以你无需为了取得成功而设定满3个目标。

把你的目标设定为赛季的成果。在未来的几年里，你会带着满足感和巨大的成就感回顾些什么呢？请牢记，这不是为了达成最终的远大目标而必须完成的子目标，而是下一步将要实现的目标。对于铁人三项运动员来说，成果性的目标是更高一些的目标，通常是比赛成绩，也可以是类似"入选国家队"这样的目标（虽然达成这一目标通常也需要达到一定的比赛成绩）。你的目标应该是可以被量化的，在铁人三项运动中，最普遍的量化指标是完赛时间，这是你在确定自己的目标时最有可能选取的量化指标。而像"在×××比赛中登上领奖台"这种基于年龄组排名的目标，则很大程度上取决于这一年龄组参加比赛的其他运动员。虽然站上领奖台是一个很有价值的成就，但是你无法控制其他竞争者是谁，以及他们的状态如何，你只能掌控自己的表现，而你的目标应该反映出这一点。

所以现在是时候在ATP的最上方写下自己的目标了，大胆地用铅笔写下来，并确保它们是可量化的。

第2步：确定训练目的

在你的ATP顶部附近的位置还有一部分空间，用来写下改善自己能力限制因素（短板）的训练目的。第5章给出了训练目的相关的深入解释，而第6章提到了限制因素（短板）。让我们来回顾一下。

训练目的是赛季的子目标，如果你达成了它们，那么就很有希望完成赛季目标。通常训练目的是在训练中完成的，但是你也可以在赛季目标赛事前不那么重要的比赛中完成这些目标。

提示

训练目的是赛季目标的子目标。

确定训练目的的意义在于"修补"，或者说纠正那些阻碍你完成赛季目标的、针对性的弱点——也就是你的限制因素（短板）。在第6章中，你确定了自己在比赛中的弱点（你的能力限制因素），并评估了自己的基础能力（有氧耐力、肌肉力量和提速技巧）以及你的进阶能力（肌肉耐力和无氧耐力）。那么现在，是时候设立一些子目标来改善这些限制因素（短板）了。

训练目的就是关于你的能力限制因素（短板）是什么，以及你如何能知道自己已经修补了它的简单陈述。现在让我们来看一些基于基础能力限制因素（短板）的训练目的。例如，你的基础游泳能力限制因素（短板）是提速技巧，这也是铁人三项运动员普遍的弱点，那么你的训练目的可以是在建设期开始前，在不拼尽全力的情况下提高25秒训练的平均配速（第12章将会介绍这一训练）。另一个例子是，如果跑步时你的限制因素（短板）是有氧耐力，那么你的训练目的可以是在3月1日之前提升10%的跑步效率因子（跑步效率因子在附录D中有描述）。一个针对肌肉力量的训练目的可以是在基础1期结束前能够腿部推举2.5倍体重的重量（详情见第13章）。

我们还可以列举一些针对进阶能力中肌肉耐力的训练目的：在建设2期结束前能在15分钟内游1000米；4月15日之前可以保持骑行归一化功率为250瓦骑行20分钟；在奥运距离的铁人三项比赛前4周时参加一次当地的10千米比赛，并在42分钟内完赛。对于进阶能力中的无氧耐力，训练目的可以是：在3月30日之前100米游泳达到80秒以内；在建设1期结束前1200米跑步时间少于4分30秒；在4月15日之前实现3分钟以内骑行爬上马尼亚克山。

现在就是你思考第6章所确定的能力限制因素（短板），并在ATP页面顶部写下训练目的的好时机。请注意，你可能每项运动的每种能力都有限制因素（短板），但是请把你的目标减少到4个或4个以下，只关注那些在最重要的比赛中最有可能影响你的竞赛表现的限制因素（短板）。如果提高了这些相关能力，你就极有可能达到自己的赛季目标。

第3步：设置年度训练量

在ATP的页面最上方还有一部分空间是用来写年度训练量的，也就是在这个赛季中，你总共会用多少小时进行训练，包括单项运动训练、力量训练和交叉训练的时间。用安德鲁·科根博士的训练压力评分（TSS）体系进行训练的运动员应该预先确定年度训练量中的TSS预期量，TrainingPeaks网站的ATP就支持这一功能。TSS是一个非常好的体系，因为它结合了训练强度和时间，而年度训练量其实只考虑了训练时间。第4章阐述了两个支撑身体素质提升的核心要素——时间和强度，其中强度对于一个高水平的运动员来说更为重要。即使你已经开始了自己的赛季，你仍然应该明确赛季的余下部分你将用多少小时或者多少TSS来进行训练。

🔍 **提示**

训练压力评分综合了训练强度和时间。

那么你要如何决定自己的年度训练量或者TSS呢？第1种方法是回顾前一年你总共训练了多长时间。再提醒一下，这包括了全部的游泳、骑行、跑步和交叉训练。如果在过去一年中你很好地完成了训练量，那么在新赛季你可以考虑增加10%的量。这对于从事铁人三项运动不到5年的新运动员来说是个好主意，因为他们很可能还有提升空间。如果你已经从事这项运动5年以上了，那么你也许会倾向于维持和上一年相同的训练时间，并在新赛季增加训练强度。也就是提升10%的TSS，而不是训练时间。

第2种估算年度训练量的方法是先确定自己常规的周平均训练小时数或TSS，然后乘以45。选择45作为系数是为了让你在生病或受伤、处于恢复期、受到事业和工作的影响、享受家庭假期或过渡期休整时，可以给自己留出一周或者连续几天的停训时间。当然了，我们希望刚刚列举的前两件事不会发生，但它们总是会不时出现。第3种方法是基于你最长距离的比赛和那项赛事的总体目标来设定年度训练量（表7.2）。

表7.2　　　　　　　　　　确定年度训练量的粗略指导

最长距离比赛所用时间	完成比赛		高水准完成比赛	
	年训练小时数*	TSS得分*	年训练小时数*	TSS得分*
3小时以内	300~400	（15 000~17 500）	400~800	（20 000~40 000）
3~8小时	400~500	（17 500~22 500）	600~1 000	（30 000~50 000）
超过8小时	500~700	（22 500~30 000）	800~1 200	（40 000~60 000）

*建议目标范围

这一指导是基于你对于本赛季中最长距离比赛的预期完成时间，以及对该赛事的总体目标制订的；这里用年度训练小时数和TSS得分两种方式来表示训练量。

对于很多运动员来说，年度训练量不仅取决于你身体能承受的训练量，还与你的生活方式有关，包括事业、家庭和其他的一些事务。对于这些运动员，周训练量会根据一周通常能够训练的最大时长而定。时间紧张的运动员也许有能力完成很大的训练量，但是生活中的其他事务会削减他们的训练时间。如果你就是上文所描述的这种情况，那么请把你通常可以达到的周训练小时数乘以45，并记录在ATP中。

年度训练量对于时间固定的运动员来说意义不大，因为他们每周的训练时间几乎是完全一样的，除了休息－恢复周、巅峰期和竞赛期可能有些例外。此外，如果你的生活方式在短期内发生了变化，产生了更多的训练时间，那么你也可以在几周或者几天中增加训练量。另一方面，由于每周的时间安排是很严格的，因此运动员需要在赛季过程中大幅度地改变强度，从而让自己为比赛做好准备。在那种情况下，对于年度训练量的制订来说，TSS比训练量更有价值，因为它还考虑了强度。即使周训练小时数是一样的，TSS也可以反映出训练强度的增加或减少。低强度的训练周可以达到每小时45的TSS得分，而高强度的训练周则可以达到每小时55的TSS得分。在长期训练中每小时TSS的平均得分通常为50。时间紧迫的铁人三项运动员可以用每周能训练小时数的标准数值来估计赛季中的周TSS，从而设置训练量。

提示

即使周训练小时数是一样的，TSS也可以反映出训练强度的增加或减少。

第4步：设定比赛的优先级

只要你有充足的时间为赛季的第1场比赛做准备，你随时都可以在你认为合适的时机开始新赛季。当然了，首先你需要从上一赛季中恢复过来。这可能会花1个月或者更多的时间。接下来用大约24周的时间为新赛季做好准备。对于北半球的大多数运动员来说，训练通常开始于10月到次年1月期间的某个时候。接下来我们要做的就是制订ATP，并明确开始的时间点和之后的训练周。

提示

只要你有充足的时间为赛季的第1场比赛做准备，你随时都可以在你认为合适的时机开始新赛季。

在ATP中的"周"这一列，01行是新赛季的第1周，这一列旁边是"周一"列。你需要在这里写下赛季中第1个周一的日期。接下来，在标有"周一"的这一列中，写下即将到来的赛季中每个周一的日期。例如，10月的第1个周一可能是那个月的第2天，所以在"周一"列中写下10/2，表示10月2日。紧接着下面一行应该是10月9日，写下10/9。赛季余下的部分也要这么写，这样每周的一行最前面都写着周一的日期。

当你写下赛季中所有周一的日期之后，把新赛季中你计划参加的比赛写在标有"比赛"的那一列。写在ATP中与比赛日期相近的那周的位置上。新赛季你计划参加的比赛或许还没有公布确切日期，但是你应该知道它们大概是在什么时间举行，所以只需要标明预估的时间。例如，在新赛季的5月5日周六，你有一场比赛，把它写在周一是5月1日、标记为5/1的那一行，因为这一行包括了5月1日到5月7日的所有日期。如果你在同一周内有两场比赛，就把它们写在同一行。

当你把所有计划中的赛事列在"比赛"列之后，在"优先级"列用A级（头等重要）赛事、B级（中等重要）赛事或C级（末等重要）赛事给它们的优先级进行排序。表7.3可以帮你确定优先级。

你将围绕A级（头等重要）赛事来制订赛季计划，所以我强烈建议你把A级（头等重要）赛事数量控制在3个以内。因为在赛前2～3周以及在赛后过渡期进行恢复的时候，你都会减量训练，你的身体素质会有所下降，特别是你的基础能力。你放弃了一部分训练以达到好的竞技状态，而每场最重要的比赛之前你都会经历这个身体素质下滑的过程。这就意味着在决定这个赛季要参加几场比赛的时候你必须有所保留。为了保证在下一场A级（头等重要）赛事来临前能有时间重塑身体素质并达到巅峰状态，你最多只能设定3场A级（头等重要）赛事。就如上文"训练计划概览"部分所描述的，在日历中A级（头等重要）赛事的时间间隔越长，你越有可能在比赛中表现出色。

说到竞赛表现，有两种规划赛季的基本方法。一种就是上文提出的，设定A级（头等重要）赛事的时候不要超过3个，在每一次A级（头等重要）赛事前用2～3周的时间进行减量。这很有可能给你带来最好的竞赛表现。如表7.3所示，你仍然可以参加一些B级（中等重要）赛事，并在赛前2～5天减量。你可以把它想成少量减量带来的竞技状态的小巅峰。第2种方法是不参加任何A级（头等重要）赛事，而是参加很多B级（中等重要）赛事，这样做不会出现一个明显的竞技状态的巅峰。你的竞赛表现很可能无法达到最好的状态，但是这样做会让你更加享受赛季。我知道很多优秀运动员也会经常这样做去享受比赛。如果你的计划中没有什么需要提前很长时间进行减量的A级（头等重要）赛事，那么你可以选择这样做。

另一种可能性是整个赛季中你只规划了一场A级（头等重要）赛事。这时候你将面临另一个问题：在这一年的第1场比赛前，你会进行为期6个月的标准周期化训练。但是如果在比赛前有12个月的时间，那在额外的6个月里你要做些什么呢？通常有两种解决方式。第1种，可能也是最好的方式，就是在你最重要的A级（头等重要）赛事前12～16周的时候，安排一场第二重要的A级（头等重要）赛事，直接用包括减量期和赛后过渡期的标准训练周期去备战第1场比赛。这会让你有机会检验当你为高优先级的比赛进行备战时，能达到什么样的竞赛表现。从中得到的经验，无疑会让你在更重要的比赛中表现得更好。第2种解决途径是最初像本章中描述的那样进行基础期训练，但是当你完成基础3期的训练时，不要马上进入建设期。而是不断重复基础3期的训练，直到距离最重要的A级（头等重要）赛事只剩12周的时候再开始建设期的训练。你的基础能力永远是越高越好，所以第2种办法会让你更好地在"真正的"A级（头等重要）赛事前做好具有针对性的、模拟比赛的训练准备。

提示

你的基础身体素质永远是越高越好。

请注意表7.3中的C级（末等重要）赛事几乎被等同于训练，也就是说赛前的休息也和艰苦训练前的休息是一样的。这些比赛严格地以"随缘"的结果为目标来完成，也就是说你不指望自己处于顶级状态，或者甚至并没有为比赛做好准备。它们通常是在上一次比赛已经过去一段时间后，运动员为了重新回到比赛的精神状态和日常安排而做的A级（头等重要）或B级（中等重要）赛事前的调整。它们也被用于检验身体素质、作为一次有难度的训练，或者是用来和朋友们社交。对于新人运动员来说，参加这些比赛也是为了积累经验。当你刚刚接触这项运动时，了解这项运动的最快的方式之一就是参加比赛，参加很多的比赛。作为铁人三项运动员，第1年就是学习的过程，而参加C级（末等重要）赛事是最好的学习方式。

表7.3　　　　　　　　　　　　　　　　　　确定赛事优先级

赛事优先级	每赛季的最大比赛数量	赛事重要性	特殊的备赛需求
A（头等重要）	3	最为重要。你的赛季成功与否取决于此	赛前需要计划1~2周的巅峰期
B（中等重要）	8	第二等重要。虽然你同样希望取得好成绩	比赛日前的2~5天需要减少训练压力
C（末等重要）	没有限制	最不重要。用来进行比赛调整、测试、作为有难度的训练、社交活动或是积累经验	无需特别准备。就像对待训练一样对待这些比赛

你的A级（头等重要）赛事的距离越长，你就越应该少去参加C级（末等重要）赛事。备战大铁和半程大铁比赛需要进行很多长距离训练，特别是自行车项目。因为这些训练通常需要在周末你有大量空闲时间的时候进行，而比赛通常也是在周末，所以很可能产生时间上的冲突。如果你必须要舍弃某一项，我强烈建议你放弃C级（末等重要）赛事。如果在长距离的A级（头等重要）赛事之外只参加一些B级（中等重要）赛事，你或许会训练得更好。对于参加大铁比赛的铁人三项运动员来说，我建议只参加一次B级（中等重要）赛事，最好是在A级（头等重要）比赛前的12周中参加一次半程大铁比赛。这场B级（中等重要）赛事最好在赛前3 ~ 7周完成。

第5步：将赛季划分为不同时期

制订ATP的下一步是将赛季划分为不同时期。表7.4可以指导你完成这一步，它是表7.1的扩展，把赛季周期划分为子周期，并根据年龄确定每一个时期的时长。我们很快就会回过头来讨论后一个观点。

正如表格中所描述的，每个子周期的目标是对于大多数比赛来说都适用的。但是在赛季中不同的特定时期里，你的训练方式会有很多差异。例如，在训练精英大铁运动员时，为了在建设期开始之前提高有氧能力，我可能会让他们在基础3期中进行极度强调肌肉耐力的无氧耐力训练。而在传统的训练周期中，无氧耐力训练不会出现在基础期阶段，但是对于特定的运动员来说这样做就是合适的。尽管放手去测试表7.4中的模型，你可能会发现一些不常见的但是适用于自己的训练方式。在划分这些时期时，我强烈建议你遵循的唯一不可改变的原则是：时间越靠近你的A级（头等重要）赛事，你的训练内容就要越接近于比赛，除此之外，你的训练周期可以有很大的灵活性。

在我们继续其他内容之前，我想解释一下表7.4中年龄和子周期时长之间的关系。相比于年龄，子周期的时长与恢复情况的关系更大，因为年龄并不总能准确地反映出恢复情况。表7.4中的年龄划分仅仅是为了简化制订计划的过程，让我来详细说明一下。无论处于什么年龄，为了消除训练积累的疲劳，每隔几周你都应该停下集中且紧张的训练进行休整。一些运动员需要比其他运动员更频繁地安排恢复调整期，这一频率与很多生理因素有关，最重要的因素可能是激素产生的水平。生长激素、睾酮素、雌激素和类似胰岛素的生长因子以及其他激素，它们与运动员从艰苦训练中恢复的能力和时间有很大关系，而这些激素随着年龄增长在不断减少。产生的激素越少，恢复得就越慢，也就需要越频繁地进行恢复调整。在50岁左右，激素的产生水平就达到了一个很低的值。这也就是相比于年轻运动员来说，年纪较大的运动员（也就是表7.4中50岁以上的运动员）在赛季中的一些时候休息得更加频繁的原因。但是我知道很多年龄超过50岁的运动员也可以恢复得很快。所以即使这个表格根据年龄给出了不同的训练时长，你也无须只根据年龄而把自己划分到其中的一类当中。换句话说，在认真地思考你正常的恢复速率之后再决定根据低于50岁还是超过50岁的标准来划分自己的子周期，这一决定最好是基于你自己的疲劳积累的经验来做。

表7.4 与年龄有关的子周期目标、时长及计划恢复时长

子周期	目标	时长（低于50岁）	时长（超过50岁）	计划恢复时长
准备期	为训练做准备：交叉训练、举重、功能力量、一般运动	1~4周	1~4周	不需要恢复
基础1期	普适性训练：有氧耐力、肌肉力量、提速技巧训练	4周	3周	基础1期的最后4~7天
基础2期	普适性训练：有氧耐力、肌肉力量、提速技巧、有限的肌肉耐力训练	4周	3周	基础2期的最后4~7天
基础3期	普适性训练：有氧耐力、肌肉力量、提速技巧、更多的肌肉耐力训练	4周	3周（重复基础3期）	基础3期的最后4~7天
建设1期	针对性训练：肌肉和/或无氧耐力训练；保持有氧耐力、肌肉力量、提速技巧训练	4周	3周	建设1期的最后4~7天
建设2期	针对性训练：肌肉和/或无氧耐力训练；保持有氧耐力、肌肉力量、提速技巧训练	4周	3周（重复建设2期）	建设2期的最后4~7天
巅峰期	针对性训练：每72~96小时，模拟比赛的一部分；或者恢复训练	1~2周	1~2周	不需要恢复
竞赛期	针对性训练：等同、或者超过比赛强度的短间歇训练，并且逐日减量；休息	1周	1周	不需要恢复
过渡期	休息和主动恢复	1~4周	1~4周	不需要恢复

每个子周期结束时都包括计划的训练恢复休息时间。

在"计划恢复时长"这一列，基础期和建设期的"4～7天"是一个很宽泛的范围。再次强调，一些运动员恢复得比较缓慢，在艰苦训练后需要用一整周的时间来减量，而另一些运动员只需要4天就能快速恢复。此外，即使是这些短暂的休息，你的恢复时间在不同子周期中也有所不同。所以在做出决定时要考虑到自己的需求。如果4天之后你仍旧感到很累，那么就再休息一天或更久来恢复。我们会在第11章中围绕这个话题展开更全面的讨论。

好了，我们已经探讨了很多细节了，现在让我们进入到这一部分的核心内容——将赛季划分为不同时期。

周期化的意思是在ATP中的"周期"列中把训练周期分配到每一周中去，你将通过反向推导来完成它。首先从A级（头等重要）赛事开始。在"周期"列与第1场A级（头等重要）赛事的那一行，或者说是在那一周相交叉的格子中写下"竞赛期"。接下来，在上面两行分别写下"巅峰期"。这就在比赛前为你预留出了3周的时间用于减量——2周的巅峰期和1周的竞赛期。然而，在某些情况下，一些运动员只需要2周的减量就可以达到更好的竞技状态。所以说，我要再次强调，制订你的赛季计划是一个需要你认真考虑的非常个性化的部分。除了告诉你应该完全依靠自己的经验来做决定之外，我无法给出其他更

好的建议，你可以通过试验来确定对于你来说多长时间更好。但现在，如果你不确定的话，就预留2周的巅峰期。

在"巅峰期"第1周的上面一行写下"建设2期"，现在你必须根据上述恢复和休息相关的讨论来决定这一子周期要持续3周还是4周。如果你规划了4周的子周期，那么再写3次"建设2期"，这样在"巅峰期"的第1周之前你就有了4周的"建设2期"；如果对于这一子周期你只规划了3周，那么你只需要在3行里重复写下"建设2期"；下面，用同样的方法来规划建设1期、基础1期、基础2期和基础3期的持续时间是3周还是4周。请注意，在基础期和建设期中，你可能会规划3周或4周不同持续时长的子周期。一些运动员在主要关注基础能力的基础期恢复得很快，但是在进行进阶能力训练的时候就恢复得慢得多。所以这些运动员在建设期会规划3周的子周期，而在基础期会规划4周的子周期。再次强调，这是一个基于经验的个性化决定，如果不确定，就请你保持基础期和建设期的持续时间相等。

在赛季中基础1期第1周的前一行，写下"准备期"。这一子周期会持续1 ~ 4周不等。这里我想补充一点，对于在第1场比赛前训练时间非常有限的运动员来说，有时候我会省略掉这一阶段。而运动员在A级（头等重要）赛事前有过多训练时间的情况下，我也可能会把准备期延长到比4周更长的时间，并一直持续到基础训练之前。所以说，这里最普遍的决定因素就是第1场A级（头等重要）赛事前的训练时长。如果一切顺利，那么ATP中的准备期或基础1期的第1周应该与你希望开始新赛季的时间相一致。

提示

反向推导来填写ATP中的周期列。

现在让我们回到"竞赛期"第1周的下一行。在接下来的1 ~ 2周内，你很可能还有一到两场甚至更多其他比赛。如果确实是这样，请在每一周都写上"竞赛期"，这样就有连续两行或三行都写有"竞赛期"的标签。在铁人三项运动中连续几周有多场A级（头等重要）赛事的情况非常少见，但确实也有可能会发生。现在，在单次A级（头等重要）赛事之后，或者连续几场比赛的最后一场比赛之后的第1周写上"过渡期"。如表7.4所示，这一阶段可以只持续几天，也可以长达4周。我甚至遇到过这种情况：因为赛季的压力远远超过预期，有些运动员的恢复期会持续6周时间。如果第1个过渡期是在赛季的初期，这也是一种很普遍的情况，那么我建议你只停止几天集中训练的时间用于恢复。这可能只需要3 ~ 4天，也可能需要7天，这取决于比赛后肌肉酸痛所带来的身体疲劳程度和精神状态。在赛季最后一场A级（头等重要）赛事之后，你可能需要更长时间的休息，大约要4周甚至更多的时间。过渡期的意义在于让你的身体和精神都得到休息，在过渡期"运动"是可以的，但是"训练"是禁止的。这一阶段不去安排必须完成的训练，以达到休息和恢

复的目的。

第1年参加铁人三项训练的新人运动员会用整个赛季的时间专注于基础训练，而不会进行建设期的训练。在这种情况下，基础3期不断被重复，并代替了所有的建设期。

现在准备第1场A级（头等重要）赛事的训练计划已经完成了，这真的很简单，只需要按照步骤做就好。然而对于接下来的A级（头等重要）赛事，你就需要做出抉择舍弃一些时期了。例如，在计划好第1场A级（头等重要）赛事之后，你就不会重复准备期，甚至可能不会重复基础1期和基础2期。然而，如果你的基础能力，特别是有氧耐力在第1场A级（头等重要）赛事之后的几周里明显地下降了，那么在第1个过渡期后，你可能想要重复基础3期。当第1场A级（头等重要）赛事是短距离比赛而下一场是长距离比赛时，重复基础3期是很普遍的。如果距离第2场A级（头等重要）赛事还有充足的时间，你甚至有可能重复两次基础3期。如果你的基础能力有所欠缺，那么这一弱点会大大影响你赛季中其余的训练和比赛，但是如果在一场A级（头等重要）赛事之后你的基础能力还是很强，那么你可能希望从建设1期或者建设2期开始接下来的训练。

请注意：不要为了做更多高强度训练而忽视基础能力，想要详细了解如何规划接下来几周，参见前面的图7.3、图7.4及相关的讨论。

提示

不要为了做更多高强度训练而忽视基础能力。

当然了，此时你会猜想几个月之后自己的身体素质会怎样——这就是ATP可能会随着赛季推进不断变化的另一个原因。但是就现在而言，如果比赛之间你有充足的时间，那么在赛季的第1个过渡期之后重新回归训练时，请从基础3期开始。

根据A级（头等重要）赛事的训练子周期来完成"时期"这一列的填写。记住在B级（中等重要）赛事前也要进行减量，从而让自己达到更好的比赛状态。在休息-恢复周结束时安排B级（中等重要）赛事是最好的，但你并不总能这样安排。在后面的赛季中，你应该去确定哪些计划不适合接下来的比赛，并随时做出调整。

第6步：估算周训练量

现在你已经基本完成了ATP的规划，并且对于即将到来的赛季中不同时期要做什么有了宏观的把握。下面你还需要做的，就是设定每周的训练小时数或是TSS，也就是训练量。一旦确定了周训练量，你就可以考虑最后的细节——具体的训练了。下一章我们会进一步讨论细节问题。

表7.5和表7.6将帮助你完成"训练量"这一列的填写。在表格的最上面一行，你可以找到与记录在ATP最上面的信息相匹配的"年度训练小时数"或"年度TSS"。接下来，

沿着这列往下看每个子周期所需要的训练量，并把这些数字写在ATP中"训练量"那一列的相应位置。周训练量不是一个必须要完成的刻板数字，它只是对于一周应该进行多少训练的大概指导。当你处于赛季中特定的周或日子时，你应该根据自身情况对这些数字进行调整。在第8章中我们会介绍如何设置日训练时长，以及进行周训练量的时间规划。

表7.5   周训练小时数

时期	周	年度训练小时数																		
		300	350	400	450	500	550	600	650	700	750	800	850	900	950	1000	1050	1100	1150	1200
准备期	所有	5.0	6.0	7.0	7.5	8.5	9.0	10.0	11.0	12.0	12.5	13.5	14.5	15.0	16.0	17.0	17.5	18.5	19.5	20.0
基础1期	1	6.0	7.0	8.0	9.0	10.0	11.0	12.0	12.5	14.0	14.5	15.5	16.5	17.5	18.5	19.5	20.5	21.5	22.5	23.5
	2	7.0	8.5	9.5	10.5	12.0	13.0	14.5	15.5	16.5	18.0	19.0	20.0	21.5	22.5	24.0	25.0	26.0	27.5	28.5
	3	8.0	9.5	10.5	12.0	13.5	14.5	16.0	17.5	18.5	20.0	21.5	22.5	24.0	25.5	26.5	28.0	29.5	30.5	32.0
	4	4.0	5.0	5.5	6.5	7.0	8.0	8.5	9.0	10.0	10.5	11.5	12.0	12.5	13.5	14.0	14.5	15.5	16.0	17.0
基础2期	1	6.5	7.5	8.5	9.5	12.0	12.5	13.0	14.0	16.0	17.0	18.0	19.0	20.0	21.0	22.0	23.0	24.0	25.0	25.0
	2	7.5	9.0	10.0	11.5	12.5	14.0	15.0	16.5	17.5	19.0	20.0	21.5	22.5	24.0	25.0	26.5	27.5	29.0	30.0
	3	8.5	10.0	11.0	12.5	14.0	15.5	17.0	18.0	19.5	21.0	22.5	24.0	25.0	26.5	28.0	29.5	31.0	32.0	33.5
	4	4.5	5.0	5.5	6.5	7.0	8.0	9.0	10.0	10.5	11.5	12.0	12.5	13.5	14.0	15.0	15.5	16.0	17.0
基础3期	1	7.0	8.0	9.0	10.0	11.0	12.5	13.5	14.5	15.5	17.0	18.0	19.0	20.0	21.0	22.5	23.5	25.0	25.5	27.0
	2	8.0	9.5	10.5	12.0	13.5	14.5	16.0	17.0	18.5	20.0	21.5	23.0	24.0	25.0	26.5	28.0	29.5	30.5	32.0
	3	9.0	10.5	11.5	13.0	15.0	16.5	18.0	19.0	20.5	22.0	23.5	25.0	26.5	28.0	29.5	31.0	32.5	33.5	35.0
	4	4.5	5.0	5.5	6.5	7.0	8.5	9.0	10.0	10.5	11.5	12.0	12.5	13.5	14.0	15.0	15.5	16.0	17.0
建设1期	1	8.0	9.0	10.0	11.5	12.5	14.0	15.5	16.0	17.5	19.0	20.5	21.5	22.5	24.0	25.0	26.5	28.0	29.0	30.0
	2	8.0	9.0	10.0	11.5	12.5	14.0	15.5	16.0	17.5	19.0	20.5	21.5	22.5	24.0	25.0	26.5	28.0	29.0	30.0
	3	8.0	9.0	10.0	11.5	12.5	14.0	15.5	16.0	17.5	19.0	20.5	21.5	22.5	24.0	25.0	26.5	28.0	29.0	30.0
	4	4.5	5.0	5.5	6.5	7.0	8.0	8.5	9.0	10.0	10.5	11.5	12.0	12.5	13.5	14.0	15.0	15.5	16.0	17.0
建设2期	1	7.0	8.5	9.5	10.5	12.0	13.0	14.5	15.5	16.5	18.0	19.0	20.5	21.5	22.5	24.0	25.0	26.5	27.0	28.5
	2	7.0	8.5	9.5	10.5	12.0	13.0	14.5	15.5	16.5	18.0	19.0	20.5	21.5	22.5	24.0	25.0	26.5	27.0	28.5
	3	7.0	8.5	9.5	10.5	12.0	13.0	14.5	15.5	16.5	18.0	19.0	20.5	21.5	22.5	24.0	25.0	26.5	27.0	28.5
	4	4.5	5.0	5.5	6.5	7.0	8.0	8.5	9.0	10.0	10.5	11.5	12.0	12.5	13.5	14.0	15.0	15.5	16.0	17.0
巅峰期	1	6.5	7.5	8.5	9.5	10.5	11.5	13.0	13.5	14.5	16.0	17.0	18.0	19.0	20.0	21.0	22.0	23.5	24.0	25.0
	2	5.0	6.0	6.5	7.5	8.5	9.5	10.0	11.0	11.5	12.5	13.5	14.5	15.0	16.0	17.0	17.5	18.5	19.0	20.0
竞赛期	所有	4.5	5.0	5.5	6.5	7.0	8.0	8.5	9.0	10.0	10.5	11.5	12.0	12.5	13.5	14.0	15.0	15.5	16.0	17.0

如果你用的是时长而不是TSS，则在第1行寻找对应的年训练小时数，并沿着那一列往下看，确定赛季中每个子周期的周训练小时数。

表7.6 周TSS

时期	周	年TSS																		
		15k	17.5k	20k	22.5k	25k	27.5k	30k	32.5k	35k	37.5k	40k	42.5k	45k	47.5k	50k	52.5k	55k	57.5k	60k
准备期	所有	240	280	320	360	400	440	480	520	560	600	640	700	720	760	800	840	880	920	960
基础1期	1	280	330	380	430	480	520	570	620	670	710	760	810	850	900	950	1000	1040	1090	1140
	2	310	370	420	470	530	580	630	680	730	780	840	890	950	1000	1050	1100	1150	1210	1260
	3	350	400	460	520	580	630	690	750	810	860	920	980	1030	1090	1150	1210	1260	1320	1380
	4	240	280	320	360	400	440	480	520	560	600	640	700	720	760	800	840	880	920	960
基础2期	1	290	335	380	430	480	520	570	620	670	710	760	810	850	900	950	1000	1040	1090	1140
	2	330	385	440	500	550	600	660	720	770	820	880	940	990	1040	1100	1150	1210	1260	1320
	3	370	440	500	560	630	690	750	810	880	940	1000	1060	1120	1190	1250	1310	1370	1440	1500
	4	240	280	320	360	400	440	480	520	560	600	640	700	720	760	800	840	880	920	960
基础3期	1	330	385	440	500	550	600	660	720	780	820	880	940	990	1040	1100	1150	1210	1260	1320
	2	370	440	500	560	630	690	750	810	880	940	1000	1060	1120	1190	1250	1310	1370	1440	1370
	3	410	475	540	610	680	740	810	880	950	1010	1080	1150	1210	1280	1350	1420	1480	1550	1620
	4	240	280	320	360	400	440	480	520	560	600	640	700	720	760	800	840	880	920	960
建设1期	1	370	440	500	560	630	690	750	810	880	940	1000	1060	1120	1190	1250	1310	1370	1440	1370
	2	370	440	500	560	630	690	750	810	880	940	1000	1060	1120	1190	1250	1310	1370	1440	1370
	3	370	440	500	560	630	690	750	810	880	940	1000	1060	1120	1190	1250	1310	1370	1440	1370
	4	240	280	320	360	400	440	480	520	560	600	640	700	720	760	800	840	880	920	960
建设2期	1	410	475	540	610	680	740	810	880	950	1010	1080	1150	1210	1280	1350	1420	1480	1550	1620
	2	410	475	540	610	680	740	810	880	950	1010	1080	1150	1210	1280	1350	1420	1480	1550	1620
	3	410	475	540	10.5	680	740	810	880	950	1010	1080	1150	1210	1280	1350	1420	1480	1550	1620
	4	240	280	320	360	400	440	480	520	560	600	640	700	720	760	800	840	880	920	960
巅峰期	1	290	335	380	430	480	520	570	620	670	710	760	810	850	900	950	1000	1040	1090	1140
	2	240	280	320	360	400	440	480	520	560	600	640	700	720	760	800	840	880	920	960
竞赛期	所有	240	280	320	360	400	440	480	520	560	600	640	700	720	760	800	840	880	920	960

如果你采用的是TSS而不是小时数，请在第1行寻找对应的年度TSS，并沿着那一列往下看，确定赛季中每个子周期的周TSS。

你的周训练量涵盖了3项运动以及力量训练和交叉训练。在下一章中，我们会探讨训练小时数和TSS是如何分布的。

提示

周训练量涵盖了3项运动以及力量训练和交叉训练的训练量。

运动员：*Jane Doe*
年度训练量：*500 小时*
年度：*2017*

周	周一	比赛	赛事优先级	时期	训练量	举重训练	有氧耐力	肌肉力量	提速技巧	肌肉耐力	无氧耐力	冲刺能力	测试	有氧耐力	肌肉力量	提速技巧	肌肉耐力	无氧耐力	冲刺能力	测试	有氧耐力	肌肉力量	提速技巧	肌肉耐力	无氧耐力	冲刺能力	测试
							游泳							骑行							跑步						
01	11/21			准备期	8.5																						
02	11/28			↓	8.5																						
03	12/5			基础1期	10.0																						
04	12/12				12.0																						
05	12/19				13.5																						
06	12/26			↓	7.0																						
07	1/2			基础2期	10.5																						
08	1/9				12.5																						
09	1/16				19.0																						
10	1/23			↓	7.0																						
11	1/30			基础3期	11.0																						
12	2/6				13.5																						
13	2/13	（铁人三项训练营）			15.0																						
14	2/20	半程标铁	C	↓	7.0																						
15	2/27			建设1期	12.5																						
16	3/6				12.5																						
17	3/13				12.5																						
18	3/20	标铁	B	↓	7.0																						
19	3/27			建设2期	13.0																						
20	4/3				12.0																						
21	4/10				12.0																						
22	4/17	跑步比赛	B	↓	7.0																						
23	4/24			巅峰期	10.5																						
24	5/1				8.5																						
25	5/18	*Gulf Coast H I M*	A	竞赛期	7.0																						
26	5/15			过渡期	—																						

图7.5 年度训练计划示例（接下页）

赛季目标:
1.Gulf Coast HIM在5小时以内完成
2.IM70.3比赛中突破5小时10分钟
训练目的:
1.1月1日前，腿部推举145千克3次
2.3月26日前，骑行FTP增加到230瓦
3.4月23日前，游泳1000米
4.7月23日前，半程马拉松在1小时45分内完成

周	周一	比赛	赛事优先级	时期	训练量	举重训练	游泳							骑行							跑步						
							有氧耐力	肌肉力量	提速技巧	肌肉耐力	无氧耐力	冲刺能力	测试	有氧耐力	肌肉力量	提速技巧	肌肉耐力	无氧耐力	冲刺能力	测试	有氧耐力	肌肉力量	提速技巧	肌肉耐力	无氧耐力	冲刺能力	测试
27	5/22			基础3期	11.0																						
28	5/29			↓	13.5																						
29	6/5			↓	7.0																						
30	6/12			基础3期	13.5																						
31	6/19				15.0																						
32	6/26			↓	7.0																						
33	7/3			基础3期	13.5																						
34	7/10				15.0																						
35	7/17	半程马拉松	B	↓	7.0																						
36	7/24			建设1期	12.5																						
37	7/31				12.5																						
38	8/7	标铁	C		12.5																						
39	8/14			↓	7.0																						
40	8/21			建设2期	12.0																						
41	8/28				12.0																						
42	9/4				12.0																						
43	9/11	标铁	B	↓	7.0																						
44	9/18			巅峰期	10.5																						
45	9/25			↓	8.5																						
46	10/2	Silverman 70.3比赛	A	竞赛期	7.0																						
47	10/9			过渡期	—																						
48	10/16				—																						
49	10/23				—																						
50	10/30				—																						
51	11/6																										
52	11/13																										

小结

读完这又长又复杂的一章，我想你应该已经理解了为什么我在开头说这是这本书中最重要的章节，之前章节中提到的很多细节都在这里集中在一起。制订ATP时你可能会觉得乏味，但是当你在接下来的赛季中可以更好地训练和比赛时，你就会得到回报了。你的训练计划看起来应该和图7.5很像，这里给出了一个A级（头等重要）赛事是半程大铁距离比赛的铁人三项选手的ATP。你会发现在ATP中还有一些部分没有完成——"举重训练""游泳""骑行"和"跑步"的部分。这些都是与训练细节相关的东西，我们会在下一章中逐一完善。

如果你之前从来没有按照计划训练过，那么你会发现按照如此详细的计划进行训练是很困难的。这种新的思维方式是很难接受的，特别是当你凭感觉行事多年之后。制订计划与请个教练很像，它帮你树立了信心，并确定了训练方向。一旦你习惯了，我想你一定会发现自己的训练和竞赛表现都得到了显著的提高。

为了让计划落到实处，你必须把它看作是一项历久弥新的工作，而不是死板的日程。我强烈建议你在计划接下来一周的训练时回顾并修正你的ATP，第8章会告诉你具体怎么做。和很多人一样，你可能会在制订计划时失去热情，这时请提醒自己做计划的原因——达到你的目标并成为你能做到的最棒的铁人三项运动员。花在制订计划上的时间是很值得的，在30多年的执教生涯中，我见证过它帮助很多运动员达到了高远的目标。

现在让我们把所有的细节汇总到一起，开始最后一步——确定赛季中每周的训练细节。而这就是第8章将要讨论的主题。

制订周计划

在讨论周训练计划的制订细节之前，让我们先回顾一下第7章中的一个要点。如我们前面所说，临近比赛时，你的训练内容必须逐渐越来越接近于比赛。这不是说只有与比赛相似的训练才是必要的，早期的训练当然很重要，它们让身体素质达到一个较高的水平，是后期针对性训练的基础。如果你的基础期训练进行得很好，那么在建设期你就有能力应对许多接近于比赛情况的训练。在建设期，你会通过近似于比赛时间和比赛强度的针对性训练来增强身体素质。这是达到高水准运动表现的关键，也是为什么一个周期化的训练计划是非常有必要的。

很多运动员认为，训练的周期化是一个必须遵守的、不能更改的死板指南：先进行有氧训练再进行无氧训练，先关注训练量再关注训练强度，在特定时间做特定训练，以及考虑一点日常恢复，诸如此类。因此周期化训练常被认为是一种不灵活、高要求的训练方式。但其实并不是这样。如果你能够正确地理解和运用，周期化训练是一种很自由且颇具创造性的方法，你可以进行任何你能想到的对你有帮助的训练。

事实上，你应该不断地通过试验来寻找更好的训练方式。如果改变一下ATP或周训练计划，你可以在比赛中变得更快吗？你的ATP不是用来奉为圭臬的，你随时可以调整它，包括第7章中提到的和本章你将读到的内容。只要你保持训练周期化的基本原则不变，你完全可以根据自己的情况在很多细节上稍作调整。在第9章中，我会介绍一些替代传统线性模型的方案。

对于一些运动员来说，做这些计划看起来过于烦琐和严肃了。你的严肃程度，也就是你为了提升竞赛表现而专注于训练的程度，取决于多个因素，其中首要的因素是你的比赛目标具有多大的挑战性。偶尔休个长假，享受一个没有高远目标、只是追求比赛乐趣的赛季也是很好的选择。如果参加某些比赛只是为了结交朋友，你也不在意比赛成绩，那么就无需进行严肃的训练。事实上，这可能根本算不上"训练"，因为训练就等于得有目标和计划。相反的，你需要进行的是非结构化的训练，并在保持身体素质的同时去享受赛季。你可以在任何时候做任何你想做的事，当比赛结果不太重要时，一个不那么严肃的赛季也是不错的。

为了集中精力实现很高的目标，你的训练周期计划应该反映出你训练严肃程度的改变。例如，在赛季最后的过渡期，你完全不应该太严肃。这时你正在从之前的比赛中恢复，不需要一个周训练计划。事实上，这一阶段你根本不应该有训练计划，你要做的就是放松、玩得开心、想做什么就去做，或者完全停训几天。这里不需要任何的结构化，唯一重要的就是在再次开始训练前充分地休息。而休息充分了，就是时候开始下一个准备期了。

赛季中接下来的一个阶段就是准备期，这一阶段也不需要太严肃，这时你才刚刚开始引入一些结构化训练。事实上，正如我们后面要讲到的，只有在健身房中进行的训练才是结构化的，其他时候你只是玩，而不是训练。这样的训练应该是开放式的，你可以玩任何你觉得有趣的运动项目。比如，和家人一起徒步旅行，和朋友一起越野滑雪，一边运动一边享受一段美好的时光。而在享受乐趣的同时，你也会积累一些基础的身体素质。

到了基础期，训练就变得严肃起来。现在你要开始进行更具挑战性的游泳、骑行和跑步训练，同时也要进行严肃的力量训练。但最初的训练并不难，难度是在后面大约3个月的训练中逐渐提高的。在建设期开始时，基于A级（头等重要）赛事的特点，你的训练应该更加有针对性。在巅峰期和竞赛期，你的严肃程度将达到赛季中的最高水平，这时你的训练应该是完全针对于备赛的。

一旦完成了A级（头等重要）赛事，就是时候通过另一个过渡期来使自己的身体和精神得到休息了。很有可能你的精神才是最需要进行恢复的，因为严肃训练在心理上的要求是非常高的。过渡期可能会持续几天到几周的时间，取决于你具体处在赛季中期还是末期。

我的观点是，制订计划并不意味着你需要一直严肃地专注于那些颇具挑战性的训练以及高水准的竞赛表现，因为在一年中训练是不断变化的。虽然现在看起来很乏味，但在恰当的时候，制订详细的计划会大大提高你拥有一个成功且高水准的赛季的概率。所以，请再坚持一下，让我们一起来完成你的新赛季ATP。

制订周训练日程

在第7章中，你完成了制订赛季ATP的前6个步骤，现在只剩下补充周训练的细节了。到目前为止，你已经完成了ATP中的"年度训练量""赛季目标""训练目的"、用周一的日期表示每一周的赛季日历（"周一"）、你的"比赛"和其赛事优先级、基于"时期"的赛季划分和你的"训练量"。现在是时候进行最后一步——制订周训练日程了。你需要在"游泳""骑行""跑步"的表头下增加"举重训练"列，用来规划举重训练日程和每周的能力针对性训练。如果你需要一个示例，请参考图8.1，它是图7.5的延续。

举重训练

为什么你应该做力量训练（如举重训练）呢？在第13章中我将介绍一些可能的情况。你或许会因为第13章中提到的一些原因而决定不做力量训练了。但是现在，我们假设你是会进行周期化的力量训练的。就像游泳、骑行、跑步训练那样，你的举重训练日程在赛季中也会不断变化。你最主要的任务是把这两个周期化的日程匹配起来，为此你需要在ATP的"时期"列中记录下每一个力量阶段。现在，我们仅仅是对每个力量阶段做一个概述，第13章会介绍相关的细节。

让我们从ATP中"举重训练"列的最上面开始。你需要在赛季中每一周所对应的表格里，都记录如下文所述的每一个力量阶段的缩写。

准备期。 在这一时期，在"时期"列写下"AA"（生理适应）。这一力量阶段是为了让你适应将在健身房开展的多项训练（第13章中将描述这些训练的细节）。你可能需要2周时间用于AA，每周进行2 ~ 3次训练。如果你的准备期多于2周，那么就在其余几周中写上"MT"（肌肉过渡）。在此期间，你在减少重复次数的同时，逐渐增加负重。这一阶段通常也需要2周，总共进行4 ~ 6次训练。如果你的准备期只剩下不到2周了，那么可以把MT安排在基础1期的第1部分来进行。

基础1期。 在前4周写上"MS"（最大力量），这是赛季中最具挑战性的力量训练。如果基础1期的时间不足4周，那么就把余下的MS训练放在基础2期。在进行基础3期艰苦的游泳、骑行和跑步训练之前，你应该完成MS训练。当然也有例外的情况，如果你有连续几个基础3期，那么就不必在基础3期前完成MS训练。当你为了匹配A级（头等重要）赛事的时间安排，需要在计划中增加"额外"的训练周时，就会发生这样的情况。

提示

你可能需要2周的生理适应（AA），每周进行2~3次训练。
在基础3期的艰苦训练之前，你应该完成肌肉力量训练（MS）。

基础2期、基础3期、建设1期、建设2期和巅峰期。 在第1场A级（头等重要）赛事的备战期中，其余的力量训练都记为"SM"（力量维持）。正如其名，在SM阶段你只是简单地维持力量。不管你之前每周进行2次还是3次健身房训练，现在只要进行一次举重训练。也就是说，这一阶段的力量训练不仅频率变低了，也更加容易了，这让你有更多的精力在泳池中和路面上进行艰苦的训练。你需要避免的是在一个训练周内同时安排强度很高的力量训练和3项针对性训练。

年度训练计划

运动员：*Jane Doe*
年度训练量：*500小时*
年度：*2017*

周	周一	比赛	赛事优先级	时期	训练量	举重训练	游泳 有氧耐力	肌肉力量	提速技巧	肌肉耐力	无氧耐力	冲刺能力	测试	骑行 有氧耐力	肌肉力量	提速技巧	肌肉耐力	无氧耐力	冲刺能力	测试	跑步 有氧耐力	肌肉力量	提速技巧	肌肉耐力	无氧耐力	冲刺能力	测试
01	11/21			准备期	8.5	AA	X		X					X		X					X		X				
02	11/28			↓	8.5	AA	X		X					X		X					X		X				X
03	12/5			基础1期	10.0	MT	X		X					X		X					X		X				
04	12/12				12.0	MT	X		X					X		X					X		X				
05	12/19				13.5	MS	X		X					X		X					X		X				
06	12/26			↓	7.0	MS	X		X					X		X					X		X				X
07	1/2			基础2期	10.5	MS	X		X	X				X		X					X		X	X			
08	1/9				12.5	MS	X		X					X		X					X		X				
09	1/16				14.0	SM	X	X	X					X	X	X					X	X	X				
10	1/23			↓	7.0	SM	X		X					X		X					X		X				X
11	1/30			基础3期	11.0	SM	X	X	X	X				X	X	X	X				X	X	X	X			
12	2/6				13.5	SM	X	X	X	X				X	X	X	X				X	X	X	X			
13	2/13	（铁人三项训练营）			15.0	SM	X	X	X	X				X	X	X	X				X	X	X	X			
14	2/20	半程标铁	C	↓	7.0	SM	X							X		X					X		X				X
15	2/27			建设1期	12.5	SM																					
16	3/6				12.5	SM	X	X	X	X				X	X	X	X				X	X	X	X			
17	3/13				12.5	SM	X	X	X	X				X	X	X	X				X	X	X	X			
18	3/20	标铁	B	↓	7.0	SM	X		X					X		X					X		X				X
19	3/27			建设2期	12.0	SM	X	X	X	X	X			X	X	X	X	X			X	X	X	X	X		
20	4/3				12.0	SM	X	X	X	X	X			X	X	X	X	X			X	X	X	X	X		
21	4/10				12.0	SM	X	X	X	X	X			X	X	X	X	X			X	X	X	X	X		
22	4/17	跑步比赛	B	↓	7.0	SM	X		X					X		X					X		X				X
23	4/24			巅峰期	10.5	SM				X							X							X			
24	5/1			↓	8.5	SM				X							X							X			
25	5/8	*Gulf Coast HIM*	A	竞赛期	7.0	SM				X							X							X			
26	5/15			过渡期	—																						

图8.1　年度训练计划的扩展示例（接下页）

赛季目标:
1. Gulf Coast HTM在5小时内完成
2. IM70.3比赛中突破5小时10分钟

训练目的:
1. 1月1日前, 腿部推举145千克3次
2. 3月26日前, 骑行FTP增加到230瓦
3. 4月23日前, 游泳1000米
4. 7月23日前, 半程马拉松在1小时45分内完成

周	周一	比赛	赛事优先级	时期	训练量	举重训练	游泳 有氧耐力	游泳 肌肉力量	游泳 提速技巧	游泳 肌肉耐力	游泳 无氧耐力	游泳 冲刺能力	游泳 测试	骑行 有氧耐力	骑行 肌肉力量	骑行 提速技巧	骑行 肌肉耐力	骑行 无氧耐力	骑行 冲刺能力	骑行 测试	跑步 有氧耐力	跑步 肌肉力量	跑步 提速技巧	跑步 肌肉耐力	跑步 无氧耐力	跑步 冲刺能力	跑步 测试
27	5/22			基础3期	11.0	MS	X	X	X	X				X	X	X	X				X	X	X	X			
28	5/29			↓	13.5	MS	X	X	X	X				X	X	X	X				X	X	X	X			
29	6/5			↓	7.0	MS	X		X								X	X			X		X					X
30	6/12			基础3期	13.5	SM	X	X	X	X	X			X	X	X	X	X			X	X	X	X	X		
31	6/19			↓	15.0	SM	X	X	X	X	X			X	X	X	X	X			X	X	X	X	X		
32	6/26			↓	7.0	SM	X		X								X	X			X		X					X
33	7/3			基础3期	13.5	SM	X	X	X	X	X			X	X	X	X	X			X	X	X	X	X		
34	7/10			↓	15.0	SM	X	X	X	X	X			X	X	X	X	X			X	X	X	X	X		
35	7/17	半程马拉松	B	↓	7.0	SM	X		X								X	X			X		X					X
36	7/24			建设1期	12.5	SM	X	X	X	X	X			X	X	X	X	X			X	X	X	X	X		
37	7/31			↓	12.5	SM	X	X	X	X	X			X	X	X	X	X			X	X	X	X	X		
38	8/7	标铁	C	↓	12.5	SM	X	X	X	X	X			X	X	X	X	X			X	X	X	X	X		
39	8/14			↓	7.0	SM	X		X								X	X			X		X					X
40	8/21			建设2期	12.0	SM	X	X	X	X	X			X	X	X	X	X			X	X	X	X	X		
41	8/28			↓	12.0	SM	X	X	X	X	X			X	X	X	X	X			X	X	X	X	X		
42	9/4			↓	12.0	SM	X	X	X	X	X			X	X	X	X	X			X	X	X	X	X		
43	9/11	标铁	B	↓	7.0	SM	X		X								X	X			X		X					X
44	9/18			巅峰期	10.5	SM			X							X							X				
45	9/25			↓	8.5	SM			X							X							X				
46	10/2	Silverman 70.3比赛	A	竞赛期	7.0	SM			X							X							X				
47	10/9			过渡期	—																						
48	10/16				—																						
49	10/23				—																						
50	10/30				—																						
51	11/6																										
52	11/13																										

竞赛期。如果这一阶段只有一周，那么就不要安排举重训练了，把"举重训练"列留白。但如果你在后续几周中有2 ~ 3场比赛，那么在第2周中增加SM训练就好。

过渡期。将"举重训练"列留白，过渡期不需要安排举重训练，因为这一时期的重点是休息和恢复。

现在你已经为备战赛季中第1场重要的比赛制订了一个力量训练的周期化计划。在接下来备战第2场、第3场重要比赛的过程中，安排一些MS训练是个不错的主意。当然了，如果你的两场A级（头等重要）赛事之间只有几周的间隔，那么在有限的时间里你必须要舍弃一些东西，而力量训练是个合适的选择。所以请在表格中写上SM或者留白。这时候就需要考虑到你的时间因素和能力限制因素（短板）了。如果你的能力限制因素（短板）是肌肉力量和肌肉耐力，那么适量的MS训练是很有帮助的。当然你不必现在就做出决定，等到第一场A级（头等重要）赛事之后也不迟。这便是自我指导高度依赖于训练艺术的时刻之一，因为没有哪种科学可以准确地告诉我们必须要做什么事。

再次提醒，如果你在尝试规划力量训练的周期时感到迷惑，请参照图8.1，它会给你一些帮助。

游泳、骑行和跑步能力

我将告诉你如何根据不同的运动项目和能力来组织训练，就像典型的线性周期化模型那样。但是请注意，除了线性模型外，还有很多制订周期和规划训练日程的方法，它们往往会涉及定制化和创造性。在第9章中，我会介绍其中的几种方法。

根据运动类型组织训练，就在ATP中"游泳""骑行""跑步"对应的列下标注出每周训练的类型。而能力我们曾在第6章中描述过，分别是有氧耐力、肌肉力量、提速技巧、肌肉耐力和无氧耐力。你可能注意到了，冲刺能力也作为一项能力被列在了ATP中每一项运动之下，但是我们不会用到它，因为对于不能跟游、跟骑、跟跑的比赛来说，它的意义不大。

除了标准的6项能力之外，每一项运动还包括"测试"列。在一年中的不同时期，你需要像第4章和附录B、C、D中描述的那样检验训练区间的准确性，并把握训练的进展。通常你可以在休息-恢复周的末期做测试，接下来的讨论会告诉你具体做法。

规划整个赛季中基于能力的训练和测试的过程是简单却乏味的，你要在这一赛季每周将要进行的不同运动项目的各类训练所对应的能力栏中填入X。在确定训练的特定内容时，这样做有助于你做出决定。我们会简要地讲一下相关细节。再次提醒，如果你使用的是纸版ATP，请使用铅笔，因为赛季开始之后，毫无疑问你会做出许多改动。

准备期能力。 如你所见，准备期作为旨在向结构化训练发展的阶段，同时也处于很长的过渡期之后，其重要性较低。这一阶段唯一严肃的训练是健身房训练，训练的焦点是逐渐适应即将进行的力量训练，并在一段时间的训练之后逐渐增加每项训练的负重（如第13章所述）。该阶段训练仅需包含"有氧耐力"和"提速技巧"两种特定运动能力。请在准备期每一周游泳、骑行、跑步所对应的"有氧耐力"和"提速技巧"两列中写上X，并在准备期最后一周的"测试"列中写上X。

基础1期能力。 这一阶段的重点毫无疑问是力量训练，因为该阶段的训练是高负重、低频率的。每周你要进行2～3次颇具挑战性的训练。所以针对特定运动的训练就比较简单了。就像准备期那样，在该阶段每周的"有氧耐力"和"提速技巧"列写上X，并在这一时期最后一周的"测试"列写上X。

基础2期能力。 在基础2期，你需要在力量维持训练之后开始逐渐减少力量训练，在降低训练压力的同时把训练频率减少到一周一次。这让你有更多的时间和精力来进行提升游泳、骑行、跑步能力的训练。到此，这3项运动的训练中除了"有氧耐力"和"提速技巧"之外也包括了"肌肉力量"和"肌肉耐力"。在基础2期中每周除了肌肉力量之外的其他列写上X。只要你还在健身房进行MS训练，肌肉力量训练就可以忽略。如果你的准备期很短，那么你很可能就处于这种情况下。参见图8.1。

这一阶段的肌肉力量训练意在通过健身房举重训练来增强力量，并通过强化相应的能力训练使之转变为游泳、骑行和跑步的力量。这些力量最终会使游泳、骑行和跑步的功率提升，并会让你速度更快，稍后我们会详细地介绍。在这一阶段，当肌肉力量成为训练的主要焦点时，肌肉耐力的训练才刚刚开始。现在这些肌肉耐力训练不会持续很长的时间或是难度很高，但是在几周之后它们会变为训练的重点所在。在基础2期最后一周的"有氧耐力""提速技巧""测试"列写上X。

> **提示**
>
> 这一阶段的肌肉力量训练将健身房训练出的力量转化为游泳、骑行和跑步的力量。

基础3期能力。 这一阶段是个过渡阶段，训练将会更加针对于你所备战的比赛和自身的竞技水平。在此之前，你备战的是半程还是全程大铁比赛并不是那么重要，训练的类型大同小异。但是从现在开始，训练的重点开始发生变化。

不考虑比赛类型，就像在基础2期时那样，先在每项运动的能力列做标记：有氧耐力、肌肉力量、提速技巧和肌肉耐力。和之前一样，基础3期的最后一周将包括有氧耐力、提速技巧和测试。

这一时期训练的焦点是比赛距离和竞技水平。对于参加半程或者全程大铁比赛并以高水平竞技为目标的运动员来说，进行一些有氧耐力训练非常有效。如果长距离、竞争激烈的训练适用于你，那么如图8.1所示，这一阶段除最后一周外，在每一周的3项运动所对应的"无氧耐力"列写上X。稍后在本章有关训练日程的部分中，我会解释背后的道理，帮助你确定在基础3期需要进行哪些训练。

建设1期和建设2期能力。当进入到赛季中的这一阶段时，你的综合素质或者说是基础身体素质应该已经得到了很好的提升。你的肌肉应该已经足够强壮，并能够进行长时间颇具技巧性的游泳、骑行和跑步了，但你还没有为比赛做好准备。在建设1期和建设2期，训练开始针对你的A级（头等重要）赛事。在接下来的几周中，你会针对比赛的特定需求来增强身体素质。在所选的能力训练与基础期几乎保持一致的同时，个性化的训练内容将会越来越接近于比赛。

在建设1期和建设2期，除最后一周外的每一周，在3项运动下面所有的能力列中写上X。显然，这意味着大量的训练，但是这时的一些变化可以帮助你控制训练时间。其中一个变化是，就像SM举重训练那样，根据训练项目的不同，有氧耐力、肌肉力量、提速技巧的训练仅仅是为了维持能力。所以这些与基础期相似的、简单的针对有氧耐力和提速技巧的游泳、骑行、跑步训练可以与进阶训练相结合，作为热身运动的一部分，或者是包含在恢复训练中。而现阶段另一个保持总训练小时数可控的变化，是把多项能力的训练结合到一场训练中。这样做是为了让训练内容更接近比赛。常规的比赛不会只对比赛中每项运动的其中一种能力有所要求，而是几乎不断地在提出很多新的要求，比如平路赛段、山路、坡道、顶风、转弯、不平静的水面、快速启动、大浪、疲劳以及终点前最后的临门一脚。你需要为比赛中任何可能出现的情况做好准备。

对于长距离运动员来说，建设期的有氧耐力训练是很有限的，这就是我为什么建议竞技性的长距离运动员在基础3期开始做这类训练。半程奥运距离和奥运距离比赛的运动员在建设期会非常关注有氧耐力。所以不论什么距离的运动员在这一阶段都会进行有氧耐力的训练，但是训练量的差异会很大。

和基础期一样，请在建设期最后一周的"有氧耐力""提速技巧""测试"列写上X。

提示

在建设1期和建设2期，训练要开始针对你的A级（头等重要）赛事。

巅峰期能力。现在你的训练转变为了与2～3周之后即将参加的比赛要求非常匹配的训练。这就意味着在减少训练小时数的同时，你会越来越关注比赛预期的强度，同时舍弃

掉那些强调有氧耐力和肌肉力量的基础能力训练。你可以选择继续进行提速技巧的训练，不过应该只把它作为恢复训练的一个变型。现阶段你的有氧耐力和肌肉力量应该已经达到一定的高度。长距离运动员在这一阶段不会进行无氧耐力的训练，但是短距离参赛者会继续这项训练。所以如果你参加的是半程或全程大铁比赛，那么在巅峰期中，只在每周的"肌肉耐力"列写上X即可。而半程奥运距离和奥运距离的运动员则应该在"肌肉耐力"和"无氧耐力"列做标记。在巅峰期无需进行测试。

竞赛期能力。 比赛周的重点是休息，这一阶段的训练是很简单的，但仍然以强度为核心，就像巅峰期那样安排比赛周的训练。在本章后续内容中，我会介绍如何安排巅峰期和比赛周。

过渡期能力。 你已经完成了一场A级（头等重要）赛事，是时候放松休息一下了。在赛季中的这一阶段是没有结构化训练，没有关键训练，也没有计划训练量的。这段持续几天或几周的时间，要做的就是休息，具体是进行精神上还是生理上的休息取决于你在赛季中所处的位置。在这一时期，不要在表格中标记任何能力，空白就好。你还是可以运动，但是你所做的任何训练都应该是没有计划、一时兴起、简短而轻松的。第11章会介绍更多相关的内容。

计划赛季后期的比赛。 你已经完成了赛季ATP中最简单的部分——为第1场A级（头等重要）赛事做准备。最难的部分是安排赛季中其余A级（头等重要）赛事的训练。第7章的"训练计划概览"概述了其方法。总的来说，在赛季中第1场A级（头等重要）比赛之后，你需要确定的最重要的一件事情是你在该阶段的有氧耐力水平如何。由于建设期、巅峰期、竞赛期我们一直关注肌肉耐力和无氧耐力，在这个过程中你的有氧耐力可能损失了很多。确定有氧耐力水平的一个方法是通过有氧阈值训练（见附录B、C、D）来测试效率因子，并把测试结果与上一个基础3期所进行的同样测试的结果作比较（有氧阈值训练和效率因子的解释见附录）。如果测试结果和早些时候处于同一水平，那么你可以直接进入建设期，准备下一场比赛。如果骑行或者跑步的效率因子比前一个基础3期的训练结果低10%或者更多，那么我建议你在第1场A级（头等重要）赛事后的过渡期结束后回到基础3期，继续这一阶段的训练，直到你的效率因子与之前的差距小于5%。此时的重点应该放在有氧耐力上。

🔍 **提示**

在赛季中第1场比赛结束后，你需要测试自己的有氧耐力水平。

在图8.1所示的例子中，你可以看到该运动员回归到基础3期进行了9周的训练，不仅是为了重建有氧耐力，也是为了强化肌肉力量（请注意MS举重训练）和提速技巧。她的最后一个基础3期紧跟着一个B级（中等重要）赛事，然后直接进入了2个连续的建设期、

2周的巅峰期和1个比赛周。当两场比赛间有充足的时间时，这几乎是一个完美的计划。当一个赛季中只有两场A级（头等重要）赛事时，这种情况很有可能发生。但是当你有3场比赛、时间非常紧迫的时候，做计划就变得很有挑战性了，第7章讨论了很多相关的细节。图7.3和图7.4会帮助你在两场比赛间隔不到16周的情况下制订计划。

对于赛季中第1场A级（头等重要）赛事之后的其他比赛，先设定好最适合自己备战的各个时期，再如上文所述根据比赛距离和你的竞技水平来标记游泳、骑行和跑步能力的训练。图8.1会助你一臂之力。

不同运动的阶段性进展

请注意，在根据能力类别来安排训练类型时，我假设每项运动的进展都是同步的。换句话说，当开始基础3期时，你应该已经做好3项运动都开始肌肉耐力训练的准备了。3项运动训练进展不同的一个最可能的原因是，你在某一项运动中很有天赋或者经验丰富，但另外一项却是你的限制因素（短板）。这意味着你必须密切关注每一项运动的训练进展，并不断调整训练周期计划。你需要通过改变各时期的时间长度来确保自己有充足的时间弥补限制因素（短板），这种调整通常是针对基础类训练的。我发现对于大多数运动员来说，基础1、2、3期加起来共计12周左右的时间对于提升每项运动的全部能力来说通常已经足够了。当然了，你在3项运动中的身体素质和竞技表现不可能完全一致，总有一项是你的强项，而另一项是限制因素（短板）。但正如前文所述，训练的一个主要目的是改善你的限制因素（短板），从而缩小它与其他两项运动的差距。

这里的问题是你可能有一项运动需要进行基础能力训练，特别是针对有氧阈值的训练，但同时另外两项运动你都需要进行进阶训练。已经制订好的计划可能不会反映出这一点，即使你某项运动的能力没有达到一定水平，它也可能会显示你正处于建设期。如果你有两项运动需要重新回到基础能力的训练中去，那么你最好3项运动全部回到基础3期。你当然无法在制订ATP时就做出这样的计划，只有在训练过程中你才能逐渐意识到哪里出了问题并不断做出调整。

> **提示**
>
> 为期12周的基础1、2、3期对于提升3项运动的所有能力来说通常足够用了。
> 如果你有两项运动需要重新回到基础能力训练中去，那么最好3项运动全部回到基础3期。

周训练与日常训练

这一部分将会介绍如何制订休息－恢复周、过渡期和准备期之外每个时期的周训练计划。过渡期和准备期不需要周计划，因为它们注定是非结构化的。我们将会在第11章中探讨休息-恢复周训练计划的相关细节。本章末尾的表8.1、表8.2和表8.3列举了我所推荐的周计划。基于你特定的生活方式，这些有可能适合你，也可能不适合你。正如我们下面要讲的，当你制订个人的训练计划时，有若干需要考虑的因素。

基础期和建设期的常规周计划

只要你常规日程中的工作、家庭和其他事务等各种事项几乎保持不变，那么制订好一个周训练计划之后，你通常可以在接下来的几周中重复这个计划。训练的连续性对运动员的生理和心理来说都很有好处。你的身体和思维都习惯于每周保持常规，然而当一个新的时期开始时，你可能得改变周计划。从基础期切换到建设期意味着训练强度和时间的变化，其变化幅度可能是巨大的。但我仍然建议让这两个时期的训练尽可能相似，这样会有助于保持训练的一致性和有效性。

让我们从你个性化的周计划开始，在一张纸上或者你的计算机上将一周的7天写成一列放在左边，如下。

- 周一
- 周二
- 周三
- 周四
- 周五
- 周六
- 周日

接下来，你要决定在哪些天游泳、骑行、跑步，或者在健身房做力量训练。请确认你的计划是可行的，看看它与你的生活方式和训练能力范围是否相适应。最常见的错误就是计划太多的训练以至于负担过重。我可以帮你做一些决定，但最终的计划是否可行只有你自己才能判断。

回顾过去的完成情况是一个很好的开始，你可以简单地按照自己近期的游泳、骑行、跑步和健身训练日程来做计划。在哪一天你通常做哪种训练？如果你不确定怎样规划是最好的，就请允许我来引导你考虑诸多的相关因素。

固定训练

固定训练是指那些在特定日子和特定时间进行的训练，先将固定训练写进你的周计划，然后再围绕它们规划所有其他的训练。

提示

固定训练是指那些在特定日子和特定时间进行的训练。

从必要性上说，每周的固定训练往往是不变的。在条件允许的情况下，对于铁人三项运动员来说，其中一种常见的固定训练就是泳池游泳，另一种游泳项目的固定训练是参加专业游泳队的日常训练。而诸如场地训练和组队骑行这样的团队训练都可以作为骑行项目的固定训练。如果你必须在一周中的某个特定时间进行某项固定训练，请在上面提到的周日历中用铅笔标注出来，这样你就为制订周常规训练计划打好了基础。如果它们总是在一个固定的时间，也请标注出来。

你需要关注这些训练的平均压力等级，特别是团队训练。这些训练一般有多艰苦呢？在计划好了整周的训练之后，你可能会发现有些天需要变换到慢车道，在骑行时"坐下来"，或者是跑步时和稍慢些的队员一起。这或许是因为你在固定训练前刚刚进行了很艰苦的训练，也可能这一时期你需要在一周中进行若干场颇具挑战性的训练。每一周，你都需要提前确定好自己想从一场团队训练或者任何其他训练中得到什么，并坚持这个决定。当你的目标是技巧精进或者提高有氧耐力时，小心受到"求胜欲"的影响。我的经验显示，与那些大多数时候都独自训练的运动员相比，经常参加团队训练和无法控制自己求胜欲的运动员会更早地在赛季中让自己筋疲力尽。为了将热情保持到赛季的最后一场比赛，你必须在团队训练中控制好自己总是想突破极限的欲望。在本章的后续内容中，我们会回过头来探讨如何展望和改善未来一周的训练的相关事宜。

突破式训练

一旦你标记好了周计划中的固定训练，接下来就该决定突破式训练该安排在这周的什么时间了。突破式训练是指那些压力足够大、可以使你的身体素质得到提升的训练，也就是说会让你的身体素质有所突破，达到一个新的水平。这里我们最需要注意的是要在充分休息并做好准备的前提下进行这些训练，并且在训练之后要有一天或更长的时间来进行恢复。你的周计划中应该反映出这一点。

> **提示**
>
> 突破式训练必须有足够的压力以使你的身体素质得到提升。

在某些情况下，固定训练就是突破式训练，或者至少是突破式训练的一部分。这些关键的周训练通常是高强度或者长时间的训练，而且与你ATP中的赛季目标和训练成果关系非常紧密，是最为重要的训练。你需要制订好计划，以保证在下一个突破式训练之前有充足的时间从最艰苦的固定训练（即高强度或者长距离训练）中恢复过来。当然，突破式训练涵盖了这3项运动以及在基础1期，也许还有基础2期中的最具挑战性的举重训练（第13章将会详细介绍在健身房中进行的力量训练）。

在特定的某一周所要进行的突破式训练类型取决于你所处的赛季阶段和你的比赛目标。例如，基础期中的突破式训练通常是针对基础能力的，如有氧耐力和肌肉力量。有氧耐力的训练压力来自较长的时间和中等的强度（详见附录B，C和D），而肌肉力量训练的压力源于肌肉上的高负荷。而建设期通常关注进阶能力，即肌肉耐力和无氧耐力，因此这些训练会因为高强度而颇具压力。但是诸如此类关于在赛季中何时进行这些训练的普遍观点并不总是正确的。例如，我曾经解释过，高水平的长距离铁人三项运动员在基础3期做无氧耐力训练来提高有氧能力并不罕见。在建设期的末期，这些训练会被控制在较低的频率，仅仅是为了维持这部分能力。有人把这个先强调强度、再关注时间的方式称为逆周期化，但其实并非如此。至少在我的定义里，周期化训练的特点是从非针对性的训练逐渐变化为针对比赛的训练。对于长距离铁人三项运动员来说，无氧耐力训练与比赛情况相去甚远，所以，在基础期做这样的训练完全不是逆周期化的，但在建设期做诸如肌肉耐力这样的训练确实是逆周期化的。而对于必须在这个时间主要做与比赛类似训练的半程或者全程大铁运动员来说，上述训练方式的好坏是值得商榷的。

让我们回到制订计划上。现在，你把3个项目所对应的固定训练和突破式训练计划都写进了你的周常规计划中，并精确到了某一天。而健身房中的力量训练需要更多的信息来进行计划。正如前文所提到的，在基础期的初期——基础1期，也许还包括基础2期的较早期——你可能每周会安排2天做举重训练。在你的周常规计划中，请保证这两次训练之间相隔至少两天，例如将它们放到周一和周四、周二和周五或者其他与你生活方式相匹配的类似的两天里。把它们视作突破式训练，也就是说训练之后你通常需要一天时间来进行恢复。而在基础期早期之后，你应该每周只进行一次举重训练，直到下一场比赛。同时健身房的训练应该减量到适中的强度，也就是说它们不再作为突破式的训练。

除了上文提到的举重训练这样极少数的例外情况，你现在制订的通用周常规计划应该对于基础期和建设期来说都适用。而剩下的恢复训练和提速技巧训练计划起来并不费劲，它们对你的竞赛表现都至关重要。如果你在一天中要进行两场甚至更多的训练，它们往往会被安排为一次突破式训练（详情见后文），或者也可以被安排在两个进行突破式训练的日子中间。

训练间的恢复

第11章将会详细介绍艰苦训练周之间的短期恢复。现在，你只需要考虑如何规划周训练，从而使自己有充足的时间在下一次突破式训练前重新做好准备。在很累的状态下进行这类训练只会适得其反，你最好不要在疲劳的时候试图"突破"，这时非要训练的话更有可能会达到相反的结果——退步。相对于增强身体素质和取得比赛日成功而言，恢复和突破式训练同样重要，千万不要低估了恢复日的价值。

你的经验越丰富，突破式训练的难度就可以越大。因为经过了几年的训练之后，你可以更快地恢复过来。相反，一个刚刚开始认真训练的新人需要限制自己一周内进行突破式训练的量，因为他们恢复得要慢一些。年龄也是个重要因素，在突破式训练之前，年轻和年长的运动员都需要很长的休息-恢复时间。但年轻运动员，特别是那些20多岁和30岁出头、已经参加这项运动有几年时间的运动员，通常每周可以安排多次突破式训练——每项运动1～2次。在做决定时请一定要保守些，运动员制订计划时常犯的一个错误，就是没有在突破式训练之间留出足够的恢复时间。而这样做的结果是，他们在进行突破式训练时还处在过度劳累的状态，导致在整个赛季中进步甚微。如果是这样的话，还远不如过度恢复来得好。

一日两练

对于经验丰富的年龄组铁人三项运动员来说，一天进行2次训练非常普遍，大多数专业运动员经常一天训练3次。对于铁人三项来说，要想在比赛中有高水平的运动表现，一天进行多次训练是非常有必要的。但如果你是一个新人，你的目标只是在比赛中冲过终点线而已，那么一天进行多次训练就没什么必要了。每天1次训练，每周休息1天，就可以让你每周进行6次训练，每项运动训练两次。针对某项运动的两次针对性训练应该间隔2天时间，如周一、周四跑步，周二、周五游泳，周三、周六骑行，周日休息。

对于从事该项运动超过2年的中等或进阶水平的铁人三项运动员来说，其中有些一日两练的训练可能是"搬砖训练"，即包含了两项或更多项运动的训练，如骑行-跑步、游泳-骑行，或者游泳-骑行-跑步训练。这样的训练在全年中都可以做，但在建设期，当突破式训练内容非常接近比赛时，搬砖训练会大有裨益。虽然搬砖训练是一场连续的训练，但我把它当作是两场或三场训练，因为其中涉及了多项运动。

相比于每天只训练一次，一日两练的一个显而易见的好处是：每周你可以针对每项运动进行更多的训练，同时训练3项运动对于达到高水平的竞赛表现非常重要。因为如果一天只有一场训练，那么分配到每种运动上的时间只够每周安排2～3场训练。

当然了，和生活中的其他事一样，一日两练也有缺点。一天进行2～3场训练意味着疲劳的增加。一些运动员看起来处理得很好并且恢复得很快，但是另一些，特别是新人、青少年和年长的运动员，恢复得就比较慢了。所以，一些压力较大、连续或者一日两练的训练会降低你的训练质量，导致你的身体素质和运动表现受到影响。这只会让你变得更糟，而不是变得更好。当你尝试在很短的时间里进行很多训练时，压力也会增加过度训练的风险。一日两练会显著增加训练负荷，而由此造成过度训练的后果只需要几周的时间，具体情况怎样取决于你应对训练压力的能力如何。

一日两练可以让你安排更多的训练，但也会产生更多的疲劳。

除此之外，一日两练也会增加受伤的可能性，这在跑步中相当常见。在我的执教生涯中，我指导过很多"玻璃腿"的铁人三项运动员。他们很脆弱，压力稍大就会造成软组织损伤，导致他们一瘸一拐好几天甚至几个礼拜。对于他们来说，在一日两练的第2场训练中，特别是在骑行或者举重之后，用疲劳的双腿跑步，风险是最大的。如果这也是你担心的情况之一，那么最好在一天中的早些时候跑步，那时你双腿的状态可能会比较好，然后晚一些再去骑行或者健身房。

虽然与跑步相比，骑行对关节的压力没有那么大，但是一日两练仍然会增加骑行损伤的风险。对于自行车手来说，膝盖是最容易发生过度使用性损伤的部位，这可能与糟糕的踩踏技巧、错误的发力方式，以及用过高的齿比进行大量爬坡有关，而最常见的原因是不合理的自行车设定（在本章后续部分我们会讨论这个问题）。

运动项目上的分配

在基础期或者建设期，每项运动在一周中应该进行几次针对性训练呢？你越有经验、恢复得越快，就能进行越多的训练。对于经验丰富的铁人三项运动员，我建议每项运动每周至少安排3次训练，单项运动的训练至少间隔一天。如果你一周有能力进行多于9场的训练，那么"额外"的训练应该是针对自行车或者你的短板项目的。为什么是自行车呢？因为铁人三项比赛的一半时间都是花费在自行车项目上的，所以对于竞赛表现的提升来说骑行是贡献最大的。但如果你是一个强大的自行车手，而你的短板项目是游泳或跑步，那么你可能需要把9场训练之外的其他训练安排在这两个项目上，稍后我们将再次回到这个话题，并在"周训练量的分配"小节（第129页）中做更进一步的讨论。

对基础期和建设期的周常规计划进行最后的调整

现在你应该已经完成了基础期和建设期的全部标准化的周常规计划，在这个过程中，你已经充分考虑了固定训练、突破式训练、恢复、一日多练、运动项目上的分配，以及特别值得关注的——你的生活方式等方面。你必须意识到，要在短短7天时间内安排9场甚至更多的3项运动训练，你是不可能制订出一个完美的周计划的。为了保证充分的恢复并优化你的时间表，针对标准化训练周的最后调整是必不可少的。稍后在本章中，我会进一步介绍相关的内容。

对于经验丰富的铁人三项运动员应该如何安排基础期和建设期的训练周，我给出了表8.1所示的一些建议。当然了，我不知道你作为铁人三项运动员的水平，也不清楚你的年龄、承受训练压力的能力以及你的生活方式，所以这里你看到的只是一个例子，它可以帮助你去调整周计划。

表8.1 　　　　　　　　　　　基础期和建设期的标准训练周示例

周一	负重BT*（只在基础期初期进行BT训练，其他时间做SM训练）	休息和恢复
周二	游泳BT（只在基础期初期之后进行BT训练）	骑行BT（只在基础期初期之后进行BT训练）
周三	跑步	骑行（在基础期初期之后选择性地进行）
周四	游泳BT（只在基础期初期之后进行BT训练）	负重BT（只在基础期初期进行，之后取消）或骑行BT（在基础期初期及之后进行）
周五	跑步	休息和恢复
周六	游泳	跑步BT
周日	骑行BT	跑步（选择性进行；作为搬砖训练的一部分进行短距离跑步，或是在建设期的比赛中进行，但如果是中等重要的赛事，那么周四和周六就不进行BT训练）

*BT表示突破式训练，SM表示力量维持，非突破式训练是积极恢复或技巧提升。

在这个表格中，突破式训练用BT来表示。这些训练在各个时期会有所不同，但通常都是有氧耐力、肌肉力量、肌肉耐力和无氧耐力训练（详情见附录B、C、D、E）。具体的突破式训练的类型取决于你的力量、限制因素（短板）以及目前所处的赛季阶段。如这个例子所示，在基础期初期，运动员每周只进行4场突破式训练，其中包括两次举重训练。但是在基础期初期之后，当举重训练减少之后，运动员每周会进行6次突破式训练：2次游泳、3次骑行和1次跑步。在基础期，你可以逐步引入更具挑战性的训练，而这类训练在建设期很普遍。非突破式的训练意在恢复和技巧提升，或者是维持已经建立好的现有能力，特别是有氧耐力。

巅峰期和比赛周的常规计划

到目前为止基础期和建设期占据了训练的很大一部分，但正如你在第7章所读到的，还有一些时期，如A级（头等重要）赛事前最后几周的巅峰期和竞赛期，也同样需要结构化。根据比赛类型、训练现状的不同，以及你的身体对于训练减量的反应，这两个时期会持续2 ~ 3周不等。

第7章中讨论到的另外两个时期——准备期和过渡期也包含在ATP中，它们没有制订好的周常规计划。而没有固定安排的原因是这两个时期是非结构化的，它们的目的是逐渐回到训练状态（准备期），以及在为备战上一次A级（头等重要）赛事而进行高度结构化的训练之后让身体和心理得到休息（过渡期）。

让我们仔细研究一下巅峰期和竞赛期，看看如何安排结构化的训练才能在比赛日达到尽可能好的竞赛表现。

巅峰期周计划

赛季中最重要但是最缺乏认知的是巅峰期，巅峰期通常开始于Ａ级（头等重要）比赛前2～3周。如果这一时期的训练进行得好，那么在比赛日你会达到很好的状态；如果进行得不好，那么在基础期和建设期所做的很多努力都会白费。如果你希望在比赛中取得好成绩，那么保证巅峰期的正确训练是至关重要的。

> **提示**
>
> 巅峰期通常开始于Ａ级（头等重要）比赛前的2~3周。

在巅峰期，运动员常常会犯两个错误。第一是训练过于勤奋，这一阶段需要将休息和认真训练相结合，而重点在于休息。自我指导的运动员经常不相信自己已经做得足够多了，所以他们在赛前最后几周里会拼命地努力训练。第二是有一小部分人休息得太多了，因为听说休息可以产生更好的身体素质，所以他们训练得不够充分。这么做其实也不对，休息的确可以让身体状态更好（见第3章）、精神饱满，但同时休息也会显著降低身体素质。无论何时，当你减少训练负荷时，身体素质会开始缓慢变差，但这问题不大；当疲劳逐渐消除之后，你会达到更好的比赛状态。简而言之，这就是巅峰期的意义所在。

巅峰期训练的诀窍在于逐渐降低疲劳程度，把身体素质保持在一个相对较高的水平，稳步提高身体状态，这样你就达到了巅峰状态并为比赛做好了准备。那么具体要怎么做呢？让我们来看一下。

> **提示**
>
> 休息会导致身体素质的流失，但消除疲劳之后你会达到更好的比赛状态。

从Ａ级（头等重要）比赛前的2～3周之前开始，每3天进行一次模拟比赛状态和强度的训练。接下来随着巅峰期训练的进行，这类训练的时间逐渐缩短，同时周训练量也在减少。这很好，训练量应该迅速减少，每周减量30%～50%是可以的。

比赛类训练的强度应该与你预期的比赛强度相接近，至少需要达到心率、配速或功率区间3区，也就是"中等强度"。这一强度是在减少训练量的同时还能维持身体素质的关键所在。而两次模拟比赛的训练之间的2个恢复日，是在提升状态的同时降低疲劳的核心，这期间的训练应该是低强度、短时间的，并且随着巅峰期的推进训练时长越来越短。所以在巅峰期，你要做的事就是结合两个关键元素——强度和休息，最终在比赛日为比赛做好准备。

巅峰期结合了强度和休息两个关键元素，从而让你为比赛做好准备。

对于自行车手和跑步选手这样的单项运动员来说，巅峰期的训练很简单，但是对于铁人三项运动员来说则稍微复杂一些。例如，上述的减量步骤可能要针对不同运动进行调整。如跑步对于关节的压力较大，所以与骑行相比，一般需要更长的减量期，而骑行的减量期通常比游泳长。此外，还有一些其他的因素需要考虑，如比赛距离（长距离比赛意味着长减量期）、受伤风险（容易受伤的运动员需要更长的减量期）以及年龄（年长的运动员往往需要更长的减量期）。

综合考虑这些因素，表8.2给出了一个为期2周的巅峰期应该如何计划的示例。在这个例子中，突破式训练是预期比赛强度在心率、配速或功率的2、3区，或者较低的4区的肌肉耐力间歇训练（参见附录B、C、D、E），或者比赛强度在4、5区的有氧耐力间歇训练。非突破式训练是为了休息、恢复和维持技巧，这些训练会控制在1、2区内。在巅峰期中，所有的训练都逐渐变短。正如基础期和建设期一样，如果不加以调整，表8.2提供的训练计划可能并不适合你，但是会对你制订自己的训练计划有所帮助。

表8.2   为期2周的巅峰期常规计划示例

周一	举重训练（SM*）或停训	休息和恢复
周二	游泳BT	骑行BT（可以是游泳－骑行搬砖训练）
周三	跑步	
周四	游泳	骑行
周五	骑行BT	跑步BT（最好以搬砖训练的形式进行）
周六	游泳	
周日	骑行	跑步（用搬砖训练的形式进行，以训练换项）
周一	游泳BT	骑行BT（可以是游泳－骑行搬砖训练）
周二	骑行、停训或举重训练（SM）	
周三	游泳	跑步
周四	骑行BT	跑步BT（最好以搬砖训练的形式进行）
周五	游泳	
周六	跑步	
周日	骑行BT	跑步BT（最好以搬砖训练的形式进行）

*BT表示突破式训练，SM表示力量维持，非突破式训练为积极恢复或技巧提升。
这个例子是针对建设期每周多次一日两练的有经验的铁人三项运动员制订的。

比赛周的常规计划

比赛周与整个赛季（包括巅峰期）的训练相比，都是独特的。在这一阶段，你应该比之前更加强调休息，但是你仍然需要做一点强度训练来维持身体素质。你唯一可以舍弃的是长训练，在赛前几天有氧耐力不会出什么问题。让我们来深入探讨一下至关重要的最后一个训练周。

在比赛周，你需要进行3或4次训练。先热身，进行几个90秒的间歇训练，中间恢复3分钟，然后进行冷身。对于短距离比赛，训练强度从自我感知评级"难"到"非常难"，或者功率/配速区间在4或5区（强度相关的细节参见第4章）。对于长距离比赛，训练强度在功率/配速区间3区，或者自我感知评级"有些难"。不要用心率去评价强度，因为这些间歇训练的时间太短了，90秒对于你的心脏来说不足以响应和达到目标区间。

在这一周的训练中，你需要逐步减少间歇训练的间歇组数，也就是说单场训练的总时长会缩短。表8.3给出了不同运动每天应该进行多少组间歇的详细建议，具体取决于你的比赛是在周六还是周日。

表8.3　　　　　　　　　　周六或周日比赛的竞赛期的常规计划示例

	周六比赛	周日比赛
周一	游泳或停训	游泳或停训
周二	游泳BT*（5）+骑行BT（3）	游泳BT（5）+骑行BT（3）
周三	搬砖训练：骑行BT（4）+跑步BT（2）	搬砖训练：骑行BT（4）+跑步BT（2）
周四	停训或非常轻松的短途骑行；可能在途中	游泳BT（3）+跑步BT（1）
周五	游泳BT（1）+骑行BT（1）+跑步BT（1）	停训或非常轻松的短途骑行；可能在途中
周六	比赛	游泳BT（1）+骑行BT（1）+跑步BT（1）
周日	停训	比赛

*BT表示突破式训练，包括比赛强度的90秒间歇训练和3分钟恢复，但训练强度至少要达到自我感知评级"有些难"或者是功率或配速区间3。非突破式训练是积极恢复或技巧提升，在区间1、2完成。在这一周中，所有的突破式训练中的间歇训练次数应逐渐减少。每天各项运动90秒间歇训练的建议次数见括号内的数字。这个例子是针对在建设期每周多次进行一日两练的有经验的铁人三项运动员制订的。

对于大多数运动员来说，比赛周最轻松的一天应该是赛前倒数第2天，这一天通常是停训，或者最多进行一场非常短的低强度训练。特别是在参加短距离比赛时，这一天运动员往往是在去往比赛地的途中。比赛越长（与训练地相比温度、海拔越高），你就应该越早到达比赛地。请注意赛前一天也应该进行一些类似比赛强度的非常简单的训练，我建议在赛前一天按照顺序进行3项运动的训练。

在比赛发枪时间的同一时刻进行最后一周的游泳训练是个好主意，这样你就可以知道一天中的这个时段水中的情况如何，这与太阳的位置和地标有关。

游泳之后，如果时间还早，你可以简单地吃一点早餐。留出一些消化的时间，然后在赛道上进行骑行－跑步搬砖训练，正如你在这一周中所做的那样，每种运动进行一次90秒的全力训练，包括热身。骑行可以持续20分钟，在高强度运动之后，过渡到10分钟的短距离跑步，同样也进行一次90秒训练，之后进行短暂的冷身慢跑。而在这一天的剩余时间中，请尽可能地让自己的腿保持休息。

你必须意识到，除了训练之外，还有很多因素会影响到比赛日的准备就绪程度。饮食、睡眠、生活方式等都很重要。在这方面，所有的安排都应该保持与你常规的休息习惯相似。但不管我们把事情安排得多么妥当，减量有时会效果显著，有时则收效甚微。我们是生物机体，而不是机器人，这就是我们人类所面对的现实世界。在每场比赛前你应该做的是坚持在训练日记（见第14章）中记录你在备战重要比赛的最后几天中做了什么。如果一切顺利，在之后的比赛中尽可能重复这个过程；如果不太顺利，则应研究自己的做法并在下一次做出适当的调整。

周训练量的分配

让我们退一步，回顾一下第3章和第4章中讨论的一个重要训练概念，那里我阐述了训练频率、持续时间和强度的相对重要性。

你可能还记得，对于新人运动员来说，训练频率应该是首要关注点。在这个阶段，运动员的生活方式正在发生相当大的变化，因缺乏动力导致训练频率不足是提升比赛素质的最大障碍。这样的运动员只需走出门去进行更频繁的训练就能有所提高。

对于从事这项运动两年或三年的进阶运动员来说，训练频率已经不再是个问题了，3个变量中最重要的是持续时间，这些进阶运动员需要增加特定训练的距离或时长来提升整体耐力。

而对于训练3年及以上的进阶运动员来说，强度才是关键所在。这并不意味着全力以赴或是极度困难，而是意味着要在针对目标赛事的强度下做特定的训练。如果你希望在骑行之后以7分的配速跑步，那么你就需要进行很多7分配速的训练，你可能也需要进行一些强度稍大或者速度稍慢的训练。虽然我们建议进阶运动员最好专注于强度，但这并不意味着频率和持续时间无关紧要。它们仍然很重要，只是对于这一水平的运动员来说，频率和持续时间并不是运动表现的限制因素（短板）。

提示

对于训练3年及以上的进阶运动员来说，强度很关键。

你可能还记得第3章中频率和持续时间的组合叫作训练量，它指的是在一段时间（一天、一周、一个月或一年）中的时长、千米数或者TSS值。进阶运动员总是想把这一数字最大化。这是一个会导致糟糕的运动表现、甚至造成过度训练的错误举动。这并不意味着周训练量不重要，而是说它没有强度那么重要。进阶运动员仍然需要正确安排周训练量。过多的训练量会让人长期处于疲劳状态，在计划的突破式训练中也会表现得很糟糕；而过少的训练量会让你训练不足。如果一定要做出选择，你应该选择后者。当然不多不少地安排训练量会更好，这也就是我们接下来要讲的。

日训练时间和TSS分配

如何正确分配每天和每周的训练量呢？第7章中讨论了回答这个问题的出发点，详情见表7.2、表7.5和表7.6。借助这些表格，请你在年度ATP的最上方写下计划的"年度训练量"，然后在表头中找到这个数字，按照对应列把这个数字分解为每周"训练量"。现在，我们要进一步把周训练量分解为日训练量，再分解为单次训练的时间。这是一项艰巨的任务，但是当完成它的时候，你的周计划也就完成了。让我们开始吧。

表8.4和表8.5提供了一个将ATP上的"训练量"列分解到每周、每天的建议时长或TSS的参考。你可以调整这个日计划使它更好地适应你独特的生活方式需求。这两个表格与表8.1、表8.2和表8.3是相关联的，所以如果你改变了这些表格中的日计划，那么后面的表格中的数字也需要随之变化从而相匹配。

表8.4和表8.5把周训练量分解为日训练小时数和日TSS。我们先在对应表格左侧第1列中寻找ATP中某一周所需的周训练小时数和周TSS。它们可能不能与给定的TSS完全对应，你只需要找到最相近的一个。右边是把周训练量分解为每天的日训练量和日TSS的一种建议的分配方式。接下来，把每一天的训练小时数和TSS再分解到每项运动中。除了游泳、骑行、跑步外，举重训练也包括在了周训练量中。

你无须现在就使用这个表格，因为确定日训练量和单次训练持续时间是在制订下一周的计划时需要考虑的。当你制订最终的周训练计划时再回到这一部分，确定计划的周训练量该如何分配。如何把这些时长和TSS分解到每一项运动中是你制订周计划的下一步要考虑的事。

表8.4 日训练小时数

周训练小时数	周一	周二	周三	周四	周五	周六	周日
4:00	0:00	1:00	0:00	1:00	0:00	1:30	0:30
4:30	0:00	1:00	0:00	0:45	0:30	1:30	0:45
5:00	0:00	1:00	0:00	1:00	0:30	1:30	1:00
5:30	0:00	1:00	0:30	1:00	0:30	1:30	1:00
6:00	0:00	1:15	0:30	1:00	0:45	1:30	1:00
6:30	0:00	1:15	0:45	1:00	1:00	1:30	1:00
7:00	0:00	1:30	0:45	1:15	1:00	1:30	1:00
7:30	0:00	1:30	0:45	1:15	1:00	2:00	1:00
8:00	0:00	1:30	1:00	1:15	1:00	2:00	1:15
8:30	0:30	1:30	1:00	1:15	1:00	2:00	1:15
9:00	0:45	1:30	1:00	1:30	1:00	2:00	1:15
9:30	0:45	1:30	1:00	1:30	1:00	2:30	1:15
10:00	0:45	2:00	1:00	1:30	1:00	2:30	1:15
10:30	1:00	2:00	1:00	1:30	1:00	2:30	1:30
11:00	1:00	2:00	1:00	1:30	1:30	2:30	1:30
11:30	1:00	2:00	1:00	1:30	1:30	3:00	1:30
12:00	1:00	2:00	1:00	2:00	1:30	3:00	1:30
12:30	1:00	2:00	1:00	2:00	1:30	3:30	1:30
13:00	1:00	2:30	1:00	2:00	1:30	3:30	1:30
13:30	1:00	2:30	1:00	2:00	1:30	3:30	2:00
14:00	1:00	2:30	1:00	2:00	1:30	4:00	2:00
14:30	1:00	2:30	1:30	2:00	1:30	4:00	2:00
15:00	1:00	2:30	1:30	2:30	1:30	4:00	2:00
15:30	1:00	2:30	1:30	2:30	2:00	4:00	2:00
16:00	1:00	3:00	1:30	2:30	2:00	4:00	2:00
16:30	1:00	3:00	1:30	2:30	2:00	4:00	2:30
17:00	1:00	3:00	2:00	2:30	2:00	4:00	2:30
17:30	1:00	3:00	2:00	2:30	2:00	4:30	2:30
18:00	1:00	3:00	2:00	3:00	2:00	4:30	2:30
18:30	1:00	3:30	2:00	3:00	2:00	4:30	2:30
19:00	1:00	3:30	2:00	3:00	2:30	4:30	2:30
19:30	1:00	3:30	2:00	3:00	2:30	4:30	3:00

周训练小时数	周一	周二	周三	周四	周五	周六	周日
20:00	1:00	3:30	2:30	3:00	2:30	4:30	3:00
20:30	1:00	3:30	2:30	3:00	2:30	5:00	3:00
21:00	1:00	3:30	2:30	3:30	2:30	5:00	3:00
21:30	1:00	3:30	2:30	3:30	3:00	5:00	3:00
22:00	1:00	4:00	2:30	3:30	3:00	5:00	3:00
22:30	1:00	4:00	2:30	3:30	3:00	5:00	3:30
23:00	1:30	4:00	2:30	3:30	3:00	5:00	3:30
23:30	1:30	4:00	2:30	3:30	3:00	5:30	3:30
24:00	1:30	4:00	2:30	4:00	3:00	5:30	3:30
24:30	1:30	4:00	2:30	4:00	3:30	5:30	3:30
25:00	1:30	4:30	2:30	4:00	3:30	5:30	3:30
25:30	1:30	4:30	2:30	4:00	3:30	5:30	4:00
26:00	1:30	4:30	2:30	4:00	3:30	6:00	4:00
26:30	1:30	4:30	3:00	4:00	3:30	6:00	4:00
27:00	1:30	4:30	3:00	4:30	3:30	6:00	4:00
27:30	1:30	4:30	3:00	4:30	4:00	6:00	4:00
28:00	1:30	5:00	3:00	4:30	4:00	6:00	4:00
28:30	1:30	5:00	3:00	4:30	4:00	6:00	4:30
29:00	1:30	5:00	3:30	4:30	4:00	6:00	4:30
29:30	2:00	5:00	3:30	4:30	4:00	6:00	4:30
30:00	2:00	5:00	3:30	5:00	4:00	6:00	4:30
30:30	2:00	5:00	3:30	5:00	4:30	6:00	4:30
31:00	2:00	5:30	3:30	5:00	4:30	6:00	4:30
31:30	2:00	5:30	3:30	5:00	4:30	6:00	5:00
32:00	2:00	5:30	4:00	5:00	4:30	6:00	5:00
32:30	2:00	5:30	4:00	5:30	4:30	6:00	5:00
33:00	2:00	5:30	4:00	5:30	5:00	6:00	5:00
33:30	2:00	6:00	4:00	5:30	5:00	6:00	5:00
34:00	2:00	6:00	4:30	5:30	5:00	6:00	5:00
34:30	2:00	6:00	4:30	5:30	5:00	6:00	5:30
35:00	2:00	6:00	5:00	5:30	5:00	6:00	5:30

在"周训练小时数"列找到某一周你计划的周训练量，右边就是把总小时数分解为日训练量的分配方式。

表8.5　　　　　　　　　　　　　　　　日TSS

周TSS	周一	周二	周三	周四	周五	周六	周日
240	0	50	0	50	20	80	40
260	0	50	0	60	20	80	50
280	0	50	20	60	20	80	50
300	0	50	30	60	30	80	50
320	0	60	30	60	40	80	50
340	0	60	30	60	50	90	50
360	0	70	40	60	50	90	50
380	0	70	40	60	50	100	60
400	10	70	50	60	50	100	60
420	30	70	50	60	50	100	60
440	40	70	50	70	50	100	60
460	40	70	50	70	50	120	60
480	40	90	50	70	50	120	60
500	50	90	50	70	50	120	70
520	50	90	50	70	70	120	70
540	50	90	50	70	70	140	70
560	50	90	50	90	70	140	70
580	50	90	50	90	70	160	70
600	50	110	50	90	70	160	70
620	50	110	50	90	70	160	90
640	50	110	50	90	70	180	90
660	50	110	70	90	70	180	90
680	50	110	70	110	70	180	90
700	50	110	70	110	90	180	90
720	50	130	70	110	90	180	90
740	50	130	70	110	90	180	110
760	50	130	90	110	90	180	110
780	50	130	90	110	90	200	110
800	50	130	90	130	90	200	110
820	50	150	90	130	90	200	110
840	50	150	90	130	110	200	110
860	50	150	90	130	110	200	130
880	50	150	110	130	110	200	130
900	50	150	110	130	110	220	130
920	50	150	110	150	110	220	130

周TSS	周一	周二	周三	周四	周五	周六	周日
940	50	150	110	150	130	220	130
960	50	170	110	150	130	220	130
980	50	170	110	150	130	220	150
1000	70	170	110	150	130	220	150
1020	70	170	110	150	130	240	150
1040	70	170	110	170	130	240	150
1060	70	170	110	170	150	240	150
1080	70	190	110	170	150	240	150
1100	70	190	110	170	150	240	170
1120	70	190	110	170	150	260	170
1140	70	190	130	170	150	260	170
1160	70	190	130	190	150	260	170
1180	70	190	130	190	170	260	170
1200	70	210	130	190	170	260	170
1220	70	210	130	190	170	260	190
1240	70	210	150	190	170	260	190
1260	90	210	150	190	170	260	190
1280	90	210	150	210	170	260	190
1300	90	210	150	210	190	260	190
1320	90	230	150	210	190	260	190
1340	90	230	150	210	190	260	210
1360	90	230	170	210	190	260	210
1380	90	230	170	230	190	260	210
1400	90	230	170	230	210	260	210
1420	90	250	170	230	210	260	210
1440	90	250	190	230	210	260	210
1460	90	250	190	230	210	260	230
1480	90	250	210	230	210	260	230
1500	90	250	210	230	210	280	230
1520	90	270	210	230	210	280	230
1540	90	270	210	250	210	280	230
1560	90	270	210	250	210	280	250
1580	90	270	210	250	210	300	250
1600	90	290	210	250	210	300	250
1620	90	290	210	270	210	300	250

在"周TSS"列找到某一周你计划的周TSS总量，右边就是将总TSS分解为日TSS的分配方式。

训练持续时间和TSS分配

接下来需要把日训练量分解到游泳、骑行、跑步和举重的训练小时数或TSS，这一步要先确定你在A级（头等重要）赛事中每项运动的预期完成时间。对于大多数运动员来说，完赛时间的占比大约是10%游泳、50%骑行、40%跑步。当然了，这可能不是你给自己定的完赛目标。如果你是一个非常好的跑者，你可能希望跑步只占用不到40%的时间，但是你的游泳水平可能没有那么好，所以需要消耗多于10%的时间。同理可计算TSS。你每项运动的常用时间或TSS，可以为确定在标准训练周中每项运动平均投入多少时间提供很好的参考。

先确定下一场比赛中每一项的预期时间分配，然后以此来确定每周投入到游泳、骑行、跑步上的时间或TSS百分比。例如，如果你预计把完赛总时间的13%花在游泳项目上，那么在游泳项目上投入13%的周训练时间或TSS是个不错的主意。当然，你可能会认为把针对强项的训练时间分配给弱项会带来更大的收益。这通常是个好主意。但需要注意一点，不要拿走太多强项运动的训练时间以至于把强项变成了弱项。

> **提示**
>
> 各项运动的TSS分配可以告诉你，在一个标准的训练周中，你应该给每项运动分配多少训练量。

计划训练周

你要如何安排下一周的训练计划？这是本周训练即将结束时你应该考虑的事情。现在你对于如何按照运动项目分配训练量有了清楚的认知，只不过还需要确定每天每项运动的训练时间（包括举重训练）。

我们先用表8.4或表8.5中的周总量减去举重的预期时间或TSS，在周计划中，这有时会被忽略。接下来，我们按照前文所说的，思考比赛中的时间分配，把其余的时间分配到3项运动中。请确保对这一分配做出一些调整，把剩余时间中的一部分从最强项移动到最弱项运动上去。移动多少取决于你自己，但我建议不要超过10%。计划组合训练或者搬砖训练时会麻烦一点，考虑到制订周计划的目的，你需要先将搬砖训练中的多项运动看作是分开进行的单项训练，即使它们实际上是不间断进行的一整场训练。

> **提示**
>
> 搬砖训练中的多项运动要看作是分别进行的单独的训练，即使它们是不间断进行的。

在制订周训练计划时，下一个要考虑的因素是固定训练，你需要标注出每场固定训练的训练时间。这类训练通常是在特定日期的特定时间进行的，一般有固定的或者至少是预期的持续时间或TSS。把固定训练写到你的训练计划中，并从每项运动的周训练总量中减去相应的持续时间或TSS。

接下来，在将要进行突破式训练的日子里把它们标注出来，在决定你要进行多少训练时请现实一点，过多的训练远比过少的训练要糟糕得多。例如，你可以每周针对每项运动各进行一次突破式训练，这对于进阶铁人三项运动员来说很常见；或者你可以针对自己的弱项增加一次额外的突破式训练；如果你参加精英级的比赛，那么每周每项运动你可以安排两场或更多的突破式训练。每一场训练都有相对常见的持续时间或TSS，所以当你进行这些最艰苦的训练时，把这些数据和训练次数一起记录下来。当然了，你所进行的一些固定训练也可能是突破式训练。

把每周健身房训练、固定训练和突破式训练的时长或TSS加起来，然后从ATP中计划的周训练量中减去这部分，就得到了分配给其他训练的时长或TSS。这些通常都是强度低、训练量小的积极恢复和提速技巧训练。之后要做的就是决定怎样把剩余的时长或TSS分配到这些训练中了。

现在，你有了一个详细的周计划。虽然这个过程看起来可能花费了很多时间，但是当你这样做了几周之后，你一定会发现自己可以很快地完成这件事。事实上，在赛季中的大多数时间里，你都会按照这样的模式去做，并且你会发现，一旦熟练这个过程就会变得非常简单。这会提升你的训练效果，并最终提升竞赛表现。

目前为止，只有休息－恢复期我们还没有讨论过，而它对于保证训练质量和避免过度训练都十分重要。第11章会讲到如何分配这一阶段的周训练量。

训练细节

现在你已经有了一个每周的计划，下面我们来继续讨论每一场训练的细节，这是将计划付诸实践的重要一步。这里描述的特定训练细节包括了训练时间规划、搬砖训练、长距离运动员的无氧耐力训练和如何应对错过的训练。

训练时间规划

为铁人三项运动做准备是非常复杂且困难的，在各种多运动训练中，只有七项全能和十项全能有和铁人三项一样高的要求。它给有家庭、事业和其他事情却认真对待铁人三项的运动员带来了令人窒息的压力和挑战。这也是为什么制订周计划大有裨益，因为它能使你充分地利用有限的时间和体力。

如何在正确的时间做正确的训练是一个真正的难题，当每天的训练计划中包含了两个（甚至三个）训练时，你就会遇到这个问题。如何把这些训练塞到你的日程中超出了本书讨论的范围，因为它与你个人的生活习惯和时间管理方法有关。多数运动员会利用大清早、工作日的午休、晚上和周末，把零碎的训练时间拼凑到一起来解决这个问题。干劲十足的铁人三项运动员除了运动之外的其他时间往往也非常地忙碌，因此时间管理对于高水准的运动表现而言极为重要。

提示

时间管理对于高水准的运动表现而言极为重要。

我们现在就可以做的一件事情是在日程表上将一天中训练的顺序调整到最优。如何安排游泳、骑行和跑步训练的相对顺序？在某些日子里，固定训练会帮助你做出决定。例如，在某些天，你早上要和高级组一起游泳，那么这一天的训练顺序就定好了。你也会在其他固定训练上遇到相同的情况，例如，下班后的俱乐部场地自行车训练或者组队骑行。但如果没有固定训练，你要怎么安排训练的顺序呢？有时候，一些客观因素已经帮你做出了决定。跑步训练一般比骑行或者游泳训练耗费的时间更少（如果把花在去泳池路上的时间也考虑进去），因此你可用的时间段也许已经帮你决定好了什么时候进行什么训练。

我要强调一下在为运动员做周计划时往往需要认真考虑的两个日程安排要点。第1个要点是，当一天中要做两场训练时，训练强度和持续时间与训练目的和恢复效果之间的相对关系；第2个要点是，像多数铁人三项运动员所做的那样，将长距离的跑步和骑行安排到周末进行。

回顾一下第6章的内容，我曾经强调过找到限制因素（短板）并改进的重要性，其中最基本的是确定你的短板运动项目。你最弱的项目是哪个呢？游泳、骑行还是跑步？提高哪项运动的水平会给你的总成绩带来最多的提升？如果你在所有项目上都同样强，那么提高的顺序是骑行、跑步，最后是游泳。这是按照3个项目在比赛中所占时间的比例而定的。我们在这章的前面部分讨论过这个问题，但现在我们要从一个不同的角度去看它。如果你作为自行车手有一些弱，而因为自行车比赛的时间是最长的，这个微小的弱势就会被放到很大。跑步也同理，但其放大作用没有那么夸张。游泳相对来说对总成绩影响最小，因为它在比赛中占比较小，但这并不意味着游泳不重要。如果你不能保证在游泳阶段按时完成，那你的骑行和跑步能力如何就完全不重要了。所以，你必须加强自己的短板项目，无论它对总成绩的影响是什么样的。

这与每天每项运动所对应训练的顺序有什么关系呢？其实关系很大。特别是当你一天进行两场训练时，短板项目在制订计划上就变得愈加重要了。如果你在一项运动上需要得到的提升远高于同一天计划中的另一项，那你就需要考虑训练的顺序了。毫无疑问你应该先进行短板运动项目的训练，尤其是在你的体力和训练热情都会在训练后减弱的情况下更应该如此。在疲劳的时候通过训练来提升短板项目鲜有成效，特别是当你的短板项目训练被计划为一个突破式训练时，这个问题显得尤为突出。你不会希望拖着疲惫的身体进入突破式训练，因此，短板项目的突破式训练应该被安排在其他训练之前进行。

如果一天中的两个训练都是突破式训练该怎么办呢？如果第1个训练只是为了积极恢复，也就是说它时间很短且强度较低，那么训练的顺序就没有那么重要。如果你不是一个早起型的人，并且希望将高质量的训练放到一天中较晚的时候，那么就应该将短板项目的突破式训练放到较晚的时候进行。在这种情况下，确保第1场训练足够简单、不会对短板项目的突破式训练产生不良影响至关重要。

提示

一日两练提升了短板项目在制订计划时的重要性。

铁人三项运动员必须注意的另一个普遍性的问题是，在周末进行的长距离骑行和跑步训练的先后顺序。一种常见的方式是周六骑行、周日跑步。这种想法往往是这样产生的：在比赛中开始跑步的时候我应该是处于疲劳状态的，因此我应该在周六完成长距离的自行车训练之后，在同样十分疲劳的时候进行长跑训练。但这是错误的想法。你在长距离自行车训练后的第2天跑步所感受到的疲劳和你离开T2换项区时感受到的疲劳是完全不同的。相反，在周六的长距离骑行之后，周日的长跑会增加你受伤的风险并降低跑步训练的质量。在铁人三项运动员中，跑步受伤很常见，而在双腿疲劳的状态下跑步是受伤的一个常见原因。如果跑步是你的限制因素（短板），那么周日当你的双腿非常疲劳时，跑步训练的收益是非常小的。

提示

如果你必须在同一个周末进行两项长距离训练，那么请周六跑步、周日骑行。

最常见的解决方案是在周二、周三或周四进行其中一项长距离训练。通常是跑步，因为跑步比骑行耗时更短。工作日跑步、周末骑行的安排方式，会让你在进行这两项训练时都精力充沛。当然，这取决于你工作日中的其他训练计划，以及跑步训练的安排是否会影响到你工作日里其他的长时间训练。

如果你必须在同一个周末进行两项长距离训练的话，我会建议你周六跑步、周日骑行。另一个常见的解决方案是这个周末骑行，下个周末长跑。你需要自己来决定哪种方案更加适合自己的日程安排。

搬砖训练

你应该什么时候做搬砖训练？应该怎么做呢？在这里，我们将只关注连续的骑行－跑步搬砖训练，因为这是最常见的，而且它对你竞赛表现的潜在影响是最大的。游泳－骑行搬砖训练中最大的挑战是换项，尤其是如何快速脱下你的湿衣服。（你应该在巅峰期和竞赛期进行若干次的T1换项演练。）然而，如果不考虑湿衣服的问题，游泳－骑行的搬砖训练就远没有骑行－跑步的搬砖训练那么困难了。

你可以在一年中的任何时候做骑行－跑步的搬砖训练，但进行该训练的最佳时机是在训练内容与比赛愈发相似的建设期。在这段时间，搬砖训练几乎是最完美的备赛训练。在建设期，尽可能高频率地在大多数骑行训练后做短跑训练是非常有益处的。它们会对你准备好比赛中最具挑战性的部分——跑步中的前3～5千米助益良多。

在骑行训练后只需跑步15～20分钟即可收获搬砖训练所带来的益处。更长时间的跑步也许会有心理上的益处，但身体上得到的益处并不大。这就是为什么我虽然经常让铁人三项运动员在骑行训练后跑步，但很少让他们跑太长时间。偶尔也有例外，当他们需要克服长时间艰苦的骑行赛段后对于跑步的焦虑情绪时，我会让他们在骑行之后进行较长时间的跑步训练。但是即使是这样，我也会将之前的骑行训练限制在足够短的时间内，虽然实际上它的强度很大，还包含了肌肉耐力的间歇训练（见附录C）。保持骑行训练的简短可以提升跑步训练的质量，降低受伤的风险。如果在长距离骑行后进行长跑，长此以往必然会导致你身体状态崩盘，如受伤、疾病或者训练意志消沉。在建设期的训练中，频繁的短距离跑步搬砖训练比几次长距离跑步的训练更有价值。

提示

在骑行训练后只需跑步15~20分钟即可收获搬砖训练所带来的益处。

在进行频繁的短距离跑步搬砖训练时，你要掌握3件事。一是如何提升换项技巧。T2的演练甚至从离开自行车之前就已经开始了，在建设期每次骑行快要结束的时候，把你的脚从鞋里脱出来，但要保持紧扣。你要习惯于踩在你的鞋子上面踩踏板，而不是穿着鞋子踩。再强调一遍，在每次骑行快结束的时候都要这么做。这样练习之后，再开始骑行的时候你可以训练在骑行过程中穿鞋，因为你的鞋还紧扣在踏板上。这是很多运动员摸索出来的从T1出来时的一个技巧。二是当你离开自行车并开始"换项"训练的时候，你要演练如何穿好跑鞋，经常训练，让它成为比赛中的一个条件反射。建设期就是训练这些技巧的时候，不要等到比赛前再来训练。

三是短距离跑步搬砖也会让你熟悉当双腿还没有准备好要跑步、仍处于从骑行中恢复状态时的感受，有些人每个赛季都要花些时间来适应这种感受。在跑步赛段早期，双腿会有软绵绵的不适感，你可以用短距离搬砖训练来模拟这一阶段的配速。在建设期，把配速控制在比赛中期望的水平，不要超过它。当跑步开始几分钟后，你基本上已经完成了热身，配速带来的好处就开始减少了。在比赛中，跑步环节剩余的时间就是对有氧耐力、肌肉耐力和无氧耐力的考验了，而这些能力在普通的跑步单项训练中就可以得到很好的提升。这也是我认为短距离跑步搬砖训练比长距离跑步搬砖训练更好的另一个原因。

无氧耐力训练

在本章和前面几章中，我多次提到了进阶长距离铁人三项运动员在基础3期中应该考虑对3项运动都进行无氧耐力训练。所以，什么样的运动员是进阶运动员，无氧耐力训练又是什么呢？进阶铁人三项运动员，是指那些已经从事这项运动并认真训练超过3年，且在年龄组中有很强竞争力的运动员。无氧耐力训练是一项包含了高强度（远高于无氧阈值）短间歇训练（每个间歇通常少于4分钟）和短暂恢复（同样少于4分钟）的训练。而进行这类训练首要的好处就是可以提升一个人的有氧能力。

那么为什么我不建议短距离铁人三项运动员也在基础3期进行无氧耐力间歇训练呢？要想回答这个问题，就要回到我所提出的周期化训练的基本原则：在备赛过程中，训练强度应该变得越来越接近于A级（头等重要）赛事。在基础期，训练与比赛差别很大；而在建设期，类似比赛的训练逐渐成为训练的焦点。因此，短距离运动员无须在建设期之前早早地开始无氧耐力训练，这种训练与比赛的相似度很高，他们在赛前最后几周中会进行大量的这类训练。而另一方面，无氧耐力训练与长距离铁人三项运动员对于比赛的预期相差甚远，并不接近于比赛，所以这类训练最好在建设期开始前进行。

长距离铁人三项运动员通常会把建设期绝大部分高强度训练的时间投入到肌肉耐力训练中。通过在基础3期进行无氧耐力训练，他们可以在建设期前把有氧能力提升到一个很高的水平，之后在赛前最后几周中可以通过低频率的无氧耐力间歇训练来维持这一能力。

> **提示**
>
> 在建设期，接近比赛的训练会逐渐成为训练的焦点。
> 长距离铁人三项运动员通常会把建设期绝大部分高强度训练的时间投入到肌肉耐力训练中。

错过训练

在第2章中，我介绍了稳定的训练对于高水准竞赛表现的重要性，其中提到大多数自我指导的铁人三项运动员最大的问题就是训练不稳定。这不是他们不想训练得更好，只是他们违反了一项更基本的智慧训练的宗旨，也是稳定性的核心：适度。当你保守地适度增加训练压力——频率、持续时间和训练强度时，周复一周就可以实现稳定训练。随着时间的推移，稳定性会积累出优秀的身体素质。但是如果你进行大量过长、过难的训练，或者是跳过了休息−恢复期，就会增加受伤、疲劳、生病以及过度训练的风险。这其中的任意一项都会打断你的稳定训练。即使只有几天停训，你的身体素质也会有所损失，而你必须要回到上一步重新开始。对于铁人三项运动员来说，每个赛季犯1～2次这样的错误很常见，一旦这种情况发生，他们就无法发挥出自己全部的潜能。

不幸的是，即使你把与训练、恢复相关的所有事都做得很好，一些"外界"因素也很可能会干扰你的训练。例如，你可能是一个被诸如家庭、事业或其他责任等众多事务缠身的大忙人，这些事情总会时不时地干扰你的训练，但你没法改变。你也可能被其他人传染了感冒或发烧，每个赛季都可能会发生几次这样的事。所以，即使很明智地控制了训练负荷，在赛季中你还是有很大概率会遇到几次为了应对干扰不得不改变训练计划的情况。大多数这类干扰仅仅会持续一天或稍长一点时间，但是长时间的停训也有可能发生。让我们来看看当你不管是因为什么原因而错过训练时，要如何调整你的训练计划。

错过3天以下。 重新开始训练，就像什么都没发生过一样。不要试图补足错过的训练，在几天之内塞进更多的训练会带来身体状态崩盘的风险，损失更多训练时间。如果这种情况不经常发生，那么偶尔错过少量训练问题不大。

错过4 ~ 6天。 这可能是最难处理的情况了。如果错过训练是因为生病，那么即使症状消失了，你也不能立刻恢复好状态重新回到正常的训练中，这是一个很常见的情形。你身体的化学机能发生了变化，而这会影响你的训练能力。这种变化可能体现在当你以正常情况下很舒适的配速和输出功率进行训练时，心率却维持在很高的水平，并感到非常吃力。在这种情况下，即使你已经重新开始训练，也需要把它看作是错过7天以上训练的情况（参见下文的"错过1周或2周"）。

如果错过4 ~ 6天训练不是因为生病，而是出差之类的原因，并且你可以立刻重新开始训练，那么你就需要对训练计划做出一些调整。首先要改变的是把无法训练的时间当作休息 - 恢复期，这是处理这种情况的最佳方式，但是这仍然会打乱你备战A级（头等重要）赛事的计划。你的训练周期与比赛日程不再是同步的了，因此你无法在比赛日达到巅峰状态。你的身体素质损失太多了。

还有一些方法可以解决这个问题。如果你处于基础期或者建设期，第一选择是把当前阶段缩短一周，如果还是无法和比赛日程同步，那接下来的阶段也同样缩短一周；第二选择是把巅峰期从2周减少到1周。这两个选择都并非完美，二者都无法让你达到最好的竞技状态，甚至有可能造成竞赛表现欠佳的结果。但这就是错过训练所带来的很现实的后果。你不可能在错过了一些训练之后，当作什么都没发生，还幻想达到同样的身体素质。很不幸，但生活就是这样。

一旦你再次投入训练，就需要回过头去，补上2 ~ 3次关键训练，选出针对短板项目的最重要的训练并重新做计划。这种方式意味着把其他训练推后，最终，你必须要舍弃一些训练。你可以舍弃原计划中后续进行的终极训练，或者如果你确定一切进展顺利，那么可以跳过或调整计划中剩余的训练。这里有太多的变量，我无法确切地告诉你如何处理你的情况。首先你必须要确定哪项训练对于备赛来说是最重要的，然后再考虑如何解决这个问题。

错过1周或2周。如果你因为生病而错过了1周或2周的训练，并且处于建设期，那么你应该从基础3期的训练模块重新开始训练；如果你还处于基础期，那么就回到上一个基础期重新开始训练；如果你处于基础1期，那么请回到准备期中去，进行3 ~ 4周该阶段的训练，直到训练水平表明你已经恢复到了停训之前的状态。当你的心率和费力程度像生病之前那样，再次和配速及功率相匹配时，就说明你回到了原有的状态。如果还不确定，那么就在进行下一步之前再缓1 ~ 2天。

当你的训练指标和活力回到了正常水平时，重复停训之前最后一周进行的艰难训练。如果这一周进展顺利，接下来你就可以按照原有的训练计划继续训练了，只是要从赛季中稍晚一些的时间点开始。如果进展不顺利，那么请重复测试周。在某些情况下，你需要放弃1 ~ 3周（甚至更多）计划好的训练。这可能意味着取消建设2期或者巅峰期的第1周。但是无论如何，请确保自己完成了所有基础期的训练。

错过2周以上。如果训练中止时你处在建设期，那么请回到基础3期重新开始。如果你还处在基础期，那么请回到你中止的地方重新开始。正如前几种情形那样，你必须舍弃原计划中的一部分训练——至少两周的训练。取消的顺序依次是：巅峰期的第一周、建设2期、建设1期。再次强调，请务必保证3个基础期训练全部完成。

如果你错过了建设2期的最后一周或巅峰期的训练，那么请继续训练，就像什么都没发生过一样。但是就像上述所有情况一样，如果错过训练是因为生病，那么重新开始训练时，请一定要保守地安排持续时间和强度，选择中短距离的训练，强度主要维持在1、2区，直到你的状态恢复正常。

小结

每个时期的周训练都应该是什么样的呢？表8.6A-F提供了一个参考。你的实际计划可能会因为日常生活中的其他需求而有所不同，但是这些实例提供了安排训练周的通用指导。图中的训练包括基础能力（有氧耐力、提速技巧、肌肉力量）和进阶能力（肌肉耐力、无氧耐力）。根据你的短板运动项目、不同安排的可行性（如健身房、泳池或高级组游泳训练日）和比赛距离，选择某一天要进行的针对性训练。请注意，表格中不包含准备期和过渡期，因为它们有很大变数，取决于你当天的状态。

表8.6A 　　　　　　　　基础1期训练阶段示例

活动类型	周一	周二	周三	周四	周五	周六	周日
游泳		基础		基础		基础	
骑行	基础		基础		基础		基础
跑步		基础	基础			基础	
举重训练	MS期			MS期			

表8.6B 　　　　　　　　基础2期训练阶段示例

活动类型	周一	周二	周三	周四	周五	周六	周日
游泳		基础		基础		基础	
骑行	基础		基础	基础	基础		基础
跑步		基础	基础			基础	
举重训练	SM期						

表8.6C 　　　　　　　　基础3期训练阶段示例

活动类型	周一	周二	周三	周四	周五	周六	周日
游泳		进阶		基础		基础	
骑行			基础	基础	进阶		基础
跑步		基础	进阶			基础	
举重训练	SM期						

表8.6D 　　　　　　建设1期和建设2期训练阶段示例

活动类型	周一	周二	周三	周四	周五	周六	周日
游泳		进阶		基础		进阶	
骑行			基础	进阶	基础		进阶
跑步		基础	进阶			基础	基础
举重训练	SM期						

表8.6E 　　　　　　　　巅峰期训练阶段示例

活动类型	周一	周二	周三	周四	周五	周六	周日
游泳		进阶	基础	基础		基础	
骑行	基础		基础	基础	进阶	基础	

活动类型	周一	周二	周三	周四	周五	周六	周日
跑步		进阶			进阶		基础
举重训练	SM期						

表8.6F 周日比赛的竞赛期训练阶段示例

活动类型	周一	周二	周三	周四	周五	周六	周日
游泳		进阶		进阶	停训	进阶	比赛
骑行	基础	进阶	进阶	进阶	停训	进阶	比赛
跑步	基础		进阶		停训	进阶	比赛
举重训练							

这样计划基本上就制订完成了。现在你应该已经搞定了细化到基于能力划分的日常训练类型这一层的ATP。同时，你应该已经很好地理解了如何去安排基础期、建设期、巅峰期和竞赛期的训练。第1次制订如此详细的ATP时，你会感到很乏味并花费大量的时间。但是一旦你制订好计划并理解了其中的原理，未来的赛季就变得简单多了。更重要的是，现在你有了下一个赛季的计划，可以按计划进行训练，最终达到高水准竞赛表现的目标。关键就是每周要回顾你的计划，并借助它的引导来决定每周、每天的训练。

让我们来简单回顾一下第8章中的重点。为此，我希望你的注意力能回到本章的图表上，因为它们阐释了一些很重要的问题。图8.1提供了一个如何制订ATP的示例，表8.1、表8.2、表8.3可以帮助你规划不同时期的日常计划。把它们当作指导，有助于制订你自己的计划。表8.4和表8.5提供了分配日总训练量（时长或TSS）的指导意见，而根据"日训练持续时间和TSS分配"小节中给出的指引，它可以进一步被分解成单次训练持续时长或TSS。这些工具将帮助你像顶级铁人三项教练那样去制订个人训练计划。

接下来要做的，就是在备战比赛时每天都参照自己的计划，把它落到实处。另一个关键的行动就是保持计划的流动性，只是制订出一个计划是不够的，必须不断地对其进行反思和修正。我从来没有指导过任何一个整个赛季都没有调整过计划的运动员。

还有一件事：我想重申自己在第4部分引言中所提的建议。如果这是你第1次阅读第7章和第8章，或者是为了准备后续赛季重新阅读这些章节，那么你应该在进行年度、每周和每日训练计划的收尾工作之前，先阅读下面的一章。因为在第9章中，你将学到一些安排训练的替代性方法，而这些方法可能会让你重新思考和完善正在制订的计划。

训练计划的替代方案

前两章中介绍了全世界所有体育项目中最受运动员欢迎的赛季规划方法，但这并不意味着它对于你来说也是组织训练的最佳方式，还有许多其他更好的，或者至少效果差不多的方法。一些运动员按照前几章中所描述的周期化模型训练后可能反应很好，而另一些运动员如果采用同样的计划则可能造成运动表现水平下降。在本章中我会提出一些周期化模型的替代方案。

如何才能知道哪种模型最适合自己呢？除了简单的试验，恐怕没有其他办法可以知道了。令人惊讶的是，随着时间的推移，你从一次试验中所发现的东西并不会一成不变。等到下个赛季，甚至仅仅几周之后，可能你就会发现之前效果不错的方法似乎不再那么奏效了，训练试验是一个永无止境的过程。

年复一年唯一真正保持不变的是第3章中描述的一般训练原则。

- **渐进超负荷原则**：随着时间的推移，为了提高身体体质，你的训练负荷必须逐渐增加。
- **针对性原则**：训练类型必须与你所备战的比赛相匹配。
- **可逆性原则**：训练负荷减少会使身体素质受损，但有时减少部分的损失是必要的，这可以让你在比赛中"在状态"或者从艰苦的训练中恢复过来。
- **个性化原则**：无论是身体上还是精神上，你的训练需求在很多方面都是独一无二的，因此你的训练必须反映出你的个人特征。

此外，还有另一个你必须考虑的关键原则：临近比赛时，你的训练内容必须越来越接近你正在备战的A级（头等重要）赛事，这类似于上述的针对性原则。如果你的训练与比赛的需求不一样，那么可逆性原则就会开始起作用了，你将会损失掉比赛所需的特定身体素质。例如，如果你在临近比赛时停止以目标比赛的强度进行训练，反而开始做那些长距离慢速的训练，就可能会发生以上这种情况。其结果是，你在长时间慢跑方面的表现变得更好了，但在以目标比赛的强度完成比赛距离方面并没有什么提升。因此，无论你阅读本章后决定使用哪种周期化的方法，在整个赛季中你都必须围绕着比赛针对性这一原则进行训练。

> **提示**
>
> 临近比赛日的时候，你的训练内容必须越来越接近A级（头等重要）赛事。

正如你在第3章中所学到的，在整个赛季中可以改变的训练变量只有训练频率、持续时间和强度。（无论你的经验和运动水平如何，除了游泳、骑行或者跑步的不同"模式"，其他的你什么都没法调整。）所以这3个变量是赛季计划的核心，周期化也只不过是对它们进行调整，让自己在恰当的时候为比赛做好准备。

本章将为你提供一些替代方案，你可以自行决定如何把它们融入到自己的整个赛季计划中。你可能还是会决定采用前两章描述的周期化训练模型，如果你之前从未遵循过任何训练计划，那么从周期化模型开始是一个很好的选择。如果你在之前赛季中使用过该体系，现在想尝试些不同的方法，那么请从下面所描述的方法中选择一个看起来最有吸引力的来展开训练吧。如果你发现这一方法不能满足你的需求，那就请不断调整，直到找到合适的为止。

线性周期化的替代方案

在第7章中，我逐步介绍了基于运动科学中所谓的线性周期来制订ATP的整个过程。这个名称意味着这就是一个简单明了的过程，首先提升有氧素质（基础期）；然后在训练持续时间减量（巅峰期）之前，进行一段强调比赛特定强度的训练（建设期）；最后，为了以良好的状态参加比赛而稍作休息（竞赛期）。

这种线性方法是最初的周期化模型，自20世纪60年代以来，从健美运动到铁人三项运动，这一方法在各项运动中都很受欢迎。它有很多优点，例如，与其他一些尚未很好地诠释所有运动项目、相对较新的体系不同，这是一个久经考验且已使用和改进了几十年的体系。并且，由于训练过程是循序渐进的，这种方法还安排了休息和恢复期，使用它时过度训练的风险也是较低的。要理解它你不必成为运动科学家，因为线性周期化非常简单，即使新手也能理解。运动员使用这种方法，每个阶段都能看到独立发展、十分明确的能力上的成果，因此，衡量进步是很容易的。这样能够让运动员保持动力，在实现目标的过程中不断前进。

> **提示**
>
> 线性周期化的过度训练风险较低。

在整个20世纪的后期，教练、运动员和运动科学家们引入了其他几种周期化的方法来满足某些独特的需求，同时他们注意到了线性体系中存在的缺陷。最常见的问题是，线性模式设定了一名运动员在赛季中能够以巅峰状态参加的A级（头等重要）赛事数量的上限——通常为2～3场。与此相关的问题是，这种身体素质的巅峰期最多仅可以维持1～3周。线性模式对于经验丰富的精英运动员而言，通常也不如对新手和中等水平运动员那样奏效。除此之外，许多运动员会觉得线性周期化很单调，因为在一段时间内每周的训练几乎都是相同的。最后，对于铁人三项运动员来说，使用线性体系来组织3项运动的训练可能会有些困难，因为3项运动可能并不总是能在同一天中进行，这就使计划相当混乱。

在确保比赛日仍然能够达到身体素质巅峰的同时，你还能如何解决这些问题呢？让我们先来看看一些可以让线性模型更好地满足你需求的、小而重要的改变。然后在本章的其余部分，我们将深入讨论一些"非线性"周期的模型。在此过程中，你要基于你的生活方式、过去对你奏效的方法以及现在对你吸引力最大的模式，来考虑各种替代方法对你而言的预期效果。

周期化的计划甚至可能是完全没有必要的，如果我还没有指出这一点的话那是我的疏忽。其替代方案就是随机训练，即按照自己的感觉进行训练，在你想进行训练的时候做你想要做的训练。这可能看起来很"松散且毫无章法"，但对于一些铁人三项运动员来说可能并非一无是处。实际上，随机训练很适合那些只需要多训练、目标仅仅是微笑着冲过终点线的新手。甚至一些经验丰富的运动员可能也会进行随机训练，虽然他们可能没有一个书面计划，且看起来似乎是在最后一刻才决定如何训练，但其实他们中的绝大多数人都在心中早有计划。他们很清楚自己需要做什么样的训练，以及用何种顺序训练才能最好地提高能力。这种方法最适合那些已经参与这项运动很多年，并且清楚地知道什么样的训练才最适合自己的铁人三项运动员。而对于我们中的大多数人来说，我建议最好还是有一个书面计划，即使只是一个关于在备战高水准比赛的过程中如何开展训练以避免诸多陷阱的粗略大纲。

考虑到这些，下面让我们来看一些调整线性周期的常用方法，以更好地满足你的需求。

时间有限的周期化

对于想要遵循简单线性周期化计划，并且能够认真训练的各年龄组运动员而言，最常见的挑战可能是训练时间有限。基于表7.2、表7.5和表7.6中的年度训练量，表8.4和表8.5对整个赛季中每周的训练量给出了建议。这看起来很简单，但是如果你有足够的体力应对年度和每周的大训练量，但你的生活方式并不允许的话，你该怎么办呢？也许事业、家庭和其他责任给你设定了时间限制，让你不可能做大量的训练。

> **提示**
>
> 时间有限的周期化是为了解决训练时间不足以安排大量训练的问题。

让我们来看一个例子，从而了解如何解决这个常见的问题。一位运动员在确定训练量时，可能认为自己一年能训练600小时。而且她过去的训练量已经接近这一数字了，所以她有理由相信这是一个合理的设定。根据600小时的年度训练量，她平均每周应该训练大约13小时，基础3期第3周的训练量最大，达到了18小时（根据表7.5）。虽然这将使她接近自己的极限，但考虑到她的训练能力，这看上去是可以实现的。但如果训练时间有限，导致她不能训练这么长的时间，该怎么办呢？一旦她的各种责任事务都被考虑在内，也许她每周最多只能训练15小时。而表7.5显示，在备战本赛季第1场比赛的过程中，应该有7周的训练时间超过15小时，她该怎么应对呢？

首先，将年度训练量减少到500小时可不是一个好主意，即使训练量最大的一周能达到15小时。为什么不好呢？很简单，因为这样的训练计划对她来说太容易了。在这种情况下，如果我们仍然坚持训练负荷的渐进原则，那么绝大多数训练周的训练量都不能带来身体素质的提高。在整个赛季的大部分时间里，她的周训练量都太低了。

相反，最好的选择是仍然按照600小时的年度训练量来安排训练，但是当进行到训练量最大的那7周时就将每周的训练量降低到15小时。

这不会同样导致身体素质下降吗？其实，在训练量稍大的这几周中，她也是有可能略微提高身体素质水平的，具体要怎么做呢？其实并没有太多选择的余地。首先她必须缩短这几周中最长训练的时间。在训练时间减少的几周中，她也可以考虑稍微增加一些训练强度。由于训练时间被缩短了，因此可能不再需要进行轻松的1区恢复骑行。显然她的能力不止于此，因此可以考虑将训练强度提高到2区。通常来说，训练的持续时间减少时，可以提高训练强度。我无法确切地告诉你，她在哪些训练中能够或者应该进行这样的调整，这一切归根结底是自我指导的艺术。在训练量大的几周中，她必须根据自己当时的感觉和训练进展做出决定。我能给她提供的最重要的建议就是，在计划有所调整的几周里，提高训练强度时要保守一些，只在其中一些训练中把训练强度提高一个区间就足够了。

> **提示**
>
> 当训练的持续时间减少时，可以提高训练强度。

对她来说，另一个可行的方法是把从训练量较大的一周中砍掉的"额外"训练时间，移动到训练量较小的一周中。按照上面的例子，这样做会让基础期中几乎每周的训练时间都达到15小时。在建设期，她也可以做出相同的调整，从而全面增加训练时间。这样，总的训练时间就可以保持与原计划所要求的相同。

这些调整当然不如维持表7.5中原本要求的训练量那么好，但对于大多数时间有限的运动员而言，这样做会比降低年度训练量要好。当然了，虽然在这个例子中我使用了小时数，但如果你的训练量是基于表7.6所示的TSS值，也可以进行相同的调整。

崩溃期

许多运动员发现，在几天十分艰苦的训练后接着几天休息-恢复期的话，他们的身体素质会明显提升。事实上，过去30年的一些研究已经证实，以这种方式进行训练对于在短时间内提高身体素质是非常有效的。但是，这是一种风险很高的提高身体素质的方法。所以在这里我要讲的方法，只针对于那些已经认真训练多年并且已经达到很高运动表现水平的铁人三项运动员。而其他人则应该避免这样做，特别是新人和进行铁人三项训练不到3年的运动员。否则你可能会训练过度、生病或者受伤，而不是获得更好的身体素质。

如果你沉迷于这种训练方法并且过度使用它，那么负面结果到来的可能性就会和原本希望的身体素质提升的可能性一样大。这就是我称之为崩溃期的原因。我希望这个标题能够引起你的重视，因为过度使用这种方法会毁掉你的赛季，甚至可能毁掉你的铁人三项生涯，我见过这种情况的发生。但是如果保守地使用这种方法，会是一种非常有效的周期化方法，对于使用线性模型的运动员来说更是如此。

那么如何才能正确地使用这种方法呢？首先，你只能连续几天这样训练，并且要限制以这种方式进行训练的频率。同样重要的是，一旦有迹象表明事情并没有朝着它们应有的方向发展，就要主动放弃这个训练方法。让我们来仔细看看有哪些限制条件。

崩溃期指的是训练负荷不断增加的连续几天，持续几天到一周是比较常见的，即使是能够应对巨大训练负荷的精英运动员，也很少超过10天。

提示

崩溃期是指训练负荷不断增加的连续几天。

在崩溃期，运动员可以通过增加训练量或者训练强度来提高训练负荷，通常大家会选择增加训练量。对于大多数运动员来说，在原始线性周期计划的基础上增加大约50%的小时数或TSS是很常见的（参见表7.5和表7.6中的周训练量）。如果你决定增加训练强度，请保持原本已经规划好的训练量，然后在连续几天中进行强度更高的训练。这些高强度训练中的大多数都应该处于或者略低于无氧阈值，只有少数能达到有氧能力那么高。我建议以这个强度范围的下限进行几乎所有的高强度训练，这会使它们大部分成为肌肉耐力的训练（见附录B、C、D和E）。

在崩溃期中，大多数大训练量和高强度的训练应该在自行车上或者泳池里进行。而在高训练负荷下进行的跑步训练则需要非常谨慎，因为这是许多铁人三项运动员在挑战极限时最有可能受伤的一项运动。

提示

崩溃期最艰苦的训练应该在自行车上或者泳池里进行。

对于备战A级（头等重要）赛事的大多数运动员来说，在训练计划中加入崩溃期的最佳时机，是基础3期的第3周和建设2期的第3周（参见表7.5和表7.6）。这两个时期都是备赛过程中的训练高峰，而且紧接着就是休息－恢复期。这样看来，这一时机几乎是完美的。计划此类训练的一种方法，是在基础3期进行大训练量的崩溃训练，同时在建设2期中进行高强度的崩溃训练。每个崩溃期可以持续5～7天，然后立即进行几天的休息和恢复。崩溃期后典型的休息－恢复期为3～5天。表9.1举例说明了如何规划为期6天的崩溃期和随后为期4天的休息－恢复期。表格中的"高"表示大训练量或者高强度，具体取决于崩溃期的类型；"低"则意味着在训练量和强度方面都较为轻松或者是恢复性的训练，甚至可以是完全停训一天。

把参加训练营作为崩溃期是很常见的，这是激发运动员开展艰苦训练的好方法。但是要小心，不要让你的热情超过自己的极限。在训练营中错过团体训练是没关系的，我总是告诉我训练营的运动员们，任何时候如果感到特别疲惫，就休息一天或者极大地减少训练负荷。再次强调，大家在进行这类训练时要非常谨慎。

表9.1　　　为期6天的崩溃期和紧接着为期4天休息－恢复期的线性周期化示例

周	活动类型	周一	周二	周三	周四	周五	周六	周日
第1周	游泳		高*		高		高	
崩溃训练	骑行			高	高	高		高
	跑步		高	低			高	
	举重训练	SM期						
第2周	游泳		低			开始下一个阶段		
恢复	骑行			低				
	跑步				低			
	举重训练	SM期						

＊高和低，指的是对训练持续时间和训练强度的要求。

逆向周

你可能已经在表7.5和表7.6中注意到了，在3个基础期阶段的每一个时期内，每周的训练量会逐渐增加。例如表7.5显示，对于年度训练量500小时的训练计划来说，基础3期中每周训练的小时数会如下所示逐渐增加。

第1周：11.0。
第2周：13.5。
第3周：15.0。

你需要明白的是，这些每周的训练小时数（或者说TSS）没必要很精确，它们本来就是大概的数字，即使有浮动也比较小。但我发现大多数运动员在按照计划训练时，都会达到非常接近于预先计划的周训练量。在表7.5的右侧，训练小时数每周增加的幅度要大得多，为每周4～5个小时。在表7.6中的右侧，TSS值的增加幅度也很大。

在过去的30多年里，我指导训练了数百名铁人三项运动员，其中有很多人会发现自己每周的增量负担过大。他们经常会在第3周感到疲劳不堪，其根本原因是训练量累积太多，而不是第3周本身的问题。随着每周训练量的增加，训练质量似乎在下降。对于这些运动员，我发现如果逆转每周训练小时数的增量，效果也许会更好。在一个为期4周的周期中，第1周训练量最大，最后1周训练量最小，每周的训练量被逆转过来。也就是说，从周期的开始到结束，训练量持续下降。我不知道这种方法是否真的有受到身体或者心理上的影响，但每周训练量的逐步减少似乎可以提高一些运动员应对艰苦训练的能力。对于上述例子中那个年度训练量为500小时的训练计划来说，基础3期中每周的训练小时数应该如下所示逐渐降低。

第1周：15.0。
第2周：13.5。
第3周：11.0。

提示

每周的训练量递减，似乎有助于提高一些运动员应对艰苦训练的能力。

这可能看起来没什么大不了的，但随着训练周期的推移，它可能会对你的训练进展造成巨大的影响。

对于那些觉得4周所积累的训练量还是难以适应的运动员来说，另一个选择是将训练周期的长度从4周缩短为3周，在最后几天仍然专注于休息和恢复。我将在"恢复缓慢的运动员"一小节中做详细的描述。

逆向线性周期化

其实我前面曾提到过这一类型的线性周期化模型。从根本上说，它延续了线性模型的诸多内容，只是将线性模型颠倒过来了。逆向周期化从强度高且持续时间短的训练开始，继而训练重点逐渐转向低强度和大训练量的训练，而不是以逐渐增加训练持续时间来开始基础期的训练，然后在建设期专注于模拟比赛强度。在冬季寒冷、白天时间短、天气不利于户外骑行或者跑步的地区，这种训练方式很受运动员欢迎。当线性周期化模型被逆转时，他们可以在冬季完成时间短而强度高的训练，而在夏季可以进行时间较长但强度不那么高的训练。听起来好像非常完美。

但是通常情况下，解决一个问题就会产生一个新的问题。正如我在第3章中所说明的那样，对于进阶的铁人三项运动员，成功的关键是模拟比赛的强度，而不是比赛的持续时间。A级（头等重要）赛事的距离越短，想要通过逆转训练持续时间和强度来使训练接近于比赛，所产生的问题就会越突出。其根本原因在于没有贯彻针对性原则。还记得本章前面的内容吗？这是训练和周期化的基本原则，随着时间的推移，训练类型必须越来越接近你的A级（头等重要）赛事。因此，如果你是一位正在为短距离比赛而训练的进阶运动员，在建设期内你必须更加专注于更高的训练强度而不是持续时间，这样才能变得更快。

> **提示**
>
> 对于进阶的铁人三项运动员来说，成功的关键是模拟比赛的强度，而不是持续时间。

但是，如果你正在准备长距离的比赛，逆向线性周期化方法也许会被证明是一种有效的训练策略。原因是什么呢？因为长距离比赛的强度很低（远低于无氧阈值），并且持续时间很长。事实上在第7章中，当我讲到在开展建设期低强度、长持续时间的训练之前，要在基础3期进行高强度间歇训练来提高有氧能力时，已经给长距离铁人三项运动员提出了这个基本策略性的建议。而逆向线性周期化只不过是将这种较小的变化带到更大的层面上来。

让我再重复一遍，我不建议短距离铁人三项运动员采用这个策略，在A级（头等重要）赛事前的最后几周进行长而缓慢的训练不太可能达到高水准的运动表现。运动员此时需要的是模拟比赛的强度，对于短距离比赛来说这种强度是相当高的。

> **提示**
>
> 逆向线性周期化对长距离的比赛有效，对短距离的比赛无效。

如果你决定遵循逆向线性的训练计划，你需要做的就是将表8.6 A-D重新设计为类似表9.2 A-D所示的内容。这些图表只作为计划训练周的示例，你不一定要这样组织自己的训练周。在这些图表中所列出的每项运动和每天的训练内容是第6章中所述的基本能力和进阶能力的缩写，也可以参见附录B、C、D和E。

- AE：有氧耐力。
- MF：肌肉力量。
- SS：提速技巧。
- ME：肌肉耐力。
- AnE：无氧耐力。

表9.2A   **逆向线性周期化在基础1期的训练示例**

活动类型	周一	周二	周三	周四	周五	周六	周日
游泳		SS		AE		ME	
骑行	MF		SS		ME		AE
跑步		SS	ME			AE	
举重训练	MS期			MS期			

表9.2B　　　　　　逆向线性周期化在基础2期的训练示例

活动类型	周一	周二	周三	周四	周五	周六	周日
游泳		SS		AE		AnE	
骑行	MF		SS	AE	AnE		AE
跑步		SS	AnE			AE	
举重训练	SM期						

表9.2C　　　　　　逆向线性周期化在基础3期的训练示例

活动类型	周一	周二	周三	周四	周五	周六	周日
游泳		AE		ME		AnE	
骑行			AE	AE	AnE		ME
跑步		AE	AnE			ME	
举重训练	SM期						

表9.2D　　　　　逆向线性周期化在建设1期和2期的训练示例

活动类型	周一	周二	周三	周四	周五	周六	周日
游泳		AE		ME		AE	
骑行			AE	AE	ME		AE
跑步		AE	ME			AE	ME
举重训练	SM期						

　　我建议继续遵循表8.6E和表8.6F中的示例，保持巅峰期和竞赛期不变。请注意：基础期的AE训练是短时间、低强度（1区和2区）的恢复性训练；而建设期的AE训练则是较长时间、低强度的训练，主要在2区中完成。

　　表9.2A–D中提供的示例仅展示了使用逆向线性模型来组织训练的一种方法，还有其他方法也可以做到这一点。无论你决定怎么做，最重要的是在赛季初期强调高强度的训练，然后在接近比赛时关注较长持续时间的训练。而在进入建设期后，一定不能让你的训练变得不像比赛，特别是强度方面。

恢复缓慢的运动员

　　在第11章中，我将详细介绍基础1期、基础2期、基础3期、建设1期和建设2期结束时的休息–恢复期。但目前，我想强调的是一些与休息和恢复相关的周期化替代方案，这些替代方案可能会对你的训练质量产生重大影响。

　　无论你是哪种类型的运动员，规划周期化训练的一个关键点在于你从艰苦训练中恢复的速度，尤其是在基础期和建设期。一些运动员恢复得很快，在遵循第7章，以及图7.5和图8.1中所示的为期4周的基础期和建设期周期化计划进行训练时，他们的表现通常非常好。在每个周期的前3周左右（也可能略超过21天，这将在第11章中予以说明），恢复快的运动员的训练负荷较高，即训练的持续时间较长或者强度较高（具体取决于处在哪个训练阶段），然后他们通常会进入持续3～5天的休息和恢复时期。

而对于恢复较慢的运动员来说，需要以不同的方式来组织训练。这些运动员需要更为频繁的休息－恢复期。他们不能等到训练3周之后再进行休息，而需要在2周左右（也可能超过14天，将在第11章中详解）的时候稍作休息。

那么，你怎么才能知道自己是一名恢复速度快还是恢复速度慢的运动员呢？经验是最好的判断标准。经过2周的艰苦训练后你通常感觉有多累？如果你仍然渴望再进行1周的艰苦训练，那么你很可能恢复得很快；如果你常常发现自己疲惫不堪，而且你的训练质量在第3周下降了，那么你恢复得就比较慢。

通常（但也不总是这样）恢复速度较慢的运动员是新手和50岁以上的这两类运动员。但情况并非总是如此，我就曾经指导过恢复很快的新手和年龄超过50岁的运动员，他们在几天的休息－恢复期之前可以进行3周左右的高质量训练。我也指导过进阶的和50岁以下的但是恢复缓慢的运动员。在这方面你需要对自己坦诚些，当你非常疲惫时，还要连续3周进行非常长时间或者高强度的训练只会适得其反。如果经常发生这种情况，我强烈建议你在年度训练计划中把子周期安排为3周，这意味着在大约2周的艰苦训练之后就是几天的休息－恢复期。

表9.3所示为如何通过减少基础期或者建设期子周期的周数来组织你的训练。请注意，在此表中，基础3期和建设2期被重复安排了，因此比赛前的总训练时间并不会缩短。如果在备战本赛季的第1场比赛时使用这种周期化的替代方案，你将在基础期和建设期总共训练21周；而如果按照标准的基

表9.3　恢复较慢的运动员如何调整基础期和建设期子周期

训练周期	子周期的周计划
基础1期	第1周 第2周 第4周
基础2期	第1周 第2周 第4周
基础3期	第1周 第2周 第4周
基础3期	第2周 第3周 第4周
建设1期	第1周 第2周 第4周
建设2期	第1周 第2周 第4周
建设2期	第2周 第3周 第4周

础期和建设期均为4周的周期化计划进行训练的话，则只会训练20周。表中所示的周训练量与表7.5和表7.6中所建议的训练量是相同的。也就是说，表中所列出的每一周，都可以在表7.5或表7.6中找到对应的周训练量（例如基础1期的第4周），具体取决于你是以小时数还是TSS来确定训练量。其他阶段如准备期、巅峰期和竞赛期的周数则保持不变。

解决恢复较慢这一难题的另一种方法，是重新定义"周"的概念。到目前为止，书中这个词指的都是7天。而恢复较慢的铁人三项运动员的问题在于，如果在一周内完成3次艰苦的训练，那么训练日的间隔就会过短，运动员要么没有足够的时间恢复，要么只能每周进行两次艰苦训练才能正常恢复。两者都不是好的解决方案，训练间隔太短不仅会增加疲劳，还会增加受伤的风险。

有一种替代方案就是以9天为一个"训练周"来进行训练。这样，在每个艰苦训练日后就可以安排2天时间来做恢复。

以9天为一个训练周，意味着在18天内有6天的艰苦训练；而如果以7天为一个训练周，每周只有2天的艰苦训练，则在18天内总共只有5天的艰苦训练。因此以9天为一个训练周，可以保证更多的高质量训练以及更多的休息和恢复时间。表9.4所示为一个9天的训练周的示例，这之后将进行5天休息和恢复的基础期或建设期。请注意，第2个9天训练周的最后2天是5天休息-恢复期的一部分。

表9.4　　　　　　　恢复较慢的运动员的基础期和建设期子周期示例

第1周	周一	周二	周三	周四	周五	周六	周日
游泳	高*		低		低		高
骑行		低		高		低	高
跑步			低	高		低	
举重训练	SM期						
第2周	**周一**	**周二**	**周三**	**周四**	**周五**	**周六**	**周日**
游泳		低		低		高	
骑行		低			低	高	
跑步	低		高		低		低
举重训练			SM期				
第3周	**周一**	**周二**	**周三**	**周四**	**周五**	**周六**	**周日**
游泳	低		低				低
骑行	低	高				低	
跑步		高		低			低
举重训练					SM期		

*高和低，指的是一次游泳、骑行或者跑步训练的持续时间长短或强度水平高低。

这些子周期包括2个连续的为期9天的训练周，训练周之后是为期5天的休息和恢复。

你可以调整表9.4中的高强度和低强度的天数，从而根据自己的独特能力来制订训练计划。例如，有时一天有两次高负荷训练，如果某天的训练负荷过大，则将其中之一改为中等强度的训练。同样，如果你可以应对稍微高一点的训练负荷，也可以把低负荷训练改为中等负荷。如果你密切关注自己的感觉，就可以随时进行这些小改动。通过这种调整，你可以创造一个精确满足自己压力和休息需求的训练周。正如我们一直强调的那样，如果你不是很确定该如何调整，就请采取更为保守的路线，因为略微训练不足要比略微训练过度好得多。

为期9天的训练周的缺点，就是对于那些自身职业需要很长工作时间的运动员来说会很难安排。有时需要在已经工作很长时间的工作日，进行诸如长距离骑行这样的长时间训练。因此，9天的训练周对于生活方式非常灵活的运动员来说是最好的，就这方面而言，它对于退休的运动员来说是完美的。

非线性周期化的替代方案

到目前为止，我们已经研究了几种可能替代第7章和第8章中所述的线性周期化训练计划的方法，以便更好地适应你的训练和生活方式。我希望到目前为止你所读到的内容可以紧密契合你的需求，因为即使加上现在我所提出的调整方法，线性周期化依然是最简单、最容易遵循的方案。但线性周期化可能并不能完全契合你的需求，或者说你可能正在考虑试验一下，看看就你的特殊情形而言是否还有更好的方法。考虑到这一点，让我们来看看两种非线性计划的方法。这些计划可以控制训练的持续时间和强度，它们是最受欢迎的、被许多高功率运动员使用的非线性计划方案。

首先我们来看一下波动周期化，然后是区块周期化。这两种方法都与你目前所读到的方法有很大的不同。但就像线性周期化一样，它们仍然给你留下了相当大的自由空间让你决定在训练中要做些什么，以及你将如何使用它们来制订计划。

波动周期化

这种训练方法恰如其名，通过使两个训练变量产生波动，进而有规律地改变某些东西。这种方法在耐力运动中并不常见，但在举重运动中非常受欢迎。为什么要使用这种方法呢？也许是因为你的训练时间有限，所以你不可能每周都具备线性周期化所需的所有时间，来充分培养身体素质。也可能是你感觉自己的训练需要更加多样化。或许一周又一周做同样的训练的确会让人觉得有点烦躁，隔几天改变一下可能会激发你的训练热情和动力。（也有一些研究表明，相比于线性周期化，波动周期化能让运动员获得更好的身体素质。但是不能仅根据这种可能性就选择它，因为其实在耐力运动领域针对这方面的研究并不多，大部分这方面的研究都是以力量训练为关注点的，可能并不适用于我们这项运动。）

如前所述，波动周期化会经常性地且有规律地改变一些东西。这些东西可能是我们的老朋友——训练持续时间和强度，或者甚至是铁人三项中的两项运动。让我们从这两个替代方案中的后一个开始，因为我相信对大多数铁人三项运动员来说，这是最有可能达成的替代方案。

运动项目的波动，说的是运动员每隔几天要改变一下游泳、骑行、跑步的训练重点。通常的做法是每周切换一次。最常见的方法是将注意力集中在3项运动中的两项上，并交替分配二者的训练负荷，同时保持第3项运动的训练负荷相对稳定。即使没有研究测试过这样的系统，我们也有理由相信这是可行的。因为绝大多数铁人三项运动员都认同3项运动同时提高是非常困难的。许多经验丰富的铁人三项运动员也发现，当他们开始在某两项运动中取得进步时，第3项运动往往会走下坡路。那么波动周期化是如何帮我们应对这个两难境地的呢？

🔍 **提示**

> 运动项目的波动，是指运动员每隔几天要改变一下游泳、骑行、跑步的训练重点。

让我们来看一个运动波动的例子。假设骑行和跑步是你决定重点关注的两项运动，每周你将交换投入到二者中的训练量。在第1周主要是骑行，配合少量的跑步和适量的游泳。在接下来的一周中，则逆转对骑行和跑步的重视程度——多跑步而少骑行，游泳则保持不变。

无论你的优势和弱点是什么，这个方法都很有效。即使游泳是你3项运动中最大的限制因素（短板），专注于骑行和跑步仍然是一个不错的选择，因为比赛的时间大约80%～90%都是由这两项运动决定的。每周将注意力集中在二者中的一项运动上，很可能会得到完赛时间缩短的回报，因此你每周只需要专注于两项运动就可以了。事实上，鉴于训练的持续性，保持游泳训练的稳定也被证明是一个不错的策略。

这种波动体系的计划，看上去可能类似于表9.5所示的内容，这是一个为期4周的基础期或者建设期子周期示例。它仅仅是一个指导，而不是告诉你应该如何训练，有很多不同方法可以来创建这样一个波动训练的计划。

表9.5　　　基础期或建设期中为期4周的骑行和跑步波动训练计划的前3周

第1周	周一	周二	周三	周四	周五	周六	周日
游泳		高*		高		低	高
骑行	低		高	高	低		高
跑步		低	低			低	
举重训练	SM期						

第2周	周一	周二	周三	周四	周五	周六	周日
游泳		高		高		低	
骑行	低		低		低		
跑步		低	高		高		高
举重训练	SM期						

第3周	周一	周二	周三	周四	周五	周六	周日
游泳		高		高		低	
骑行	低		高	高	低		高
跑步		低	低			低	
举重训练	SM期						

*高和低，指的是单次训练的持续时间长短或强度水平的高低。

这些子周期每周都有一个在骑行和跑步之间交替波动的训练重点，同时游泳训练保持不变。

请注意，当在基础期和建设期使用为期4周的子周期时，两项运动中的一项将在最初的3周内得到更多的重视。在表9.5的示例中，骑行就是这种情况，因为第1周和第3周的训练重点都是这项运动。因此，这个示例无疑最适合于那些擅长跑步但是骑行水平需要提升的运动员。当然了，一名恢复速度缓慢、使用为期3周子周期的铁人三项运动员也可以遵循同样的波动模式。在这种情况下，他对这两项运动的重视程度是一样的。

波动周期化体系的另一种替代方案，与基础期和建设期的阶段性无关，是在训练的强度和持续时间上做交替。最常见的使用此类计划的场景是其他单项耐力运动。

交替训练强度和持续时间的最常见方式，是将第1周计划为类似基础期的训练周，而另一周计划为类似建设期的训练周，就像线性周期化那样。这么做会给训练带来很多变化，从而使其更有乐趣。同时，这也意味着在一年中的大部分时间里，你都要做持续时间较长且强度较高的训练。当你遵循最后一周主要用于休息和恢复的为期4周的训练周期时，会有2周是大训练量或者高强度的训练周，只有1周情况相反。我建议短距离运动员在基础期进行2周持续时间长的训练，而在建设期进行2周高强度的训练。长距离铁人三项运动员则可以考虑逆转这种安排，也就是在基础期进行2周高强度的训练，而在建设期进行2周持续时间长的训练。表9.6所示为训练持续时间和强度波动的短期训练计划。如果需要一个逆向的周期化训练计划，只需掉转它们即可。

提示

交替改变训练强度和持续时间，能让训练变得更有乐趣、更具多样性。

表9.6　　　　基础期或建设期中为期4周的每周波动训练计划的前3周

第1周	周一	周二	周三	周四	周五	周六	周日
游泳		持续时间*		持续时间		持续时间	
骑行			持续时间	持续时间	持续时间		持续时间
跑步		持续时间	持续时间			持续时间	
举重训练	SM期						
第2周	周一	周二	周三	周四	周五	周六	周日
游泳		强度		强度		强度	
骑行			强度	强度	强度		强度
跑步		强度	强度			强度	
举重训练	SM期						
第3周	周一	周二	周三	周四	周五	周六	周日
游泳		持续时间		持续时间		持续时间	
骑行			持续时间	持续时间	持续时间		持续时间
跑步		持续时间	持续时间			持续时间	
举重训练	SM期						

*持续时间和强度指的是单次训练的关注重点。
3项运动的这些子周期每周都有一个在持续时间和强度之间交替波动的训练重点。

　　表9.6中的持续时间并不是指所有的训练时间都要一样长。有一些训练的时间肯定比其他的要长。你应对大训练量的能力如何，决定了你某一项运动的单次训练持续时间以及一周中你可以进行多少次持续时间较长的训练。对于重点关注强度的训练，情况也是如此。就此而言，对于那些认为所有训练必须要么时间很长要么强度很高的运动员来说，这样训练的风险可能会非常高。因此，使用这种方法的原则是，持续时间较长的训练必须是低强度的，如1区或2区，而高强度的训练则必须是持续时间较短的。在整个波动训练体系中，如果运动员试图在训练中同时保持较长的持续时间和较高的强度，很可能会导致受伤、精疲力竭或训练过度。

🔍 **提示**

持续时间长的训练必须是低强度的。

区块周期化

这是最新的周期化方法，它是由运动科学家弗拉基米尔·伊苏林于20世纪80年代设计的，是为奥运会运动员等真正的精英运动员所创造的一种方法，但目前也已经被一些水平没有那么高的运动员成功地使用了。

区块周期化是为克服训练中收益递减的问题而设计的。一名运动员越接近于世界上最优秀运动员的竞技水平，他想取得进步也就越困难。这样的运动员很难取得训练收益，即使有进步也是很微小的，虽然这些微小的进步仍然很重要。对于执行线性周期化计划的顶级铁人三项运动员而言，他们在一周之内混合了多种不同类型的训练，这让获得微小的进步也变得困难重重。当一名运动员试图同时提高几种能力时，他就无法充分地专注任何一种单项能力。

> **提示**
>
> 区块周期化是为克服训练中收益递减的问题而设计的。

精英运动员更有可能通过在一个子周期中只专注于一种类型的训练来提高身体素质，这种方法被称为区块训练法。试图同时提高多种能力会稀释艰苦训练的效果，但是在一个区块中做相似的训练来重复关注相同的能力，可以很快产生积极的变化。例如，在一项分别使用区块周期化和线性周期化的研究中发现，相比于线性周期化，当运动员使用区块周期化时，他们只用了一半的时间就达到了相同的身体素质水平。

为什么这种方法对非精英运动员来说不是最好的？高级进阶运动员通常都有积累了很多很多年的扎实的身体素质基础，和普通运动员相比他们的身体素质极为优秀，即使是在他们的"休赛期"也是如此。他们所有的能力都已经得到了充分的发展。那么进阶运动员该怎样才能取得接近自身潜能极限的最后一点进步呢？越接近于自己的极限，想要取得进步就会变得越困难。而对于中等水平的运动员来说并非如此，新手当然更不是这样，他们的身体素质和运动表现仍有很大的提升空间，因此高度集中的训练并不是他们取得显著成效所必需的。

如果中等水平的运动员或新手也像这里建议高级运动员的那样，一周内只集中训练1种能力并且持续数周，那么他们没有受到训练的能力就会严重衰退。因此，这种方法绝对不适合那些对严格训练还不熟悉的运动员，也不适合那些在国家和世界锦标赛等高水平比赛的年龄组中没有竞争力的运动员。

当焦点训练的进程遵循某些线性路径时，区块周期化似乎是最有效的。换句话说，基础期所强调的训练仍然是基本能力，而在建设期则强调进阶能力。

当焦点训练的进程遵循某些线性路径时，区块周期化是最有效的。

表9.7所示提供了用区块周期化计划整个赛季训练的一个建议模式。这里我使用术语"早期"和"晚期"来描述进展情况，因为线性基础1期、基础2期、基础3期和建设1期、建设2期在这个方法中并不易于应用。一旦确定作为焦点或者说"主导"的能力已经很好地建立起来了，运动员就会推进到下一个区块。因此，你在此表中看到的每周训练持续时间只是粗略的参考。

有些运动员可能需要一些时间来实现他们在给定区块中的目标。运动员在发展主导能力的同时，次要能力也需要维持，只是这方面的训练要少一些。准备期、巅峰期、竞赛期和过渡期与第7章中描述的都是一样的。

表9.8所示提供了一个示例，演示了如何在基础期和建设期中运用区块周期化来安排一周的训练。在这个例子中，共有18次训练，每日三练，频率很高。这显然是为那些有能力承受大训练量的高水平运动员设计的。大多数遵循区块训练计划的进阶运动员在一周内进行的训练次数要少得多。

表9.7　　　　　　　　　　　主导能力和维持能力

区块	周	主导能力（关注点）	维持能力（关注点）
准备期	1~4	（准备训练）	肌肉力量
基础期早期	4~6	肌肉力量	提速技巧
基础期晚期	4~6	有氧耐力	肌肉力量
建设期早期	4	肌肉耐力	有氧耐力
建设期晚期	4	无氧耐力	肌肉耐力
巅峰期	1~2	（模拟比赛的训练）	（训练间恢复）
竞赛期	1	（比赛强度的训练）	（训练减量）
过渡期	1~4	（休息和恢复）	有氧耐力

用区块周期化为A级（头等重要）比赛做准备的进程中，需要发展的各项能力以及建议的先后顺序。

表9.8　　　　　使用区块周期化的基础期或建设期的训练周示例

第1周	周一	周二	周三	周四	周五	周六	周日
游泳		主导*	维持	主导	维持	主导	维持
骑行		维持	主导	主导	维持	主导	主导
跑步		主导	维持	主导		主导	维持
举重训练	SM期						

*各周期主导能力和维持能力的定义，参见表9.7。
使用区块周期化的精英运动员通常都能够承受很大的训练量，因此这个示例的训练周中训练的次数很多。

简单的解决方案

读了本章和之前两章以后，你可能会对周期化相关的内容感到不知所措。规划赛季时，确实有很多事情需要考虑。但做计划其实并不需要像这些章节所描述的那样详细而复杂。如果你不想深究所有计划和运动科学方面的细节，只想用一种简单的方法来做计划，那么下面这一部分内容就是为你准备的。

正如我之前所说明的那样，周期化可以归结为简单的一句话：越临近于比赛，你的训练内容就必需越接近于比赛。对于新手运动员来说，这意味着在一周内逐渐增加游泳、骑行和跑步的频率；对于中等水平的铁人三项运动员而言，这意味着增加训练的持续时间，使其与比赛一样长或者稍长一点；对于已经确定了适合自己训练频率和持续时间的进阶铁人三项运动员来说，这意味着关键训练的强度会变得越来越接近于比赛。

如果你了解周期化相关的全部内容，并且坚持去执行的话，那么不用考虑复杂的周期化系统，你也会做得很好。因为当一切都说到也做到了，最重要的问题就是，你做好参赛准备了吗？如果你能肯定地回答这个问题——当你的训练变得像比赛一样时，你就可以这样回答了——那么，你会有非常出色的运动表现。如果你心有忐忑，那么你肯定还没有把训练变得足够像比赛。

解决赛季周期化问题的简单方案是从制订一个适合你每天日程安排的标准训练周开始的，然后随着整个赛季的推进保持其基本不变，仅此而已。实际上，还有些别的东西，让我们来仔细看看。

如果你参与这项运动已经有一段时间了，那么你可能已经有了一个与你的生活方式非常匹配的标准训练周了。但是，我们要确保它遵守第3章所述的可逆性训练原则。基本上，这个原则是说，当你几天没有训练，你所获得的身体素质收益就会开始有所损失，即你的身体素质开始下降。你可以遵循以下两条规则来设置标准训练周，从而避免这种令人沮丧的情况发生。

> **提示**
>
> 可逆性原则说的是，如果多日没有训练，身体素质的提升就会有所减少。
> 设置一个标准训练周，随着赛季的推进，让其保持不变。

第1条规则是，每项运动每周至少进行2次训练。3次训练或者更多训练当然更好，但前提是不能超出自己的能力范围。一般来说，新人运动员每项运动每周进行2次训练，中等水平的铁人三项运动员每项运动每周进行3次训练，进阶铁人三项运动员则通常每项运动每周训练3次或者更多次，一周进行12次甚至更多的训练对于一名高水平的进阶铁人三项运动员来说也很平常。

第2条规则是，这3项中任何一项运动的2次或3次（或者更多次）训练应该是分散开来的。换句话说，你不应该连续训练一项运动之后隔个几天不练。太多天不训练意味着可逆性原则会开始发挥作用。例如，一周2次游泳训练可以是在周二和周六，但不应该在周五和周六；3次训练可以在周二、周四和周六，但不应在周四、周五和周六。骑行和跑步也是如此，要使它们分散开。

一旦设计好了自己的标准训练周，你需要做的就是连续地重复执行2周或者3周，然后休息和恢复几天，这将在第11章中进行讨论。随着赛季的推进，你的标准训练周要大致保持不变。对于中等水平的铁人三项运动员来说，唯一的变化是逐渐且保守地增加一些关键训练的持续时间，这样，在比赛当天，你就会觉得完成比赛那样的持续时间很容易了。

对于进阶铁人三项运动员来说，计划只是稍微复杂了一些。在这个运动水平上，赛季早期就要开始增加训练的持续时间。在基础期，每隔几周把训练时间增长一点，同时保持较低的强度，主要在1区和2区。在建设期，3项运动中每项运动的基本能力都已很好地建立起来之后，增加与比赛同等强度的训练时间，同时减少训练的总持续时间。训练强度增加的同时要减少持续时间，避免训练太过艰苦而需要延长恢复时间。你可以每项运动每周只进行一次与比赛同等强度的训练，当然一些进阶铁人三项运动员能够训练的次数会更多一些。

请注意，对于进阶铁人三项运动员来说，增加强度并不意味着每周做这些关键训练时都要模拟"比赛"，训练通常不会达到比赛那样的持续时间和强度。对于半程奥运标准距离的比赛，你可以在非常接近比赛持续时间和强度的情况下进行游泳、骑行或者跑步训练。但随着比赛距离增加，这就不再是一个符合现实的选择，因为这样做很可能会导致训练过度。

对于标准奥运距离、半程和全程大铁的训练，只模拟部分比赛就好。例如，准备半程大铁距离的比赛，你可以用自己比赛的目标时间或者TSS的60% ~ 70%进行自行车训练。通过以目标赛事的强度进行长间歇的骑行训练，你就已经在演练比赛中至关重要的部分了。对于游泳和跑步你也应该做同样的事情。确保在每周模拟比赛的训练之间进行轻松的恢复训练，这些恢复训练的长度应是你游泳、骑行和跑步最长训练时间的一半左右，强度大部分落在1区，一些在2区。

如果你遵循了上面提供的简单化的引导，并根据自己的铁人三项经验水平已经设置好了一个标准训练周，那么你唯一还需要做的就是如第7章所述，在比赛前的最后2周或3周内减少所有训练的持续时间，从而降低训练量。这种简化的周期化方法将提升你的身体素质，增强你的信心，并让你在比赛日做好准备，放手一搏。

小结

我们已经在第4部分中介绍了很多有关训练计划的内容。到目前为止，你应该已经清楚了哪种周期化体系最适合你的个人需求。那么现在，是时候使用该体系开展你的赛季规划了。如果你决定使用线性周期化计划，这也是各个经验级别的运动员最常采用的一种方法，那么请回到第7章和第8章，并一步一步地遵循那里给出的指引。如果你决定采用本章所述的改进后的非线性计划，则要在整个过程中根据需要进行调整。弄明白非线性方法的细节会有点困难，但是遵循这些体系的运动员通常经验丰富并且知道该如何将其融入计划中。

正如我前面提到的，最初创建的计划不应被视为最终计划，你的训练必须是灵活的。当你在赛季进程中察觉到自己有所进步时，也始终要在脑海中想着计划可能需要调整。在超过30年的执教过程中，我从没见过任何运动员是在训练计划没有修改过的情况下完成赛季的，总有些东西需要调整。最常见的需要改变计划的原因，就是生病和意外出差等生活方式冲突所导致的训练中断。

提示

你必须在训练中保持灵活性。

一旦开始执行计划，你可能还会发现自己的身体素质并没有如预期那样提高，或者感觉不大对。如果是这样的话，请及时做出调整以便满足需求。

制订计划的基础是你必须乐于调整计划。不是说你的训练计划要求你在某天进行某个训练你就必须得完成它不可，也许有更好的解决方案。你可以适应变化并根据需要做出调整，但要在你的训练日记中始终保留一个书面记录，这样当你为下个赛季做计划时，就能知道哪些是有效的，哪些是无效的。当规划下个赛季时，本赛季的书面计划将会被证明是非常宝贵的。同时你会发现随着做计划的次数增多，制订的过程会变得越来越容易。

第5部分

压力、休息与恢复

有太多的铁人三项运动员认为，训练只需要一味地努力、艰苦地付出，这意味着压力很多，但休息和恢复很少。富有挑战性的训练会带来压力，而休息是训练结束后你要做的事，恢复则与那些虽然轻松但也能提高运动员适应能力和身体素质的训练有关。

但是，高水准的训练实际上远远不是压力、休息和恢复这么简单。训练还包含了你每天在看似无关紧要的事情上所做的选择，比如你什么时候睡觉、吃什么或尽量不吃什么、是走楼梯还是坐电梯、读什么书、看什么电影等。

你的铁人三项目标越高，生活中就有越多的东西需要调整，从而支撑这个目标的实现，其中可能包括你的家人和朋友——不是说你得去找什么更合适的人选，而是他们需要赞同、接受你的努力方向，支持你做这件事。高水准的训练还包含你的整体生活态度。一些研究表明，持积极态度的运动员要比持消极态度的运动员更容易达到他们自身的目标。

你的所思与所做，决定了你的所成。正因为如此，你生活中的一切都与铁人三项的运动表现有关。本质上，是你的生活哲学和方法论决定了你的比赛结果。

我不会试图彻底改变你的生活。相反，接下来的两章将研究高水平运动员的压力、休息和恢复该如何平衡的问题，为训练构建一个整体的概念。欣然接受这些新知识吧！你会成为一名更好的铁人三项运动员。

训练压力

第10章

训练到底是什么？在这本书里我经常用到这个词，但是它的准确定义是什么呢？从最根本上来讲，训练就是压力与休息的结合体：**训练＝压力＋休息**。

困难和轻松，高和低，阴和阳。就像中子和质子一样，任何一样单独存在都是不稳定的，两者都是必要的。仅仅对其中之一做些随机的衡量是不够的，在压力和休息之间也必须有一个平衡。如果没有与压力相平衡的休息，仅依靠固定强度的高压力训练并不能带来高水准的运动表现，只会导致问题的发生。在这一章中，我们将把重点放在公式中的压力上。在第11章中，我们再讨论休息。

那么什么是压力呢？在人体生物学中，压力是身体对环境压力源可预测的反应。这种反应可以是好的，也可以是坏的——即积极压力或消极压力。在铁人三项中，压力源就是训练，一开始时是积极压力（好的压力）。如第3章所述，训练会让我们的身体素质更好，也会更疲劳，这是健康的。但是过多的体育活动会以过度训练的形式转变成消极压力（坏的压力），这是一种不健康的反应，在很疲劳的情况下，压力反而会让你的身体素质变差。而当这种情况发生时，绝对会出现问题。对于野心过大的铁人三项运动员来说，消极压力会导致受伤、生病和精疲力竭，而所有这些都是与健康相关的过度压力的标志。

你在不产生消极压力反应的情况下能承受多大的压力取决于两个因素，其中之一是我们几乎无法控制的遗传因素。很不幸，生活在这方面是不公平的，有些人幸运地拥有某些基因，让他们能在高压下训练而不会产生消极的压力反应，而其他人则没有这么好的天赋——如果能让你感觉好一点，实话告诉你其实我们大多数人都属于后面这一类。

但是遗传并不是决定消极压力反应的唯一因素。生活方式是另一个重要的因素——比如运动经验、近期的有氧和肌肉水平、生活中的生理和情绪需求，当然还有训练的方法。你的确可以在一定程度上控制这些与生活方式息息相关的压力源。然而改变它们往往并不容易，至少在不影响生活其他方面，如人际关系或经济状况的情况下，做出改变是很难的。比方说，你会为了做更多的训练而辞掉工作吗？这值得怀疑。但我可以肯定地告诉你，当这些因素中的一个或多个发生变化而导致压力增加时，你必须做出调整才能避免问题的发生。

对于大多数年龄组的运动员来说，为了避免消极压力反应的产生，在生活的各方面因素中，最容易调整的就是训练了。如果你的工作、家庭、健康、财务、生活条件或其他关键方面的压力变得过大，那么你必须立即减轻的压力源就是训练。持续承受多方面高强度的压力，无疑会导致生活和竞赛表现的崩盘。

　　这一章的目标是评估训练压力，以及如何确定训练压力是积极压力而非消极压力。我们将研究两个相关的主题——风险与回报、激进训练（overreaching）与过度训练（overtraining）。

风险与回报

　　近期，我和我刚刚开始指导的一位62岁的运动员在我亚利桑那州斯科茨代尔的家中一起度过了一段时间。我让他进行了全面的体能评估和技巧评估，测试了他在每项运动中的表现。还请了一位物理治疗师对他进行潜在伤病的评估，以及一位专业自行车设定技师帮他做了自行车调整。在这个过程中，我们探讨了我的训练理念，以及为了实现他非常高的目标——取得在夏威夷IRONMAN®KONA世界锦标赛的参赛资格，我们需要去努力的方向。

　　汤姆是一个善于分析的人，他喜欢钻研铁人三项的训练细节。我们的谈话主题之一就是训练的风险和回报。风险，指的是由于一项训练或一系列密集的高强度训练太具有挑战性，而可能导致的受伤、疾病、疲劳和过度训练等问题。回报，则与聪明的训练所带来的预期收益有关。

> 🔍 **提示**
>
> *回报，与聪明的训练所带来的预期收益有关。*

　　汤姆说他以前从来没有从这个角度考虑过。确实，很少有运动员会这样想，但为了管理好你的训练，这是一个需要去思考的重要问题。通过了解汤姆最近几个赛季的比赛情况，我逐渐明白了，缺少训练平衡方面的知识，正是他参加大铁距离比赛3个赛季以来都没有取得世界锦标赛参赛资格的根本原因。他经常经历身体状态的崩盘，大部分问题是受伤或者生病，这使他的训练没有很好的连续性，总是刚刚在比赛中取得重大进步时就受伤或生病。通过所有测试，我可以看出他有长距离比赛的巨大潜力。然而他的限制因素（短板）在于，在训练中他实在过于激情满满和野心勃勃了。他的训练压力过大，尤其是训练的密度太高，高强度训练的间隔太短。

　　所有的运动员都试图通过增加身体上的压力来提高他们的身体素质，而压力水平通常是从非常低到非常高不等的。压力最小的是短时、低速、不费力的训练，而压力大的训练则正相反，这种训练往往训练持续时间非常长、强度高或密度高，甚至三者都有。我给汤姆举了一个例子，那是35年前我年少无知时的事了，早上和朋友一起跑马拉松，下午回家后自己又跑了16千米。这两次跑得都很慢也不费什么力气，但过长的训练持续时间带来了巨大的风险。我经常为这种"训练"付出代价，不得不面对因伤病而延长的停训时间。

很不幸，直到那时我才开始理解了风险回报曲线。

图10.1所示为风险–回报曲线，训练的难度从左到右不断增加，同时风险和回报水平也从最低到最高不断提升。图中的用词稍微改一下，就可以作为投资股票市场的基本指南了。蓝筹股有着长期缓慢但持续增长的历史，通常被认为风险较低。虽然投资这类股票的回报增长缓慢，但亏钱的风险很低。相反，当一支股票有很高的资金回报潜力时——例如一家做新技术的年轻公司——那么它也有很高的风险。你可能会在短时间内发财，也可能会失去一切。

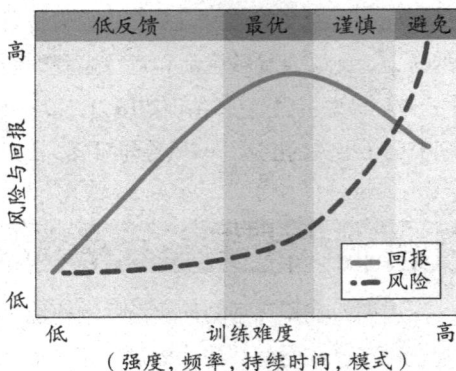

图10.1　风险–回报曲线

这和训练基本上是一样的：低风险等于低回报，高风险等于高回报。就像投资股市一样，训练也有可能导致两种不同的结果。关键就是找到一个平衡点。很明显，从汤姆身体状态崩盘可以看出，他没有找到正确的平衡方式。

提示

低风险等于低回报，而高风险也等于高回报。

因"过度投资"高风险训练而不断状态崩盘的运动员，不太可能完全发掘潜能，他们过于频繁地因为高风险的训练而导致状态崩盘。而在曲线的另一端，那些少数只做低风险训练（如低强度短时训练）的铁人三项运动员也永远无法接近于他们的能力极限，因为他们的训练还不够艰苦。所以说，你必须冒一些风险才能成功地达到最高水准。然而，想要成功，你还需要尽量控制这些风险。

那么什么是有风险的训练呢？首先，跑步是铁人三项中风险最大的运动项目，主要是因为当脚"撞击"地面时会对关节造成很大的压力。专业的跑者中，没有长期伤病史的人非常少。在柔软而稳固的路面跑步，如小径、草地和土路，可以减少一些跑步的风险。

"反常"肌肉收缩也会增加跑步的风险，在这种收缩中，当你试图缩短肌肉时，它会变长。我知道这是违反直觉的，你可以设想一个手臂反向弯曲的场景，慢慢地放下一个重物，肌肉需要伸展才能让你的手臂向下，但你也要维持肌肉的长度来控制它的动作。而你的小腿和四头肌在跑步中每迈一步都会经历这种收缩。这就是为什么你的四头肌在跑完马拉松后会如此酸痛，本质上是因为肌肉被扯坏了。

另一方面，骑行和游泳主要依靠的是肌肉在收缩时变短的"向心"收缩。想象一下，你的手臂弯曲将重物从臀部举到肩膀高。这种类型的肌肉收缩风险是很低的。

但这并不意味着你不应该跑步，只是说在跑步训练的剂量和密度上必须更为保守。

对于大多数铁人三项运动员来说，游泳是风险最低的运动。虽然游泳运动员确实也有过度劳损的伤病发生（主要是肩部），但与跑步运动员相比，这种问题的发生率较低。糟糕的技术、使用划水掌和阻力装置都会增加风险。同样的，这并不意味着你不应该做这样的训练，只是在训练时你必须小心谨慎。

骑行也是一样，在自行车运动中，膝盖是最容易因运动过度而受伤的部位。而风险增加的最为重要的因素就是糟糕的自行车设定。最常见的高危自行车设定可能就是车座太低或者过于向前。自行车运动的另一个风险是高齿比踩踏，特别是当你在爬坡时保持坐踩姿势的情况下。不合适的齿比（即齿比不够低）通常与膝关节疼痛、损失训练时间息息相关。但是，这也并不是说你永远不能使用高齿比、低踏频来骑行，有些时候这是一种有效的训练策略。只是，在对待这样的训练时请更加保守，要控制住风险。

第13章中讨论的爆发力训练是一种有风险但有潜在回报的活动形式。蛙跳、单足跳和纵跳练习有助于增强肌肉力量。爆发力训练中风险最大的是向下跳结束时的着陆过程，如跳过一个物体或从一个高的平台上跳下来。而从地板上跳起来落在齐膝高的箱子上，风险要低得多，但回报也低得多。

同理，在提高肌肉力量方面，高负荷、低重复的力量训练（第13章）也是有风险；但同样，如果做得正确，它是有潜在回报的。其他有可能获得丰厚回报的高风险活动包括：比平时快得多的高速冲刺，任何类型的爬坡训练，以及在身体素质还没准备就绪之前进行的赛季之初的比赛。

请注意，我并不是说永远不要做高风险、高回报的训练。成功的关键是从低风险（低剂量和低密度）开始，逐渐在后面相当长的时间里缓慢地增加训练剂量和密度。例如，在你刚开始爆发力训练时，先向上跳到平台上，或者做像跳绳这样的低高度纵跳，要有耐心。你必须让自己的身体慢慢地、逐渐地适应。你越是试图强迫你的身体适应，受伤的风险就会越大。

提示

从低剂量和低密度的练习开始，缓慢增加剂量和密度。

对风险和回报的讨论打开了汤姆的眼界。他学到了重要的一课，明白了为了在控制住风险的同时仍能获得训练回报，保守一点是多么重要。而他此前一直在做相反的事情——试图尽可能多地安排训练，结果导致他的训练没有很好的连续性。这次讨论也帮助我更充分地了解了他的运动能力，明白了是什么因素导致他经常生病和受伤，以及风险太大时他出现过的典型的早期症状。通过这些讨论和这几天我们一起完成的所有事情，我们决定遵循一个线性的周期化训练计划，并以9天为一个训练"周"（详见第8章和第9章）。这样做可以让他慢慢地增强身体素质，同时降低身体状态崩盘的风险。

汤姆为自己制造的另一个挑战是，他没有足够的时间来达到取得世锦赛资格所必需的身体素质水平。因为他已经报名了赛季之初的一场大铁距离的铁人三项比赛，离比赛日只有4个月的时间了。因此，我们决定仅以积累经验为目标参加这一场比赛，同时也报名了下个赛季之初的另一场世锦赛资格赛。这样的计划让他能够以适当的密度进行训练，避免身体状态崩盘。最终计划奏效了，他在第2场比赛中成功实现了自己的目标，拿到了世锦赛的资格。

过度训练与激进训练

绝大多数铁人三项运动员都以为过度训练是件无关紧要的事情。仅经历了几天的艰苦训练后，他们就觉得自己训练过度了，其实他们的意思只是感到疲劳而已，绝大多数人都会对这种情况有些迷糊。这没什么，因为至今为止，运动科学家对它也有些迷糊。过度训练实在很难定义，因为它的症状是个不断变化的靶标，几乎没有哪两个运动员可以以相同的标准来判断。

过度训练实际上是一种严重的疾病。其实绝大多数的运动员都从来没有过度训练的经历，尽管大多数人认为他们已经体会过了。因为要想真正达到过度训练的状态，一个人必须在忽略健康恶化和极度疲劳的压倒性迹象和症状的同时，还极为积极地继续训练。如果你真的过度训练了，仅是早上从床上爬起来就称得上是一项了不起的成就了。

> 🔍 **提示**
>
> 过度训练是一种严重的疾病。

弄明白身体素质和健康不是一回事非常重要。一个人有可能身体素质非常好，至少相对于一般人群来说身体素质非常好，但他却并不健康。事实上，对身体素质的追求很容易导致健康状况不好。我曾见过一些运动员过度训练的情况非常严重，以至于经常患低等疾病，但不知怎么回事他们仍然坚持不下火线。我认识一位职业铁人三项运动员，他的职业生涯就是因为在训练中走了极端而大为缩短。虽然后来他花了几个星期的时间从症状中恢复了，然后又参加了两年的比赛，但是他再也没能回到以前的状态，最终被迫退役。

因此，对过度训练是不能掉以轻心的。对于一个认真练习铁人三项的运动员来说，过度训练是可能会发生的最糟糕的事情之一。然而矛盾的是，为了达到高水平的身体素质，你必须一直与之纠缠，这是必须要冒的风险。因此，关键是要知道如何在获得回报的同时避免身体状态崩盘。与过度训练纠缠的过程称为激进训练，这正是高水准训练的核心。你怎么才能突破性地训练而不会过度训练呢？下面就让我们来探索这个问题的答案。

过度训练

过度训练的症状很多，几乎没有症状完全相同的两个运动员。这使精确定义过度训练的症状非常困难。生理学上，它仅有的普遍症状是表现不佳和疲劳。但即使运动员没有过度训练，表现不佳和疲劳也会发生，这就让过度训练的情形更加难以界定。

相对而言，疲劳可能是更好的指标。每个运动员都会疲劳，因为生理压力是提高身体素质所必需的。这种激进训练的过程对于任何训练计划来说，都是必要的组成部分。当运动员忽视激进训练所带来的疲劳，同时继续高压力的训练并且休息和恢复不足时，过度训练的可能性就会大大增加。

提示

每个运动员都会疲劳，因为生理压力是提高身体素质所必需的。

对于年轻运动员来说，多个星期全情投入、精疲力竭的训练才会导致过度训练。而对于新手和年龄较大的运动员来说，不到3周可能就已经达到过度训练的程度了。

运动员可以休息或轻松地训练几天，这样很容易消除因激进训练而累积的疲劳，在那之后就可以重返高压力训练了。但是一旦过度训练综合征控制了身体，疲劳就不会那么容易消失了。运动员会变得无精打采、脾气暴躁、缺乏动力。这些常见的心理症状往往最容易被伴侣和亲密的朋友所发现，但也会有其他迹象表明出了问题。

表10.1所示列出了过度训练的常见症状。请注意，并非所有这些症状都会出现。事实上，一个过度训练的运动员可能只意识到其中的几个而已。同时也要注意，有些症状是相互矛盾的，比如"比平时更饿"和"食欲不振"，这是由于症状是从早期到晚期不断发展的。许多常见的症状也可能在慢性疲劳综合征、莱姆病或者早期传染性单核细胞增多症等其他疾病中出现。事实上，如果运动员在出现表10.1中所列的任何其他症状的同时，也出现了严重且持久的疲劳，那么他就需要去看医生了，需要好好检查一下这些症状和其他类似的病症。最常见的诊断过度训练的方法，就是排除会出现类似症状的其他疾病。

训练过多的情况在铁人三项运动员中太常见了，这很可能会导致过度训练。为了防止过度训练的发生，必须保证频繁且持续多日的恢复时间。恢复的频率和时间具体应该如何安排是个比较个性化的问题，只能通过反复试错来确定。我们将在下一章中进一步讨论这个问题。

表10.1 过度训练的常见症状分类

分类	常见症状
身体	静息心率比平时高或低
	体重下降
	比平时更容易饿
	食欲不振
	嗜睡
	睡眠不好、失眠
	慢性疲劳
	肌肉酸痛
	肌肉和关节损伤
	小伤口愈合缓慢
	月经周期紊乱
运动表现	在艰苦的训练中运动表现明显变差
	在给定心率下，骑行功率变低
	在同等努力程度下，游泳和跑步的速度变慢
	无法完成训练
	肌肉力量下降
	协调性受损
	技巧退化
心理	喜怒无常、脾气暴躁、情绪化
	冷淡，兴趣缺乏
	训练积极性低
	注意力不集中
	自尊降低
	十分严重的比赛焦虑
	竞争力丧失
	抑郁
生理	乳酸峰值低
	高功率或高速度训练时心率低
	低强度到中等强度训练时心率高
	给定功率或给定速度下，自我感知费力程度更高
	心率可变性较低
	次极量运动练习时耗氧量增加
	极量运动练习能力降低
免疫	感冒、流感和过敏的易感性增加
	淋巴腺肿大
	细菌感染
	白细胞分化异常
生物化学	肌肉糖原浓度降低
	血清皮质醇含量升高
	血清铁蛋白含量降低
	骨密度下降

激进训练

正如前面提到的，为了达到尽可能高的身体素质水平，运动员与过度训练（激进训练）纠缠是有必要的。激进训练和过度训练之间的差别微乎其微，经过几天到几周的认真训练后，疲劳是肯定会有的。如果在疲劳状态下的训练持续的时间足够长，你就可能会过度训练。这两种训练的区别在于休息和恢复。如果是激进训练，几天的休息会让你的身体恢复活力。然而如果你过度训练了，短期的休息并没有什么帮助，即使换成轻松的训练，甚至停训几天，也消除不了疲劳和其他症状。

从本质上说，激进训练就是精心管控下的过度训练。当你进行高负荷的训练时，持续关注自己的身体和心理对压力的反应是很有必要的。你要问自己一个最为重要的问题：我今天感觉如何？如果连续几天你的答案都是感到疲劳，那么你就需要休息和恢复了。

激进训练要通过仔细平衡压力和休息来实现，这就是为什么我要在这本书中强调周期化。周期化的训练计划将一些紧张的高强度训练日与一些轻松的休息和恢复日交替安排。第4部分所制订的计划应该包括短暂的休息-恢复期（我们将在第11章中讨论这个话题），通常每3～4周安排一次，同时还包括A级（头等重要）赛事结束后的那些休息-恢复日，以及在赛季结束后较长的休息-恢复期。在认真的训练中融入这些休整的目的，就是确保你不会进入过度训练的状态。如果你的训练真的足够艰苦，那这些休整一定需要适时地出现。

提示

激进训练就是精心管控下的过度训练。
如果你过度训练了，那么短期的休息并不会有什么帮助。

表10.2所示显示了从健康且运动表现提高的激进训练，到不健康且运动表现下降的过度训练的一个常见的发展过程。

说到过度训练，有些你可能会进行的训练肯定是有风险的。在第9章中我描述了一种叫作崩溃训练的训练方法。为了唤起你的记忆我再解释一下，崩溃训练指的是你在休整前进行的持续多日的艰苦训练。这样做的回报可能是巨大的，但是每个赛季中这种训练应该只在相隔甚远的几周里进行。虽然崩溃训练可以迅速提升身体素质，但是也有可能会以过度训练而告终，以致毁了你的整个赛季，这是风险和回报博弈的一个完美例子。为了避免这种危险的方法所导致的过度训练，你必须学会密切关注自己的疲劳程度和训练表现，一旦它们超出了经验告诉你的正常范围，就到了该停下休息的时候了。

发展过程	发展阶段	常见症状/表现
1	适度激进训练	高感知度的疲劳 最微小的运动表现改变 24~36小时的休息恢复训练 休息后运动表现有所提升
2	有效激进训练	非常高感知度的疲劳 运动表现可能下滑 需要多日休息才能恢复训练 休息后运动表现有所提升
3	无效激进训练	非常高感知度的疲劳 运动表现明显下滑 需要多日休息才能恢复训练 休息后运动表现没有提升
4	过度训练综合征	非常强烈地感知到疲劳 运动表现长期疲软 需要超过1个月的休息才能恢复训练并摆脱疲劳 恢复后运动表现大幅下滑 有竞争力的赛季宣告结束

受伤与生病

除了表10.1中详述的过度训练综合征之外，其他常见的训练中断多是由受伤和生病造成的。当你受伤或生病时，最好停止训练，这个决定很是严肃的。受伤可能只会影响到一项运动的训练，在这种情况下，你可以训练另外两项运动，只要不会使受伤部位的损伤加重就好。同样，如果你得了感冒，但它的影响范围只有脖子以上，如流鼻涕，而且没有发烧，那么是可以进行低强度运动的。无论是哪种情况，都要密切关注自己的身体状况，并做好进一步减少训练的准备。

知道什么时候该停止剧烈运动对避免身体状态崩盘来说也很重要。作为一名教练，当我参与运动员的高强度训练（如会让运动员逼近自身极限的间歇训练）时，我的职责之一就是仔细观察运动员如何应对压力。除了鼓励运动员和提供反馈，如果我觉得他们受伤或免疫系统受损的风险太大，也会在训练尚未完成时中止训练。通常，我可以判断出运动员何时达到了自身的极限，何时风险太高。状态下降、感知评级太高、运动表现受损这些问题在训练期间非常难以恢复，一旦出现了上述的任何迹象，就该停止训练了。

提示

知道什么时候该停止剧烈运动对于避免身体状态崩盘来说非常关键。

如果没有教练能帮你做这些，你就需要自己做这些决定了。以下是我的建议：在间歇训练时，如果你觉得自己只能再做一次艰苦的练习，那就停止训练，去做冷身，不要去做那最后的一次练习。同样的道理也适用于艰苦的稳态训练的最后几分钟，以及长时程训练的最后10%。这些都是你遇到困难，应该考虑停止训练的危险时刻。这时候受伤和疾病可能会悄悄降临到你身上。当你的身体素质水平很高的时候要特别小心，比如在A级（头等重要）赛事之前的最后几周。

有些运动员在停止训练上面临的最大挑战之一，就是贪心——他们想要在当下就得到所有可能得到的身体素质提升。但是，要想成为一名高水平的耐力运动员，你需要有耐心，耐心才是持续训练的关键。贪心的运动员在一个赛季中由于伤病的反复发作所损失的身体素质可能比他们积累的还要多。而耐心会让你的身体充分适应环境，变得更强壮。不管比赛多么迫在眉睫，你的身体都不会按照人为的时间表去运转，身体素质的提升需要时间。

提示

想成为一名高水平的耐力运动员，你必须要有耐心。

贪心的训练会让你身体所承受的压力远远超出目前的生理极限，唯一能让你停下来的就是出现过度训练的状况、生病或受伤，这些都是贪心、缺乏耐心的常见表现。

小结

运动员为了达到高水平的身体素质去努力平衡压力和休息，这和养花很像。土壤中有足够的养分和水，植物才会生长开花。但这些好的东西太多了，植物也会枯萎，无法发挥它的潜能。利用训练压力来提高身体素质也遵循着同样的规律。压力过多，人的身体状态就会崩盘。

如何在训练中让压力恰到好处，很大程度上取决于你的经验。没有一个万能的公式能帮你算出合适的训练时间、频率或者训练强度。你需要一点一点地去确定属于自己的公式。这听起来可能有点迷糊，但如果你某一次的训练或者是在间隔很短的时间内训练量太大，你自己是可以感觉得到的。最常见的一个症状就是你需要超过36个小时才能恢复。如果你在运动48小时后仍然感到疲劳，就可以推测是自己的训练过于艰苦了。在这种情况下，疲劳意味着你无法再次进行这项训练或其他具有挑战性的训练。这时你已经达到了第2阶段，有效激进训练（表10.2）。当然，随着时间的推移和耐心的训练，你的身体素质会逐渐增强，原本过于艰苦的第2阶段的训练，将会变成适度的第1阶段的训练。

有时经验丰富的铁人三项运动员可能会决定冒险进行一次或者快速连续地进行几次第

2阶段的训练，就像在"崩溃"周中那样。如果要这样做的话，运动员必须仔细评估风险，并密切关注疲劳状况。这种时候，想要避免受伤、生病和过度训练，就需要适可而止。如果你把自己的身体逼得太狠了，哪怕只有几天，也可能会导致整个赛季功亏一篑。耐心总是必要的，尤其是在这种有风险的训练中。

另一方面，如果你在基础期或建设期训练了2～3周后还没有感觉到累，那就说明你训练的艰苦程度不够。你所冒的风险太小，将得不到回报。如第3章所述，身体素质和疲劳是同升同降的。如果永远不疲劳，那么身体素质也永远不能提高。如果你想身体素质变得更好，那就必须经常感到累才行。所以说疲劳是件好事，而不是要完全避免的事情，这里唯一需要注意的问题是疲劳会持续多久。

明智地利用自己的疲劳，不要把时间浪费在不适合你个人需要的训练上。对于铁人三项运动员来说，最常见的"垃圾"训练就是团体自行车训练。这种训练通常会变成你可能熟悉的那种类似于地区标准赛和巡回赛的公路自行车赛。但是公路自行车赛和铁人三项的自行车赛段是完全不同的，公路自行车赛最后往往是以远超过无氧阈值的最大限度的努力去拼，公路车手们称之为"烧火柴"。而铁人三项赛的自行车赛段则完全不同，它的成功需要非常稳定的、低于无氧阈值的努力——而不是去"大把地烧火柴"。虽然团体的自行车训练可能是有趣的，但是经常和公路车手们一起进行艰苦的团队骑行会大大增加你身体状态崩盘的风险，同时对于成为更好的铁人三项运动员来说帮助很小。因此，请记住高水准训练最基本的准则——离比赛越近，你的训练内容就应该越接近于比赛。

这一章只讨论了你在训练中应该做的事情的一半，也就是公式中强调的压力部分。现在是时候讨论另一半了：休息。

休息与恢复

在第10章中，你已经清楚了当训练变得不平衡、压力太大而休息太少时，会发生什么——受伤、生病和过度训练，这些就是在你陷入训练压力无法自拔的时候经常会出现的、吞噬你身体素质的"怪物"。如果你在准备比赛的过程中不断越过健康与适度的红线，这些麻烦就很有可能会找上门来。而当这种情况发生的时候，就意味着身体素质下降、运动表现下滑，百害而无一利。想要避免这种可怕的身体状态崩盘的状况发生，你要做的就是适时地休息和恢复。

从更加积极的方面来说，休息和恢复能够促进身体素质的提升。身体素质不是在训练过程中提升的，艰苦的训练只是为身体素质的提升创造了可能性。艰苦训练之后紧接着的那几个小时的休息和恢复，才是你的身体在适应压力、变得更强的时机。而具体需要多少个小时来恢复，则取决于训练的压力水平。如果它只是比你身体已经习惯的难度稍微难了一点，那么你可以在48小时内进行下一项有压力的训练。如果这次训练比你目前的适应水平要困难得多，则需要更长时间的休息和恢复。但是你不应该经常做这样困难的训练，这对你身体的消耗过大，也会在你的日常训练中占用过多的恢复时间。

休息和恢复这两个词在本书中经常用到。对于训练来说，它们具体指的是什么呢？休息，指的是不做运动的一段时间，是停训期，是完全不安排训练的一天，没有任何训练。而在恢复时，你会做某些特定的事情来加快身体的适应过程，比如轻松的训练。正如你将在本章后面读到的，轻度的运动实际上会促进一些运动员的适应。

你之前可能看到过用来表达类似概念的其他术语，即被动恢复和主动恢复。被动恢复，是"休息"的另一种表达方式，也就是不进行训练。而主动恢复，说的是进行远低于你运动能力、不会对身体造成压力的轻松训练。

避免生病、受伤和过度训练最好的方法是：密切地监测自身的疲劳状况，在艰苦的训练之后，去做能够促进恢复的任何事情，同时在必要时及时休息。在这一章中，我们将更加详细地研究这些问题，从而让你的训练能够一直朝着自己的比赛目标稳步迈进。要想在铁人三项比赛中取得成功，休息和恢复跟艰苦的训练同样重要。如果只做好了其中的一件事而没有做好另一件，你的潜能就会大大受到限制，无法充分发挥。

晨间预警

你怎么能够知道自己训练得太过度了呢？在第10章中我提到，为了获得身体素质的提升，你必须在训练中有足够的压力，但如果你持续地保持这样的节奏，就会过度训练。因此你必须在过度训练出现之前停止艰苦训练，好好休整一下。但是你怎么才能知道什么时候该休整了呢？毕竟生活中除了游泳、骑行和跑步之外的其他事情也会增加你所承受的压力，它们可能与你的事业、家庭、经济状况或生活中其他重要的方面有关，与单纯只有训练压力相比，这些压力会导致你的身体状态更早崩盘。那么，到底有没有什么确切的方法能知道一个人的身体状态是否已经达到了极限，需要休整呢？

答案很简单，并没有。没有什么方法能完全肯定地告诉你，你已经"超过了自己的极限"。只有一些能够告诉你情况不太正常的微弱指标，我称它们为晨间预警，因为每天刚刚醒来的时候这些指标最为显著。在每天早晨例行监测其中的一些指标，将会为你的恢复情况提供有力的反馈。有时，你可能会从中发觉情况不大对了，而你发现不对是因为有几个预警信号同时击中了你。当然，即使训练进展顺利，也可能会出现单个预警信号的异常，但这时你肯定还没到接近身体状态崩盘的边缘。而当多个预警信号同时出现时，就表明你需要休息和恢复了。

表11.1所示列出了几种常见的晨间预警，你可以选择其中的一些指标进行日常监控。随着时间的推移，你就能够确定哪些是自己最佳的预警指标。每天早上醒来时，请好好地留意这些指标。

表11.1 常见的压力晨间预警指标

指标	预警信号
睡眠	睡眠质量差和/或时间不足
总体感觉	非常疲劳，非常紧张
情绪	脾气异常暴躁，情绪不佳
食欲	下降
肌肉、关节	痛
训练积极性	低
晨间脉搏	高
平卧和站立心率相比较	差异增大
心率变异性	低

这些症状的出现表明你的压力水平可能过高，需要休息和恢复。

如前所述，任何一个单独的预警指标可能都不是安排一个休息或恢复日的充分条件，除非情况非常极端。而如果你醒来时发现有两个或两个以上的指标响起了警报，那就足以让你下定决心放松一天了。只有经验才会告诉你哪些指标最适合自己，以及什么程度的预警需要你去减少训练。就像训练中的其他事情一样，关于休息和恢复的预警指标是高度个性化的。

提示

如果你醒来时发现有两个或两个以上的指标响起了警报，那就足以让你下定决心放松一天了。

快速恢复

你能做些什么来避免这些晨间预警信号的异常呢？与其等待多个警报出现然后停训一天，不如防患于未然，完全避免这些警报的出现，或者至少降低警报的级别。事实上，对于认真练习的铁人三项运动员来说，日常生活中的恢复比训练更为重要。你每天可能投入2 ~ 3个小时在训练上，而剩下的时间都应该集中在恢复上。如果现在你不是这样做的，那么你的训练还有很大的提升空间。如果你能将一天中的大部分时间都集中在训练后的快速恢复上，你就可以达到更高的水平。

当你处于一天中训练以外的时段，如上班、与家人朋友相处或做其他任何事情时，你必须在头脑中把恢复放在最重要的位置。这应该是你的第二天性，很有可能你已经在这样做了。如果你还没有这样做，那么你就需要去有意识地投身于恢复中，直到你的生活方式达到严格的铁人三项运动员的进阶水准。这将会加快你的恢复过程，使训练的挑战性可以更上一层楼。你的身体素质会随之提高，最终也会达到更好的竞赛表现。

因此认真训练的运动员之间流行着一句老话：能靠着就别站着，能坐着就别靠着，能躺着就别坐着。而一个认真练习铁人三项的运动员日常就会遵循这个规则，通过这些点滴小事来加强恢复，这是把恢复放在脑海中首要位置的一个非常好的例子。除了遵循这些规则之外，还有许多方法有助于恢复。当你阅读下面的例子时，请认真想一想，怎样才能让它们融入你的日常生活当中。

提示

认真训练的运动员之间流行着一句老话：能靠着就别站着，能坐着就别靠着，能躺着就别坐着。

睡眠

你已经拥有了世界上最好的恢复装备——你的床，实在没有什么是比床更好的了。因为睡眠就是用来恢复活力和重建肌肉、骨骼及免疫系统的。

睡眠是我们从训练压力中恢复的主要方法。睡眠对运动员的成功来说至关重要，然而有些运动员却为了能在日常生活中安排更多事务，故意缩短睡眠时间。例如很常见的，有的人为了在上班前有时间训练，熬夜看电视之后设一个第2天早起的闹钟。如果这说的就是你，那么你肯定没有得到足够的睡眠——或者说是足够的恢复。你可以选择一种更好的方式——早些上床睡觉并睡到自然醒，这无疑会提升你的训练质量和运动表现。这一改变也会在其他方面改善你的生活，如让你更加健康、拥有更加积极的生活态度等。所以说，睡眠就是你最强大的恢复工具。

提示

早些上床睡觉并睡到自然醒，会提升你的训练质量和运动表现。

睡眠对身体恢复非常有效，因为在睡眠期间，身体会释放出合成激素（用于身体组织的构建）以修复受损的肌肉、恢复免疫系统、重建骨骼、治愈小伤、更新能量储备等。如果你的睡眠被人为地缩短了，那么你很有可能放弃了每天最重要的一部分恢复手段。而且，想在周末的时候"补觉"是行不通的，因为身体不是这样运作的。当你每天都能满足自己的修复需求时，效果最好。无论对于铁人三项运动员还是一个健康的个体来讲，长时间地缩短自然睡眠周期都会产生长期的负面影响。

即使你晚上的睡眠充足，为了在比赛中更快，你能做的最重要的一件事仍是尽量在任何可能的时候多睡觉。这就是职业铁人三项运动员经常在白天小睡的原因，他们很清楚打盹的好处。不过你可能没有办法在白天安排小睡，那么晚上的睡眠就变得更加重要了。

你可以做如下的几件事来最大化睡眠时间，我想你已经对其中最常见的一些习惯非常熟悉了：下午接近傍晚时不喝咖啡；临睡前不训练；上床之前保持平静的心情和安静的环境；坚持有规律的作息时间；在黑暗凉爽的房间里睡觉……诸如此类。

有些运动员晚上会服用褪黑素补充剂来促进睡意，但我不建议这样做。当你长期使用某种补充剂来促进某些功能的变化时，你的身体通常会减少甚至停止这一化学物质的自然合成来作为回应。

你的晚饭什么时候吃、吃了什么也会影响你的睡眠模式。首先，晚上要少喝酒，因为它会有一种反弹效应，你会在夜里晚些时候、原本应该熟睡的时间醒来。太晚的晚餐或睡前零食也会降低睡眠质量，所以你最好不要在睡觉前吃东西。当然，你吃什么和什么时候吃同样重要。北达科他大学的一项研究显示，睡前吃高蛋白食物的受试者睡眠被打断的次数最少，而高碳水化合物的一餐则会让人睡得最不安稳。

事实上，对于有效的恢复过程来说，食物的重要性仅次于睡眠。所以下面，我们就来探讨蛋白质饮食和运动表现这一话题。

食物

食物中的营养素提供了身体在艰苦训练后恢复活力时所使用的基本重建单元。几乎所有的身体重建都是在睡眠时进行的，而你所摄入的食物质量对恢复至关重要。俗话说"人如其食"，确实很有道理。如果你把摄入能量的额度都浪费在了吃那些低营养的"垃圾食品"上，那么我们的身体就很难去修复受损的肌肉、恢复免疫系统、重组骨骼以及治愈创伤。当你还是个孩子的时候，你可能吃了很多垃圾食品也没什么影响，但是如果成年人也这样吃的话，健康状况的下滑会愈发明显。

高压力训练提升了我们对高质量食物的需求。而且，你不能够通过服用维生素和补充剂来弥补糟糕的饮食，不管那些维生素和补充剂号称有多么"科学"，在满足人类的营养需求方面，科学仍然落后于真正的食物数百万年之久。

你所吃的食物必须包含蛋白质、碳水化合物和脂肪这些宏量营养素，以及维生素、矿物质和化学物质这些微量营养素。你所吃食物的丰富程度决定了你在高强度训练后能够多快、多充分地恢复体力。虽然垃圾食品也会提供宏量营养素，但它们几乎完全不能提供那些微量营养素。这是因为它们在制作过程当中经过了高度加工，而高度加工会破坏食物中的微量营养素。在放到你的盘子里之前，食物越接近自然状态、加工得越少，对你的健康和恢复就越有利。

依赖那些经过加工的粉末、能量棒或药丸药片形式的运动产品也不利于恢复过程。就像垃圾食品一样，你可以从其中获得宏量营养素，但是由于制作过程中的所有加工环节，使得微量营养素的含量并不能满足需求。即使营养科学家试图将微量营养素重新添加到产品中，但还是和大自然母亲的方式有所区别，效果也不如自然的好。而且那些包装里的产品不会因为有科学家参与设计，就比真正的食物更好，完全不会。

我们会去吃粉末、能量棒、能量胶和其他一些营销给运动员的产品的唯一理由是——它们吃起来方便。例如，某个星期六的早上，在艰苦的游泳训练之后、开始长途骑行之前，在开车回家的路上吃一根运动能量棒是非常方便的。这根能量棒里面有能帮你扛住当天第2阶段训练的宏量营养素。但即便如此，还是有其他选择的。例如在车里放一盒葡萄干或切好的水果也是很方便的，这会便宜得多，而且微量营养素的含量也更高。所以说，你总可以有别的选择。

为了保证营养密度，运动员最好自己去杂货店采购食材并亲自准备食物。那些加工过的食品，即销售给运动员的粉末食品和能量棒，并不能包含新鲜食物中的全部营养。更加接近原始状态的天然食物更便宜，也更能帮助你充分地恢复。水果、蔬菜、动物制品、浆果、坚果和种子类的食物对于实现你的训练目标和保持身体健康来说最为有效。

训练后立即吃下营养丰富的天然食物和你在日常用餐时摄入它们同样重要。这是大多数运动员都能做到的、能促进恢复和使你更加健康的一件很简单的事情。不要把钱浪费在高度加工的食品上，即使这些食品是面向运动员销售的。请忽略掉那些"有多少职业铁人三项运动员在吃加工食品"的说法，这些运动员不是为了提高运动表现，而是为了赞助才吃的！

在你的饮食中找到正确的平衡是一件很有挑战性的事情。铁人三项运动员往往会在饮食中摄入大量的碳水化合物，甚至可能过量。尤其是糖，它是大多数能量胶、能量棒和饮料中最主要的成分之一。但我发现，很多运动员没有摄入足够的蛋白质和脂肪。自20世纪70年代以来，脂肪在西方社会一直备受诋毁，导致许多注重健康的运动员无时无刻不在躲避脂肪。但其实这是不对的，脂肪对健康来讲是必要的，应该包含在你的膳食中。事实上，许多超级耐力运动员发现，高脂肪的饮食可以提高他们的竞技表现。他们"撞墙（bonk）"的可能性降低了，因为他们主要以脂肪作为燃料。即使是最瘦的铁人三项运动员，理论上也应有足够的脂肪储备来维持持续多日的铁人三项比赛。而且，由于有充分脂肪的运动员在比赛过程中所需要的食物量比较少，他们出现胃部不适的可能性也大大降低。这在长距离铁人三项等比赛中尤其有利。

但是如果你也属于现在的耐力运动员非常普遍存在的情况，即日常摄入的是高碳水化合物的膳食，那么你需要在高压力的训练后立即吃一些富含碳水化合物的食物，比如在一个训练时间明显比你平时更长或强度明显更大的训练之后。该摄入多少碳水化合物有点像猜谜游戏，取决于训练有多难、你的块头有多大、你的上一餐是什么时候吃的、当时吃了什么，以及训练期间吃喝了什么、吃喝了多少等。

你的经验在决定一天的训练结束后的饮食上起着重要作用。研究表明，升糖指数高的食物，也就是其中的糖会迅速释放到你的血液中的食物，对高碳水化合物型的运动员来说，在一段充满挑战的训练后用于恢复糖原水平是最有效的。对于这类运动员，恢复食物的来源可以是水果（特别是香蕉和葡萄干）、果汁、土豆、谷物和意大利面。

研究表明，艰苦训练后每小时摄入每千克体重1 ~ 1.85克的碳水化合物是适量的。对于一个体重约54.4千克的运动员来说，这相当于每小时摄入56.7 ~ 102克的碳水化合物。

一个体重68千克的铁人三项运动员每小时需要摄入68 ～ 127.6克的碳水化合物。而一个77.1千克重的运动员则每小时需要76.5 ～ 144.6克。这些数值对应的食物量大概有多少呢？给你一个直观的概念：一个中等大小的香蕉含有大约28.3克的碳水化合物，一杯橙汁也可提供大约28.3克的碳水化合物。在果昔中把它们混合在一起，你就得到了一份天然的食物。这份56.6克的碳水化合物冰沙的成本远远低于经过高度加工的恢复用的粉状食品。

你可以从训练刚刚结束就开始喝这样的饮料，然后在训练后5个小时内每小时喝1次。然而在现实中，你其实不必这么精确地划分食用时间。你具体需要吃多少、吃多长时间是一个有太多变量的指标，以至于想要做到如此细致是不可能的。因此，请密切关注自己在训练后的恢复情况以及你在恢复过程中吃了什么，确定一个适合恢复过程的碳水化合物摄入量，以便在今后类似的训练中使用。把这些都写在你的训练日记里，帮助自己在未来做出正确的决定。

不过，如果你是一个坚持低碳水化合物、高脂肪饮食的运动员，运动后的食物摄入对你来说并不像对高碳水化合物饮食者那么重要。你消耗了很多的脂肪来供给训练所需的能量，同时又节省了糖原的供应，所以训练后你不需要特别努力地去补充脂肪。只要以你平时的食物来满足饥饿的需求，脂肪的补充自然就会完成。

蛋白质在你的健康和恢复过程中也扮演着重要的角色。有相当多的证据表明，在高压力的训练（如间歇训练或大负重的举重训练）结束后，摄入一些蛋白质对恢复活力和增强肌肉很有助益。很多关于蛋白质在恢复过程中所起作用的研究都要求受试者在一次高强度的训练后，每3 ～ 4小时摄入10 ～ 30克的蛋白质。当然你也会在吃饭时摄取一部分蛋白质。但是为什么不在训练后立即吃富含蛋白质的食物呢？一大个煮鸡蛋大约含有7克蛋白质。一杯237毫升的牛奶也含有大约7克的蛋白质。在食物中加入3汤勺的花生酱（约45克），你可以获取14克的蛋白质。而85克的干酪则含有21克的蛋白质。和碳水化合物一样，在艰苦训练后具体需要摄入多少蛋白质取决于训练时间、训练强度以及你的体型大小。

提示

在高压力的训练结束后摄入一些蛋白质，对恢复活力和增强肌肉很有助益。

另一项研究发现，在晚上临睡前摄入一定量的蛋白质，也能提升身体在一天艰苦训练后的恢复效率以及身体修复受损肌肉的能力。正如我们在前面提到的那样，在熄灯前补充一点蛋白质甚至还会有利于睡眠。

流质

流质的补充是艰苦训练后恢复的另一个关键因素。如果你没有很好地补充运动过程中因出汗而流失的水分，那么你很可能无法完全恢复。不过与食物相比，流质的补充是相对容易的。你所要做的，就是在训练后的几个小时里稳定地喝流质饮料来解渴。在训练前后称重，然后喝准确数量的流质是完全没有必要的。所有的动物（包括我们人类）都有非常敏感的口渴机制。在一项针对精英运动员的研究中发现，这些运动员在几天时间内仅为了解渴而饮用流质，就成功地补充了流失的水分并保持了体重。因此你也不需要测量和记录喝了多少。你所要做的就是关注自己的感受。如果渴了，就喝；如果不渴，就不喝——就这么简单。从训练中恢复已经足够复杂了，没有必要把它弄得更复杂。

这个简单的解决方案有一个可能的例外，那就是年龄。有研究表明，与年轻人相比，老年人的口渴敏感度是较低的。但是这些研究的对象都不是运动员，有可能高龄的运动员会比非运动员对体液水平的变化更为敏感。但如果你已经60多岁了，那么最好在训练后密切关注饮用流质的情况。你可能需要喝比能解渴的量更多一些的流质，虽然具体多少我也不好说，但我可以告诉你的是，请不要过度饮用流质。因为并没有研究证明超过口渴程度的过量水合作用可以提高运动员的运动表现。如果你在不渴的时候喝了太多的流质，会导致更为严重的问题，最常见的就是低钠血症，血液中储存的钠被稀释会导致运动表现不佳、崩溃，甚至死亡。

那么你应该喝什么流质呢？最好的选择还是简单的水。不过，如果你喝的是基于碳水化合物的饮料，如前面所建议的橙汁-香蕉冰沙，肯定也会有助于成功地补充水分。

以前人们普遍认为咖啡和酒精饮料会导致脱水，这似乎并不正确。有相当多的研究表明，两者对水合作用都有积极的帮助。不过这并不意味着你一定要喝杯咖啡或啤酒来恢复体力，我只是想澄清事实而已。

积极恢复

我在本章前面提到过，进行轻度运动有助于一些运动员加快恢复。在检验这种方法的研究中发现，那些通过轻松运动来快速恢复的人通常是进阶运动员。另一点需要事先声明的是，这种方法看来只在运动员身体素质水平非常优秀的情况下才奏效。这对你来说意味着什么呢？如果你已经在这项运动中经过了3年的严格训练，那么在训练当天的晚些时候做一次轻松的训练、第二天再做一次轻松的训练，这样的恢复方法在你身体素质水平很高的基础期、建设期和巅峰期最为有效。而在赛季之初的准备期，或者在一段时间内没有进行常规训练的情况下，它的效果可能会变差。同样的道理也适用于你因为受伤或生病而没有参加训练、身体状况不佳的情况。如果拿不准该怎么做，那么完全休息是最好的办法。

如果你决定做一个轻松的训练来恢复，那么你需要记住以下事项：用于积极恢复的训练是不会给身体系统带来更大压力的，也就是真正的放松，因此训练时间应该比你平均的训练时间要短，无论是用心率、功率、速度，还是以感知用力程度（见第4章）来衡量，强度都应该在1区。换句话说，这个训练应该很轻松。为了确保这一点，最好避免和其他运动员一起训练，独自游泳或跑步时，你更容易保持轻松。

有些训练类型要比其他训练类型更有利于主动恢复，最好的恢复训练通常是游泳。一次主动恢复的游泳训练是练习技巧的好时机。如果你的腿部在一次艰苦的骑行或跑步训练中拉伤了，那么你需要一个浮板。而在一个相对平坦的场地或室内骑行台上骑行通常是第二好的选择。除非你已经跑步很多年且没有与跑步相关的受伤史，否则我建议你最好不要使用跑步这一主动恢复方式。因为对于大多数铁人三项运动员来说，用跑步来进行快速恢复，施加于骨骼的压力实在太大了。即使你是少数幸运的不容易受伤的人之一，也最好还是在柔软的地面（如草地、灰尘或碎石）上跑，距离尽可能短，强度尽可能低，这样可以把受伤风险控制在一个较低的水平。

其他的恢复辅助方法

你还可以尝试一些其他方法来加速恢复。如冷热水的交替浸泡、听音乐、用泡沫轴放松腿部、按摩、拉伸，这些都是很流行的、拥护者和反对者兼有的恢复方法。研究人员不大认同它们的有效性，且不是所有运动员对这些方法的反应都一样好。无论如何，即使它们对你的恢复有好处，与睡眠和食物相比，好处也是相当小的。不过，你可能会发现其中有些方法对你很奏效，如果是这样，那么在你压力最大的训练结束之后，只要一有时间就请使用它。但是，不管你是否有时间用这种方法进行恢复，请记住，关注你夜间的睡眠模式和饮食才是恢复的关键所在。先确保睡眠和饮食以后再说其他的，不要试图用这些方法中的一种或几种来代替好的营养和好的睡眠，因为营养和睡眠才是恢复的基础。

近期，有两种和压缩相关的恢复辅助方法引起了人们广泛的关注。运动员们对这两种方法推崇备至，但却并不完全理解这些方法以及具体应该怎么去使用。我发现，如果正确使用它们，确实会有助于恢复。所以为了澄清围绕它们的谜团，我在这里对二者进行一个简要的概述。

压缩衣

压缩衣指的是运动员为辅助恢复所穿的长袜、小腿套、大腿套、内裤、紧身衣以及全身套装。除了辅助恢复外，一些压缩衣的支持者还认为，在运动时穿着压缩衣，尤其是长袜，甚至可以提升运动表现。

其实，压缩衣作为医疗装备已经存在了相当长的时间，目的是辅助静脉曲张、深静脉血栓和肺栓塞病人的血液流动。2000年初，一些铁人三项运动员开始在比赛期间及赛后使用它们来提升运动表现和加速恢复。到2000年末，压缩衣就已经成为了比赛中的常客。

它们确实有效吗？真的可以在提升比赛表现的同时加快恢复速度吗？虽然有很多相关的研究，但仍然没有明确的答案。有部分原因是这些研究没有集中在任何一项运动或活动上，而是着眼于包括足球、步行、举重、篮球、网球、爆发式训练等多种运动。

用于研究的压缩衣的类型也有很大差异，不仅是它们所穿部位的差异，还有它们对肌肉施加压力的差异。除此之外，压缩衣还有不同的压缩等级。

所有这些情况都在很大程度上干扰了研究。即使所研究的运动与铁人三项密切相关，如骑行和跑步，其结果也从积极到消极各不相同。在这样的情况下，当类似研究的结果并不相同时，我们就会想到：即使有好处，也可能是相当有限的。与此相一致，我的感觉是：比赛中压缩衣在提升运动表现上的优势微乎其微，甚至可能根本不存在。即使有一些时间上的压缩效果，在转换区穿上一件压缩衣所花费的时间可能都比穿上它之后所节约下来的时间要多。

但是对于恢复，我相信压缩衣是会有一些好处的。大多数研究也证明了这一点。我和许多运动员交谈过，他们在训练和恢复过程中都穿着不同类型的压缩衣。在提升运动表现方面他们意见不一，但多数人都认为，压缩衣有助于加速恢复过程。这有可能是安慰剂效应吗？有可能，但是没关系，归根结底只要对你有效就行了。

因此，在训练结束后的几个小时内使用压缩衣来辅助恢复可能是有益的，这种辅助恢复的方法值得一试。

> **提示**
>
> 在训练结束后立即使用压缩衣来辅助恢复可能是有益的。

气动压缩装置

气动压缩装置基本上就是加强版的压缩衣，用来在压力训练后加快恢复。通常它们适合穿在腿部，覆盖面从脚趾到臀部。这些装置既可以压缩，又能提供类似轻度按摩的服务。此类装置是多个气室组成的，由一个泵从脚趾位置到臀部位置依次充气，然后放气，（理论上）可以帮助身体循环系统去除肌肉中代谢的废物。

这样的装置相当地昂贵，通常在健身俱乐部或者自行车、跑步和铁人三项商店的"康复站"才可以见到这类装置，由顾客付费使用。

它们有作用吗？人们的共识似乎是有作用的。然而，与其他恢复产品一样，它们可能也只是一种安慰剂罢了。对其有效性的研究总体上是正面的。我在使用其中一个不错的品牌的装置时得到的印象是：它们确实是有些帮助的，虽然并不是每个人都这么认为。

计划性恢复

让我们重温一下，本章最重要的一课就是，你的身体是通过休息和恢复来适应艰苦训练的。这一点我再怎么强调也不为过，它是你必须牢记在心的重要知识点。

> 🔍 **提示**
>
> 你的身体是通过休息和恢复来适应艰苦训练的。

休息和恢复的适应性收益有很多。如肌肉力量和耐力会提高，心脏的每搏输出量（每一次跳动的泵血量）会增加。肌肉中那些微小的输送血液的毛细血管床会生长，让你的心脏可以输送更多的氧气和燃料，血容量增加，同时氧气的输送增强。有氧酶的增加有助于你耐力的提升。糖原储备的更新，让你可以承受接下来更为艰苦的训练。这些仅是恢复所带来的部分身体变化，在频繁而有规律的休息和恢复之下，生理上的提升将是巨大的。

因此，最大的错误就是在原定的休息−恢复周继续训练。但是，运动员们经常这样做，因为他们觉得有必要在重要比赛前的最后几周再增强一下身体素质。这是一个巨大的错误。即使你设法避免了身体状态的崩盘，训练的质量也会随着疲劳的累积而下降，最终的结果将是更为糟糕的竞赛表现。

另一个常见的错误是，在本该轻松训练的日子里进行了过于艰苦的训练。例如按照训练计划应该进行1区训练，最后却变成了3区；或者本应是一个短的主动恢复训练，变成了一个很长的训练。一些运动员认为做出这样的调整似乎是件好事，因为提升平均训练负荷可以提高身体素质。虽然这个基本概念是正确的，但你不应该在恢复的时候提升训练难度，哪怕只是稍微困难了一点点都不行。

恢复日一定要很轻松才行。在周期性的休息−恢复周中，让训练保持真正的轻松是非常有必要的。在第7章中，我一步步地向你介绍了制订年度训练计划的过程。其中的一个步骤就是每隔3周或4周就要安排一次休整。这一点在表7.5和表7.6中阐释得非常清晰，其中每个时期的第4周，每小时的训练量或者训练压力得分与同一时期的前几周相比都要大幅下降。这就是计划中的休息−恢复周。

休息−恢复周

休息−恢复周很少真的要持续7天那么长。大多数进阶的铁人三项运动员可以在不到7天的时间里完成恢复，准备好再上征途。通常减量为3～5天就足够了。正是在这些高强度训练中进行了周期性的休整，你才能摆脱掉积累下来的疲劳，从而为下一周期做好充分的准备。

休息-恢复周应该是什么样子呢？如你想像的那样，这是由你的经验水平、目前的身体素质水平，以及前几周的训练强度等因素共同决定的。比如，你可能决定只进行3天的休整，因为前面2～3周的训练并不难。或者你可能真的很疲劳，因此决定休整5天时间。在休息-恢复周中，你可以根据身体的反应来自己做决定。

不管休整的时间有多长，为这一周做计划都要遵循一个模式。表11.2所示展示了为期5天的休息-恢复周可能的样子，据此可以很容易地制订出为期3～4天的休息-恢复周计划。

请注意，在大多数日子里都列出了"可选的第2种训练方案"：如果你在一个正常的"训练周"经常一天进行3场训练，那么在休息和恢复周不要超过一天2场；如果一天2场是你常用的训练方式，那么在休息恢复期间每天只训练1场；而如果你通常每天只进行1场训练，那就在休息和恢复周也保持这样的频率，但也要确保至少完全停训一天。不管你平时的计划怎样，我都建议安排一些只进行1场训练的训练日。那些通常一周训练超过14场的人可能会选择在周一进行轻度训练。但如果你有疑虑的话，就干脆停训好了。其中有一天完全不训练，你可能会恢复得更快。

在第9章中，我提到2～3周的增强期加上休息恢复调整期要持续17～25天，这是因为休息-恢复周很少会持续7天那么长。如果你以3周为周期进行训练，意味着在大约2周的集中艰苦训练之后，开始进行休息和恢复，调整期持续4天，然后下一个周期的认真训练将持续17天（21减去4）。如果你的调整期是5天，那么集中训练的持续时间就是16天。如果你通常以4周为周期进行训练，休息恢复调整期的持续时间是3天，那么你认真训练的总时间就是25天（28减去3）。所有这些意味着，你在不同周期全情投入高质量训练的具体天数，取决于你决定安排的休息-恢复调整期有多长。你可以在休息恢复调整期根据自己具体恢复得怎么样而做决定。

休息和测试

请注意，在表11.2中，一周中的最后两天是用于测试的。这是衡量你进步情况的最佳时机，因为这时你已经休息好准备再上征途了。而测试的数量和类型完全取决于你自己。例如你可以决定对这3项运动都进行测试，这也是表11.2所假设的情况。或者你可以只测试1～2项运动。甚至有时候你会决定根本不去测试，立刻回到认真的训练中去。关于在特定运动中要测试哪些能力，请参阅附录B、C和D中的测试指南。

表11.2

	星期一	星期二	星期三	星期四	星期五	星期六	星期日
目的	休息/恢复	恢复	恢复	恢复	恢复	测试	测试
训练计划	停训一天	游泳	骑行	跑步	游泳	跑步测试	骑行测试
可选的第二训练计划	力量	跑步	游泳	骑行	骑行	游泳测试	无

表11.2 标题：一个典型的为期5天的休息-恢复周

恢复和需求

对于大多数运动员来说，将休息-恢复期作为整体训练计划的一部分是最好的办法，但休整并不一定要事先计划好的。从事这项运动多年的运动员善于在认真的训练中感知什么时候需要休整，他们可以严格地根据自己的经验来安排休整。这就是所谓的按需恢复。当晨间警告显示你已经达到了极限的时候，你就可以认为自己需要休整了。你在任何时候都可以进行这种休整，而且不是非得基于计划好的时间表。

准确地感知这些警告是我们大多数人并不具备的一项技能，因为它需要密切地关注身体所有系统对训练的反应。我们大多数人都太过专注于目标，太过遵循线性的计划，导致很难突然决定是时候该休息和恢复了。如果没有提前留出几天的时间进行常规的休整，那么很有可能不管有多累我们都会继续坚持下去，直到最后生病、受伤或者过度训练。

按需恢复是进行恢复的终极方法，这种方法最适合有教练指导的运动员，因为运动员和教练可以有日常面对面的接触。一名经验丰富的教练仅通过观察和交谈就能判断出运动员何时需要休整。然而，大多数自我指导的运动员对自己的目标都有着情感上的执念，以至于会忽视自己的身体状况，不善于退一步看问题，着眼大局。因此，如果你不擅长于此，也不能和教练密切接触，那么最好的方式就是提前计划好自己的休息-恢复周。

> **提示**
>
> 按需恢复是进行恢复的终极方法。

比赛周的休息和恢复

有时候，运动员们训练的努力程度比所需的要高，而休息的时间却比所需的要少，甚至在重要比赛之前也是如此。以埃米尔·扎托佩克为例，这位20世纪四五十年代的长跑运动员被认为是有史以来最伟大的跑者之一。他在训练强度上毫不放松，不相信慢速跑有什么作用。他也常被认为是最早进行高强度间歇训练的耐力运动员之一，这种方法帮助他创造了18项世界纪录，收获了5枚奥运奖牌。在1952年的赫尔辛基奥运会上，他赢得了5000米和10000米的比赛，并在两项比赛中都打破了奥运会纪录。而后，他在最后一刻决定去跑马拉松，而他此前从未跑过马拉松，但是他仍然赢下了比赛，并又一次打破了奥运会纪录。

扎托佩克常被认为是有史以来训练最为艰苦的跑步运动员，像他那个时代的大多数运动员一样，他不相信比赛前要休息。但扎托佩克的经历也是一个很好的例子，说明了在适当的时间休息可以提高运动员比赛的准备就绪程度——我们在第3章中称之为状态。正如扎托佩克在他职业生涯取得突破的赛事中所发现的那样，有时候强制休息正是创造好成绩所需要的因素。

在1950年备战欧洲运动会期间，扎托佩克在比赛前两周生病了，他被诊断为食物中毒，入院治疗并卧床休息了数日。就在欧运会，这一在当时影响力仅次于奥运会的赛事开幕前的2天他才被允许出院，之后他不顾医生的劝告参加了10000米和5000米的比赛。尽管已经有好多天没有训练了，但他还是赢下了这两场比赛，在10000米比赛中领先一圈，并在5000米比赛中以23秒的优势获胜。在每一场比赛中，他都跑出了历史记录中第二快的成绩。这是他在赫尔辛基奥运会登上职业生涯巅峰2年之前的事。那么他的成功是否和那一周的强制休息有关呢？考虑到他有直到比赛日都刻苦训练的习惯，我认为答案是肯定的。他学到了非常宝贵的一课，并且在后来的所有比赛前都进行了休息，包括1952年的奥运会。

无独有偶，我也听说过一些其他项目的运动员在比赛前几天或几周受了轻伤或者生病，接着在比赛中贡献了个人的最佳表现，而这正是因为他们赛前被强制休息了。我称之为扎托佩克效应。有时候，身体必须先表现出"受够了"，最终才能达到一个理想的状态。

> **提示**
>
> 有时候，身体必须先表现出"受够了"，最终才能达到一个理想的状态。

休息正是治疗过度训练的灵丹妙药。如果由着运动员自己做决定，那么他们基本上都会选择更大的训练量、更快的速度、更长的训练时间，直到重要比赛前的最后几天。大多数运动员都可谓是职业道德的终极典范，总认为训练越多越好，却很少考虑让身体的恢复"追上"训练所累积的疲劳。

如果你是一名自我指导的进阶水准的运动员，那么你很有可能在比赛前没得到足够的休息和恢复，因为这种情况太常见了，而比赛前又是你必须休息和恢复的时候。那么你需要多大程度的减量呢？一个减量过程通常要持续1~3周，具体程度取决于许多因素。比赛越是重要，你的减量过程就要越长；你的身体素质越高，减量过程就要越长；比赛的时间越长，减量过程也要越长。而赛季末的比赛与赛季中更早期的比赛相比，减量时间越长也会助益越多。减量过程的长度也因运动项目而异。例如，跑步比骑行需要更长的减量过程，因为身体在跑步时要承受更多骨骼上的压力，而骑行又往往比游泳需要更充分的减量。所有这些都在第7章和第8章中有详细的阐述。

一个最小最基本的减量过程需要2～3天大幅度地减少运动量。这是你在一项B级（中等重要）赛事之前要做的，它足以减轻一部分疲劳了。但一项A级（头等重要）的比赛则需要更长的减量时间，可能包括2～3周阶梯式的训练减少——特别是训练持续时间的减少和随之带来的训练量的减少。表8.2提供了如何在赛前一周左右结束的巅峰期中进行减量的指导。而表8.3为你如何在比赛前的一周进行适当的训练提供了建议。表8.3中的例子显示，赛前一周的训练量与你在基础期和建设期相比大幅减少，因为这是你摆脱运动表现减损性疲劳的最后机会，要充分地利用它来休息才行。

提示

一个最小最基本的减量过程需要2~3天大幅度地减少运动量。

比赛前的那一晚，请在你平时睡觉的时间去睡觉。可能你会入睡困难，这对于各种水平的运动员来说都会发生，但对于赛事经验不多的运动员来说会更为常见一些。如果你有一个不眠之夜，请不必担心。因为得克萨斯大学进行的一项研究显示，无论对于男性自行车手还是女性自行车手，在25～30小时的时间内，睡眠不足不会导致他们有氧运动能力的下降，而游泳和跑步很可能也是如此。

提示

如果你有一个不眠之夜，请不必担心。

过渡期的休息和恢复

在一场比赛结束之后，为下一场比赛做准备之前，你同样需要从高度集中、身体和心理上要求很高的训练中跳脱出来进行休整。而这就是过渡期——训练活动大幅减少的一个时期。过渡期具体持续多长时间，取决于其处于赛季当中的位置，以及你的下一场比赛是什么时候。在赛季早期或赛季中期的一场A级（头等重要）赛事结束之后，这一短暂的休整通常会持续3～7天，具体取决于比赛和你的赛前准备所耗费的精力和体力。而在本赛季的最后一场比赛结束后，你应该花2～6周的时间来进行过渡期的休整。

过渡期不是一个让你赖在沙发上的时期。就像你在赛季中每隔3周或4周进行的休息-恢复过程一样，这是一段训练强度和训练量大大降低的时期，目的是让你的身体充分休息，让你的精神焕然一新。这是一段很好的与家人共度的时间，或者在此期间你可以做些自己喜欢、却难以在训练艰苦时安排进繁忙日子里的事情。

在这段时间做一些低强度的训练，偶尔停训几天，将有助于保持你的有氧能力水平，同时满足你的运动需求。这个时候最好不要去计划什么。如果要安排运动，在运动当天再决定做些什么就可以了。你可以和朋友一起去放松骑行一下。这一时期的运动形式也不一定要是游泳、骑行或跑步，你还可以和家人爬山远足，和朋友打一场兴起而至的篮球赛，或者打一下网球试试手。不要完全一动不动，在大部分的日子里做些运动，但是不要让它变得像你之前在赛季中做集中训练那样。

赛季结束时的过渡期具体应该持续多久呢？当你不再会感到酸痛、休息得很好、体重开始增加，并且再次开始渴望集中训练时，你就知道是时候该回到训练中去了。而这时，一个新的赛季就要开始了。

小结

本章所讲的关键内容是，如果运动员希望通过训练来达到高水准的竞赛表现，就必须把握周期化的休息恢复过程。如果没有这些休整，很可能会导致身体状态的崩盘，使得整个赛季脱离轨道。减少训练甚至完全停止所有训练，在一年中的很多时候是至关重要的。其中最常见，可能也是最为关键的，就是2～3周的艰苦训练后的休息-恢复周。

请记住，休息-恢复"周"不应该按字面理解为7天时间。一些运动员恢复得很快，可能会发现自己3天内就准备好再次出发了，而其他人则需要5天或更长的时间。年龄较大的运动员比年轻的运动员需要更长的休整期，身体素质较低的运动员也比那些身体素质较高的运动员需要更多的恢复时间。经验是判断怎样休息最适合你的唯一方法。但我们也要认识到，恢复是一个不断变化的过程，我们并不总是需要相同的天数来摆脱疲劳。虽然在某些训练后3天就可以恢复了，但下一次你可能会发现自己休了3天后仍然觉得累，还需要更多时间来恢复。

当你的训练像基础期和建设期那样高度集中时，疲劳的出现就会很缓慢，但肯定会出现。通过进行每周几次的轻松训练，这种短期的疲劳会有一部分得到缓解，但不是全部缓解。在训练期中的一个阶段内，疲劳程度会慢慢上升，它积累得非常之慢，以至于你可能都没有意识到。特别是当你正全神贯注于一场重要的比赛，并且觉得有必要多做一些训练时更是如此。在这种情况下，你可能会决定推迟甚至跳过计划中的休息-恢复期。这是个会毁掉一整个赛季的错误决定。不要为了做更多的艰苦训练而跳过这些休整，这很可能会给你造成麻烦。

你必须考虑好在这些长时间的休息恢复过程中要进行多少日常训练。首先，每天都比平时减少1场训练。因此，如果你通常每天都会针对3项运动分别进行1场训练，也就是一日三练，那么每个恢复日就少做其中的1项运动，并且每天更换不同的2项来做。如果你通常每天进行2场训练，那么恢复日就只进行1场训练。而如果你通常每天只进行1场训练，那就干脆完全休息几天。如果你在这些日子里没有快速地恢复过来，那就再少训练一些。要知道，恢复日训练的目的是从疲劳中恢复，而不是增强身体素质，所以这一阶段的训练越少越好。

其次是整个赛季中每周都要安排轻松的训练日。这些都是可以计划的，比如艰苦训练之后，按惯例安排一个轻松的训练日，其至是一天的完全休息。而对于经验丰富、自我感知度非常好的运动员，轻松的训练日可以根据实际需要来酌情安排。换句话说，当感知到需要进行恢复时，那些敏锐的铁人三项运动员会果断安排一个轻松的训练日，无论原本的计划是什么样的。我在表11.1所列出的晨间预警建议清单会对运动员们做出这一决定有所帮助。

"轻松"的训练日究竟是什么样子，要取决于每个运动员的自身情况。回顾第3章，你所能控制的让训练变得轻松或者困难的变量只有两个，那就是持续时间和强度。就强度而言，轻松的训练日很容易定义，进行1区的训练即可。但持续时间的精确定义则有些困难。如果你是一名每周训练超过30小时的精英运动员，那么一项持续时间较短的训练可能是2小时的骑行；而如果你通常一周的训练时间是6个小时，那么轻松训练的持续时间大概是20分钟。

另外两个在赛季中至关重要的休息和恢复时间，是A级（头等重要）赛事之前的一周和比赛之后的一周。如果你在重要的比赛前没有摆脱掉自己所积累的大量疲劳，那么你很可能会有一个糟糕的表现。表8.3显示了如何休息才能够在摆脱疲劳的同时保持高水平的身体素质。你需要找到一个适合自己的比赛周模式，然后把它应用到每一次的比赛中。

在一场A级（头等重要）赛事结束后的一周，特别是在赛前还进行了几周高度集中训练的情况下，你需要安排一个休息－恢复的过程，这会让你在备战下一场比赛之前恢复身体和心理的活力。一般这样的赛后休息会持续3 ~ 7天的时间。而在本赛季的最后一场比赛之后，这段休整时间可长达6周。但即便如此，休整时间可能还是不够充分。我曾经指导过一名运动员，她为了她的第1次大铁比赛非常专注地训练，打破了她所在年龄组的赛道记录，而之后休整了6个月的时间才回到正式的训练中。

在赛季的任何时候都要进行充分的休息和恢复，因为在很大程度上来讲，这是反复试验得出的结论。而做好这件事的关键就是要保守一些。训练过少比训练过多要好。对你来说，略微训练不足但激情满满，要比常感疲倦且兴致低落好得多。

竞争优势

在第6部分中，我们要讨论的是在铁人三项选手的训练中经常被忽视的3个方面——提速技巧、肌肉力量和训练日记。我推测它们常被忽视主要是因为运动员可用的时间实在太有限了。大多数铁人三项运动员都很忙，除了家庭、事业和其他事务之外，他们每天还要再想办法安排两次训练，因此他们总觉得要放弃一些东西。但在这一部分中，我的目标正是要告诉你该怎么把这3种训练工具融入你忙碌的生活当中去。

毫无疑问，提升你的游泳、骑行和跑步技巧会让你在比赛中更快，而且你不需要在训练周中增加额外的训练就可以达到这个目的。在第12章中，我将教你如何在赛季初期规划训练周期，从而掌握更多技巧，也会教你如何在赛季中保持住这些技巧。你会很高兴地发现，保持一项技巧所需的训练时间，并不像一开始学习它所需的时间那么长。对于保持技巧而言，训练开始时的热身运动是最佳的技巧巩固时机。如果你遵循这里的技巧学习指南，并按照第7章、第8章和第9章的建议制订训练计划，那么技巧训练将不会再占用你额外的时间。

同样的道理，我将在第13章中教你如何用第4部分所讲的周期化训练计划来增强力量。健身房里的肌肉力量训练通常是除游泳、骑行和跑步外最耗时的部分，但其实没有必要如此。虽然通过举重来提高力量对运动表现的提升很有助益，但也有一些不需要去健身房就能完成的专项替代练习。正如你将要读到的，稍微调整一下游泳、骑行和跑步训练就可以达到同样的效果。

在第14章中，你将明白为什么训练日记是一个铁人三项运动员最具价值的训练工具。我会告诉你怎么用它来规划你的赛季。为了节省花在钻研训练数字上的时间，你还将学习怎么去记录关键的训练和比赛信息。你的日记会让你保持在通往赛季目标的正确轨道上，这非常有价值。

第6部分的内容都是告诉你如何通过一些看似很小、却对达到高水准至关重要的事情来获得竞争的优势。

提速技巧

在第6章中，我们介绍了为了追求优异的竞赛表现你需要训练的6项身体能力及相关概念。其中3项基本能力是有氧耐力、肌肉强度和提速技巧，3项进阶能力是肌肉耐力、无氧耐力和冲刺能力。如你所见，附录B、C、D和E中描述的训练是以这些能力为基础的。鉴于不允许跟骑这一铁人三项比赛的性质所限，这本书并没有涵盖冲刺能力的相关内容，因为在终点前冲刺并不多见。

在其他5项能力中，铁人三项运动员最典型的短板是提速技巧，所以这很可能是你最需要提升的能力。我发现铁人三项运动员通常只在游泳训练中才会去做提速技巧的练习。但即使训练了，很多人也不明白他们训练的目标是什么，而且他们训练时所用的技巧通常不怎么样。事实上，训练时的技术动作必需准确精细，否则就是在浪费时间。

除了游泳训练之外，我很少见到铁人三项运动员为了提高骑行或跑步水平做技巧训练。似乎大多数人都认为这两项运动是没有什么技巧可言的。但是如果你在下次骑行或跑步训练时留心观察周围的运动员，你可以很明显地看出有些人技巧高超，而另一些人则由于没有掌握技术要领而消耗了很多额外的体力。有技巧的自行车和跑步运动员的动作是流畅且省力的，显然他们没有浪费体力。而那些缺乏技巧的运动员的动作拖泥带水，看上去十分费力，显然他们浪费了很多体力。

成绩较好的运动员通常技巧高超，可以在运动过程中节省体力，运动效率很高。而成绩较差的运动员由于缺乏技巧，在某种程度上讲是慢的，他们浪费体力且效率低下。对于大多数运动员来说，改善提速技巧进而提高效率很可能会使运动表现大幅提升。

高效动作

你可以回顾一下第6章中提到的身体素质的3个决定性因素：最大摄氧量（VO$_2$max）、无氧阈值和效率。你最重要的训练目标之一就是训练出较强的有氧能力，这样你就有能力利用大量的氧气产生运动所需的能量。你会希望自己的无氧阈值达到较高的VO$_2$max百分比。你也需要去提升效率，从而能在游泳、骑行、跑步时不浪费能量。（在这一章中我们讨论的是技巧，但是我们真正关注的其实是效率。）

第6章详细地介绍了效率。其中有些决定因素完全不在你的可控范围之内，比如你的躯干大小、臂长腿长、手脚大小等。铁人三项运动对于身体条件的要求是非常高的，因为你的身体对于某项运动来说可能是近乎完美的，但对于另一项运动来说可能就不太合适了。对于游泳来说，你最好有很长的躯干和手臂，这让你在水中的动作更有效率；但对于跑步来说，短躯干和长腿（特别是长胫骨）才是最完美的；当然骑行对于身体的要求也是完全不同的，比如较长的股骨会对踩踏的提升有利。所以这样看来，没有一种完美的铁人三项体型，相比另外两项运动而言，你可能更适合其中一项运动，所有铁人三项运动员都是这样。

> **提示**
>
> 相比其他两项运动，你可能在某一项运动中更有效率。

你可以在某些程度上控制这些决定效率的身体因素，但是最容易调整的还是运动技巧。一个因为技巧糟糕而浪费体力的运动员是缺乏效率的。不论你的身体条件多么适合游泳、骑行或跑步，如果你没有掌握正确的运动技巧，你就会浪费氧气和能量，效率低下。这就意味着你需要在比赛过程中吃更多的东西来满足身体对能量的需求，特别是在补给对竞赛表现的影响非常大的长距离比赛中。随着比赛过程中进食的增多，出现以胀气和反胃为典型表现的消化系统问题的风险也在增加。比赛距离越长，运动的效率越重要。在半程标铁的比赛中你可以浪费很多能量，侥幸成功，但在大铁比赛中可不行。

因此，这一章我想要告诉你的就是怎样通过提升提速技巧来提高你在这3项运动中的效率。我会从游泳讲起，因为它是动作技巧最为重要的一项运动。但在此之前，我想先向你介绍一个你可以模仿的技巧提高过程，以确保你能正确地提升你的运动技巧。

技巧提升

在这一章，我会介绍一些新的游泳、骑行和跑步的技巧。其中有些技巧可能与你之前学的刚好相反，而且是全新的动作模式。另一些技巧可能会给你带来身体和心理的双重挑战。经过很多年来的实践，我逐渐理解了这些技巧是有效且高效的。一经掌握，不仅会让你变得更快，也会使你的效率更高。

要掌握这些技巧在心理上颇具挑战性，因为你必须要摒弃那些自己被教导了多年的旧理念。如果你在每一项运动中速度都已经足够快且效率足够高了，那么你没有必要去做什么改变。但是如果你的竞技表现水平低于自己的能力极限，那么我强烈建议你在运动技巧上做出改变。而这一改变的过程需要花上几周的时间。

做出改变的最佳时机是新赛季之初的准备阶段，学习新的技巧可能会让你回到基础期的早期。在你开始改变某一项运动技巧的时候，一段时间内你可能会速度变慢甚至效率低下，这很正常。当你改变原有的根深蒂固的动作模式时，你的身体首先会反抗。你会感觉异样，心率也可能比正常值高。请坚持一下。最终，一切都会好转，你的速度会变得更快，浪费的体力会更少。

提示

当你改变某项运动的技巧时，一段时间内你可能会速度变慢甚至效率低下。

当你训练新技巧时，这里列举了一个你可以遵循的、有助于你磨练技巧的训练流程。在开始下一个环节之前，你需要先掌握之前的每个环节。其中有些步骤你只需要一次训练就可以完成，而另一些步骤可能需要好几次训练才行。在开始一个新阶段的技巧提升练习之前，先重复前一阶段的训练，来提醒你的肌肉和神经系统你的最终目标是什么。

第1阶段：认真观察。学习新技巧的第1步是观察其他已经掌握这项技巧的运动员。观察优秀的游泳、骑行、跑步运动员，留意他们是如何运动的，特别要关注那些你想要学习的动作技巧。这样做的最佳时机是在你即将开始练习这项技巧之前。例如，在你跳进泳池前，站在岸边观察几分钟，看优秀的公开水域游泳运动员是如何游的（后面我会简单地解释为什么强调公开水域）。你要注意看关节的角度和节奏，当你入水并开始进行技巧训练的时候，请在脑海中时刻牢记这些画面。另一个观察的方式，是其他运动员练习你的目标技巧时拍摄一个短视频，在你开始训练前回顾对应的视频，并在训练中时刻牢记这些画面。

提示

学习新技巧的第1步是观察其他已经掌握这项技巧的运动员。

第2阶段：放慢动作。第2步是做慢动作，同时仔细观察自己的动作。把动作分解，单独练习身体各部位的动作。每次只练习1个身体部位的动作，其余的身体部位保持不动。如果是手臂或腿部的动作，请左右交替进行。如果你在练习游泳技巧，请在岸上而不是在水里做这些练习。对于跑步技巧的练习，在观察脚部和腿部的慢动作时，你可能需要扶着其他东西以保持平衡。学习过程中的这个阶段仅仅需要一次练习就可以完成，但是在之后的几周里，每当你训练这项运动时，这些练习就应该成为热身运动的一部分。

第3阶段：掌握要领。一旦你通过分解动作、不断重复练习以及观察掌握了这些技巧，接下来就是在运动过程中运用了。现在，当你游泳、骑行或跑步时，请把注意力集中在某个身体部位是否做出了正确的动作上，例如只关注一只手臂和手的动作，或是一条腿和脚的动作。现阶段，你不用在意身体其他部位的运动。先把身体这一部位的动作做正确，再开始练习其他动作。在泳池中，当你练习手臂动作时，你可以借助浮板来集中注意力。在这一阶段，做动作要慢。如果可以的话，在运动过程中注意观察做动作的身体部位。最终，你必须学会不用看就能感知到这一身体部位在如何动作。这一阶段的技巧提升可能需要几天时间。掌握技巧之后，你还是可以在热身过程中做这样的慢动作练习，例如单边划水和打腿。

第4阶段：加快速度。在练习了几次并掌握慢速的动作要领之后，你就可以逐渐加快速度了。你需要把训练分成小段，一开始每次只持续几秒，到最终可以持续几分钟。在每次简短的重复之后，你需要休息（如游泳间歇靠在池壁，骑行时滑行，或跑步时走一会儿），以防疲劳影响你的练习。疲劳是技巧提升的敌人，如果你在这一阶段进行长时间持续的游泳、骑行、跑步训练，那么你的技术动作会出现问题，可能会再次回到原来的动作中去。专注于技巧的简短重复与每次重复之后的长时间恢复至关重要。技巧提升的这一阶段往往需要花费几周的时间才能完成。

提示

疲劳是技巧提升的敌人。

第5阶段：加长距离。现在，你已经用几周的时间通过进行穿插着长时间恢复的简短重复训练掌握了动作技巧，下面就要开始增加耐力训练了，而这会带来疲劳。从现在开始你要进行长距离的游泳、骑行和跑步训练。在这一阶段中，你必须在疲劳时仍然专注于保持动作的正确。在新动作有了垮掉的征兆时，休息一下来恢复体力，消除一些疲劳，接下来再回到耐力训练中并专注于技巧。这一阶段往往也会持续几周的时间。

第6阶段：加大压力。这是技巧提升的终极考验。你可以在比赛中运用理想的动作技巧吗？为了检验自己，在拼尽全力的同时以保持新训练的动作技巧为目标，去参加一场末等重要的赛事。在比赛过程中密切关注自己的新动作技巧如何，比赛结束后，评价自己的完成情况。你是否能在比赛过程中始终保持新的动作技巧？如果能保持，说明你已经完全掌握了这项技巧；如果动作垮掉了，并回到了原有的动作，那么你就需要退回到上一步，继续练习。

游泳技巧

多年来，我组织了不少为期1周的铁人三项训练营。在训练过程中，非常突出的一点是，几乎所有铁人三项运动员的游泳技巧都很糟糕。在游泳这项运动中，技巧比身体素质更为重要。如果你的技巧不好，即使在泳池中花很长时间进行间歇和节奏训练，速度也不会变快。对于大多数铁人三项运动员来说，提升游泳速度的关键是效率，更准确地说，是技巧。

在我的训练营中，我们会花一整周的时间专攻游泳技巧。在一周之初，我们会先进行500米计时测试来建立一个基线。而在最后一天，经过了多次技巧训练后，我们会重复这个计时测试。在没有进行有氧能力和无氧阈值训练的前提下，90%左右的运动员在最后一天都游得更快了。请注意这个测试是在训练周之后进行的，通常这一周的训练量是25小时，所以这时运动员的疲劳程度是很高的。我怀疑计时测试中那10%没有游得更快的运动员只是因为体力耗尽而已。有时他们在回去休息一段时间之后会告诉我，他们的游泳速度的确进步了。所以说，我知道下面要教给你的东西是很管用的。

现在到了面临心理挑战（我前面提到过）的时候了。因为我将要教给你一些看起来和你之前所学相悖的技巧，所以你需要做出决定：是要继续按照原有的技巧游泳，还是要做出巨大的改变？如果你按原有的方法已经取得了很大的进步，也就是说你已经很快、很高效了，那么你不需要改变。但如果你已经训练了很多年速度却没有显著的提升，那就是时候重新想一想你的技巧了。

在这一章节中我将教你如何成为一名优秀的公开水域游泳运动员，而不是泳池游泳运动员。这二者的区别我会简要地说明一下。

你的目标是在比赛中游得更快。你会突然成为大师组中游泳最快的人吗？大概不会。你会打破年龄组的纪录吗？也不太可能。你想要的是在训练无须更艰苦的情况下，在铁人三项比赛中游得更快。游得更快取决于你的技巧而不是你的身体素质。你可能不是比赛中第1个起水的，但你的单项时间会更短。我已经在很多铁人三项运动员身上见证了这一改变。

> **提示**
>
> 游泳速度的提升取决于你的技巧而不是你的身体素质。

接下来我要说的事情，你可能会认为显然是不对的，甚至有人告诉过你它们是错误的。如果你不能克服这一心理上的障碍或者已经对自己现在的游泳水平很满意，那么请跳过这一小节，直接进入骑行技巧的部分。但是如果你希望在训练无须更艰苦的情况下，在铁人三项比赛中游得更快，那么请继续读下去。

PDLC

教练们往往会深陷于训练的细节，特别是技巧提升当中。因为教练们知道很多东西并且希望把这些知识都传授给所指导的运动员。在这一点上，我确实感到抱歉，因为我也犯过类似的错误。在指导游泳训练时，我们试图指出运动员的每一个划水缺陷并纠正它，不论这个改变有多细微多不显著。例如，划水时你的手指是分开还是并拢？我听说有的教练无论如何也要强调这一点，并把一整场训练的时间花在这上面，但这最多只能带来2%的提升，并不值得花费这么多时间来"纠正"。你需要把自己宝贵的训练时间花费在能让你提速更多的技巧改变上，至少是那种能让你提速20%的技巧改变。

那么打腿呢？在一个赛季中你会花多长时间用浮板练习打腿？其实，只有在你加速的时候，强有力的打腿才至关重要。在泳池中，每次蹬壁转身时，打腿的作用十分明显。但是在公开水域中，只有在出发和绕浮标时，打腿才会起作用。即使在大铁比赛中，这也只能带来几秒的差异。在公开水域游泳时，打腿仅仅是为了保持身体平衡，类似于摆臂在跑步中的作用。因此，铁人三项中的打腿并不是为了前进。用浮板练习打腿的时间要是花在能帮你缩短几分钟比赛用时的训练上会更好，而这就是我接下来要教你的内容。

想要在公开水域游得更快更高效，你只需要掌握下面这4个技巧就够了，我把他们统称为PDLC。

- 姿势（Posture）。
- 方向（Direction）。
- 长度（Length）。
- 抓水（Catch）。

如果你能掌握这4项技巧，而不是把宝贵的训练时间花费在任何其他的练习上，那么你一定会成为一个速度更快的公开水域游泳运动员。而且很有可能你已经掌握了这4项技巧中的1～2项，这也就是说你可能只需要再掌握2～3项技巧就可以游得更好了。

在下文中，我将逐一介绍这4项基本的公开水域游泳技巧。阅读每一部分时，请你思考一下自己是否已经掌握了这项技巧。如果你不确定，可以让其他人帮忙从正面和侧面拍摄一些你游泳的视频，这样你就可以更好地评价自己对这一技巧的掌握程度了。拍摄水下视频是最好的，但如果只能水上拍摄的话也是可以的。拍摄视频对提升游泳技巧非常有助益，应该经常这样做。在我的训练营中，我们会在每一场训练中为每一个运动员拍摄视频。

你需要按照我这里所列的顺序掌握这4项技巧，因为每一项都依赖于前一项。并且随着技巧一项一项的推进，难度是逐渐增加的。

姿势

在泳池中游泳时，大多数铁人三项运动员都抬着头，双眼盯着前方的池壁。由于脊柱的延伸，他们的臀部是沉在水中，位置很低的。而当臀部位置很低时，阻力就会增加。水的阻力就像骑行时的空气阻力一样，会让你的速度明显变慢。但是正如骑行使用气动姿势会明显提速一样，只要你掌握了正确的游泳姿势，你会立刻游得更快。

抬头的姿势不仅会增加阻力，也会限制吸气，增加自由泳换气的难度，给颈部和肩部的肌肉带来更大的压力。要理解为什么会如此，请站起身来，看向天花板几秒。你越向上看，骨盆向前、呼吸困难和肌肉紧张的感觉就会越明显。而所有这些都会让你游得更慢。

这可是个大问题。

　　为了改善姿势，请保持你的鼻尖指向池底。图12.1所示为正确的动作。时刻盯着分道线会让你在游泳时保持直线前进。最开始，由于我们习惯了向前看，向下看时你会感到非常不适。为了观察前方，请在保持鼻尖指向池底的同时目光转向前方，就像你正从眼镜上方瞄着看东西一样。当然在公开水域中，你需要快速频繁地把眼睛抬出水面观察地标。不管这会使你的头处于什么姿态，你都需要这么做。向前看不会让你变快，反而会降低你的速度，因此在其他时候请保持鼻子向下。也许只需要一场训练你就可以掌握正确的游泳姿势。在下水之前，请先从岸上练习开始。弯下腰，保持鼻子向下，练习换气的动作。为了使这一技巧成为习惯，你需要在每次游泳训练前重复这个岸上练习。很可能下次训练时，你就可以进阶到PDLC的下一项技巧——方向的训练了。

图12.1　游泳中鼻子向下的头部姿势

方向

　　在你完全掌握姿势技巧之前，请不要开始这一技巧的练习。对于大多数铁人三项运动员来说，方向比姿势更难掌握。这与游泳前进方向的手臂入水角度有关。入水时，你的手臂应该指向游泳前进的方向。很多铁人三项运动员都有移臂过中线的问题，也就是说他们手臂的入水方向穿过了游泳前进方向的那条线。这非常类似于在跑步中，一侧的腿和脚在迈步时落在了另一侧腿和脚的正前面。这看起来显然效率很低，甚至有些可笑，但很多铁人三项运动员在游泳时就是这样做的。这是另一个大问题，能造成20%的速度差异。

> 提示
>
> 入水时，你的手臂必须指向正确的方向。

　　只有当你的手臂在入水时可以指向正确的方向，你才能进一步发挥潜能游得更快。为此，入水点应该在肩部的正前方而不是头的正前方。大多数犯这个错误的铁人三项运动员都没有意识到自己移臂过中线了。对于他们来说，就是因为已经做了上千次错误动作，所以自认为手入水的位置是正确的。因此为了检验你是否有移臂过中线的问题，需要让别人从前面给你拍一段游泳的视频。注意观察你的手是从什么地方入水的，你可能两侧手臂都有过中线的问题，也可能只有一侧是错误的。如果只有一侧，注意是哪一侧。而如果你没有移臂过中线的问题，那么就可以开始下一项——长度的练习了。

在岸上练习方向技巧非常简单。保持正确的头部姿势，弯腰站着，就像划水时一样，缓慢地把一侧的手臂伸到肩膀前面。然后用眼睛去看手的位置，正确的位置应该在肩部的前方，不要超过中线。单独练习每一侧的手臂。岸上练习的一个变型也同样是从弯腰站着开始，也是练习划水的动作，但这次不要抬头看，而是让训练伙伴帮你纠正手臂的位置。去体会正确姿势的感觉。被纠正过后，再缓慢地尝试做动作，看看你是否可以自己把手臂放到同样的正确位置上。两侧手臂一起做这个练习。在训练伙伴的监督下重复几次这个练习，当你的岸上练习没问题了以后，就可以在水中练习了。

学习控制方向的一个简单的水中练习是"企鹅"练习。控制手臂在比肩更宽的地方入水。在你像企鹅一样游泳时找人帮你拍视频，通过视频观察这个时候手的入水位置。大多数缺乏方向技巧的运动员会发现，这时他们的手其实恰好处在了入水的正确位置——肩膀正前方。如果你也有同样的问题，那么改正的方法很简单，你只需要一直像企鹅那样游泳就行了。在刚开始的几次训练中你会感觉怪怪的，不过很快你就会适应，然后游得更快。

长度

一旦你已经具备了较好的姿势和方向技巧，接下来就可以开始进行与划水时的身体长度相关的训练了。这比掌握姿势和方向要难一点，但对于游得快来说非常有必要。很少有铁人三项运动员能在游泳时保持较长的身体伸展长度，这是个普遍的效率缺陷问题。

顾名思义，这项技巧与你的身体从指尖到脚尖在水中有多长有关。游泳快的人划水时的身体姿态是长而窄的，就像快艇一样。然而很多铁人三项运动员在游泳时却像拖船一样，姿态短而宽。他们的手和胳膊伸展不够，在水中会受到很大的阻力。这可谓是个双重打击。水中的阻力来源于身体没有保持流线型。而这些运动员没有送肩的动作，他们的肩膀和手臂是呈直角状态，或者肩膀是平行于游泳时前方池壁的。因为双肩是平直僵硬的，两胯也会如此，所以以整个身体看起来就会像拖船一样又短又宽。

提示

> 游泳快的人就像快艇，每一次划水时身体姿态都是很长很窄的。

为了游得更接近于快艇，你需要保持自己在水中的姿态长而窄。让我们再一次从岸上练习开始，去体会这种感觉。在岸上面对墙站立，与墙之间仅保持几厘米（几英寸）的距离。一侧手臂处于身侧，另一侧手臂像划水一样高举过头顶，手放于墙上。两侧手臂分别这样尝试这个动作。如果你和大多数铁人三项运动员一样，那么当你伸手时身体会自然形成拖船姿态，肩部和胯部仍然保持平直的方形状态。

现在让我们采用快艇姿势，把一只手举得更高，使自己变得尽可能长且窄。为了达到这样的效果，踮起脚尖，用手去够尽可能高的地方。这会使你的肩膀倾斜，胯部转动。（不要抬头或向上看，记住这个姿势。）现在你的姿态就像是一艘快艇了。请注意，你的胯部是在没有思考的情况下就发生了转动。这就像一个棒球投手在投掷时胯部会发生转动一样，他不会为了投掷去思考胯部要如何动作，而只是把注意力集中在伸展手臂上，这样他的胯部自然会随着手臂去动作。游泳也是一样，如果你的手臂能充分地伸展，肩部就会倾斜，胯部也会适当转动。而这就达到了我们希望在水中形成的快艇一样的长度。

提示

如果你的手臂能够充分伸展，你的双肩就会倾斜，胯部也会适当转动。

现在我们去水中，通过游泳过程中两个以身体伸展长度为核心的练习来掌握这项技巧。我建议使用浮板来进行下面的练习，这样你就可以把注意力集中在上半身了。

首先是"拍水"练习。在这个练习中，你将要模仿棒球投手的手臂动作。从泳池的一边游到另一边，每次划水时把手伸出水面，并像投球一样用手去拍水。当用手拍水时，你的胳膊应该是像投手一样完全伸展的。这不是花样游泳，你并不是为了游得好看，因此在做拍水动作时要凶猛一些。如果你能在肩膀前方很远的地方拍水，也就是说你身体伸展得足够长，你的肩膀就会倾斜，胯部就会发生转动。你可以从前方和侧面拍摄的视频中检查是否做到了这一点，如果没有做到，那么我们需要进行下一项训练。

这项练习叫作"腹部指向池壁"。还是从泳池的一边游到另一边，每一次划水都努力把身体尽可能伸展到最长。为了更好地理解双肩和胯部的运动，每一次划水时，都把注意力集中到将肚脐指向两侧的池壁上。交替地将肚脐指向左侧和右侧的池壁，如此反复，一直游到泳池的另一边，就像平时那样换气。现在你的身体会从一边转向另一边，每次划水时手臂都能保持指向前方。

一旦你掌握了划水时伸长身体的技巧，你就不用再拍水或是将肚脐指向泳池侧壁了。这只是为了帮你学会通常最难掌握的技巧，故意夸张化的动作而已。

同样，让你的训练伙伴帮你拍摄视频，来观察在游泳时你是否真正做到了伸展和转动。越频繁地拍摄并分析视频，你就能越快地掌握技巧。

抓水

你的教练可能已经告诉过你很多次，你需要去练习抓水。对于铁人三项运动员来说，糟糕的抓水是一个很普遍的问题。不幸的是，当要提高运动员的游泳技巧时，很多教练教了一种使抓水变得更难的技巧，我也犯过这个错误。这个现象以前有，以后也还会发生。这是由于"群体思维"：如果别人都这样做，那这样做就是对的。

在传统的泳池游泳技术中，使抓水变得如此困难的原因在于手的入水点——在靠近头的地方。接下来传统技术会告诉你要像把手伸进袖子或者放进信箱那样，在水下伸展手臂。毫无疑问你会被要求高肘移臂以便做到上述姿势。我也曾经让运动员做过"指尖划过水面"练习以做出高肘移臂的动作，或者让他们像在拉身体一侧的拉链一样去做移臂的动作。然而对于公开水域游泳来说，以上这些全部都是糟糕的技巧。

所以这些动作到底错在哪里了呢？如果你7岁就加入竞技性的游泳队并开始学习这些动作，那么你可能已经领悟到如何用这套动作来实现高效的抓水了。但是因为你大概率是很晚才开始学习游泳的，抓水这件事对于你来说就变成了无论如何也没法理解的谜题。

那么抓水到底是什么呢？其实很简单。在泳池中游泳时，当你的手掌心朝向的是你身后远离的那一侧池壁时，你就是在抓水。但是，如果你的手在靠近头的地方入水，而手指又指向的是你身前的池壁，那么这个动作是非常有挑战性的。在这样的情况下，为了抓水，你需要做许多相当复杂的动作。

提示

在泳池中，当你的手掌心朝向你身后远离的那一侧池壁时，你就是在抓水。

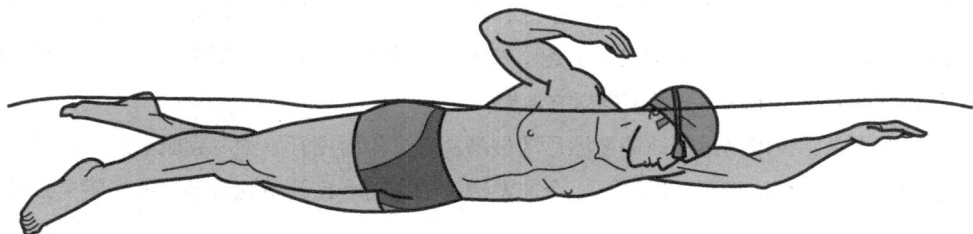

图12.2　拖肘动作，左臂肘部低于手腕，左手手指指向前方池壁

传统入水、抓水技术中最大的问题是当你伸展手臂、保持手指指向前方池壁时，你的肘部会比手腕低。我管这个姿势叫拖肘动作，因为一旦你在水中呈现出肘部低于手腕的姿势，你就不可救药了。图12.2所示为拖肘动作。当你保持这个姿势时，唯一可以提供推进力使你前进的只有打腿，这会浪费大量的体力。并且如果你像教练教你的那样，在划水时尽可能伸展拉长身体，拖肘动作将被放大，这只会让学习抓水这件事变得更复杂。

学习抓水其实并不难，最有挑战的部分是克服让你进入拖肘动作的原有动作。请忘记高肘移臂和靠近头部入水，这正是拖肘动作的成因。很少有优秀的公开水域游泳运动员这样做，大多数人划水时都会在水面上采用高手移臂，而不是高肘移臂。下次你以观众的身份去看铁人三项比赛的时候，注意观察职业运动员们的游泳方式。你会看到很多人在水面上采用的都是高手移臂的姿势。

为什么要把手抬高呢？因为当你把高手移臂、尽可能在水面上方伸展（而不是在水中伸展）和指尖先入水相结合时，你就可以避免拖肘动作，并立刻开始抓水。当你这样做的时候，你就不再需要强力的打腿了，因为打腿只有在做拖肘动作时才需要。前进的动力此时来自抓水，也本应来自抓水。

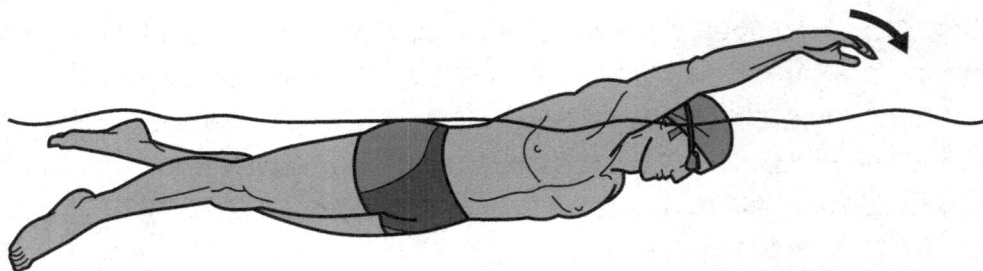

图12.3 在手入水前就开始抓水。注意手指已经开始向下指。一旦你的手指入水，保持手指指向池底，向后向下推水

图12.3所示为结合伸展长度和指尖入水来实现抓水。一旦手入水，手掌就要朝向后方池壁，而不是池底。当你向后向下推水时，你可以用整个臂长进行有效的划水。而形成拖肘动作的铁人三项运动员通常只有十几厘米（几英寸）的有效划水距离，因为直到他们的手移动到胸部时，手掌才开始朝向后方池壁。

经验丰富、技术高超的泳池游泳运动员是从青少年时期开始学习克服拖肘动作的。一旦学会了，你也可以克服。但这是一个非常进阶的技巧，比简单地从水上伸展手臂并让指尖先入水要难多了。

那么你应该如何训练这种水上移臂抓水的技巧呢？让我们再次从岸上练习开始。弯腰站着，手臂放在两侧，保持肘部伸直，用一只手臂进行划水，尽可能向前伸。在手臂伸展到最大长度的过程中，双肩应该发生转动，当手臂完全伸展时，指尖向下指向地面。现在就是抓水姿势了，手臂向后向下推水。抬眼看你的手臂位置以确认自己的抓水动作，然后尝试另一只手臂。为了保持你的良好姿势，让你的训练伙伴协助你，确保你的手指在手臂完全伸展时是指向下的。在岸上分别慢速地重复几次两侧手臂的动作，以掌握这一技巧。之后就可以下水练习了。

回到泳池中，你可以做这样一个巩固练习。如果泳池有比赛用的出发台，那么双手向上伸，把手掌放在出发台上，这就是抓水的姿势。用手掌撑住出发台，把你的身体从水中抬起来一点儿，就好像你要从泳池中起水那样。感受这个姿势产生的力量。现在把你的手指抬起来，指向天花板，这就是拖肘动作。很显然，如果不把手放在出发台上，你不可能把自己拉起来。在你游泳时也是一样的，如果你的手指指向前面的池壁，你不可能前进。你必须抓水才可以前进。

现在你可以在游泳过程中练习这个技巧了。这个时候，你应该已经掌握了姿势、方向和长度技巧。在游泳技巧提升的这一阶段，我发现有一些运动员开始回到他们原来的习惯，尤其是在长度技巧上。然而短距离的划水会让抓水无力，所以我们首先要进行一个结合了长度和抓水技巧的练习——"风车"练习。

在你刚开始学习做这个练习的时候可以使用浮板，你的目标是像风车一样游泳。换句话说，不论在水上还是水下，你都要始终保持直臂，肘部绝不可弯曲。把手臂抬高伸出水面，并向前伸展，就像拍水训练那样。唯一不同的是，在这一训练中你不用拍水，而是像图12.3中那样手指向下以便抓水。你应该保持较好的身体姿势，向前方池壁的方向伸展，在抓水时倾斜肩部，并轻微转动胯部。

一旦你掌握了风车练习，结合姿势、方向和长度技巧，你就会比以前用极其普遍的拖肘动作时要游得快很多。我发现很多铁人三项运动员在做风车练习时比平时游得要好很多，所以我告诉他们，就一直用这个姿势游泳。

游泳技巧训练

现在你知道在训练营中我是如何通过技巧训练提升铁人三项运动员游泳成绩的了。大多数人的成绩都会得到提升，关键在于全力以赴改进PDLC技巧。而一切的基础是，你要知道这4项技巧中你已经掌握了哪些，然后把精力集中在其余几项上，并按照P、D、L到C的顺序依次训练。例如，如果你的游泳姿势已经很好了，那么你就应该把注意力集中在掌握方向技巧上，接下来再练习长度技巧，最后是抓水技巧。如果你还没有掌握现阶段练习的技巧，请不要开始下一项练习。

这会花费一些时间，可能是1个月。如果我是你的教练，我会让你用4周，也就是12 ~ 16场游泳训练的时间，通过上述练习来掌握PDLC技巧。

以同样的模式来进行每一次训练。下水之前，先在岸上做当天的核心PDLC练习，当你掌握了动作感觉之后再下水。下水之后你要做的是以很慢的速度从泳池一边游到另一边。在训练过程中，每一趟都要游得比前一趟稍快，但不要一下子拼尽全力。每一趟都要把注意力集中在你想要提升的技巧上，不要想其他事情。不要关心你游得多快，不需要计时。让我们等到这个月结束，你完全掌握了PDLC技巧之后再来看成绩如何。

每当你游完一趟，请在泳池边休息一下。想休息多久就休息多久，不要为了增强耐力而缩短休息时间，这会阻碍你练习新技巧的步伐。在池边休息是为了让你的注意力有开小差的机会，看看周围其他游泳的人，除了自己的游泳表现之外想其他的什么都行，你可以想想今天晚饭吃什么，工作中正在做的项目，或者昨天骑行怎么样。休息放松，你的呼吸应该变得平静。当你准备好游下一趟时，把你的思绪拉回到正在进行的PDLC训练中，不要再想其他事了。再游一趟，在游泳过程中只关注你的动作是否正确。然后再次停下并充分休息，想想除了游泳以外其他的事情。在整场训练中不断重复这个过程。这个训练叫作快速25s训练，在附件B的SS1训练中有描述。

> **提示**
>
> 在池边休息是为了让你的注意力有开小差的机会。

当你进行PDLC游泳训练的时候，请不要在意手指并拢、打腿、充分划水、把手臂像伸进袖子里一样伸展等这些你曾被告知"非常重要"的事情。一旦你完全掌握了PDLC技巧，你可以再回到这些能提升2%的小技巧中去，达到一些小目标。但是现在，请只关注这些能让你提升20%的技巧：姿势、方向、长度和抓水。

> **提示**
>
> 巨大的进步来自姿势、方向、长度和抓水技巧的提升。

进行PDLC训练的最佳时机是赛季之初的基础1期，通常是在冬天。但无论你处在赛季的哪一个时期，培养更好的游泳技巧都会让你游得更快。只需要进行12 ~ 16次连续、轻松的单趟游泳练习，你就可以完全掌握你想要提高的技巧。一旦你掌握了某一项PDLC技巧，就可以开始下一项了。你可能需要时不时地重复前几项训练，以确保你没有回到原有的习惯中去。

经常拍摄视频可以让你知道训练进展得如何。在4周以PDLC为核心的训练结束之后，你完全不需要进行1趟以上的长距离训练，也不需要做高强度的间歇训练，就可以游得更快。你还学到了非常宝贵的一课：对于游泳来说，技巧的掌握比我们通常所说的身体素质要重要得多。

骑行技巧

与强调高技巧的游泳不同，自行车在3项运动中对技巧的要求相对较低。但这并不意味着在骑行中技巧不重要。只是说技巧对骑行表现的影响比对游泳表现的影响要小。在自行车运动中，有4个需要掌握的基本技巧——踩踏、转弯、爬坡和下坡。好消息是它们都很简单。有两件事可以帮助你提高这4项技巧。

自行车设定调整

提高这4项技巧并非从训练开始，而是要先调整你的自行车。这是自行车运动中的PDLC训练。与游泳相同，最好是在赛季之初调整自行车，基础1期是最佳时机。对于你这一赛季的骑行来说，没有什么事情比调整自行车更为重要了。适当的自行车设定调整不仅可以极大地提高你的技巧，还可以使你从高强度的训练中更为显著地提升身体素质。

提示

一次合理的自行车设定调整可以极大地提升你的技巧，并对艰苦训练大有助益。

自行车设定调整非常重要，你需要每年进行一次。即使你的自行车去年已经调整过也是一样，因为一切都是在变化之中的：也许随着年龄增长，你的柔韧性会变差，而肌肉在力量训练中变得更强壮；或者由于你花了很多时间来增强关节活动度和上瑜珈课，你的柔韧性变得更好了；也许你回想起上个赛季中，在进行长距离比赛时，你因背部僵硬而需要频繁地直起身体；也许你受了点小伤或是从伤病中恢复过来了；也许你今年头等重要赛事的比赛距离和去年是不同的；也许你的臀部在长距离骑行中会变得酸痛；也许你去年买了一个新的座垫或者一根新的把立。总之，很多事情都会发生改变。即使你没有找到一个合适的理由，也请一定要做一次自行车设定调整。相比起任何你可能买到的昂贵自行车配件，好的自行车设定调整可以在比赛中为你省下更多的时间。

你可能会非常不幸地从自行车调整师那里获知，你骑的自行车车架太小或者太大了，完全不适合你。当然我希望这不会发生，因为新的车架是很贵的。但是几乎在我去过的每场比赛里，我都会看到很多运动员处于这样的窘境之中。所以，如果你正在挑选一辆新车，请让你的自行车调整师先看一看你中意的车，就像让你的汽车修理师看一看你正要买的汽车一样。如果这辆自行车对你来说不合适，那花再少的价钱买它都是不划算的。

你需要专业人士来帮你做自行车设定调整，不要让你的另一半或者训练伙伴来做（除非他或她是一个专业的自行车调整师）。此外，你需要找那些知道怎么为铁人三项运动员调整自行车的专业人士，这和调整公路计时赛用车并不相同，公路自行车运动员不需要下车跑步。多数铁人三项装备专卖店都有专门做这类自行车设定调整的店员，或者他们可以推荐一个这样的人给你。

自行车设定调整最初基本上算是门艺术，但现在很大程度上讲已经是科学了。好的调整师会根据你的体质、生理特点和比赛目的帮你调整出适合你的设定。他（她）会针对你的情况进行权衡，考虑包括安全、舒适、输出功率和空气动力学性能在内的诸多因素。你会学习到应该如何坐在座垫上（很多人都坐得不对），你的头部、脊柱和臀部应该保持什么样的姿势，以及怎么才能骑得更快。这笔钱会花得很值。

一次好的自行车设定调整，最起码可以全面提升你的控车技巧，甚至你无需特意训练就可以感受到这一提升。这样，你在骑行时就会消耗更少的体力，输出更大的功率。在接下来的赛季中，因骑行而受伤的风险也将极大地降低。如果你是认真地想要提升自己在骑行赛段中的表现，那么花在自行车设定调整上的钱将会是收益最大的投资。只需要一两个小时，你就会成为更好的自行车手。

非铺装路面骑行

为了提升踩踏、转弯、爬坡和下坡等控车技巧，最好的方式就是骑山地车或者越野公路车在非铺装路面上练习。进行这项练习的最好时期是在每年训练之初的准备期或是基础1期。对于大多数铁人三项运动员来说，这通常是在深秋或是初冬的几个月，这个时候白天很短、天气也不大好，所以这是个在非铺装路面上骑行的好时机。即使比在铺装路面上骑得慢很多，你也可以用更少时间获得更高收益，特别是在技巧练习上。

> **提示**
>
> 山地车和越野公路车可以帮助你提升转弯、爬坡和下坡的技巧。

为什么非铺装路面的骑行会有助于提升骑行技巧呢？这是因为在非铺装路面上，你所有的动作都要夸大并且慢速进行。让我们以爬坡过程中的踩踏技巧为例。当你骑行在铺装路面爬坡时，你的姿势可以很随意，却仍然可以到达山顶。但是在非铺装路面上，尤其是在碎石路或沙质路这种路面材质松散的道路上骑行时，你的踩踏动作就需要一定技巧了。如果踩踏时你只是使劲地往下踩，那么后轮就会在松散的路面上打滑，最终你有可能会零速摔。所以你必须得学会在整个踩踏过程中尽力保持平衡。当你在基础2期回到铺装路面骑行时，这些技巧就可以派上用场了。

同样的，你也可以提升转弯和下坡技巧。通过在有障碍物的松散地形中进行低速的骑行训练，你会掌握更加娴熟的控车技巧。无需任何其他练习，你在铺装路面骑行的技巧就会得到极大的提升。此外，在非铺装路面骑行非常有趣，也是常规骑行训练之外的一种很好的调剂方式。

跑步技巧

在这3项运动中，跑步的动作技巧的重要性居中，技巧在跑步中没有在游泳中那么重要，但是又比在骑行中更重要。和提升游泳技巧一样，提升跑步技巧也可以有很强的针对性。关于跑步，我们可以说出很多技巧，但是大多数技巧都只能给运动表现带来最多2%的提升。这些技巧包括跑步时肘部弯曲的角度、手臂以身体中线为轴的摆动方式、脊柱的弯曲程度、双眼目视前方的距离，以及很多我们这些教练经常纠结于其中的跑步技术动作。

提示

提升跑步技巧可以有很强的针对性。

只有一项技巧，一旦掌握，你的运动表现就可以得到显著提升。这个技巧就是脚掌的着地方式。关于脚掌着地的方式有很多不同的观点，甚至有人质疑这对于跑步表现的重要性。但是正如我们看到很多优秀的公开水域游泳运动员都采用PDLC划水一样，大多数铁人三项运动员在跑步时都采用相似的脚掌着地方式。让我们来看看他们是如何做的。

图12.4和图12.5所示从正面和侧面两个角度展示了跑步时好的脚掌着地方式。这两幅图中的前脚都是即将接触地面，同时在这两个例子中脚掌都是几乎平行于地面的。这几乎是完美的脚掌着地方式，而你并不需要如此接近完美。如果你的整个脚掌能够做到几乎在同一时间接触地面，你也可以让脚跟先触地。换句话说，如果前脚掌的位置只比脚跟着地的平面高不到2.54厘米（1英寸），那么脚跟着地的方式也是可行的。

提示

如果整个脚掌能够做到几乎在同一时间接触地面，那么脚跟先着地的方式也是可行的。

图12.6和图12.7所示为某些铁人三项运动员的跑步方式——典型的脚跟着地，前脚掌大幅高于地面。这4个例子中脚掌触地的时间差只在毫秒之内，但正是这几毫秒的差异对于跑步效率来说至关重要。当脚掌保持水平姿态触地时，势能会被储存在小腿肌肉中，正如橡皮筋被拉伸时那样。在脚掌处于水平的状态之下，能量可以被很快释放，与前脚掌晚着地的方式相比，有利于更加高效地跑步。由于小腿肌肉没有发挥弹性，图12.7中这种脚掌上勾、脚趾朝天的夸张的脚跟着地方式无法储存能量。在这种情况下，脚部的动作更像是摇椅，限制了你的小腿肌肉像橡皮筋一样起作用。

你可以通过一个简单的练习来体验这种感受。原地摆出好的跑步姿势——膝盖微弯，把重心放在脚掌上。现在上下弹跳，使脚掌离开地面几厘米，然后水平着地，感受一下这是多么轻松。现在再做一次相同的弹跳训练，但这一次你要把重心放在脚跟上，差别显而易见，脚跟着地的方式显然比全脚掌着地的方式费力多了。你在这个简单的训练中感受到的差异大都与储存的能量是被释放了（全脚掌着地）还是损失了（脚跟着地）有关。

在我指导铁人三项运动员的30多年里，我意识到脚掌的着地方式在不断地进步。早些年，大多数人都采用典型的脚跟着地的方式。而现在，大多数人采用的是全脚掌着地式的跑法。这并不意味着你的脚掌着地方式就是对的。为了验证这一点，你跑步时可以让其他

图 12.4　好的脚掌着地方式的正视图

图 12.5　好的脚掌着地方式的侧视图

图 12.6　糟糕的脚掌着地方式的正视图

图 12.7　糟糕的脚掌着地方式的侧视图

人从正面和侧面给你拍视频。如果你的脚掌着地方式是对的，从正面看，你应该只能看到前脚的很小一部分鞋底（图12.4和图12.6）；从侧面看，前脚在即将着地前应该保持近乎平行于地面的姿态，而不是夸张的脚跟着地姿态（图12.5和图12.7）。

落脚练习

如果视频显示你的脚部姿态非常好，那么你的跑步效率可能已经很高了。但是如果你的脚掌着地方式很糟糕，你就需要做一些练习去纠正它。正如游泳一样，我们首先从"岸上"练习开始，并逐渐过渡到更快的、类似比赛的动作中去。

> **提示**
>
> 为了改进脚掌着地方式，先从"岸上"练习开始，逐渐过渡到类似比赛的动作。

第1个练习很简单。在距离墙面50厘米的地方面向墙站着，把双手放在墙上，这样你就可以略微地倚靠它。现在，就像跑步那样抬起你的右脚使之离开地面，然后放下，如图12.8所示。右脚应该垂直落下，并落在左脚前面，而不是旁边。两只脚都重复这个动作几次，密切关注你的脚和膝盖是如何运动的。墙面限制了会导致夸张的脚跟着地方式的右脚向前伸的动作。当你抬脚时，膝盖明显弯曲，抬起的脚位于膝盖的正下方，不是膝盖的前方。这就是图12.4和图12.5中脚部和腿部的姿态。向前伸脚会让你形成图12.7所示的夸张的脚跟着地姿态。

图12.8 落脚练习

步幅练习

在掌握了落脚练习之后，你应该进入到"步幅"练习阶段，这与游泳技巧训练中的单趟游泳练习类似。这个练习最好是在像草地这样的表面较为柔软的场地进行，一个可以让你沿着一边跑130米的停车场或足球场就很好，如果是略微下坡的地形就更完美了。以舒适的热身速度沿着场地跑一趟来开始你的训练，密切关注你的前脚和前腿的膝盖。就像落脚练习中所做的那样，你的抬脚、落脚应该是在膝盖的正下方。注意专注于此，心无旁骛。然后转过身并走回起点。是的，走！不要跑。这是一个很长的恢复过程，就像你在游泳训练中做的那样。

回到起点后，转身，再跑一趟。一场训练中做 4 ~ 8 次这样的步幅训练，每一次都应该比前一次略微快一点，所以最开始的时候要慢一些。把注意力集中在你的脚部姿态上——在膝盖正下方水平着地，就像你扶着墙的时候那样。在你做这个练习的时候，让别人从侧面帮你拍摄视频，以检查你是否做到了脚掌水平着地。视频是训练进展的重要反馈，所以要经常拍摄视频。

在进阶的步幅练习中，依旧像上文描述的那样跑步，但这一次你需要给一条腿计步。例如，每当右脚触地时计数。用手表记录每次跨步的时间，以及相同时间内的步数。在同样的草地训练场上，跑 20 秒并计步，目标是在 20 秒内跑 30 步，也就是每分钟 90 次的步频（RPM）。在进行这个计时训练时，请把注意力全程集中在脚掌的水平着地上。

弹跳练习

现在让我们增加一项结合了步幅练习的"腾空"练习。小的时候你可能经常做这个，每一个孩子都会因为觉得好玩而做弹跳动作。这个动作是与生俱来的，但是距离你上一次做弹跳动作可能已经过去很久了，所以你可能需要花费一些时间重新找回做这个动作的感觉。这个训练值得你为之花费时间。弹跳可以让你学会在不用眼睛看的情况下保持脚掌水平地在膝盖下方着地，很多运动员在跑步抬腿时会不自觉地用眼睛去看，这在一开始是可以的，但最终还是要避免。图 12.9 所示为弹跳的姿势，其本质上是一只脚在空中的单脚跳跃。双腿交替，这样你就可以先用一条腿单腿跳，再用另一条腿单腿跳。每次步幅练习之后、走回起点前，做 20 秒这样的弹跳练习。

进阶步幅练习

在进行几次计时的步幅练习和弹跳练习相结合的训练之后，你已经做好准备进行进阶的跑步训练来增强力量了。就像之前那样，在草坪场地上跑一趟并计时，当

图 12.9 弹跳练习

你折返准备回到起点时，做上述弹跳练习。但是现在，我们要改进一下弹跳动作。有两种进阶的弹跳练习可供选择，一种是在弹跳的 20 秒过程中，把腿抬得尽可能高；另一种是每次跳跃尽可能长。这就是爆发力训练的一种形式，我们会在第 13 章中做详细的描述。但是现在，我们只需要知道爆发力训练可以增强跑步的力量。

弹跳练习的终极阶段是赤足，这会加强你足部和小腿的力量，有助于你跑得更快，同时也可以减少出现跑步相关损伤的可能性。然而，值得注意的是，高度进阶的跑步训练也会造成损伤。这就是第10章中讨论的运动风险和回报。在进行赤足跑步训练时要小心。首先要考虑的是，是否会踩到尖锐的东西。仔细检查步幅练习的场地，确认地面上没有会伤害到脚的东西，也别忘了检查地面上狗的排泄物。如果你的脚上有伤口，不论它有多小，都不要进行赤足练习。

在你已经穿着鞋进行了多次步幅练习之前，不要轻易尝试这最后一步。在进行赤足练习前，你应该先穿着极简的跑鞋进行几次训练，比如薄底竞赛鞋或是涉水鞋。这样做的目的是循序渐进地去训练你的脚掌，而不是企图让它们突然变强，结果却以受伤收场。耐心一点！当你开始穿着极简跑鞋进行第1次赤足练习时，先从小一点的训练量开始。如果你穿着正常的跑鞋会做8组练习，那么第1次穿着极简跑鞋时就只做4组，并在进行赤足练习前逐渐增加到8组。同样的，在刚开始进行赤足练习时，只做4组步幅－弹跳的爆发力训练。

> ### 提示
>
> 要循序渐进地去训练你的脚掌，而不是企图让它们突然变强。

小结

无论一个运动员的水平有多高，他的提速技巧都有提高的空间。在20世纪90年代末期和21世纪初，我曾给当时铁人三项界跑步最快的运动员之一瑞安·博尔顿当教练。除了游泳和骑行的训练之外，我每周都让他做步幅练习。你永远可以变得更快，而当你缺乏技巧时，通过大量训练获得提升的成功率会大大降低。

> ### 提示
>
> 无论一个运动员的水平有多高，他的提速技巧都有提高的空间。

好的提速技巧要从运动中最基本的动作开始训练，在游泳中更是如此。如果你是一个国家级或者世界级的游泳运动员，那把你待在泳池里的宝贵时间花在改进微小的细节上是可以接受的。但如果不是，那么在开始了解高阶技巧前，你首先需要掌握的是最基本的开放水域游泳技巧。最基本的技巧就是姿势、方向、长度、和抓水技巧——也就是本章中讲到的PDLC。当你掌握了这些技巧之后，就可以进阶到去练习那些可以使你游泳水平更高的微小细节了。但在那之前，请把注意力集中在掌握PDLC技巧上。进行这个训练的最佳时机是赛季之初的基础1期。但是，任何时候开始都不算晚。

作为3项运动中"以技巧为中心"程度最低的运动，骑行的技巧相对容易掌握。首先你需要找一位与铁人三项运动员有过合作经验的专业自行车调整师调试好你的自行车。即使你骑着一辆已经调试好的车或者你已经很适应你的车了，在每个赛季前你还是应该再次进行调试。因为情况是会改变的。我所指导的运动员们每个赛季都会重新调整自行车的尺寸。基础1期是做自行车调整的最佳时机。此外，在基础1期及之前，请尽量多地在非铺装路面上骑行来提升你的踩踏和控车技巧。除了作为一种有效提高技巧的训练手段之外，在非铺装路面上骑行还非常地有趣，同时，这也是在铺装路面上骑行了近一年后的一种很好的调剂方式。

跑步中最基本的提速技巧是脚掌的着地方式。跑步快的运动员脚掌着地方式大同小异。他们要么脚水平着地，要么脚跟略微先着地（有人用前脚掌着地，但除非你这样跑了很多年了，否则我不推荐这样做）。没有哪个跑得快的运动员会把脚落在膝盖的前面，把前脚脚尖指向天空。如果你现在正是以如此夸张的脚跟着地的姿势跑步的，那么想进阶，你就必须要改掉这个习惯。如果你着地时脚在膝盖前面，再艰苦的训练对你也没有太多用。与游泳和骑行技巧相同，训练跑步技巧的最佳时机也是基础1期。但与其他运动一样，不论在赛季中的什么时候，你的跑步技巧都需要不断精进。

只是掌握了这些游泳、骑行和跑步的提速技巧，你还远未成功。因为技巧会随着时间而变形。如果不留意变化，你将会逐渐回到原来的习惯动作中去。所以技巧性练习需要每周甚至每年周期性地进行。技巧的提升永远不会结束。持续提升技巧会助益于其他艰苦的训练。在训练中，永远不要在努力加快速度时任由你的姿势走形。技术对运动表现来说至关重要。

肌肉力量

训练不仅仅是为了锻炼心肺，因为归根结底是肌肉让你速度更快。你的训练首先应该是针对肌肉的，不仅是你全速前进时，做轻松的有氧运动时也是一样。研究一致表明，当肌肉力量改善，处于无氧阈值时的速度会提升。而这正是第6章所讲的3个身体素质指标之一，可能你还记得，另外2个指标是有氧能力和效率。

肌肉力量增强了，效率也会随之提高。在上一章中，你读到了改善提速技巧的方法是减少游泳、骑行和跑步的能量消耗，从而提高你的运动效率。当训练目标是提高运动的效率时，技巧确实是你可以掌控的因素之一，而另一个可以掌控的因素则是肌肉力量。

在这一章中，你将学到可以提高速度和效率的其他方法，即爆发力训练和力量训练。多年来，我在许多铁人三项运动员身上运用了这些训练方法，并发现他们的身体素质和运动表现都有了持续的提升，而这两种训练方式给你的神经肌肉系统所带来的好处是传统的耐力训练无法做到的。

神经肌肉训练

神经肌肉系统是由神经和肌肉组成的，它的功能很像电脑。肌肉只做神经让它们做的事，就像硬件只做软件让它们做的事一样。不论对于电脑还是你的身体来说，要想正常工作，二者缺一不可。大脑通过神经向肌肉发送信号，这样你就会以某种特定的方式来动作。某些特定的神经对特定的肌肉刺激得越频繁、次数越多，你在相应的运动中所达到的效果也就越好。这就像一条穿过荒僻空地的小路，随着时间的推移会被不断打磨。一开始，你可以沿着想走的任何方向穿过这片空地。但是，当很多人都走捷径的时候，最佳的一条路径就会被建立起来。而走的次数越多，这一条路径就会越好走。这基本上就是我在上一章讲泳池单趟间歇训练时让你做的，你只需关注每圈后都会进行长时间恢复的PDLC练习就好了。因为你是要通过它建立神经通路，也就是在正确的时间、以正确的方式激活某些肌肉。而重复练习可以提升你在某一特定动作中的技巧。

同样的事情也发生在肌肉力量上，而肌肉力量的大小与有多少肌肉纤维同时被激活有关。你的肌肉在某些神经的作用下有力收缩的次数越多，你的速度就会越快，效率也越高，也就是说那条小路会变得很宽，并且打磨得更充分。训练不足的运动员只能激活他们可用肌肉中的一小部分，而且这些肌肉纤维还很孱弱，也就是说这条小路很窄，也不好走，这让他们速度很慢。他们缺乏肌肉力量，而肌肉力量需要的就是许多强壮的肌肉纤维在适当的时间以适当的顺序收缩。

提示

重复练习可以提升你在某一特定动作中的技巧。
神经系统在运动能力中起着重要作用。

运动科学家们曾经认为，只有肌肉块头的大小能决定一个人的力量如何。因此力量训练建立在产生大块肌肉的基础上。但自20世纪80年代以来，力量训练的研究表明，对于一个运动员的力量水平来说，神经系统发挥着重要作用。虽然你仍然可以指望着练出大块肌肉带来的强壮，但体型并不是力量的唯一决定因素。从耐力运动员的角度来说，当他们正确地进行力量训练时，也可以通过训练神经系统有效工作来达到提升力量的目标。

此外，某一特定技巧（如踩踏神经系统）所涉及的各种肌肉神经支配（神经刺激）的协调性和反应时间，与该神经系统训练的充分程度直接相关。要想增强这一技巧所对应的力量，你就需要进行针对性的力量增强练习，尽量去模拟该运动的特定动作。

决定你铁人三项运动表现的神经系统可能还涉及更多的生理过程，而这些可以通过举重练习来改善。神经肌肉系统在长时间的耐力运动中会变得疲劳，我相信你很清楚这一点。我们通常把这种疲劳归咎于肌肉疲劳，认为是肌肉对神经支配产生了抵抗。但其实，很可能是神经甚至是大脑正在陷入疲劳，你只是更容易意识到肌肉的疲劳而已。运动科学仍在试图搞清楚疲劳到底是什么。但我们可以确定的是，耐力强大的肌肉能够抵抗住各种可能导致疲劳的因素。

在这一章中我想向你们展示的是，如何使用两种训练手段来强化你的神经肌肉系统，最终让你变得更强大，并且可以进行更长时间的快速运动。这两种训练手段就是爆发力训练和力量训练，二者都有潜力产生非常显著的运动表现回馈。然而，回想一下第10章，训练中，如果某项练习可以带来很大回报，那么它也会有很大的风险。对爆发力练习和举重练习来说，无疑也是这样的。虽然它们可能会显著提升你的运动表现，但你也很容易在进行这两种练习的时候受伤。而造成伤病问题最常见的原因是缺乏耐心——运动员急于做这种类型的训练，而且练得太多。练习的剂量（强度）和密度（频率）经常超过了安全范围，导致膝盖、背部、足部或身体其他脆弱部位受伤。因此，在进行这两种类型的训练时，你必须要谨慎和保守。

提示

在开始进行举重训练和爆发力训练时，你必须谨慎和保守。

虽然训练是有风险的，但如果你遵循本章的爆发力和力量训练指南，基本上就可以避免受伤。但我建议你无论做什么，都需要对自己的身体感受有一个清醒的认知。一旦有迹象表明其中一项练习造成了过大的身体压力或者情绪紧张，你就必须停下来，重新评估。压力和紧张的迹象通常意味着你的练习强度已经透支了身体的适应能力长达几周之久，因而无法再从这些练习中获得提高。所以，去休息吧，然后从较低的强度开始，让自己的身体慢慢适应。

肌肉

你的全身有多种不同类型的肌肉。在最基本的水平上，它们被分为快收缩肌纤维和慢收缩肌纤维。慢肌纤维是你的耐力肌肉，虽然不是很强大，但它们可以在疲劳之前一遍一遍地重复收缩。而快收缩肌则刚好相反，它们收缩得很有力，但很快就会疲劳。这两种肌肉类型的比例对于每个铁人三项运动员来说都是不同的。一些人有非常多的快收缩肌纤维，因此非常有力，但往往耐力很差；另外一些人则有更多的慢收缩肌纤维，因此可以持续运动很长的时间。我们每个人全身肌肉类型的混合情况都是不同的。

你的肌肉类型混合比例是由你父母决定的，在你妈妈怀孕时就已经确定好了，但是，你可以对其做一些小幅度的改变。通过做大量、长时间、强度适中的练习，一个绝大多数肌肉为快收缩肌纤维的运动员可以让一部分快肌纤维担任起慢肌纤维的耐力角色。反过来也是可能的，通过力量和功率训练，一些慢肌纤维将呈现出更多快肌纤维的力量特征。

这意味着，当进行力量训练时，你需要确定哪些练习才是对自己的铁人三项表现最有帮助的。我也指导过一些有健美或举重背景的铁人三项运动员，他们的身体条件非常不错，当然不需要再通过举重练习来进一步增强力量了。他们所需要的是更多的耐力训练。但是在我 30 多年的执教经历中，指导过的大部分铁人三项运动员都从提升力量和功率的训练中受益匪浅。

那么你属于哪一类运动员呢？是天生力量型的运动员吗？也许你的肌肉很发达，而且在力量训练后很容易长块头。如果是这样，那么想提高铁人三项运动能力的话，高负荷的力量训练就不适合你。因此，如果你还是想做些在这种情况下其实并无必要的举重练习，就采取轻负荷多次重复的方式吧。相反，如果你是一个有着纤细的身体结构和相对小块头肌肉的"瘦型体质者"，那么力量训练很可能会对你提升速度助益良多。

一般来说，除了瘦型体质者，从力量训练中受益最大的铁人三项选手是女性和50岁以上的运动员。但是，请不要仅仅因为自己属于某一类型，就认为力量训练对你肯定有效。我和许多不容易归类的运动员合作过，如果你不确定自己是哪一类型，那么你能做的就是去尝试一下力量训练，看看效果如何。可能你会惊喜地发现自己确实变得更快更强壮了，也可能你会发现举重练习只是让你变得块头大而已。

现在让我们开始学习爆发力训练和力量训练的细节，以及如何利用它们来提升运动表现。

爆发力训练

爆发力训练包括爆发式弹跳和跳跃练习。我在第12章中讲到步幅练习时简要介绍了这种训练方式。爆发力训练可能是提高你跑步效率的最佳练习方式，它结合了在相当柔软的场地（如草地）上进行的快速跑步和其间的弹跳练习。虽然也有一些研究表明爆发力训练可以提高骑行的能力，但它在提高跑步的功率和速度方面的确是最有效的。通过训练神经肌肉系统快速有力地收缩，让你跑得更快。

> **提示**
>
> 爆发力训练包括爆发式弹跳和跳跃练习。
> 爆发力练习在提高跑步功率和速度方面最为高效。

从严格的生物力学的角度看，有3件事可以让你跑步速度更快：一是增加你的力量，二是加快你的步频，三是减少与地面的接触时间。最后一点与足部最初着地后和地面保持接触的时间长短有关。虽然这里说的是毫秒级的时间，但是跑得快的人比跑得慢的人在地上停留的时间要短得多。事实上，这3点中每一点单独来看对速度的贡献都不大，但是在长距离跑步中共同作用的话，它们的影响能达到几分钟之多。

你可以把大量宝贵的跑步训练时间都花在爆发力练习上，但其实这并没有什么必要。因为你对神经肌肉系统所做的改变是微小的，并且你需要几周的时间才能看到步幅、步频和地面接触时间方面的明显改善，所以我建议你采取一种长期的方法。强迫自己的身体快速适应训练肯定会导致受伤。每周进行2～3次爆发力步幅练习，每次大约8组（每组大约20秒），尤其是要在基础期的早期做跑步效率训练时进行，这样可以降低风险，让身体彻底适应。经过6～8周这样的训练后，你可以进入一种维持模式，每周进行1～2次这样的训练，为下一个A级（头等重要的）赛事做准备。

步幅和爆发力的结合练习可以是一项单独的训练，在训练之前先进行热身运动，训练之后再进行长时间的冷身。或者也可以作为另一项跑步训练热身运动的一部分。这种训练只有在你精力充沛、休息充分的时候才能进行。因为在疲劳时做这个练习会导致你身体产生的肌肉力量变少——这完全和你想要的相反。

爆发力训练的两个好处是让你的足部和小腿有更强的力量和更好的弹性，减少受伤的风险。图12.9显示了纵向弹跳或向前弹跳练习的姿势。刚开始时，请用你的普通训练鞋进行步幅爆发力训练。进行几次这样的训练后，你可以穿一些轻量的鞋子，如平底鞋。最终，在你的足部和小腿变得更强壮之后，你应该能够赤脚完成所有的步幅和爆发力练习。

一定要在比较柔软的地面上练习，如草地上。在赤脚练习之前，注意确保跑步范围中没有任何尖锐的物体或者动物排泄物。如果你的脚有伤口的话，最好不要赤脚练习。

总之，永远不要停止你的步幅-爆发力练习，这应该是你在跑步训练中最常做的练习。它会通过提升效率来提高你的跑步速度。你不应该强迫自己增加步幅或减少地面接触时间，这样做只会让你跑得更慢，效率更低。反之，要有耐心，让步幅-爆发力练习一点一点起作用。它所带来的变化一开始是难以察觉到的，但是坚持下去就能实现长效化的受益。

如果在你计划做步幅练习的某一天天气恶劣，迫使你只能在室内跑步机上训练，那么你可以在水平设置的跑步机上做20秒快速跑练习。但是在跑步机上做爆发力练习并不是个好主意。相反，跳绳是个不错的选择，双腿和单腿跳绳是一种简单的爆发力练习方式，它迫使你保持脚掌快速弹跳的动作。

力量训练

现在，让我们来看另一种通过增强神经肌肉系统来提高你运动表现的方法。在过去20年左右的时间里，力量训练已经成为一种耐力运动员常见的训练方式。一个只包含有氧耐力运动的训练计划也可以提高你的力量，但效果很有限。相比于规律地进行增强肌肉的练习，这样的纯有氧训练对于力量来说所能提升的上限很低。与耐力训练相比，力量训练可以产生更好的效果，你的力量和效率都会得到提升，这也意味着会有更快的速度和更少的能量浪费。而常用的训练方法就是举重练习。

除了增强力量之外，举重练习助益于运动员竞赛表现还有几个原因，其中最关键的就是功率。在耐力运动中，功率对达到高水准的运动表现起着至关重要的作用。功率，就是力和速度的乘积：**力 × 速度＝功率**。

力量是神经肌肉作用的结果，通过力量训练很容易得到提升；而速度则与节奏有关。在本节中我们将研究力量这一因素，第12章所讲的练习则会帮你加快节奏。

提示

力量训练会提升功率，同时提高效率。

进行举重练习的另一个目的是防止受伤。一项共涉及26610名研究对象的举重练习方面的科学研究显示，举重练习能将受伤的概率降低一半左右。而我们通常认为的预防受伤的最佳方法——拉伸，其实根本不能起到预防受伤的作用。软组织损伤是持续训练的最大障碍，通过举重练习，你不仅可以变得更有力量，也降低了因为受伤而损失训练时间的风险。

最近的研究也表明，力量训练有助于减少长距离耐力比赛后段的疲劳。更高的功率与更好的耐力结合可以帮你更为强势地完成比赛。

最后，举重练习还可以增加骨密度。对于年龄较大的铁人三项运动员而言，这是一个尤为重要的好处，因为他们正是骨质减少和骨质疏松的高危人群。

提示

举重练习可以增加骨密度。

根据我30多年来指导各类耐力项目的运动员进行举重练习的经验来看，这是除他们主项运动训练之外最为有效的训练方式。

举重术语

在详细介绍怎样在你的训练计划中引入举重练习之前，理解力量训练所使用的术语是很重要的。以下是介绍举重练习项目时会用到的术语。

自由重量和器械。后续插图给出了运动员在练习中使用自由重量的示例，如蹲起练习（图13.1）和台阶练习（图13.4）。在练习过程中，自由重量必须握在手中并保持平衡。平衡这些负重的过程有助于小肌肉和核心力量的提升，但它是有一定风险的，你可能会跌倒或者没拿稳掉落配重。而后续插图中的另外一些练习则是运动员使用力量器械的情景，如腿部推举练习（图13.6）和腿弯举练习（图13.7）。使用这些器械时无需保持平衡，因此它们更为安全。然而其不利的一面是，用以保持平衡的小肌肉在进行器械训练时无法得到加强。但对于举重练习的新手来说，使用器械会是更好的选择。

训练组数与重复次数。为增强力量，一项举重训练包含多组练习，每组练习又包含多次重复动作。例如在某个力量建设阶段，一个动作往往需要重复8～12次，这么多次的重复动作构成了1组练习。而后训练指导可能会要求你每个动作做3组，每组之后有一个用于恢复的短暂休息时间。

负重。也就是说你举起了多少重量。在各个力量训练阶段中，负重在增加，同时每组练习的重复次数在减少。随着负重在几周时间里的慢慢增加，机体也在慢慢适应并变得更加强壮。

最大重复值（1RM）。对于某一组特定的练习，具体采用多大负重通常取决于你试举一次能够举起的最大重量，称为1RM。然后根据1RM的百分比来确定练习时的具体负重，例如教练可能会指导你去使用1RM值80%的负重。但是这一方案的缺点是，你必须挑战自己，定期就要做一次最大努力来确定自己的1RM值大小。这样做其实很危险，你可能会受伤。对于健身经验丰富的选手来说受伤风险会比较低，但如果你在举重练习上不是很有经验，那么我建议你还是采用一种风险较小的方法。

你可以根据表13.1所示来确定后续训练所使用的负重值。要使用此表，请选择一个你认为在特定练习中自己仅能举起4～10次的负重值，然后试试你到底能做多少次。之后，在左边一栏中找到你所做的具体次数，再在右边寻找这一次数所对应的因子。要确定你在该练习中的预测1RM值，请用你所举起的负重值除以相应的因子。假设你做了9个深蹲，负重为36千克，而9这一重复次数所对应的的因子是0.775，那么就用36除以0.775，得到预测1RM为47千克。用这种方法来找到你每一个练习的1RM，比做一次最大努力的风险小多了。

另一种确定自己练习负重的方法就是推测并试试你到底能做多少次重复动作。如果你能做到的次数超过了要求的次数，那么就增加负重并再次尝试。这样很快你就可以确定练习的正确负重值。之后，你就可以根据自己在某个阶段应该做多少次重复动作来不断调整负重的大小。

表13.1 确定你的最大重复值（1RM）

重复次数	对应因子
4	0.90
5	0.875
6	0.85
7	0.825
8	0.80
9	0.775
10	0.75

看看你具体能重复某一特定练习的动作多少次，再用你所举起的负重值除以它的重复次数所对应的因子，得到你在该项练习上的1RM。

恢复。接下来在举重练习每个阶段的说明中，我都列出了在每组练习之后你应该花多少分钟来做恢复。目标就是确保在进行下一组练习之前，你可以得到充分的恢复。如果恢复时间太短，你就无法按原定的重复次数举起你本来能够承受的负重，那么之后这个练习就成了一个耐力练习。然而因为你已经在健身房之外进行了大量的耐力训练，所以这样的耐力练习其实没什么价值。要想增强力量并进而提升功率，你就必须在每一组负重练习中挑战自己。也就是说，每次练习都要在充分恢复之后再开始。

提示

增加力量，要从每次练习都得到充分恢复开始。

训练伙伴。在一些需要使用很大自由负重的练习（如深蹲）中，你的平衡能力可能会受到挑战，尤其是负重较大的时候。因此明智的做法是找一个训练伙伴，一个"观察员"——他可以帮助你在负重时保持平衡，并指导你完成练习。这样可以有效减少你跌倒或者掉落配重的风险。

向心收缩和离心收缩。向心或者离心，肌肉总是以两者之一的方式进行收缩。在向心收缩中，肌肉会随着负重的增加而变短，如手臂在拿起重量时弯曲，当重物举起时，肌肉就会变短。而在离心收缩中，肌肉会随着重量的下放过程而变长。想象一下你在做手臂弯曲的动作，从重量在肩膀附近开始，也就是你完成向心收缩举起重量的时候所在的位置，现在请慢慢地把重量放低到腰部的高度，当你这样动作的时候，肌肉会随着肘关节的张开而变长。这是肌肉在伸展，控制着重量下降的过程。所以说，每个力量练习都有一个向心的部分和一个离心的部分，你都是先举起重量（向心的），然后再把它放下归位（离心的）。

在做离心练习（放低重量）时你能够承受比向心练习更大的负重。但是如果负重足够大的话，离心练习也会对肌肉造成很大的压力，因此它往往也是个危险的动作。所以把重量放低归位的过程必须小心谨慎地进行。

动作速度。在接下来的训练中你会看到一些需要用到弹震式动作的练习，它们也通常被描述为"爆发式"的举重练习。换句话说，要用非常快的速度，也就是你能够提起负重的最快速度，来完成向心部分的动作。与传统的以大负重进行的慢速运动相比，这类练习所用的负重要轻得多。弹震式练习的负重通常最好是1RM的50%或更少。这种类型的练习更容易产生快速运动（如跑步）所需的力量。如果你想跑得快，那么足部和地面的接触时间一定要很短才行。即使你的踏频非常高，骑行时向下踩踏过程的用时也比跑步时足部触地的时间要长得多。所以，正如你很快就会读到的：在针对跑步的练习中，我推荐轻负重的弹震式练习；而在针对骑行的练习中，我推荐大负重的慢速动作练习。研究表明，轻负重的弹震式练习和大负重的慢速练习都可以提高跑步的力量。虽然与弹震式练习相关的研究并不多。

当你做弹震式练习的时候，向心收缩的动作（提起重量）是爆发式完成的，而离心部分（放低重量）则是缓慢进行的。

复制一项运动的动作。如果你想在一项运动中变得更强大，那么几乎没有什么理由去做跟这项运动不相近的练习。当你想提高铁人三项运动表现的时候，不相近的练习更是完全在浪费你宝贵的训练时间。举个例子，手臂弯曲练习不会让你骑得更快。就骑行时所做的动作而言，伸膝运动要比手臂卷曲更加接近踩踏自行车踏板的动作。你的训练可以在专项运动的针对性方面做一些改善，例如深蹲、腿部推举和台阶这样的练习就更加接近于骑行时的动作。

提示

对于铁人三项选手来说，最佳的练习就是去模拟这3项运动中的动作。

多关节练习。在铁人三项运动中，会同时用到收缩肌肉驱动的多个关节。我们再次以骑行为例，当你向下踩踏板，膝关节、髋关节和踝关节不是分开伸展的，它们三者同时在动作。这就是为什么伸膝运动并不像深蹲或者我很快会介绍的其他踩踏针对性力量增强练习那样有效。当你想要让某项特定运动的某一特定推进动作有更高的功率和更大的力量时，最好的方法就是去做能用到该运动中所有主要关节的动作练习。

平衡肌肉力量。上述多关节运动指南的例外情况发生在你平衡肌肉力量的时候。关节运动由两块或两块以上的肌肉控制，每一关节的效用肌肉被称为主动肌。当主动肌作用时，关节的其他肌肉处于放松状态，因为这些肌肉是相互拮抗的。例如，肘关节由二头肌和三头肌这一对肌肉控制。做手臂弯曲时，二头肌是主动肌，三头肌是拮抗肌。但是当你做俯卧撑的时候，三头肌变成主动肌，而二头肌变成了拮抗肌。

主动肌和拮抗肌之间应该有健康的力量比。如果主动肌太强大，就有可能对拮抗肌造成损害，所以有时候增强拮抗肌的力量来预防受伤也是一个好主意。铁人三项运动中最好的例子就是大腿的四头肌，做深蹲等练习时四头肌会非常强壮，这就给腘绳肌这一跑步或踩踏自行车时的拮抗肌带来了一些风险。因此，可以通过独立肌肉练习而非多关节练习来增强拮抗肌。在接下来的内容中，你会看到用后屈腿练习来加强腘绳肌。另外，每个阶段中铁人三项拮抗肌的练习负重和重复次数也和主动肌有所不同。

举重练习的其他注意事项

举重练习其实跟游泳、骑行和跑步练习一样复杂。下面的指南将帮助你在发掘自身显著增强力量、提升运动表现的潜力的同时避免受伤。

练习间隔。举重练习应该在一周内尽可能均匀地间隔开。如果你按照基础期早期的训练建议，一周内做2 ~ 3次这样的练习，但是中间间隔得太紧，就会导致连续几天无法安排力量训练。如果你处于维持期，这是可以的。但如果你在试图增强力量的时候这样安排，就会适得其反。过长的时间间隔会让你很难增强肌肉力量，因为在没有举重练习的几天里，力量会流失。在一周中要尽可能地将训练时间均匀地间隔开，让肌肉有时间适应，因为适应就发生在用于恢复的几天里。但是不要太长时间不做力量训练，以至于损失了肌肉增量。例如，每周一和周五做两次举重训练比周一和周二做两次更为可取。同样，如果你每周做3次举重练习，那么最好在周二、周四和周六进行，而不是周二、周三和周四。

> **提示**
>
> 举重训练应该在一周中均匀地间隔开。

热身和冷身。就像游泳、骑行和跑步练习一样，在举重练习之前也应该进行热身运动。同样，就像这3项运动一样，举重后的冷身运动也是很有益的。让我们从热身说起。

力量训练的热身有两个步骤。第1步是缓慢增加特定部位肌肉的血液流量，这些肌肉很快就会承受举起负重的压力。下面要讲到的大部分练习都涉及腿部，因此，如果在健身俱乐部等场地中，你可以在固定单车或跑步机上进行热身运动来增加腿部的血液流量。只需5 ~ 15分钟逐渐增强的有氧过程就可以完成热身。然后，基本上你就已经为进行第1个力量增强练习做好准备了。

热身的第2步是做一些轻负重的重复动作。例如，如果你要做深蹲，先做几次只有自重的深蹲，在这些轻负重的热身中，请重点关注动作的技术细节。在这之后，你就准备好开始正式的练习了。记住，在接下来的每个练习之前都要做第2步热身。

在颇具挑战性的力量训练结束之后，低强度地骑几分钟骑行台，或在跑步机上走上几分钟（5分钟就足够了）来进行冷身。这二者相比，我认为骑几分钟骑行台要更好一些。因为你的双腿可能已经承受了很大的负重压力了，而这会对你踩踏的技巧和踏频产生负面影响。因此，用良好的技术以高踏频踩踏几分钟将有助于恢复你的神经肌肉激活顺序。

🔍 **提示**

　　在颇具挑战性的力量训练结束之后，低强度地骑几分钟骑行台，或在跑步机上走上几分钟来冷身一下。

练习顺序。正如本章后面所讲，力量练习有一个最佳顺序。我建议，先做负重最大的练习。在你精力充沛时举起重物，要比疲劳时更好（也更安全）。交替使用不同的肌肉群和交替练习不同的动作也会更安全。例如，尽量不要连续做两组臀部－膝盖－脚踝的伸展运动（如深蹲和台阶练习），最好在它们之间插入另一组使用不同肌肉群的动作。

🔍 **提示**

　　先做负重最大的练习。

开始一个新阶段。当你开始一个负重比以往都要大的力量训练新阶段时，在训练初期选择负重时请尽量保守一些。虽然在赛季的某些时候，挑战自己去举起更大的重量是个好主意，但训练初期并不是挑战的时机。把它留给之后的练习吧，留到你更清楚该如何挑战自己的时候，再去进行挑战。

新的练习。如果不知道一个练习具体该怎么做，那就找举重练习经验丰富的人给你做个示范。力量训练无疑是一种高风险、高回报的训练形式，练习不当的受伤风险是相当高的。特别是那些负重很大的练习，如果使用了不当的技巧，你肯定会受伤。因此请寻求他人的帮助。你还可以让人拍下你做举重练习的视频，然后在网上搜索一些技巧好的示范来对比一下，看自己练得如何。

举到力竭为止。你可能听说过那种一直举、举到你不能再次举起负重为止的练习。这对于认真练举重的运动员来说是很常见的练习。他们经常重复做某项练习，直到再也无法举起、需要人帮助他们把负重放下为止。这可能适合于举重运动员，但我不建议铁人三项运动员也这么做，因为受伤的风险太大了。请时刻关注你的肌肉在练习中的反应和感觉，在还有1～2个重复动作就要力竭的时候，停止练习。练到力竭为止而不是快要力竭就马上停下来，这样的做法对力量增长的益处是非常显著的，但同时受伤的风险也要高很多。

可用时间。下面要介绍的这些举重训练项目充分考虑到了你和大多数铁人三项运动员的普遍情况——由于生活中有很多其他要担负的责任，因此可用于训练的时间是非常有限的。这就是为什么这里只介绍了少数的几个练习，而这几个练习是对提高选手竞赛表现最有助益的。当然，如果你时间、精力允许，也有意愿，欢迎尝试更多其他的练习。

肌肉维度。一些运动员，尤其是年轻的男性运动员，容易在举重练习的过程中块头变大、体重增加。虽然这对力量增强是好事，但却不利于铁人三项的竞赛表现。因为从某种角度来说，肌肉尺寸的增加对竞赛表现是不利的，所以你最好控制住力量训练的总量和举重训练计划中要做的练习数量。这也是为什么我建议在举重上训练重心只持续几个星期即可，在这几个星期结束之后，力量训练就应该从力量增强模式转变为力量保持模式。

训练时所用的负重大小也会有影响。下面我所建议的训练都会在几周时间里逐步增加各次重复练习中所用的负重大小。有研究显示，在轻负重下大量重复直至力竭，可以产生同样的肌肉力量，但大量的重复也更容易产生过大的肌肉维度。毕竟，需要增重的铁人三项运动员是很少的。

食物与力量。吃什么、什么时候吃对力量的增强有着重要影响。体型和练习难度与进食量的大小有关。研究表明，运动结束后立即摄入，或至少在举重练习后的3小时内摄入10～25克富含亮氨酸的蛋白质，可以增强力量。因为这些摄入的蛋白质可以帮助身体重塑那些在大负重的压力下损坏的组织。

摄入的蛋白质无需是昂贵的、特殊的或者科学家设计出来的，来源于正常食物就很好。常见的水煮蛋（2枚中等大小的），干酪（约合45克）和牛奶（约合295毫升）都富含蛋白质和亮氨酸，可以储存在冰箱里，在运动后快速食用，总共可以提供约10克蛋白质和1000毫克亮氨酸。

> **提示**
>
> 正常的食物就可以提供很多蛋白质，你也可根据训练量补充额外的营养。

特殊人群与举重练习。青少年铁人三项运动员（18岁以下）在举重练习时应该尤为谨慎。因为青少年的骨骼生长板可能还在发育当中，很容易在大负重下受损，特别是16岁以下的青少年，但这个年龄的身体发育程度也存在着差异。但是，这并不意味着青少年选手就完全不应该进行举重训练。对于那些有兴趣做举重训练的青少年选手，我建议他们在12岁左右开始在非常轻的负重下，进行一些着重培养和完善常用力量训练技巧的练习，轻负重的爆发力训练也会对青少年选手有益。和所有针对青少年的训练一样，这一训练应该以充分享受其中的乐趣为唯一驱动力。在这一发育阶段，训练进度表和严格的训练计划都是不提倡的。

50岁以上的铁人三项运动员从举重练习中获益最大。因为肌肉的流失通常会限制大龄耐力选手的运动表现，他们还可能会受到骨密度流失的影响，容易骨折。而力量训练不但可以显著提高肌肉力量，同时还会起到重塑骨骼的作用。

已经有长时间训练和比赛经验的青年精英铁人三项选手，无论是男性还是女性，可能都不需要像年龄组的选手那样做那么多的抗阻训练了。因为这样的训练对他们的运动表现即使有帮助，也是收效甚微。他们的年轻是自然力量充沛的因素之一，而他们能达到精英级别的事实也充分证明了他们生理机能上的天赋与优势。

刚接触举重练习的人很可能会通过举重得到非常显著的提高。但是对于新手来说，最普遍的问题是怎么安排训练的时间。通常，他们在开始运动的第1年会经历一场生活方式的变革，尝试把游泳、骑行和跑步加入到每周的生活中已经是个挑战了，再挤进另一项体育活动似乎是不可能完成的。虽然举重练习绝对会对铁人三项选手的成长有好处，但其实仅通过3项运动的训练，新手的成绩也会迅速提高。所以，如果你是铁人三项的新手，我建议你直接忽略本章后面描述的最大力量阶段（MS）。因为即使没有它，你也一样会有很大的进步，而且受伤的风险也会降低。

力量训练计划

这里，我将分不同的运动项目给出最佳的力量增强练习建议。在这3项运动的练习都讲完之后，我将列出各个训练阶段，以及建议的训练程序。和所有其他形式的训练一样，无论是什么运动项目，都有很多不同的举重练习方法可以提高力量。如果你有已经证实对自己效果很好的训练计划，那么请继续坚持下去。而如果你认为运动专项力量对你来说正是一个薄弱之处，那么请认真考虑将这个训练计划纳入你的周期计划中，像第7章、第8章和第9章所建议的那样。

在接下来的几页中，我将分不同的运动项目来介绍力量训练的各个具体练习内容。而按照如下所列的骑行、跑步、游泳的顺序进行训练，会达到收益最大化。

骑行

很多研究表明，大负重的举重练习对自行车项目的能力提升非常有效。如果铁人三项中的骑行对于你来说是个典型的短板项目，那么你很可能会从这个力量增强训练计划中获得巨大的提升。怎么才能知道自行车运动是不是你的限制因素（短板）呢？最直接的方法就是看看在铁人三项比赛的成绩中，你在游泳、骑行和跑步每一分项赛段的年龄组比赛排名如何。举个例子，如果你在游泳和跑步赛段中一直排在前10名，而在自行车单项上却和前10名相距甚远，那么骑行肯定就是你竞赛表现的限制因素（短板）了。在这种情况下，举重练习很有可能会帮到你，让你获得巨大的提升。

获得巨大提升的关键就是进行大负重的少重复次数训练，同时做髋关节、膝关节和踝关节的伸展练习，这一伸展练习模仿了骑行时的主要推进动作。骑行的功率在一定程度上取决于向下踩踏板时肌肉力量的大小。在没有感知到多做努力的情况下，能够产生的力量越大，骑速速度也就越快。当然，肌肉力量不是决定骑行功率的唯一因素，另一个决定因素是踏频，这是第12章所讨论的内容。这一章，我们将仔细地研究如何通过加强臀部、膝盖、脚踝的伸展肌肉来产生更大的力量。

有6种常见的举重练习可以锻炼到驱动这些关节的肌肉。虽略有不同，但它们都有助于增强踩踏的肌肉力量。下面几页所描述的练习是双腿深蹲、单腿深蹲、硬拉、台阶、弓步和腿部推举练习。每次举重训练时，请选择其中的1 ~ 2个练习来做。或者为了多样性，你也可以选择在整个赛季中的不同时间进行其中的多个练习。注意，前5个练习使用的是自由配重，只有最后一个是用器械来完成。如果你想要避免自由配重所带来的风险，许多健身俱乐部和健身房都有相关的器械，可以在前5个练习中使用。

腿弯举练习并不是一个增强骑行力量的练习，它的目的在于平衡大腿后部的3条腘绳肌肌群和大腿前部四头肌的力量。

双腿深蹲

双腿深蹲（图13.1）可能是经验丰富的铁人三项运动员最常用的臀部–膝盖–脚踝伸展练习了。图中所示的运动员使用的是杠铃，这种练习也可以用哑铃，甚至可以用一个装有负重的、结实的双肩背包来做。如果你以前没有做过这个练习，下面的说明将帮助你学习这个动作。

→ 请考虑是否要系一条负重腰带来支撑背部，尤其是在MS阶段。

→ 手持杠铃置于肩膀的肩胛骨上方（或双手各持一只哑铃）站立，双脚分开，脚间距离约和你的自行车踏板相同。双脚之间的距离是18 ~ 20厘米。双脚应该像踩踏自行车时一样，正对前方。

→ 站立时背部挺直，抬头向前。

→ 下蹲到大腿几乎与地面平行，膝盖的弯曲程度大约与踩踏自行车踏板到2点钟位置时的状态相同。

→ 深蹲时，保持你的膝盖正对前方，且处于脚的上方。

→ 回到起始姿势，背部挺直，眼睛直视前方，自然抬头向前。注意不要向下看。

图13.1 双腿深蹲

单腿深蹲

相对双腿深蹲来说，单腿深蹲的优点是可以使用小很多的负重，减少受伤的风险。它的缺点是需要很好的平衡，因为只能用一条腿站立，另一条腿在身后支撑，如图13.2所示。

→ 双手各持一只哑铃（或者肩扛杠铃，刚好置于肩胛骨上方），站在离长凳或其他约等于膝盖高度的平台旁约60厘米处，背对它站立。

→ 一只脚向后伸，脚面放在长凳上。

→ 背部挺直，头朝上，前腿下蹲，直到大腿几乎与地面平行，膝盖弯曲程度与踩踏自行车踏板到2点钟位置的状态相当。你可能需要调整和长凳间的距离，以使膝盖能够正确弯曲。

→ 背部挺直，眼睛向前看，而不是向下看，回到起始位置。

→ 另一条腿重复同样的练习。

图13.2 单腿深蹲

硬拉

硬拉是一项极好的增强腿部伸展力量的练习。然而，它受伤的风险可能会比深蹲练习大些，因为刚开始做这项练习的人通常会用背部肌肉承担大部分重量，而不是用腿部肌肉，所以你可能需要经验丰富的人来帮你完成这个练习。另一个问题是，如果你使用的是赛季开始时应该用的那种很轻的负重，那么杠铃铁棒两端的杠铃片会很小，需要膝盖弯曲到很低的位置才行。有些健身房有地板架，或那种可以放在铁棒两端模拟大杠铃片尺寸的轻负重适配器，使用它们你就可以在更高的位置开始练习。你也可以用哑铃做这个练习，对新手来说哑铃可能更为合适。图13.3所示为硬拉的具体做法。

→ 站在杠铃前，双脚分开，两脚间的距离和踩在自行车踏板上差不多，为18 ~ 20厘米。

→ 以充分下蹲的姿势开始，膝盖弯曲，使大腿几乎与地面平行。

→ 背部挺直，抬头，眼睛向前看（一定不要向下看），双手向下握住铁棒，双手间的距离比双脚稍远。

→ 站起，用你的腿部肌肉完成举重过程，而不是用你的背部。

→ 腿部发力回到起始位置，同时保持你的背部挺直，抬头，眼睛向前看。

图13.3 硬拉

台阶练习

台阶练习是一种常见练习，你稍后也会在与跑步相关的部分中看到它（略有变化）。对于骑行来说，这是另一项非常好的增强腿部伸展力量的练习，图13.4所示为具体做法。图中所示的运动员使用的是杠铃，但你也可以用哑铃，哑铃的重心更低更安全。在这个练习中，非常关键的一点是你所用的长凳或其他台阶平台要有一个正确的高度。你要复制的是自行车踏板踩踏至6点钟位置和12点钟位置时你腿部的状态。

→ 面对高度33 ~ 38厘米的低长凳或其他台阶平台站立，杠铃置于肩膀的肩胛骨上方（或者双手各持一个哑铃）。相比矮一些的运动员，身材高大的运动员需要使用更高的长凳。

→ 将一只脚放在长凳上，抬高的膝盖应略低于臀部，使得大腿几乎与地面平行。

→ 背部挺直，抬头，眼睛直视前方（而不是向下），蹬踏长凳，使得双脚都立于长凳之上。

→ 蹬踏的一只脚先后退，回到起始位置，然后重复动作。

图13.4 台阶练习

弓步练习

　　弓步练习需要很大的地面空间，因为它需要向前迈很大的一步。这是一个简单的练习，但要求你每次都能保持步长正确。如果步长太短，你会很难下蹲到足够低的位置；如果步长太长，则会给后腿的臀屈肌造成很大的压力。图13.5所示为具体做法。

→　抬头站立，双脚并拢，双手各持一个哑铃（或使用杠铃，将其置于肩膀上）。

→　向前一步，脚平置于地面，脚趾直指前方，膝盖应在脚的正上方位置。重量主要集中在前腿上，后腿帮助保持平衡。

→　降低身体位置，直到前腿的大腿几乎与地板平行。后腿膝盖应接近于地面。

→　站起，用后脚向前迈步，回到起始位置。

→　另一条腿继续向前迈步。

→　动作中保持抬头，背部挺直。

图13.5　弓步练习

腿部推举

腿部推举可能是最为安全的一种腿部伸展练习了,因为它是使用器械完成的,不需要平衡负重。但是这一练习的负重可能也比其他练习要重得多,因为运动员不仅不需要保持平衡,而且也不需要负担自己身体的重量。所以,可以把更多的外部重量加到器械上。图13.6所示为具体做法。

→ 把脚放在平台上,两脚间的距离与自行车踏板同宽,脚尖指向正前方,而不是向外。

→ 当脚踏平台处于较低位置时,你的膝盖弯曲程度应该与踩踏自行车踏板到2点钟位置时相同。也就是说膝盖角度应略大于90度。有些器械设有便捷的锁定装置,防止脚踏平台降到过低的位置。

→ 向上推举脚踏平台,直到膝盖呈几乎打直而刚好没有被锁住的状态。

→ 向下放低脚踏平台,回到起始位置。在整个动作过程中,膝盖应该保持和脚尖的方向一致——不要向外或向内歪。

图13.6　腿部推举

腿弯举

做腿弯举练习的目的，是防止由于四头肌力量过大引起的不平衡导致腘绳肌拉伤。股四头肌通常会比大腿后侧的3条腘绳肌更为强壮，甚至力量可能相当于它们的两倍，而这种力量的不平衡会成为膝盖受伤的潜在原因之一。一些研究表明，相比之下女性更需要加强她们的腘绳肌力量，因为她们四头肌与腘绳肌间的不平衡可能比男性更为严重。只注重增强腿部的伸展力量可能会加剧这个问题，因此这个练习的用处就是帮助恢复二者间的平衡。

图13.7所示为利用器械进行的一种常见的腘绳肌练习，如果你在家里的健身房训练，你也可以使用弹力带来做，如图13.8所示。

→ 站在平台上，一条腿向后，接触杠杆。

→ 腿向后屈，弯曲至膝盖呈直角。回到起始位置。

图 13.7　腿弯举练习

→ 把弹力带一端系成圈，套在一只脚的脚踝上。

→ 俯卧，腿向后屈，弯曲至膝盖呈直角。回到起始位置。

图 13.8　腿弯举的替代练习

在本章的后半部分，你会读到在赛季的不同时期，不同的练习应该做多少组、重复多少次。要注意在有些阶段中，腿弯举练习的负重要小一些，而重复次数要多一些。

跑步

虽然看起来举重练习给骑行带来的好处更多，但与此同时跑步能力其实也得到了提高。如果你做了一个或多个上述的腿部伸展练习（以及腿弯举练习），你的跑步水平应该会有所提升。但我相信，通过进行更轻负重下的弹震式举重练习，你会获得更大的提升。所以还是如前所说，你可以基于对自己竞赛表现的了解进行选择。如果跑步不是你的限制因素（短板），那么为此做更多的健身房练习可能收益甚微。但是如果跑步确实是你的一个限制因素（短板），那么我强烈建议你在训练中加入下述练习中的一个。

回想一下"举重术语"小节中所说，弹震式举重练习做起来节奏很快，而这样做是为了增强肌肉的功率。在跑步过程中，这会减少接触地面的时间。正如你在第12章中读到的，触地时间短是优秀跑者的一个标志。因此下面的练习，以及我在第12章中建议你在步幅练习中所做的爆发式练习，都将帮助你缩短脚在地面上停留的时间，从而加快速度。

> **提示**
>
> 触地时间短是优秀跑者的一个标志。

当你做弹震式举重练习时，负重必须要轻。因此，对于下面的练习，要使用50%的1RM或更少的负重。请注意，即使你所用的是轻负重，做这种爆发式的动作时还是可能因为技术不佳或过度劳累而受伤。因此，在做这些练习的时候，你要先用非常轻的负重，甚至只用身体的重量来进行热身，然后在接下来的几组中练习中逐渐增加负重。

我建议跑者进行两种弹震式的功率增强练习，即瞬发台阶和瞬发上膊，如图13.9和图13.10所示。如果你举重练习的目标是提升跑步能力的话，那么请选择二者之一和前面的骑行练习一起来做。

瞬发台阶练习

图13.4中的台阶练习和这里讲的瞬发台阶练习之间的区别只有负重和动作速度。瞬发台阶练习最好使用手持式哑铃而不是杠铃，以提高平衡性，同时也让手臂能够协助动作。图13.9所示显示了如何完成这个练习。

→ 面向33 ~ 38厘米高的稳定平台站立，一只脚放在平台上，双手各持一个轻量哑铃。

→ 背部挺直，眼睛直视前方，不要向下看。

→ 向上踏上台阶平台时，后腿向前和向上，动作要快速而有爆发力，这样你的膝盖最后会在齐腰高的位置。

→ 慢慢回到起始位置，然后重复。在蹬踏台阶的间歇，让脚在地面上休息大约5秒用于恢复。瞬发训练需要恢复的过程。

图13.9　瞬发台阶练习

瞬发上膊

瞬发上膊是一项进阶的功率增强练习，需要运动员掌握相当复杂的爆发式动作。这个练习最好通过慢速动作和非常轻的负重来学习掌握。刚开始的时候可以用像扫帚一样轻的负重。随后可以使用杠铃杆，再后可以再加上杠铃片。但是负重要始终小于1RM的50%，如果你不确定负重多少合适，宁可轻一点。请注意，务必要保持轻负重。

进行这一练习，必须要有好的技巧来降低背部受伤的风险。如果你是举重新手，那最好不要尝试这个练习，瞬发台阶练习是新手更好的选择。图13.10所示为瞬发上膊的具体做法。

→ 从小腿的中间位置开始，膝盖弯曲，抬头看向前方（而不是向下），臀部大约与膝盖高度相同。

→ 抓住杠铃杆，手掌面对杆向下，指关节向前。

→ 在腿和手臂的连续和爆发式动作中，把杠铃杆提升到大腿的高度（如果真的达到爆发式，脚后跟应该离开地面），然后继续向上，肘部向外，使杠铃达到肩部的高度。然后连续地转动手臂不要停顿，让杠铃置于手上，肘部在下方。再次强调的是，这个动作必须不间断地把杠铃从胫骨移动到肩膀，主要是用腿部发力，而不是用背部。

→ 用你的腿部力量而不是背部，慢慢地把杠铃放下。休息几秒，再重复，注意恢复过程是增强功率的必要环节。

图13.10 瞬发上膊练习

游泳

本章的前面部分，讨论了举重练习时模拟目标运动项目动作的重要性。如果你所增强的力量和目标运动项目中好的技巧所需要的力量并不相同，那么很大程度上你是在浪费时间。你只会因为一个没有用的动作而变得更强壮，但运动表现不会提升。这就给提高与游泳相关的力量带来了挑战。正如本节开头所提到的，我将按照最容易从训练中获益的顺序来讲述力量训练。因为我发现，对于大多数铁人三项运动员来说，游泳是最难通过举重练习来提高能力的项目。

提示

如果你所增强的力量和目标运动项目中好技巧所需要的力量并不相同，那么很大程度上你是在浪费时间。

最主要的原因是，你必须形成的游泳姿态在健身房里是很难复制的。回想一下第12章所讲的PDLC游泳技术，L代表长度，一旦掌握了这个姿态，你会发现身体在游泳时会稍微转动到你的伸展臂一侧。图13.11所示即这个姿态。这就是第12章中描述的"快艇"姿态，要在陆地训练中模拟这个动作是非常困难的。但是在陆地上练习，例如在下拉和俯卧撑中，你很容易就会进入"拖船"姿态，身体不会转动，而这是游泳时要避免的。也就是说，你在为自己不该使用的动作增强力量，而这样会导致你的速度变得更慢。

其中有一个陆地练习是例外，而且它还不需要使用负重或器械。就像前面展示的替代性腿弯举练习那样（图13.8），在模拟PDLC快艇姿态时，你可以使用弹力带来增强力量。这个练习叫作抓水和推水练习。

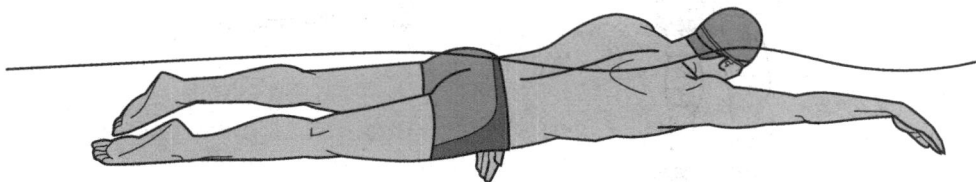

图13.11　自由泳的长快艇姿态，注意身体的转动

抓水和推水

我喜欢这个练习，因为它在提高游泳力量的同时也提升和巩固了PDLC技巧。另外，在比赛开始前你不能下水的时候，它也是一种很好的热身方式。图13.12所示为如何完成抓水和推水练习。

→ 面对锚定弹力带的点站立，仅用一只手抓住弹力带。以"抓水"的姿势抓住带子——手腕弯曲，手指向下。

→ 另一只手放在臀部。

→ 旋转躯干，使身体处于一个长伸展的姿态，躯干稍微转向伸展手臂的一侧。

→ 把伸展的手臂向后向下拉，手指指向地面，就像去抓水一样。（不要做拖肘动作！）

→ 继续推水，直到手达到你的腰部位置。当你的手和手臂向后移动时，旋转双肩至其与地面平行。

→ 如要增加练习负重，站在离锚定点较远的位置即可。

图13.12　抓水和推水练习

运动专项力量训练的替代方案

我指导过很多不喜欢去健身房进行举重练习的运动员，也有一些人去健身房很不方便，或者根本没有时间去做举重练习。

那么你的情况如何呢？你能把去健身房训练安排到一天的日程当中吗？如果你有时间

而且也想做一些力量训练，但又不方便去健身房怎么办呢？一个替代方案是设立一个家庭健身房，购买一些哑铃、一个可调节高度的平台、一个可以在髋关节和踝关节伸展练习中装载负重的耐用背包、带手柄的橡皮管和一个负重腰带。如果能够买到低价的东西，几百美元就足够让你把地下室、车库或其他房间的角落改造成一个非常方便的健身房。这样问题就迎刃而解了。

如果你不喜欢举重练习，而是更喜欢游泳、骑行或跑步怎么办呢？你到底该不该做举重练习呢？这个问题的答案要看你为什么要参加铁人三项了。如果是为了好玩（我也希望是这样），那就不要做那些不好玩的事情，也就是说不要做举重练习，因为没有必要逼自己去做不喜欢的事情。

当然，如果你因为这些常见的原因而不做举重练习，那么你就不太可能成为一个高水平的铁人三项运动员。原因正如你在本章中读到的——力量训练有很多好处。如果你不打算做举重练习了，那么如果在不举重的情况下就能获得同样的回报不是很好吗？或许你至少可以在某些方面得到同样的好处。在不举重的情况下，你还可以通过游泳、骑行和跑步练习来增强力量，它们也会让你变得更强壮、更有力量，尽管它们没有举重练习那么有效。让我们来看看以怎样的顺序来做这3项运动能让你达到这样的效果，也就是怎么能让这类训练的好处最大化。而这个最佳顺序和你前面读到的其实是完全一致的，骑行、跑步，最后是游泳。

虽然我在这里要教你的东西能在力量方面有很大的回报，但同时也会有风险。就像举重练习那样，这些替代方案也会给你的肌肉和关节施加更大的负重压力。可如果不这样做，就无法增强力量。当你在健身房做举重练习时，这一点很明显，但当你游泳、骑行和跑步时，压力的增加就不那么明显了，但风险依然存在。做这些练习中的任何一项都有可能受伤，并导致一项或多项运动的训练在几天甚至几周内暂停。做骑行练习时，你的膝盖会承受很大的压力。如果你的膝盖容易受伤，那么你应该避免以下针对骑行的练习。对于跑者来说，最该关心的是小腿和脚，而对游泳运动员来说则是肩膀。

做这些练习时，你必须谨慎和保守，保持适度是练习的关键。当你第1次做这些练习的时候，只重复2～3次即可，并且每次重复都要在努力程度上有所保留。在接下来的每次训练中，你可以慢慢地增加重复次数，加大努力程度，因为你的身体已经适应了负重。当然了，在做这些练习之前一定要热身。

骑行

我们先从骑行开始，因为这是最容易提升力量表现的一项运动。我把这个练习称为"力量重复"，这是最基本的"车上"训练方式——用高齿比爬小陡坡。安装功率计是非常有用的，因为它能够提供每次爬坡情况的即时反馈。如果没有功率计，你就得凭感觉，但在确定你是否随着时间推移取得了进步的时候，凭感觉不是一个非常精确的方法。心率监测器在这项练习中没有用。

有关"力量重复"练习的细节，请参阅附录C"肌肉力量"条目。第1个列出的练习就是"F1力量重复"。

这个练习需要做3组，每组重复3次。每一组练习加上恢复的过程需要10～20分钟，所以做3组再加上热身和冷身至少需要45分钟，甚至多达90分钟。同样，请保守地从只做1组开始，逐渐增加到更多组。

我建议你在进行这一练习的第2天做个比较轻松的练习。因为在你做"力量重复"的时候，它看起来可能并不是那么有挑战性，但是疲劳往往会在第2天出现，肌肉会感觉非常累、非常酸痛。

提示

疲劳往往会在第2天出现，并伴随着强烈的肌肉劳累感。

跑步

跑步的力量重复练习对不举重的铁人三项选手来说是一种替代性练习。就像在自行车上进行的力量重复练习一样，在基础期的早期，跑步的力量重复练习也可以和举重练习一起进行。这两种类型的力量增强练习结合在一起，会对腿部产生巨大的压力，所以如果真要结合着做的话，请非常谨慎地进行。我还会介绍另一种使用负重背心来进行力量重复练习的方式，它会回报以更多更强的力量和功率，但同时也会大大增加受伤的风险。和上述骑行的练习一样，当你第1次做这个练习时，请务必在重复次数上保守一些。如果你穿了负重背心，那么在负重的大小上也要保守一些。刚开始时，重复次数和负重大小都要有所限制，而后再在各次训练中谨慎地增加。

我见证过力量重复练习给跑步能力带来的巨大提升，把它与第12章介绍的步幅练习和常规的跑步训练相结合，最终会造就更强更快的跑者。就像骑行一样，你需要一个小陡坡，这个坡的长度可以非常短，10～15米就够了。最好能在草地上做这些练习，因为较软的路面可以减轻腿部的压力从而降低受伤的风险。如果你想穿负重背心进行练习，那你就要先在不穿它的情况下做2～3次同样的练习。

在购买负重背心时，有些事情需要你特别注意。最重要的一点就是合身程度，背心应该松紧适宜，这样它在你跑步的时候才不会晃动，也不会紧到限制你的呼吸。要找一个有搭扣的，这样松紧和合身程度才可以调整。还要找那种可以让你调整所携带的负重的背心，它们通常带有能放置配重的小口袋。对于跑步的力量重复练习，你大概会使用体重5%～10%的负重。但是由于这个背心也可以在家庭健身房里做举重练习时使用，所以你可能会希望它的负重也能增加到远超体重的10%。在家庭健身房中，这个背心也可以替代做臀部−膝盖−脚踝伸展练习（如蹲起和台阶练习）时所需要的负重背包。对于这些健身房练习，你可能会希望这件背心能将负载调节到更大的重量（14～23千克）。

有关此练习的详细内容，请参阅附录D，在"肌肉力量"下面找到"MF1"。

我想提醒你的是，在这项练习中也要非常小心，就像所有高回报的练习一样，它的风险很大。你必须把控好这些风险。如果在训练中，你感觉到腿部肌肉的肌腱或关节有异常的损伤，无论如何，都要马上停止训练。提升再多的跑步素质也不值得你付出伤病的代价。因此做力量重复练习时，请务必谨慎和保守，特别是在使用负重背心的时候。

无论是骑行还是跑步，每项运动的力量重复练习每周只能进行一次，在6周之内，你应该可以感受到在这个过程中自己变得强壮了。如果你的自行车上有功率计，你就能精确地测量出最大功率值的增加。对于跑步练习来说，如果每次训练都使用同一个陡坡和起点，而你可以在给定的步数内跑得更远了，这说明你正在变得更加强壮。如果你没有功率计，那么后一种衡量跑步进步的方法也可以用于骑行。

游泳

对于那些想要增强游泳专项力量的进阶铁人三项选手来说，举重练习也有其替代方案。我已经讲过怎样使用弹力带在模拟PDLC姿态时加强游泳的专项力量。严密模仿游泳的姿态和动作是在岸上训练中增强有效力量的关键。而最好的模拟游泳的方法当然就是游泳本身，因此你可以通过在泳池里而不是在岸上的练习来获得更大的神经肌肉提升。

对大多数铁人三项运动员来说，想要提升游泳的运动表现，最重要的是提升技巧。在你改善自己的游泳动作之前，几乎没有理由为增强力量而进行练习。如果你正在按照第12章所述的PDLC方法改变自己的动作模式，我建议你先不要做任何增强力量的练习，直到这些动作改变已经成型。在这几周内，将你的游泳训练集中在那一章所述的快速25秒练习上，即附录B"提速技巧"标题中的SS1练习。

> **提示**
>
> 想要提升游泳的运动表现，最重要的是提速技巧。

当你不再需要花很多精力在某一技术动作上的时候，新的泳姿技巧就充分成型了。你可以通过正面和侧面的视频记录来确认这一点。当你的动作模式已经充分成型，就可以在岸上用一根弹力带，或者在泳池里进行替代练习来加强游泳力量了。你可以在附录B的"肌肉力量"分类下找到这个MF1练习，那里可以读到这一练习的细节。简单来说，它和快速25秒练习几乎是一样的，只有一个变化：当进行游泳力量练习时，你显然不能像骑行和跑步那样以爬坡的方式利用重力所带来的负荷，因此，你的替代方式是使用划水掌或者穿着T恤游泳。使用划水掌强调的是泳姿中的抓水部分，模拟了在岸上拉弹力带的动作。而穿T恤则增加了游泳的阻力，使你需要更加努力地去克服它，进而使游泳的专项力量增强。

无论你选择使用划水掌还是T恤，都像以前那样做快速25秒的练习即可，只是现在阻力更大而已。但是要注意，就像骑行和跑步那样，这项练习也有一定的风险。特别是当你的长度（PDLC中的L）太短，例如你在拖船式游泳的时候，肩膀就会受到一定的影响。你必须要谨慎地对待这个练习，而且必须提前在泳池里进行10～15分钟的充分热身，热身时逐步加大强度。而后先在没有划水掌或T恤的情况下完成多次快速25秒的练习。这部分练习的目的是巩固好的游泳技巧——尤其是长度这一技巧。在做了几次这样的技术巩固之后，再进行力量重复训练。

为了简单起见，我建议以3组3次重复的方式进行力量重复训练，在两次重复动作之间安排长时间的恢复，并且在两组之间安排更长时间的恢复（详见附录B中的SS1练习）。就像前面描述的骑行和跑步的力量重复训练一样，开始时要保守，第1次只做1组，然后在几个星期的过程中，逐渐增加训练负荷。

一些进阶的铁人三项运动员每周可以进行2～3次MF1游泳训练，作为另一项更长期的训练计划的一部分。而中等水平的运动员（第2年或者第3年从事这项运动的运动员）应该把这种训练限制在每周1次或2次。如果不确定具体几次合适，那么选择次数更少的方案为好。初学游泳的人应该避免在第1年练习铁人三项时做这种力量训练，专注于改进游泳技术才是他们该做的事情。

核心力量

你可能听过很多核心力量训练方面的知识，也知道一些基础练习。但我发现，大多数运动员真的不明白什么是"核心"。大多数人似乎以为核心就是强壮的腹肌，但其实远不止于此。核心力量也可以称为躯干力量，它和从腋窝到腹股沟的大小肌肉都有关。这些核心肌肉稳定着脊柱，支撑着肩膀和臀部，并在上下肢之间传递着力量。拥有一个强大的核心力量，可以确保你能够有效地运用上下肢所增强的力量。良好的核心力量还可以降低腰背部出现问题的可能性，而这类问题非常普遍。你的核心力量就像是房子的地基，地基越坚硬、越牢固，它上面的结构就越稳定。

核心力量差可能会以多种方式暴露出来，在跑步时最为明显。核心力量较差的人跑步时，无论脚的动作如何，恢复腿一侧的臀部都会下沉，同时支撑腿的膝盖会轻微向内塌陷。在跑步过程当中如果核心力量不足，受伤的情况就会经常发生。

核心力量差在游泳和骑行运动中体现得没有那么明显，但还是会对技术有一定影响。游泳时，它可能会导致“摆尾”：抓水时，腿部和臀部会左右摆动。但这有时是错误的泳姿导致的，二者很难区分。骑行时，当向下踩踏踏板时，较差的核心力量可能体现为：即使座位高度正确，骑行者也没有过度用力踩踏，肩膀和脊椎还是会左右摇晃。而这种摇晃往往在坐着爬坡时最为明显。

毫无疑问，即使在运动员的动作中没那么明显的体现，核心力量的不足也会导致全部3项运动中肌肉力量的不足。核心肌肉薄弱，但上下肢强壮，就好比从独木舟里发射大炮一样。

如何知道自己的核心力量是否足够呢？一种方法是找治疗师做个评估，找一个有过和耐力运动员合作经验的治疗师，告诉他（或她）你想做一个从头到脚的全面检查，找出会影响运动表现或导致受伤的薄弱环节，并得到其对于不足之处的提升建议。这些建议可能是力量练习、灵活性练习，或是姿势方面的改善。这也许是找到答案的最好方法，但花费不菲。每年冬天我都会让我指导的所有运动员接受治疗师的检查，为力量训练计划提供一个良好的开端。

另一种评估你核心力量的方法是让别人录下你跑步的视频，然后看看有没有出现上面提到的恢复腿侧臀部下沉的问题。在跑步机上跑步，从背后拍视频，注意把上衣塞进去，这样你就可以在视频上看到你跑步短裤的裤腰部分，看看它是否会随着恢复腿的摆动而左右倾斜。每一步，你的裤腰部分都应该保持稳定才对。还有，检查支撑腿的膝盖，看是否轻微地向内扣。你可能得看好几遍视频慢放才能看清这些有问题的动作。

现在让我们来看一些能够增强核心力量的常规练习。有许多类似的练习，我只给你们展示其中一些可能的形式。无论你是如何锻炼力量的，你都可以很容易地将这些练习融入你的训练当中去，不管是融入举重训练还是特定运动的替代练习。当然它们也可以作为单独的练习，在游泳、骑行或跑步之后进行。

最基本的核心力量练习是平板支撑。侧平板支撑和前平板支撑提升的是不同的核心肌肉群，而前撑哑铃划船是一种进阶练习，对核心肌肉的压力会更大。

前平板支撑

这个练习的关键是身体从头到脚形成一条直线，不要让臀部下沉或拱起。最初几次尝试这个练习时，你可能需要找人帮你摆正动作。

→ 面朝地面趴下，用脚趾、臀部和肘部支撑起身体的重量。肘部应与肩部同宽，并在肩膀的正下方。

→ 手臂应该朝向肘部的正前方，或稍微向内。

→ 以脚趾和肘部为支撑，抬起身体，如图13.13所示。你的身体应从头部到脚形成一条直线，臀部没有下沉或拱起。

→ 保持这一姿势30秒左右，这是第1次动作。

→ 30秒后放下臀部，休息1分钟左右，然后重复动作。

→ 每场训练重复3次。

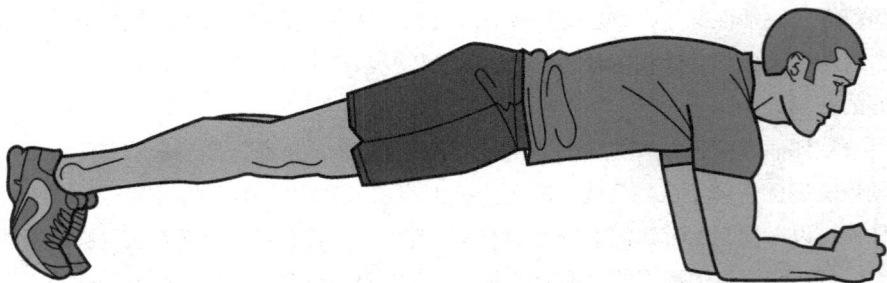

图13.13　前平板支撑

侧平板支撑

侧平板支撑并不是前平板支撑的变体，它针对的是一组不同的核心肌肉。因此，不要用一个去代替另一个，而是要依次做前平板支撑和侧平板支撑这两个练习。

→ 开始时侧身，臀部着地，双脚叠放，用一侧弯曲的肘部支撑起上半身。

→ 抬起臀部离开地面，同时保持地面上的脚和肘部的平衡，如图13.14所示。

→ 你的腿部、臀部、肩膀和头部应该呈一条直线。

→ 空闲的一只手可以如图所示向上举起，或者放于臀部。

→ 保持这一姿势30秒。

→ 休息1分钟左右，再重复2次。

→ 换到另一侧，然后重复刚才的过程。

图13.14　侧平板支撑

前撑哑铃划船

这是一个比前平板支撑（图13.13）更加困难和进阶的练习，所以在尝试它之前你需要先掌握好前平板支撑练习。

- 保持与前平板支撑相同的基本起始姿势，但是不要用手肘支撑，而是保持手臂伸直，将重量放在持有轻量哑铃的双手之上。
- 双脚打开与臀部同宽。
- 保持从头到脚呈一条直线的姿势，缓慢地垂直提起一侧负重到肩膀位置，如图13.15所示。
- 缓慢地把负重放回地面。
- 另一侧手臂做同样的动作。左右各1次，作为将要重复的1次动作。
- 5次重复动作为一组，然后休息1分钟左右，再继续进行。一次训练共做3组。

图13.15　前撑哑铃划船

神经肌肉训练的周期化

无论你是做传统的举重训练还是做替代性的游泳、骑行和跑步的力量重复训练，你都要确保它能够和其他训练很好地融合在一起，这就让我们回到了第7、8、9章中讨论如何制订赛季训练计划的部分。现在是时候把你的肌肉力量训练融入这个计划当中了。老规矩，融入计划的关键是确保你没有连续做太多有压力的训练导致长期的疲累，因为疲累会降低训练的质量和收益。这就是为什么我强烈建议你制订一个周期化的训练计划。

提示

举重训练要适度，以避免过度疲劳。

肌肉力量训练的周期化

你可能已经注意到，举重练习的数量是比较有限的。我建议在健身房里只做6～7项练习即可：1～2项臀部－膝盖－脚踝的伸展练习，1项腿弯举练习，1项跑步功率练习，1项游泳抓水和推水练习，再加上2项核心力量的练习。这样的训练大概需要45分钟到1小时。我建议只做这么多力量练习是因为你的日程安排可能非常紧凑，很难在游泳、骑行和跑步之外再加入健身房训练（甚至不考虑你的家庭、事业和其他任务）。健身房练习数量较少的另一个原因是，我相信把精力放在那些会为运动表现带来最大提升的练习上效果是最好的，而不是做一大堆各种各样的力量练习，希望其中的一些能够奏效。

如果你是一个经验丰富的铁人三项运动员，你很可能已经有了适合自己的力量训练计划，不仅在时间投入方面适宜，而且在运动表现和成绩提升上也被证明有效。如果是这样，就不要做任何更改，继续做你一直在做的练习就好。如果仍有提升的空间，而且你认为更强的肌肉是自己提升的关键，那么再去考虑举重训练或上述的专项替代训练。

你也可以根据自己的薄弱之处，选择其中的一部分融入目前的训练中。如你在骑行上有很大的提升空间，但是游泳和跑步相当好，那么你可以专注于臀部－膝盖－脚踝的伸展练习、腿弯举，以及骑行的肌肉力量重复练习。这将大大减少你每周用于力量训练的时间，同时能将重点放在能够提升竞赛表现的练习上。

无论你决定使用什么样的举重和专项替代练习的组合来增强力量，它都必须以疲劳程度可控为前提，与你其他的训练相结合。这就是我强调使用周期化的训练计划的原因。这是肌肉力量训练中到目前为止还没有讲到的一部分。在第8章和第9章，我在讲到制订年度训练计划时提到了几次如何将力量训练纳入其中。这些章节提供了将其纳入整个赛季训练的建议（见图8.1和表8.1、表8.2、表8.6、表9.1、表9.2、表9.4、表9.5、表9.8），现在是时候更加具体地说明了。首先，要明白你要用神经肌肉系统来完成什么。

举重训练的周期化

第8章介绍了各个不同的举重练习期，并展示了如何将它们纳入你的周期化赛季训练计划当中。表13.2所示给出了第8章中相关内容的小结。

表13.2   **不同的举重训练期及其目的**

举重训练期	目的
生理适应期（AA）	适应各种类型的练习
极值过渡期（MT）	逐渐适应更大的负重
最大力量期（MS）	增强力量
力量保持期（SM）	将MS期内的力量提升保持住

表13.3所示总结了本章前面"力量训练计划"标题下所描述的神经肌肉力量训练计划。注意，这个表格包含了本章前面描述的用于跑步的弹震式练习，但没有包含核心力量

的练习。因为核心力量的练习可以在整个赛季中持续进行，不需要考虑周期化。

提示

核心力量的训练可以持续进行，不需要考虑周期化。

表13.3　　　　　　　　　　举重训练期的细化内容

举重训练期	阶段	总训练次数	每周训练次数	负重大小（% 1RM）	每次训练的组数	每组的重复次数	恢复时长（分钟）
生理适应期（AA）	准备期	4 ~ 6	2 ~ 3	40 ~ 60	3 ~ 5	15 ~ 20	1 ~ 1.5
极值过渡期（MT）和弹震式练习	准备期	4 ~ 6	2 ~ 3	70 ~ 80	3 ~ 5	8 ~ 12	2 ~ 3
最大力量期（MS）和弹震式练习	基础1期	8 ~ 12	2 ~ 3	85 ~ 95	3 ~ 4	3 ~ 6	3 ~ 4
力量保持期（SM）和弹震式练习	基础2期 基础3期 建设1期 建设2期 巅峰期	不限制	1	60, 85	2	12, 6	1 ~ 2

　　为了达到最好的效果，我建议在游泳、骑行或跑步之后紧接着进行举重训练。如果无法在其他训练之后做举重训练，而是必须在下一次训练之前做举重训练的话，你就需要非常小心了，因为肌肉的紧张和疲劳会极大地影响随后的训练。例如，举重训练之后马上进行游泳训练的话，你的技术动作可能会受到影响，不利于新的游泳技巧的掌握。如果你在跑步前举重，那么疲劳也会影响你的技术动作，增加受伤的风险。如果你必须在另一项训练前举重，那么最好这次训练就是一次轻松的恢复骑行。举重训练带来的负面效应对骑行的运动表现或健康情况的影响是最小的。怎么从根本上解决在游泳、骑行或跑步之前进行举重训练的问题呢？最好的方法就是让这两个训练间隔几个小时。举个例子，清晨进行举重训练，而那天的晚些时候再去游泳、骑行或跑步，这样即使有影响，也会很轻微。

提示

最好在游泳、骑行或跑步之后进行力量训练，而不是之前。

专项替代练习的周期化

　　游泳、骑行和跑步时进行的力量重复训练，目的是增强神经肌肉力量，类似于举重训练的效果，只是不需要再去健身房花时间了而已。但是这些训练在周期化上与健身房训练几乎是一致的，因为这类训练所带来的骨骼压力也相当大，所以它应该在赛季中其他训练的压力较小时进行，也就是在准备期和基础期的早期进行。表13.4所示给出了整个赛季周期化模式的建议。你会注意到，变量只有这些训练的频率，以及在不同阶段的训练中包含的练习组数。

阶段	总训练次数	每周训练次数	每次训练的组数	每组的重复次数
准备阶段	4 ~ 6	2 ~ 3	1	3
准备阶段	4 ~ 6	2 ~ 3	2	3
基础1期（可能延伸到基础2期的早期）	8 ~ 12	2 ~ 3	3 ~ 4	3 ~ 6
基础2期 基础3期 建设1期 建设2期 巅峰期	不限制	1	1	3

表13.4　　　　　　　游泳、骑行、跑步的力量重复训练的周期化

正如前面讨论力量重复训练时所提到的那样，它们可以融入游泳、骑行或跑步训练中，同时你还可以锻炼到其他方面的能力。但是为了减少受伤风险，力量重复训练的部分应该在你热身之后立即进行。例如，如果你骑行训练的主要目标是提升有氧耐力，那么你可以先做15 ~ 30分钟的热身，然后进行力量重复训练的部分，接着再做主体练习。

并行训练

把所有的神经肌肉训练和耐力训练整合到一个训练计划中，对耐力运动员非常有益，但也非常复杂。要使游泳、骑行、跑步和爆发力训练、举重训练及其他替代性力量训练有机地结合起来，对你的时间付出和训练能力都要求甚高。你大概很难每件事都做，所以你需要考量自己到底有多少时间和精力能够用于训练。你得知道自己的薄弱之处和训练不足之处在哪里，基于此，明白所有要努力的事情当中最重要的是什么。

提示

> 如果你的时间很紧，那么就集中训练你的限制因素（短板）。

这个难题的解决方案取决于你的薄弱之处，如第6章所述。首先要考虑的是，哪个运动项目是你最严重的限制因素（短板），以及增强的力量和爆发力会怎样有助于这一项目的提高。在评估限制因素（短板）时，你首先要关注的应该是骑行单项，因为它占了你比赛时间的一半左右。所以，如果你无法确定哪一项运动是自己最严重的限制因素（短板），那么答案很简单：骑行。

如果你已经是非常强的自行车手了，那么你的训练重心应该转移到游泳和跑步上。而如果不确定这两者哪个更弱一些，那么就应该专注于跑步，因为它在完成时间中所占的比重会比游泳更高，所以对整体运动表现的影响也会更大。

如前所述，你并不需要什么都做。如果骑行是你主要的短板，那么为了提高竞赛表现你应该去举重或者做替代性的骑行力量重复训练。而如果跑步是你需要集中时间和精力的项目，那么在跑步训练的同时，还应该考虑进行爆发力训练或弹震式练习，或者再加上力

量重复训练。而如果游泳才是你毫无疑问的短板，那么解决方案应该是提高你的游泳效率，这就回到了第12章中所讲的PDLC。如果你的游泳技术很差，那就没必要进行游泳的力量训练了。只有你的技巧提高了，力量训练才是有益的。

如果你的时间紧迫，或者没办法完成本章和前几章建议的所有训练，那就专注于你的薄弱项目，把重点放在那些投入时间精力后会带来最大提升的训练上。这项训练可能不是肌肉力量，它可能是第6章中所述的其他因素，如有氧耐力、提速技巧、无氧耐力或肌肉耐力。

小结

在与提升铁人三项运动表现相关的5种能力当中，最基本的3种能力是有氧耐力、提速技巧和肌肉力量。本章讨论了这3种能力当中的最后一种，它通常是5种能力中在赛季最早期建立的一种，之后会以较低的训练频率来维持，直到一年中的第1场A级（头等重要）赛事来临。

肌肉力量训练通常指的是举重训练。但是游泳、骑行和跑步时做的爆发力训练和替代性的力量练习也可以作为力量训练计划的一部分。神经系统会被训练以一种特定的方式来激发肌肉、增强力量，因此爆发力训练对跑步有特别好的效果。举重训练的替代方案，即专项力量增强训练，也称为肌肉力量重复训练，可以替代举重训练。对于最薄弱的环节是肌肉力量的铁人三项选手来说，肌肉力量重复训练也是一种有力的补充训练。

在这3种力量训练方法当中，举重是被研究得最多和最受支持的一种提升肌肉力量的方法。为了产生积极的效果，举重练习必须以特定的方式进行，要尽可能地模拟你想增强力量的运动项目的动作方式。对于骑行和跑步，包括臀部、膝盖和脚踝在内的腿部伸展运动被认为是最有效的。而用传统的举重练习来模拟游泳的动作则要困难得多，以弹力带作为阻力是比举重更好的方法，因为它可以让你保持一个更近似于游泳的姿态。对于跑步来说，弹震式力量练习也是大负重举重练习的一个很好的替代方案。

铁人三项运动员所面临的最为普遍的挑战，是如何将肌肉力量训练（无论什么类型）合理地融入可用的训练时间中。一种解决方案是，确定这3项运动中的最弱项，以及肌肉力量不足对于该项运动成为限制因素（短板）要负多大的责任。绝大多数铁人三项选手都可以通过增强他们最薄弱项目的神经肌肉力量来提升竞赛表现。如果他们把肌肉力量训练集中在那个最弱项上，那么必要的训练时间就会大大缩减。而另一种解决时间有限问题的方法是，在赛季早期，尤其是游泳、骑行和跑步训练占用时间没那么多的准备期和基础1期，重点关注神经肌肉的训练。

如果你已经在赛季早期通过每周2～3次的训练来增强了肌肉力量，那么之后你就可以把力量训练转化成维持模式，每周只做1次时间非常短的此类训练，以不会影响到主要的游泳、骑行和跑步训练的方式去做。但请不要忽视它，为了很好地保持住肌肉力量，你必须在自己的下一个A级（头等重要）赛事之前坚持每周进行1次这样的训练。

训练日记

这本书一直在围绕训练展开，但归根结底训练的目的是比赛。除了游泳、骑行、跑步和举重训练，对提高你竞赛表现最有帮助的就是坚持记录详细的训练日记。在日记中，你会制订整个赛季的训练计划，记录每次训练的细节，添加有关训练过程的注释，并总结竞赛结果。当赛季结束、你开始规划新赛季的时候，训练日记会帮助你解答很多疑惑，其中最重要的一个就是：下一年我要怎么做来达到更好的竞赛表现？答案就在你的训练日记中。相反，如果没有训练日记，那你就只能依靠模糊且不可信的记忆来回答这一问题。

训练日记不仅仅是记录这么简单，如果你只是记录训练的数据但从不回顾训练进展，那你并不能从训练日记中获得很大的帮助。在这种情况下，这只能称之为日志，而不是训练日记。日志和日记的区别在于日记记录了你想记录的一切，包括你在训练中的身体反应、心得体会、经验收获、疑问顾虑等，但是日志仅仅是一串数字。日记记录了你发现自我的历程，而日志只是记录你做了什么。一份精心记录的训练日记可以帮助你规划训练、回想起之前训练和比赛中的细节、建立自信，记录训练日记也是对自己负责。这样说起来，训练日记起到的作用与一个好教练起到的作用竟然惊人地相似。事实上，它就是自我指导的运动员训练的最佳工具。

训练日记有很多形式，一种很基本的形式就是记录在纸上，这种情况下你只需要一个笔记本就够了。你也可以把自己的训练日记以电子版日历的形式存在电脑里。第3种方式是使用网页版的日记，你只需要用互联网简单搜索一下，就可以找到一些网站，在这些网站上面你只需付很少的月费就可以记日记。还有一些网站具有先进的计划和分析功能，可以像教练一样帮你做出训练决策，如果你是认真地想要提升竞赛表现，这种方法很适合你。

训练日记不用过于复杂就可以起到很好的作用。最简单的训练日记就是一个列表，包括你的赛季目标、训练目的，加上你的赛季训练计划、周训练计划、训练历史、竞赛结果以及你的心得体会。训练日记也可以作为一个避免受伤或者其他身体问题的早期预警系统。基于所有这些原因，我认为坚持记训练日记是除了训练本身之外你可以做的最重要的事了。

用日记制订计划

第7、8、9章讲到了我是如何给一个运动员规划赛季的，我介绍了几种周期化方案以帮助运动员围绕重要比赛来规划赛季。我们了解了训练量及在一年中应该如何分配训练量，你可以用周训练小时数或者训练压力评分（TSS）来量化训练量。此外，我们还讨论了规划高效的训练周的具体细节。这些都应该被记录在你的训练日记中。

这一赛季的训练日记是你备战下一赛季的起点。一旦你开始思考自己接下来将要做什么，那就是时候做一个计划了。拿出1小时左右的时间在日记中记下你的最终目标和训练目标（详情见第5章）以及你想采用的周期性方案（详情见第7、9章）；把你的A级（头等重要）赛事标记在日历中合适的位置；规划新赛季第1次比赛前你每周需要完成的训练量（见表8.4和表8.5）；制订并记录与你的计划相匹配的训练日程（见第8章）。第1次这么做的时候你需要花费很多精力，但是在随后的赛季中你会发现这些辛苦都是值得的。一旦你开始了一年的训练，每一周的训练内容都应该是在训练之前就制订好的，你需要做的就是遵照日记中的指导方针进行训练。这不仅可以在一整年的训练中为你节省很多时间，还可以让你更加专注于训练本身。

> **提示**
>
> 训练日记是你备战新赛季的起点。

有了训练日记的帮助，计划新一周的训练就变得十分容易了。在这一周的训练快要结束的时候，打开下一周的训练日记，按照不同运动来计划每天的训练内容。你可以用附录B、C、D、E中的训练代码来表示游泳、骑行和跑步训练。如果你也在进行举重训练，那么标注出你要在哪一天或是哪些天进行第13章中所介绍的哪种类型的训练（AA、MT、MS或是SM）。接下来，规划你每个训练模块的持续时间或是TSS。图14.1所示是我从自己的另一本书中引用过来的表格。这张表格阐释了上面的所有内容。在赛季之初，你已经做了长期的规划，所以计划下一周的训练仅仅需要花费几分钟的时间。明确地知道接下来每天都要做什么将有助于你开始新一周的训练，也会让训练效果更好。

制订计划有助于建立自信心，你是目标明确地去训练，而不是凭感觉行事。当然了，计划有可能会发生变化。事实上，如果你整个赛季都完全按照自己最开始计划的那样进行训练反而不太正常。在过去30多年的铁人三项执教生涯中，我从没有遇到过任何一个运动员在没有做出任何改动的情况下就完成了训练计划，总有一些因素会让我们对训练计划做出改动。说实话，计划本身并没有那么重要，制订计划才是最重要的。如果你想在人生的某件事情上取得成功，那么请为它制订一个计划，即使这个计划会发生改变，这也是你所能做的最重要的一件事。

要记录什么

一旦制订好了赛季计划，你就要准备好参加训练了，同时要坚持记录一些重要的事情。那么你都需要记录什么呢？对于不同的运动员来说，答案是不一样的。有一些人喜欢做详细的记录并且仔细研究数据；而另一些人认为做记录很麻烦也不喜欢回顾之前的训练。如果你是一名有着远大目标的认真练铁人三项的运动员，但却不喜欢做记录，那么你应该认真考虑请一名教练来指导你。教练会确保你只记录最必要的数据，并为你做出详细的分析。

提示

如果你有远大目标却讨厌做记录，那你应该找个教练来指导你。

如果你是另一类非常热衷记录和分析数据的运动员，你很有可能存在记录过多的问题。你会纠结于细节，以至于很难做出最终的决策。记录得过多和记录得太少一样糟糕。你应该尽量只记录那些你认为至关重要的以及在未来可以帮助你做出训练相关决策的信息，这是使你的日记变得简明扼要的关键。

以下列举了可以帮助你做出训练相关决策的5项内容，即使这些建议已经是最简化的了，你也不必把这些全都记下来。根据你的训练理念去制订你的日记，只记录那些你以后可能会回顾的信息。

基本的记录内容。最基本的训练数据包括运动类型、日期、训练时间、计划的训练、实际完成的训练、训练路线或场所、训练距离和持续时间，以及用到的器材。当你几天、几周，或者是几个月之后回顾训练数据时，你还会想知道这次训练与其他常规训练的不同之处。那次训练是效果极佳还是不尽如人意？你认为是什么原因？那天是寒冷还是炎热，刮风还是下雨？天气是否对你的训练造成了影响？你是否有训练伙伴，他的存在是让你比平时训练得更加努力或是不如平时努力？他是谁？是否出现了一些意外的情况，比如你的膝盖感到不适或是轮胎胎压不足，或者是你在跑步的时候绊倒了？请记录下这些。即使你仅仅记录了这些基本的训练信息且你之前从没这样做过，你的训练效果也会变得更好。

晨间预警信号。在第11章中，我们提出了这样的想法：每天早上起床时评估自己是否准备好去参加训练了。表11.1列举了一些指标，我称之为晨间预警信号。挑选出那些可以很好地指示出你状态不佳、并且你会日常检测并记录的指标。每天早上醒来之后你的第1件事就是去评估并记录这些指标。你可以简单地用"+""−"表示，或者用1～5级更细致地记录。重读第11章有助于你确定如何密切关注自己的晨间预警信号。

训练周开始日期： 2017年2月6日

训练周期：基础期1b　　计划训练时长：10小时

星期一 2017年2月6日

■睡眠 ■疲劳 ■压力 ■酸痛

静息心率______ 体重______

训练1 S B R ⓞ 举重

训练计划 MS，45分钟

路线______距离______时间______

平均HR______平均功率______

区间 1______ 2______ 3______ 4______ 5______

训练2 S B R O

训练计划______

路线______距离______时间______

平均HR______平均功率______

区间 1______ 2______ 3______ 4______ 5______

注释______

营养______

星期二 2017年2月7日

■睡眠 ■疲劳 ■压力 ■酸痛

静息心率______ 体重______

训练1 Ⓢ B R O

训练计划 SS1，45分钟

路线______距离______时间______

平均HR______平均功率______

区间 1______ 2______ 3______ 4______ 5______

训练2 S B Ⓡ O

训练计划 AE2，1小时

路线______距离______时间______

平均HR______平均功率______

区间 1______ 2______ 3______ 4______ 5______

注释______

营养______

图14.1 用训练日记规划新的一周

周目标： 1）改进游泳抓水；2）提高骑行和跑步的有氧耐力；
3）调整为脚掌中部着地的跑步姿势；4）增加健身房训练负荷。

星期三 _____ 2017年2月8日 _____   **注释** _____

■睡眠 ■疲劳 ■压力 ■酸痛   _____

静息心率 _____ 体重 _____   _____

训练1 S ⓑ R O _____   _____

训练计划 _AE2，1小时_   _____

_____   _____

路线 _____ 距离 _____ 时间 _____   _____

平均HR _____ 平均功率 _____   _____

区间 1_____ 2_____ 3_____ 4_____ 5_____   _____

训练2 S B R O _____   **营养** _____

训练计划 _____   _____

_____   _____

路线 _____ 距离 _____ 时间 _____   _____

平均HR _____ 平均功率 _____   _____

区间 1_____ 2_____ 3_____ 4_____ 5_____   _____

星期四 _____ 2017年2月9日 _____   **注释** _____

■睡眠 ■疲劳 ■压力 ■酸痛   _____

静息心率 _____ 体重 _____   _____

训练1 S B ⓡ O _____   _____

训练计划 _SS1，45分钟_   _____

_____   _____

路线 _____ 距离 _____ 时间 _____   _____

平均HR _____ 平均功率 _____   _____

区间 1_____ 2_____ 3_____ 4_____ 5_____   _____

训练2 ⓢ B R O _____   **营养** _____

训练计划 _SS1，45分钟_   _____

_____   _____

路线 _____ 距离 _____ 时间 _____   _____

平均HR _____ 平均功率 _____   _____

区间 1_____ 2_____ 3_____ 4_____ 5_____   _____

图14.1 用训练日记规划新的一周（续）

星期五 _____2017年2月10日_____

■睡眠　■疲劳　■压力　■酸痛

静息心率 _____ 体重 _____

训练1 Ⓢ B R O _____

训练计划 ___SS1，30分钟_____

_____

路线 _____ 距离 _____ 时间 _____

平均HR _____ 平均功率 _____

区间 1 _____ 2 _____ 3 _____ 4 _____ 5

训练2 S B R Ⓞ ___举重_____

训练计划 ___MS，45分钟_____

_____

路线 _____ 距离 _____ 时间 _____

平均HR _____ 平均功率 _____

区间 1 _____ 2 _____ 3 _____ 4 _____ 5

注释 _____

_____

_____

_____

_____

_____

_____

营养 _____

_____

_____

星期六 _____2017年2月11日_____

■睡眠　■疲劳　■压力　■酸痛

静息心率 _____ 体重 _____

训练1 S Ⓑ R O _____

训练计划 ___AE2，2小时_____

_____

路线 _____ 距离 _____ 时间 _____

平均HR _____ 平均功率 _____

区间 1 _____ 2 _____ 3 _____ 4 _____ 5

训练2 S B Ⓡ O _____

训练计划 ___AE1，30分钟_____

_____

路线 _____ 距离 _____ 时间 _____

平均HR _____ 平均功率 _____

区间 1 _____ 2 _____ 3 _____ 4 _____ 5

注释 _____

_____

_____

_____

_____

_____

_____

营养 _____

_____

_____

图14.1　用训练日记规划新的一周（续）

星期日 _____2017年2月12日_____

■睡眠 ■疲劳 ■压力 ■酸痛

静息心率 _____体重_____

训练1 Ⓢ B R O _____

训练计划 __SS1, 45分钟__

_____

路线 _____距离_____时间_____

平均HR _____平均功率_____

区间 1_____ 2_____ 3_____ 4_____ 5_____

训练2 S B Ⓡ O ___举重___

训练计划 __AE1, 30分钟__

_____

路线 _____距离_____时间_____

平均HR _____平均功率_____

区间 1_____ 2_____ 3_____ 4_____ 5_____

注释 _____

_____

_____

_____

_____

_____

_____

_____

_____

营养 _____

_____

_____

_____

_____

_____

_____

_____

一周小结

	时长	距离	累计时长	累计距离
游泳				
骑行				
跑步				
力量				
其他				
总计				

注释 _____

_____

_____

_____

_____

_____

_____

图14.1 用训练日记规划新的一周（续）

身体记录。训练进行得怎么样？有没有完成计划的内容？你可以用学校里那套 A ~ F 的评分系统来打分，此外还要记录训练的细节，如保持在每一心率区间、配速区间和功率区间的时长。第 4 章讨论了赛季中训练强度的分配。在一个赛季中，随着时间的推移，记录每一区间的训练时长有助于你按照计划坚持训练。如果你从不关注这些数据，你很有可能会偏离赛季计划。

心理记录。有一些运动员认为自己的心理感受并不重要，尤其是和像生理那样的硬数据相比。然而这就大错特错了。指示你每日训练状况的最好指标可能就是你的情绪和感觉了。记录你对训练的感受，如你对这次训练满意吗？你认为自己在进步吗？你有什么担忧吗？在训练之后把你的想法和感受记录下来，当你回顾的时候，这些记录会成为一个饱含珍贵信息的宝库。

> **提示**
>
> 指示你每日训练状况的最好指标很可能就是你的情绪和感觉。

杂项记录。你也可以把其他一些可能会影响你训练的事情记录在日记中：旅行、环境因素（如海拔和湿度）、职业相关的压力（如长时间的工作）、伤病及家庭活动等会打乱训练的事情。你还可以记录运动装备的更换：新跑鞋、重新调整过的车座或是新的自行车齿轮。要记录你日常饮食的改变，尤其是比赛前和比赛中吃了什么。当然了，你还要记录每次比赛的细节。

训练分析

铁人三项训练是一项只有一个实验对象的科学实验，这个实验对象就是你，科学实验就是在可控变量改变的情况下去观察会发生什么。这需要确凿的证据，而不是毫无根据的信念，这些证据就存在于你积累的训练数据中。数周、数月、数年来坚持不懈地记录训练情况会给你提供大量的实验数据，而你努力从这些数据中所挖掘出来的东西就是适合自己的最佳的训练方法。

作为一个运动员，你在很多方面都是独特的（还记得第 3 章中提到的个性化原则吗？），你不能照搬训练伙伴的训练计划并指望能达到相同的效果。通过收集和分析你自己的训练数据，你会知道什么训练对你是有效的、什么是无效的，利用这些信息做一些小的训练调整将有助你顺利实现目标。你只需要知道要收集哪些数据并清楚怎么分析它们就可以了。

分析数据要从问自己如下几个最基本的训练相关问题开始。

- 我正在朝着自己的目标前进吗？
- 我的训练是否太难了，或者太轻松了？
- 我是否得到了充分的休息和恢复？

● 我的饮食是否满足自己的能量需求？

你必须一直诚实地回答这些问题，美化答案并不会给你带来什么好处。在赛季之初，你或许可以不借助训练日记来回答这些问题。但随着赛季的推移、训练量的积累，你很难回忆起上个月、上周，甚至是昨天做了什么。如果你不能回忆起你已经做了多少组间歇练习、在赛季中开始做这些训练的时间、长时间训练的持续时长、训练过程中休息-恢复周的频率、在艰苦训练之后你吃了什么等，那么即使你下定决心要做一些必要的训练调整，又如何知道自己需要改变什么呢？每日的训练记录可以帮助你回答这个问题，并做出决定。

那些有关训练进展的重点问题的答案就在你的日记当中。你可能需要稍作寻找，但像"我训练得如何"这类问题的答案就在日记里。指示未来表现的最佳指标就是过去的表现，最好是近期的表现。如果你偶尔参加B级（中等重要）赛事和C级（末等重要）赛事，你在比赛中的表现将成为评价你备战A级（头等重要）赛事进展的最佳指标。其他的一些指标来自周期性的测试，第8章建议我们在休息-恢复周结束的时候做这些测试。运动表现测试会测试速度、配速和功率，这些将是预测你A级（头等重要）赛事表现的最重要的训练指标。为了确保自己处在合适的区间，你偶尔也需要做一些测试监测你的心率，但是心率不是指示竞赛表现的一个指标。心率可以表示你的努力程度，它和主观用力的程度分级类似。而那些结合了心率和骑行功率、跑步配速等运动表现数据的测试是十分有益的（参见附录C、D中"有氧阈值"训练测试的例子）。

比赛分析

无论好坏，每场比赛后，尤其是一场A级（头等重要）赛事后，你都需要评估自己的表现。如果这场比赛没有按照计划和预期进行，那么找到其中的原因至关重要。这个原因也许显而易见，例如自行车的机械故障或走错路线。这样的问题往往很容易纠正。如果其他所有事情都符合预期，那么你可以确信自己的训练计划是有效的。

提示

无论好坏，每场比赛后，尤其是一场A级（头等重要）赛事后，你都需要评估自己的表现。

但是，如果你在比赛中表现较差，你就需要仔细考虑更多的问题了。表现差的原因到底是什么呢？答案可能显而易见，也可能需要做很多努力来寻找。开始寻找答案的最好时机通常是赛后的第2天。比赛结束后紧接着的那几个小时并不是深入思考问题的最佳时机。因为情绪还处于兴奋之中，所以你无法保持理性的思考。由于思绪不够清晰，你就难以得出好的结论，最好等到第2天再开始分析。同时，不要太轻易地得出结论。你可能觉得自己马上就能找出问题的原因所在，但请不要着急，再花一天时间仔细思考。

常见的竞赛表现不佳的原因都与比赛管控有关。最频繁出现的比赛管控失误是不正确的配速。而其中深层次的原因是什么呢？是失控的情绪。这个情况在一场铁人三项比赛中自行车项目的起始阶段表现得最为明显。绝大多数不当的比赛配速和它所导致的糟糕的比赛结果都可以追溯到自行车赛段的前1/4。由于激情高涨，常见的趋势是运动员比实际能力发力更猛。我常常看见大铁运动员在自行车赛段的前40千米中创造出他们的个人最佳记录，但他们还有150千米的赛程需要完成。你不可能因为在前1/4赛程中的出色表现而赢得比赛，相反你会输掉整场比赛。在自行车赛段的前1/4，你必须采用保守的配速策略并严格地执行它。自行车比赛后半段的输出功率略高于前半段才是应有的目标，这叫作后程加速。如果你学会并这样去做了，那你下车的时候就已经为一次很快的跑步赛段做好准备了。想学会这个技巧，你至少得在赛前12周的训练中每周演练一次才行。

另一个常见的比赛管理问题与比赛日的客观条件有关，尤其是气温。如果天气很热，你就需要对配速做出调整——跑得慢些。我知道这样做很难，但是如果天气很热，你就必须在降速和比赛表现不佳中做出选择。每个运动员都需要做这样的选择，并不是只有你这样。不过你需要提前考虑好这件事。赛前的几周，你就应该对这一比赛过去几年的天气条件有很充分的了解，甚至能找出一些今年天气情况的预兆。如果天气可能会很炎热，你就需要通过热适应训练来提前做好准备。空想并不能产生任何实际效果，你需要的是做准备。赛前1个月内，你需要频繁地在一天中最热的时候跑步。如果你住的地方比赛场所在地冷很多，你就需要发挥创造力了。总之，至少要为适应比赛日的真实条件做好准备。

但如果比赛日的天气真的热得超乎预期呢？那怎么办？这还得靠比赛管控和聪明的决策。显然，如果天气很热而你并不适应炎热，那么你不可能跑得像自己正常计划中那么快。你必须降低配速，尤其是在从T2换项区出来的时候。如果不这样做，毫无疑问将会导致比赛表现不佳。

不现实的期望是另一个常见的比赛表现不佳的原因。在A级（头等重要）赛事前6周内的关键训练、测试、B级（中等重要）赛事、C级（末等重要）赛事的表现是预测比赛成绩强有力的指标。只是希望自己在比赛中很快并不会让你真的变快。比赛当天不会有奇迹发生。你有能力就是有能力，没有能力就是没有。通过分析你在赛前的表现，比赛成绩的可预测性是非常强的。你需要使用这些数据来制订自己的比赛配速策略。

提示

分析赛前几周的状态可以在很大程度上预测竞赛表现。

竞赛表现不佳的原因还有很多。有些经验丰富的铁人三项运动员已经分析自己的比赛数据多年，他们已经学会了如何处理像高温这样可以预见的客观情况和自行车机械故障这种难以预见的意外情况。他们可以从训练日记中找出自己面对这样的情况是如何做出调整的相关细节，并用这些笔记为今后出现相似情况的比赛做好准备。

从积极的角度讲，如果你有一场超棒的比赛又会怎样呢？一切都一帆风顺的比赛也值得特别注意。在准备比赛的时候，尤其是在赛前一周和比赛当天，你有常规之外的操作吗？也许你的训练安排异于平常，也许你休息得更多些或者更少些，或者你的生活方式在某些方面发生了改变，又或者你的饮食改变了，也没准你在比赛中配速保持得非常完美。可能性几乎是无穷多的。好好想一想这个问题，因为一旦理解了这件事，你就可以在下场比赛中"故技重施"，复制成功。

图14.2所示提供了分析比赛的一些建议，它也能帮你记录下自己的比赛数据作为后续比赛的参考。每次比赛之后你都要复制、填写这些表格，并把它们存到自己的训练日记中去，以备日后参考。你也可以把它和训练日记中的评论一起用作比赛分析的指导，在你准备以后的比赛，尤其是来年的同一场比赛时，这些信息将被证明是非常有价值的。

> **提示**
>
> 训练日记是你备战高水准的赛季时最有价值的工具。

比赛评估表

赛事名称_____ 开始时间 _____

地点_____ 类型/距离 _____

重要竞争对手_____

天气_____ 赛道条件 _____

比赛目标_____

比赛策略_____

_____

赛前饮食_____

热身计划_____

起点前的兴奋程度：■ 低　■ 中　■ 高

结果（名次、时间、单项成绩等）_____

_____

表现较好之处_____

_____

图14.2　比赛评估表

需要改进之处_____

_____

比赛前、中、后出现的疼痛和其他问题 _____

_____

关于比赛完成情况的评价_____

_____

图14.2　比赛评估表（续）

小结

训练日记是你备战高水准的赛季时最有价值的工具，它记录了你的赛季目标，每次打开日记你都能看到它们。你可以把这些目标写在日记的封面或首页上，也可以记在卡片上作为页面标记。如果你在电脑或是网页上使用电子版的日记，你需要把自己的目标记录在上面，并且经常回顾。然后你就可以用训练日记去制订赛季计划和周计划，看看怎么才能达成目标，同时评估自己的进展。

每年你制订整体赛季计划可能都要花一个多小时的时间，但是这个计划它对于你实现目标而言是非常有价值的。下一周的训练计划是在本周训练即将结束时制订的，这花不了几分钟的时间。如果你从没这样做过，那么这样做会对你的训练产生奇效。

你的训练日记不仅会帮助你把控赛季全局，也有助于你掌握训练过程中发生的一些细节。在日记中记录什么取决于你自己对于训练的独特视角。这一章对你要记录的内容提出了建议，从最基本的到最详细的都有。你只需要记录那些在衡量目标进展时自己会回顾的信息即可。数据记录过多和记录太少同样糟糕。

当你每隔几周评估训练进展时，请在日记中记录下关键的信息。这些数据比你常规训练的信息和评价更为重要，所以请确保自己记下了所有你认为以后预测趋势时会用到的数据。这可能是运动表现（速度或功率）的实地测试数据或B级（中等重要）赛事、C级（末等重要）赛事的数据。实地测试和比赛的结果是你评估目标进展的最佳指标。

在预测趋势时请定期回顾你的训练日记。这么做的最佳时机是每隔3～4周，也就是在休息－恢复周期间。回顾刚刚完成的一段训练中自己进展如何，并与之前休息－恢复周时自己的运动表现水平做比较，看看你是否在朝着自己的目标进步。如果没有进步，原因是什么呢？如果有进步，又是什么起到了作用呢？

请在每一场比赛结束后评估自己的表现，无论好坏。重温糟糕的竞赛表现并不好过，但至少你应该思考一下：如果重新来过，在备赛阶段你会做哪些改变。这类分析有助于你确定下场比赛前的训练方针。如果这次比赛表现得很好，思考一下你认为能够成功的根本原因。竞赛表现与训练和比赛管控是直接相关的。你的训练是否高效？你的比赛管控方案是否最佳？这些问题都会在训练日记中找到答案。

附录A　年度训练计划模板

运动员 _____

年度训练量 _____

年度 _____

周	周一	比赛	赛事优先级	时期	训练量	举重训练	游泳						骑行						跑步					
							有氧耐力	肌肉力量	提速技巧	肌肉耐力	无氧耐力	冲刺能力	测试	有氧耐力	肌肉力量	提速技巧	肌肉耐力	无氧耐力	测试	有氧耐力	肌肉力量	提速技巧	肌肉耐力	无氧耐力	冲刺能力	测试
01	/																							
02	/																							
03	/																							
04	/																							
05	/																							
06	/																							
07	/																							
08	/																							
09	/																							
10	/																							
11	/																							
12	/																							
13	/																							
14	/																							
15	/																							
16	/																							
17	/																							
18	/																							
19	/																							
20	/																							
21	/																							
22	/																							
23	/																							
24	/																							
25	/																							
26	/																							

赛季目标

1. _____
2. _____
3. _____

训练目的

1. _____
2. _____
3. _____
4. _____

周	周一	比赛	赛事优先级	时期	训练量	举重训练	游泳 有氧耐力	肌肉力量	提速技巧	肌肉耐力	无氧耐力	冲刺能力	测试	骑行 有氧耐力	肌肉力量	提速技巧	肌肉耐力	无氧耐力	冲刺能力	测试	跑步 有氧耐力	肌肉力量	提速技巧	肌肉耐力	无氧耐力	冲刺能力	测试
27	/																											
28	/																											
29	/																											
30	/																											
31	/																											
32	/																											
33	/																											
34	/																											
35	/																											
36	/																											
37	/																											
38	/																											
39	/																											
40	/																											
41	/																											
42	/																											
43	/																											
44	/																											
45	/																											
46	/																											
47	/																											
48	/																											
49	/																											
50	/																											
51	/																											
52	/																											

附录B 游泳训练

下面列举了一些基础的游泳练习单元，你可以通过各种不同的组合方式将其整合到一场游泳训练当中。例如，在热身之后，你可以用提速技巧练习来开始本次训练，接下来进行无氧耐力练习，然后在冷身之前再进行有氧耐力的练习。

在一场训练中，运动员们通常会先以有氧耐力（AE）和/或提速技巧（SS）练习来热身，接下来进行肌肉力量（MF）、无氧耐力（AnE）和肌肉耐力（ME）练习，最后通常以AE和/或SS练习来冷身。例如，如果某次训练的主体（即既不是热身也不是冷身的部分）是MF和ME，那么本场训练中所有练习的顺序应该如下所示。

第1项练习：SS。

第2项练习：MF。

第3项练习：ME。

第4项练习：AE。

一个常见的例外情况是在训练主体中插入一个AE或SS练习，这样可以在高强度练习之间有较长的恢复时间。

MF、ME和AnE能力的练习通常是训练主体的组成部分，即训练中既不是热身也不是冷身的主要部分。在进入到训练主体之前，一定要先进行热身，请注意，训练主体的强度越大，热身的时间就越长。

下文中大多数训练的强度指标是基于配速的，心率监测设备并不适用于游泳项目。游泳的配速区间可参见表4.2。

有氧耐力训练

AE1：恢复练习

以1区配速匀速游泳10～20分钟，只专注于某一方面的技巧。你可以把这项训练作为艰苦的骑行或跑步训练后的恢复，或是游泳训练的冷身。

AE2：有氧阈值间歇练习

以2区配速进行间歇游泳练习，每次练习控制在6～12分钟内可以完成的距离。在每次进行间歇练习之后，用前次练习10%～15%的时间进行恢复。间歇练习的总距离应该与你下一次A级（头等重要）或B级（中等重要）赛事的游泳距离相匹配。在几次训练中，逐步加量达到这一持续时间。这项练习的一个变型是，在两次间歇练习之间游25～50米来恢复。示例：每8分15秒一组间歇练习，速度控制在7分30秒内游完500米，共重复4次。或者以2区配速匀速地游更长的距离，特别是在公开水域当中。

AE3：节奏间歇练习

以3区配速进行3～7次间歇练习，每次3～5分钟。每一次间歇练习之后，用前次练习10%～15%的时间进行恢复。总练习时间应该控制在10～20分钟。示例：每3分15秒一组间歇，速度控制在3分钟内游完200米，共重复5次。

肌肉力量训练

MF1：肌肉力量重复练习

注意，在你的SS能力达到较强的水平之前，请不要进行这项练习，因为在你技巧糟糕的时候受伤的风险很高。

在包含简短、快速重复练习（如SS1）的全面热身运动之后，进行1～3组3趟为一组的间歇练习，每趟25米。在每组间歇练习中，穿着T恤或其他阻力装置，或是使用划水掌。使用阻力装置或者划水掌的目的是增加肌肉所承受的压力，从而提高肌肉力量。在每趟之间，靠在池边进行较长时间（40～60秒）的恢复。在组与组之间，像上文所述的AE1那样，放松地游25～50米。第1次进行MF1练习时，只做一组3次的间歇练习即可。一旦你的肩膀感到不舒服，请立刻停止练习，因为这是技巧糟糕的标志。这时，你不应该继续这一练习，而应该先进行下文描述的SS1练习来提升自己的技巧，然后再回到MF1练习当中。

MF2：公开水域间歇练习

在河流、湖泊或海洋中进行顺流、逆流交替的游泳练习。保持正确的姿势，以近乎最大努力的程度逆流向游泳，每组练习（每只胳膊）划水8～10次，随后顺流向游泳60～90秒进行恢复，共完成3～8组。请注意，仅可在有训练伙伴陪同或是团队训练时进行这项练习。示例：以近乎最大努力的程度逆流向划水8次，而后放松游1分钟进行恢复，共进行5组。

MF3：划水掌练习

在热身和冷身之外的环节中，佩戴划水掌进行游泳训练。当你第1次使用划水掌时，要选择小一些的，只在上文所述的AE练习中使用它们，并且使用划水掌进行练习的距离不要超过总训练距离的10%。经过几周的训练之后，增加划水掌的大小，注意使用划水掌进行训练的距离不要超过总训练距离的50%。千万不要同时增加划水掌的大小和总的训练距离。一旦你的肩膀感到不舒服，请停止使用划水掌并回到上文所述的SS训练阶段。

提速技巧训练

请记住，这里所说的提速技巧不是指选手本身的位移速度有多快，而是指选手能够快速、高效地移动手臂的能力。更多关于SS训练的细节可以回顾第12章。

SS1：快速25秒练习

开始这项练习时，先以中低速来游一趟。而接下来的几个25秒练习中，每一趟都游得更快一些，但都不要用尽全力。游每一趟的时候，都把注意力集中在你想要提升的某一项PDLC技巧上：姿势、方向、长度或抓水。在每次25秒练习中，不要想其他的事情。不要去计时，因为你的注意力必须集中在提升技巧方面，而不是怎么能更快速完成。

每当完成一趟25秒练习时，请停在泳池边休息一下。每次你都可以休息很长的时间。不要为了增强耐力而缩短休息时间。这时你唯一的关注点是技巧。当靠在池边休息时，除了自己的游泳运动表现，随便想些什么都行。在开始下一个25秒练习前，你应该已经把呼吸调整到了一个轻松的节奏。

当你准备好游下一趟时，把思绪拉回到你所关注的PDLC技巧中来。接下来，再进行一次25秒练习，把注意力完全集中在如何做出正确的动作上。你可以只进行几次25秒练习，把它当作是热身或冷身的一部分，也可以进行大量的25秒练习，作为一整场游泳训练的主体。

SS2：辅助器材练习

这里指的是穿戴脚蹼或在大腿间夹浮板进行的所有练习。在训练主体部分的间歇练习中，当你的关注点在于某一项PDLC技巧上时，这些"辅助器材"会对你保持身体位置靠近水面大有帮助。

肌肉耐力训练

ME1：长距离巡航间歇练习

这是一种每次练习时长会持续6分钟以上的练习，其中恢复间歇的时长大约是前次练习时长的5% ~ 15%。随着身体素质的提高，不断减少恢复间隔的时长。强度大约为4区或5a区配速。该项练习的总训练距离应该与你下一次A级（头等重要）或B级（中等重要）赛事中游泳赛段的距离相等。示例：每6分40秒一组间歇练习，速度控制在6分钟之内游完400米，共重复5次。

ME2：短距离巡航间歇练习

这是指需要用3～5分钟完成的游泳间歇练习，强度大约为4区或5a区配速。在每次练习之后，用前次练习5%～10%的持续时间进行恢复。总的训练时间应逐渐增加，直到与你下一次A级（头等重要）或B级（中等重要）赛事中游泳赛段的距离相匹配。示例：每3分10秒一组间歇练习，速度控制在3分钟之内游完200米，共重复8次。

ME3：阈值练习

以3区配速匀速游泳12～20分钟。例如：在18分钟之内游1200米。

无氧耐力训练

AnE1：最大摄氧量间歇练习

完成3～4次间歇练习，每次练习的持续时间约为2～3分钟，恢复间隔时长为前次练习时长的10%～25%。强度为5b区配速。这一练习将会逐渐提升你的有氧能力。请注意：不要在练习中出现技术动作垮掉的情况。在建设期，随着身体素质的提升，你可以把恢复间隔减少到练习时间的大约10%。示例：每3分钟一组间歇练习，速度控制在2分钟40秒之内游完200米，共重复5次。

AnE2：无氧能力间歇练习

进行1～4次持续时间为30～60秒、配速在5c区的游泳间歇练习。为了在开始下一组间歇练习之前得到充分的恢复，你的恢复时间应该足够长，至少要和练习的持续时间一样长。随着练习的进行，你的恢复间隔应该变得更长。在每次间歇练习中，把注意力集中在保持正确的姿势、方向、长度和抓水技巧上。在建设期的后期、巅峰期和比赛周，当你为即将参加的、起始速度就很快的游泳赛段做准备时，这项练习会特别有益。每一次间歇练习的持续时间应在4分钟以内。示例：每1分30秒一组练习，速度控制在35秒之内游完50米，共重复3次。

测试训练

T1：间断测试

在完成标准的热身运动之后，以最大但可持续的努力程度游10个100米，每个100

米之后用正好10秒的时间来进行恢复。对整个练习计时，从第1个100米开始，到最后一个100米结束，包括所有的恢复间隔。然后用这一计时结果减去90秒，得到测试"分数"。在休息–恢复期结束的时候进行这项测试，把测试结果记录在训练日记中以评估训练进展。

T2：功能阈值配速测试

在完成标准的热身运动之后，像在比赛中那样连续游1000米，同时把注意力集中在保持良好的技术动作上。把测试的计时结果记录在训练日记中以评估训练进展。同时，以这项测试的完成时间来确定下一训练阶段你的游泳配速区间（参见表4.2）。你可以在每个休息–恢复期结束时进行这项测试。

附录C　骑行训练

下面这些针对铁人三项运动员的基础骑行训练，都是根据第6章所述的5个基础能力进行的分类：有氧耐力（AE）、肌肉力量（MF）、提速技巧（SS）、肌肉耐力（ME）和无氧耐力（AnE）。通过把下面这些练习进行组合，你可以创造出新的针对自己特殊需求的训练，包括多种能力的组合训练。在赛季中的建设期，将针对多个能力的练习融合到一场训练中是最为常见的做法（更多有关训练周期的内容参见第7章和第8章）。

在进行下面列举的MF、ME和AnE训练之前，应先进行热身。你应该只在热身和冷身之外的主体部分中进行这3类能力的训练。请注意，训练主体部分的强度越大，热身的时间就应该越长。

训练的强度是用功率和心率来描述的。自行车的心率区间和功率区间分别参见表4.3和表4.5。你可以回顾第4章中的"区间一致性"，那一部分内容讨论了心率区间和功率区间的关系。如果你有两个设备，那么可以用功率计来衡量运动表现，用心率计来评估努力程度。对于大多数训练来说，功率计是衡量强度的最佳手段。正如下文所述的，偶尔也有一些例外。

有氧耐力训练

AE1：恢复练习

在小型绕圈平路赛道上，以1区心率进行此项训练。以舒适的高踏频进行踩踏。或者，你可以在一年中的任何时候，尤其是无法进行户外平路训练的情况下，使用室内骑行台或滚筒进行练习。在准备期和基础期早期，你也可以选择包括交叉训练在内的其他方式进行恢复练习，例如在相对平坦的场地上越野滑雪，以及参加各种健身俱乐部的器械练习。请注意，这类活动的心率区间可能与骑行训练不太相同。

虽然对于进阶铁人三项运动员来说，轻松的自行车练习对加速恢复非常有益，但对于新手而言，停训会让他们受益更多。尽管恢复训练没有包括在年度训练计划当中，但它们仍是整个赛季训练的组成部分。

AE2: 有氧阈值（AeT）练习

第4章"强度参考点"一节曾简要介绍了AeT训练。该训练的一个重要目的是，提高身体运输氧气和利用氧气来产生肌肉能量的能力，从而增强有氧身体素质。在这项练习中，我们使用心率监测器来衡量训练强度，你的AeT心率要比无氧阈值心率低大约30次/分钟（详见第4章"设置训练区间"一节）。

热身之后，在平地绕圈赛道上或在室内骑行台上以AeT心率上下2次/分钟的心率骑行。你的AeT练习的具体时间长度取决于你目标赛事中骑行赛段的长度。针对半程奥运距离和奥运距离铁人三项比赛的训练，其AeT练习的时长为1 ~ 1.5小时。而如果你正在备战半程大铁比赛，则需要骑行2 ~ 2.5小时；参加大铁比赛的运动员应该进行3 ~ 4小时的AeT练习。如果你同时也在使用功率计，在训练结束时，用AeT练习的标准化功率除以该阶段的平均心率将得出本次训练的效率因子（EF）。EF随着时间的增长表明了你AeT的提升。请注意，它很少呈线性上升，而是会随着身体素质的提高，在几周内"震荡"上升。

你也可以将AeT训练作为AE练习的一个测试（参见下文所述的"T1：有氧阈值[AeT]测试"）。你全年都要进行这项训练，早期是为了建立身体素质，后期是为了维持你的有氧耐力。当你以维持有氧耐力为目的进行这项训练时，其频率应该是早期建立有氧身体素质时的一半左右。

AE3：高强度耐力练习

这项训练在提升有氧耐力的同时，也增强了肌肉力量。热身之后，在有小幅度爬坡的路段骑行1小时或更长的时间，大部分时间内将心率保持在2区，可短暂提升到3区。在爬坡过程中，尽量保持坐踩姿势。你也可以在室内骑行台上进行这一训练，通过频繁地变速来增加训练负荷以及模拟爬坡，以这种方式在骑行过程中累积几分钟的3区训练时间。这项训练的一个常见变型是在骑行后立即跑步15 ~ 20分钟。本训练的目的，就是提升你身体运用氧气来产生能量的能力。

肌肉力量训练

MF1: 力量重复练习

这是一项要做1 ~ 3组、每组3次重复的间歇训练，也就是说在训练中共进行3 ~ 9次重复动作。像其他所有这一类的高强度训练一样，在开始重复之前要充分热身。进行这项训练的频率不要超过每周两次，两次训练的间隔至少为48小时。如果你的膝盖有问题，那么请不要进行这项训练。本训练依照以下步骤进行。

- 找到一个30 ~ 50米的长陡坡，坡度为6% ~ 8%，要确保这一路段车辆很少。
- 每一次重复都选择较高的齿比，如53×16 或50×15。你的力量越强，齿比就可以越高、越有挑战性。你的齿比选择应该足够高，使得每次重复动作结束时的最高踏频都低于50转/分钟。坡度也对齿比的选择有影响，所以在第1次进行这个训练时你需要进行试验来确定合适的齿比。先从较低（轻松）的齿比开始尝试。

- 以高齿比（困难）放坡回到山脚，在保持平衡的情况下，在回到山脚时达到几乎完全停止的状态。

- 爬坡时保持坐踩，不要站起来摇车。以最大的力度向下踩踏板5～10圈，一圈就是一个完整的踩踏过程，例如右脚下踩踏板8次。在接下来的动作中以左右腿交替计数，因为"计数"腿在踩踏时往往会更加用力。

- 每次重复后，换到一个低（轻松）齿比，较为缓和地踩踏5分钟来恢复。不要缩短两次重复动作之间的恢复时间，因为这会减少力量增强方面的训练收益。在进行下一次重复练习之前，要确保双腿已经充分恢复。

- 重复上述步骤2次，共计3次为1组练习。如果你正在进行第2组练习（第1次进行这项训练时只做1组），每组结束后轻松踩踏5～10分钟，以确保完全恢复。注意做每一个动作时你膝盖的状态。这是一项高风险、高回报的训练。一旦有任何轻微的不适，请立即停止训练，不要继续，即使你膝盖疼痛的感觉很轻。

- 功率是评价这项训练强度的首选指标，而不是心率。要争取在每次踩踏时都产生很高的功率。

MF2：爬坡骑行练习

　　选择包含多个坡度高达6%、爬坡需要2～5分钟的中等陡坡的路线。爬坡过程中全程保持坐踩，用臀部发力，也就是说上半身几乎不要有任何晃动。爬坡时的踏频为60转／分钟或更高，功率增加到4区或5区。训练的后半部分以1区或2区的功率骑行。功率是评价这项训练强度的首选指标，但如果你只能使用心率监测器的话，爬坡时请保持心率在5a区以下。在室内骑行台上，你可以通过在前轮下放置一个10～20厘米的立管，选择高齿比和设置车轮阻力来模拟爬坡，这时的踏频会很低。进行这项训练的频率不要超过每周两次，两次训练的间隔至少为48小时。如果你的膝盖有受伤的倾向，那么请不要进行这项训练。

MF3: 爬坡重复练习

　　在坡度约为6%～8%、需要30～60秒爬到顶端的陡坡上，重复骑行3～8次，两次之间的恢复时间为2～4分钟。每次爬坡时都保持功率在5区。在训练刚开始的时候，你的心率大部分会处在3区和4区，但即使你的功率保持不变，在稍后的训练中，爬到山顶时的心率仍然可能会达到5a或5b区。为了进行恢复，在开始下一次重复之前，用滑行的方式下坡。爬坡时请使用上把位，保持坐踩，尽量减少上半身的动作。每次爬坡时，都保持70转／分钟或更低的踏频。如果发现膝盖有任何不适，请停止训练。进行这项训练的频率不要超过每周两次，两次训练的间隔至少为48小时。如果你的膝盖有受伤的倾向，那么不要进行这项训练。

提速技巧训练

SS1：快速踩踏练习

在平坦或缓下坡的路段上，或在设置为低阻力的室内骑行台上，以低（轻松）齿比逐渐将踏频增加至最大值踩踏1分钟。最大值是你可以持续保持但臀部不会上下大幅晃动的踏频。随着踏频的增加，放松你的小腿和脚，尤其是脚趾。尽可能保持最大的踏频，即使可能只能持续几秒。之后至少恢复1分钟。重复几次。在进行这项训练时，最好使用可以显示踏频的码表。心率和功率等级对这项训练来说没有意义，因为这项训练的目的就是提高你的蹬踏效率，其标志就是最大踏频的提升。

SS2：单腿踩踏练习

在平坦或缓下坡的路段上，用其中一条腿完成90%的踩踏，另一条腿休息。如果你是在室内骑行台上使用低阻力模式进行这项训练，你可以用椅子或凳子来支撑你休息的一条腿。要以高踏频踩踏。当一条腿开始疲劳时，换另一条腿。把注意力集中在消除踩踏过程中最高点和最低点的"停顿"上。心率和功率等级对这项训练来说没有意义。

肌肉耐力训练

ME1：节奏间歇练习

热身后，以3区强度进行3～5次间歇练习，练习之间进行短暂恢复。单次练习的时间可以是12～20分钟，相应的恢复时间大约是练习时间的1/4。例如，在16分钟的练习之后，恢复4分钟。这项训练应该在平坦的道路或者室内进行。功率是评估这项训练强度的首选指标，但你也可以使用心率作为评价标准。如果你在训练中只使用心率监测器，那么练习是从你开始用力踩踏时开始的，而不是在心率达到3区后才开始。在你的心率值与努力程度相匹配前，会有一个时间延迟。在这段时间内，以0～10自我感知评级中的5～6级（关于自我感知评级或RPE的详细信息请参见第4章）来达到应有的强度。避免选择交通拥挤和有较多停车标志的路段。在间歇练习中保持符合空气动力学的身体姿态。用1区的轻松踩踏进行恢复。节奏间歇练习是备战长距离铁人三项的基础训练。

ME2：巡航间歇练习

在相对平坦的道路或室内训练设备上，完成3～5次持续时间为6～12分钟的练习，每次练习都在4区完成。功率是评估这项训练强度的首选指标，不过你也可以使用心率作为评价标准。如果你使用的是心率监测器，那么练习是从你发力的时候开始的，而不是在心率达到4区后才开始。在心率增加的这段时间内，以0～10自我感知评级中的7级（有关RPE的详细信息参见第4章）来达到应有的强度。以1区轻松踩踏进行恢复，恢复时间大约是训练时长的1/4。例如，在6分钟的练习后，以1区轻松踩踏90秒来恢复。在新赛季第1次进行此类训练时，练习的总时长通常不应超过12分钟（例如，2×6分钟）。在几周的时间内，逐步将练习的整体时间增加到30～50分钟（例如，5×6分钟或4×12分钟）。保持放松和符合空气动力学的姿势，密切关注自己的呼吸。练习的强度应与奥运会距离铁人三项比赛的强度非常相似。因此请以自己在这类距离比赛中相近的踏频进行踩踏。一个富有挑战性、让你需要更加努力的训练变型，是在适合你的"正常"齿比和更高（困难）齿比之间偶尔进行切换。

ME3：爬坡巡航骑行练习

本练习与ME2巡航间歇练习是基本相同的，不同之处在于它是在距离较长、坡度大约为2%～4%的缓坡或是在逆风中完成的。选择车流量小且没有停车标志的山路。与ME2练习一样，当你保持4区的功率骑行时，功率计是评估训练强度的首选工具，但你也可以使用心率监测器。如果你在训练中只使用心率监测器，那么练习是从你开始用力踩踏的时候开始的，而不是在心率达到4区后才开始。请注意，在第1个甚至第2个练习中，你可能都无法达到4区心率。这是很常见的。在心率缓慢增加的这段时间内，以0～10自我感知评级中的7级（有关RPE的详细信息参见第4章）来达到应有的强度。每次爬坡时，请保持符合空气动力学的姿势，尽量减少上身的晃动，平稳地进行踩踏。在每次爬坡后，掉头以1区强度返回山脚进行恢复。这样的放坡意味着恢复时间比ME2的练习时长要长，但每一次练习的强度会有所提升，对肌肉耐力的益处也会略微增加。这项训练的一个变型是，每30秒左右从适合你的"正常"齿比切换到更高（困难）的齿比。进行这一训练时，请务必保持心率在4区。

ME4：交叉间歇练习

这项练习与ME2练习非常相似，但更具挑战性。在几乎平坦、车流量小且没有停车标志的道路上，或在室内骑行台上，以4区功率或4、5a区心率进行3～5次持续时间为4～8分钟的间歇练习。每次间歇练习后，用前一练习时长的1/4进行恢复。每场训练中的总练习时长可以是12～25分钟（例如，3×4分钟或5×5分钟）。在每一次练习中，用1～2分钟的时间不断切换到更高（困难）的齿比或增加踏频，逐渐达到4区（功率）或5a区（心率）的上限。接下来通过变换到一个较低（轻松）的齿比或降低踏频来逐渐降低强度，这样你就可以慢慢回到4区的下限，需要1～2分钟。在每次间歇练习中重复这一模式。功率计是评估训练强度的首选工具，但你也可以使用心率监测器。如果你在训练中只能使用心率监测器，那么练习是从你开始用力踩踏时开始的，而不是在心率达到4区后才开始。这很常见。在心率缓慢增加的这段时间内，以0 ~ 10自我感知评级中的6 ~ 8级（有关RPE的详细信息参见第4章）来达到应有的强度。

这是一项进阶训练，在你能够完成包含ME2练习在内的30分钟或更长的综合间歇训练之前，请不要轻易尝试。在赛季中第1次进行类似训练时，应只包含短时间的练习（如4分钟），总的练习时间也应较短（如12分钟）。

ME5：阈值骑行练习

在几乎完全平坦的道路上，以4区功率（首选）或4区心率连续骑行20 ~ 40分钟。密切关注自己的呼吸，同时注意保持稳定的配速。在完成至少4次以上的ME间歇训练之前，不要轻易尝试阈值骑行练习。

无氧耐力训练

AnE1：团体骑行练习

这是指和一队铁人三项运动员一起骑行，其中包括那些比你强的车手，这类骑行训练没有标准的结构。要敦促自己尽可能且尽量长时间地跟上速度更快的车手，如果做不到和他们一起骑在前面，你也可以跟在队伍的后面，或者离开队伍单独骑行。训练强度的目标是在骑行过程中达到5区（功率或心率）并保持几分钟。这项训练不仅要注意训练强度，还要注意道路安全，时刻关注交通状况和其他不擅长团体骑行的车手。功率是评估这项训练的首选指标，由于有延迟，心率不能够显示出训练是否达到了目标。

AnE2：最大摄氧量间歇练习

经过长时间的热身后，在没有停车标志和交通灯的平坦道路上，进行几次间歇练习，每次练习的持续时间为30秒至4分钟。再以1区的轻松蹬踏进行恢复，持续时间和前一练习的时间相同。随着身体素质的提升，将恢复时间减少一半。从总的间歇练习时间为5分钟（如10×30秒）开始，在几场训练后，逐渐增加到15分钟（例如5×3分钟）。功率计是评估这项训练强度的首选工具，由于有延迟，心率监测器不能测量这一训练强度。目标训练强度为5区功率。如果你没有功率计，请以0 ~ 10自我感知评级中的9级（有关RPE的详细信息参见第4章）来达到应有的强度。在这项间歇训练中，踏频应处于舒适范围的上限。

AnE3：金字塔间歇练习

这项训练与ME2训练非常相似，但要以5区功率完成，每次间歇练习的持续时间依次为1、2、3、4、3、2和1分钟。每次间歇练习后的恢复时长等于前次练习的时长。在进行了一些类似AnE2的练习之后，把恢复时间减少一半。例如，在2分钟的练习之后，以1区强度恢复1分钟。由于心率滞后，而这些间歇练习的时长很短，所以心率无法指示出这一训练的强度。如果没有功率计，以0 ~ 10自我感知评级中的9级（有关RPE的详细信息参见第4章）来达到应有的强度。在这项间歇训练中，踏频应处于舒适范围的上限。

AnE4：爬坡间歇练习

找一个坡度约为6% ~ 8%、需要2 ~ 3分钟爬到坡顶、车流量小且没有停车标志的陡坡。在进行全面的热身之后，以5区功率进行5 ~ 7次爬升，训练时间共计10 ~ 15分钟（例如，7×2分钟或5×3分钟）。坐直，双手放在车把顶部，同时以60转/分钟的踏频坐踩。通过从山上滑行下坡来进行恢复。每2 ~ 3分钟开始一轮新的间歇练习（例如，在2分钟爬坡后恢复2分钟）。这是一项非常艰苦的训练，最好一周只做1次，然后至少恢复48小时。

测试训练

T1：有氧阈值（AeT）测试

这项有氧身体素质测试最好是在经过了3 ~ 5天大幅度减量、身体已经得到了充分的休息和恢复后进行。按照上述AE2训练的说明进行。尽管在"正常"训练周你也会进行AE2训练，但是短暂的休息-恢复之后的测试结果更能反映出你的训练进展情况，因为这时疲劳不再是干扰因素。与上述的AE2训练一样，训练结束后，用AeT训练的标准化功率除以该阶段的平均心率得出本次训练的效率因子（EF）。随着有氧身体素质的提高，你的EF值会随着时间的推移而增加。EF值的升高表明你的AeT正在提高。在训练量大幅减少的时期，比如赛季末，你应该可以料到自己的EF值会稳步下降，这标志着有氧能力的损失。但这是正常的，也是可以预见的，因为身体素质必然会在一年中的某些时候有所下降。这项测试应该在全年范围内进行，至少每6 ~ 8周测试一次。如果可能的话，每次测试都应采用相同的路线。

T2：功能阈值测试

这项测试的目的是确定你的功能阈值功率（FTPo）和功能阈值心率（FTHR）。请在

3 ～ 5天的主动休息 – 恢复之后进行此测试。寻找一段有宽阔自行车道、车流量小、没有停车标志、并且交叉路口和拐弯都很少的道路，同时路面还应该平直或稍有坡度（坡度低于3%）。测试道路需要有8 ～ 16千米长，具体取决于选手速度的快慢。找一个安全的赛道是至关重要的（你也可以在室内骑行台上进行这项测试）。在整个测试过程中，保持抬头看向前方，就像在进行一场持续20分钟的比赛一样骑行。在前5分钟稍微有所保留（大多数运动员都起步过快）。每过5分钟，决定是否应在下一个5分钟内加速或减速。训练之后，算出20分钟测试的平均心率数值，再用这个数值减去5%，就得到了一个非常好的骑行FTHR估值。然后使用表4.3计算出你的训练区间。而算出平均功率（非"标准化"功率）再减去5%，就可以很好地估计FTPo了，然后使用表4.5来确定自己的功率训练区间。

T3：功能有氧能力测试

这项测试是用于确定你的功能有氧能力（VO_2max）功率的。测试中你需要一个功率计。最好在3 ～ 5天的减量后进行测试。你所使用的测试道路应该是安全的——车流量小、没有停车标志、交叉路口和拐弯都很少并且有一条宽阔的自行车道。为了安全起见，你应该在整个测试过程中一直保持向前看，不要低着头骑行。选定的测试道路应该是平直或稍有坡度（坡度低于3%）的路段，并且每次进行此项测试时都可以使用。（你也可以在室内骑行台上进行这项测试。）全面热身之后，稳定输出且全力以赴地骑行5分钟。这5分钟测试出的平均功率就是你有氧能力的一个很好的预测指标。

T4：计时测试

在15 ～ 30分钟的全面热身后，在平坦的路段上完成10千米的计时测试。你所选择的路段应该是安全、车流量小、交叉口少、没有停车标志的，还应该有一条宽阔的自行车道。在整个测试过程中保持抬头，以便观察交通状况和可能的道路障碍，如坑洞等。选定的道路应该是平直或稍有坡度（坡度低于2%）的路段。请标记好起点和终点以备日后参考，或者记下路标，以便每次都可以在同一个赛段上进行测试。（你也可以在室内骑行台上进行这项测试。）随着你无氧耐力和肌肉耐力的提高，测试会进行得更快。除了时间，还要在训练日记中记下自己的平均心率和测试部分的标准化功率。在测试的过程中，你可以使用任何齿比组合，并且可以随时进行变换。要像对待比赛一样对待这个测试。

附录D　跑步训练

以下是根据第6章所描述的5种能力来分组的各类铁人三项基础跑步训练：有氧耐力（AE）、肌肉力量（MF）、提速技巧（SS）、肌肉耐力（ME）和无氧耐力（AnE）。这些训练可以看作是组合在一起形成不同训练课的一些模块，赛季中我们常常会把多种能力的练习结合到一项训练当中（更多训练周期化相关的内容参见第7章和第8章）。

下面列出的MF、ME和AnE训练应该在热身之后进行，这3类能力的训练应该只在训练主体部分——也就是非热身和冷身的最重要的部分进行。请注意，训练主体部分的强度越大，热身的时间就应该越长。而AE和SS的训练则既可以放在训练主体部分，也可以作为热身和冷身的一部分来进行。

在这里，我们使用配速和心率来表示训练强度。跑步的心率区间参见表4.4，在已知长度的路线或跑道使用GPS设备确定的跑步配速区间见表4.6。正如第4章的"区间一致性"一节中所描述的那样，心率和配速区间并不总能保持一致。如果你同时拥有心率监测器和GPS设备，那么配速可以用来评估你的运动表现，而心率则可以用来表示你的努力程度。配速（或速度）是大多数训练的首选参考指标，因为训练的目的就是显著提升运动表现。心率虽然不能反映出训练的完成情况，但也可以作为一种间接的强度表示方式。有些训练很大程度上依赖于心率区间来表示强度，而对于很简短的间歇训练，如MF和AnE的训练以及SS训练，心率的参考价值则是比较有限的。

AE1：恢复练习

这一训练是在1区强度进行的，最好是在平坦、柔软的地面，如公园或者高尔夫球场。你也可以不受季节限制地用跑步机来进行这项训练，尤其是在平坦的路线不好找的时候。这一训练的目的是在前一天或者刚刚过去的艰苦训练之后做一个主动恢复。对于大多数年龄组的铁人三项运动员来说，用游泳或骑行训练来进行恢复会更好一些，因为这样做可以避免在腿部疲劳的状态下跑步所带来的受伤风险。而新手们往往在停训中会恢复得更快。其他运动项目的交叉训练也会有助于恢复，尤其是在准备期和基础期。恢复训练并没有安排在年度训练计划当中，但却是整个赛季训练的一个组成部分。这一训练的持续时间或TSS在一周的训练中应该是比重最低的。

AE2：有氧阈值（AeT）练习

我们在第4章的"强度参考点"一节中解释了AeT的含义。做这一训练的主要原因，是要通过增强机体运输氧气和利用氧气来产生能量的能力来提升你的有氧身体素质。使用心率监测器来测量这一训练的强度，你的AeT心率大约要比你的无氧阈心率低30次/分钟左右（详见第4章"设置训练区间"）。热身之后，在平坦或坡度较缓的绕圈路线或者是在室内训练设备上，以你AeT心率上下2次/分钟的强度跑30分钟~2小时。你的目标赛事时程越长，训练中AeT的部分就应该耗时越长。对于半程奥运距离和奥运距离的铁人三项比赛训练来说，AeT的部分30~45分钟为宜。如果你正在备战半程大铁比赛，那就应该以AeT心率跑1~1.5小时。而大铁比赛的运动员则应该进行1.5~2小时AeT训练。在几周的时间里，每周的AeT训练都需要达到这样的持续时间。如果你也在使用GPS设备，那么训练结束时，请用AeT部分的标准化分级配速（NGP）除以平均心率来确定你在这一训练中的效率因子（EF）。如果EF值不断增加，表明你的有氧身体素质正在提升。请注意，EF值会在不同的训练中有所波动，但如果训练进展顺利，EF值的整体趋势应该是上升的。你还可以在休息-恢复期之后，以AeT训练作为有氧耐力的测试（参见后文的"T1：有氧阈值（AeT）测试"）。全年都需要进行这项训练，早期是为了建立你的身体素质，后期是为了维持你的有氧耐力。当你进行这项训练来维持有氧耐力时，其频率大约是早期建立有氧身体素质时的一半。

AE3：强度耐力练习

这项训练在提升有氧耐力的同时也增强了肌肉耐力。热身之后，在一个有小坡的路面上跑20~90分钟或更久，心率大部分时间保持在2区，同时频繁而短暂地将心率提到3区。你也可以通过频繁地改变室内训练设备的坡度或速度来增加训练负荷。这一训练的目的是大幅提升你的身体利用氧气来产生能量的能力。

肌肉力量训练

MF1：力量重复练习

这是一项极具挑战性的分段重复训练，每组3次重复，每次做1~3组，也就是总共进行3~9次重复练习。和所有这类高强度的训练一样，在开始训练之前要做好热身。这一训练的目的是通过加强你的跑步肌肉来提升跑步能力。将这一训练产生的力量提升与SS训练所产生的步频提升相结合，会让选手的跑步功率显著增强。这一训练可能会让你获得高回报，但同时也蕴含着高风险。如果你的足部、跟腱、小腿或膝盖容易受伤的话，请避免进行这一训练。而如果你的腿部完全能够承受住这一训练的压力，你可以穿一件相当于体重的5%~10%的负重背心来增加练习负荷。力量重复训练的步骤如下。

→ 找到一个短且陡峭（坡度为6% ~ 8%）的山坡作为你的热身路线，草地或泥土路面最佳，从坡底到坡顶至少要有10米的距离。

→ 充分热身之后，步行至坡底并完全停下脚步。然后快速地跑步上山，每次蹬地你都要全力以赴。

→ 你的步幅大小要视山坡的陡峭程度和是否穿着负重背心而定。

→ 在跑步上山的过程中，请将头部保持在一个正中的姿势，不要看向自己的脚。

→ 一共要做10 ~ 20次最大努力下的简短爬山重复练习。一"步"指的是任何一只脚向前跨一步。在某一特定山坡上你跨出的步数越少，每一步的努力程度就越大。

→ 每次重复爬坡之后，请慢慢地步行下山，恢复2 ~ 3分钟的时间。不要在恢复期间跑步或者试图把恢复时间缩短，这样做只会增加风险，同时减少潜在的训练回报。这一训练的目的是要增强肌肉力量的最大值，而不是增强耐力。因此，在进行下一次重复之前，要让你的肌肉得到充分的恢复。

→ 重复以上步骤2次，重复3次为1组。如果你要进行第2或第3组的训练（第1次进行这项训练时，最好只做1组3次重复），每组结束之后请慢走或者慢跑3 ~ 5分钟，以确保身体得到了充分的恢复。再次强调，这是一项高风险的训练，每次训练时都要特别关注腿部和足部的状况。一旦有任何不适，请立即停止训练。再多的身体素质提升也抵不上一次受伤带来的损失。

MF2：爬坡跑步练习

选择一条包含多个中等程度陡坡的跑步路线，每一个山坡的坡度都在4% ~ 6%，需要2 ~ 5分钟时间跑上坡顶。或者在跑步机上练习，改变坡度参数来创造"山坡"环境。上坡的部分中，以0 ~ 10的自我感知评级中的7或8的强度（RPE区间参见表4.1）跑步，在上山的时候保持一个"骄傲"的身体姿态——抬头挺胸。在路线中平坦的部分，以1区和2区配速跑步。在这一训练中，RPE和配速是最佳的强度参考表征，但如果你使用的是心率监测器的话，爬坡时请保持在5a以下的心率区间。即使你非常努力，但在训练初期你可能只会达到3区心率。这项训练的频率不要超过每周一次。如果你的膝盖、足部或者小腿容易受伤的话，请不要进行这一训练。

MF3：爬坡重复练习

在一个坡度为6% ~ 8%、爬坡需要30 ~ 60秒的陡坡上，重复练习3 ~ 8次，每次重复之间恢复2 ~ 4分钟。每次上坡时，以0 ~ 10的自我感知评级中的7或8的强度跑步（RPE区间参见表4.1）。当你在训练后期到达坡顶时，心率可能会达到5a区，但在训练早期，即使RPE相对较高，心率还是会主要维持在3区和4区。请保持一个"骄傲"的姿态——抬头挺胸地跑步上山。为了进行恢复，在开始下一次重复之前，请慢跑或步行下山。如果你穿着负重背心，那么请步行下山以防膝盖受伤。如果你的腿部出现了压力过度的迹象，如疼痛和极度的疲劳感，请停止训练。这项训练的频率不要超过每周一次。如果你有任何形式的跑步损伤倾向，那么请不要进行这一训练。

跑步技巧训练

SS1：步幅练习

这一训练的目的是提升你的跑步技巧。用20秒的时间快速跑下一个坡度非常小（坡度为1%）、表面柔软（如草地或泥土表面）的山坡（强度为在0 ~ 10分RPE中的9），重复4 ~ 8次。在每一次跨步中专注于某一方面的技术，如步频。对右脚在20秒内所跨出的步数进行计数，目标是控制在28 ~ 32步之内。另一种方法是赤脚跑步，但前提是草地上没有锋利的物体，且脚上的皮肤没有破损。心率对监测这一训练的强度而言意义不大。

SS2：变速练习

在上述AE3这样的耐力跑中，随机加入几次20秒的加速，使其配速高于5千米跑步比赛的配速（心率并不能很好地反映它们的强度）。训练中首要的重点应该放在提升技术上，如平地步幅练习。其他的目标可能是保持放松的姿势或者高步频。在这些变速中间以2区配速的匀速跑进行几分钟恢复。

肌肉耐力训练

ME1：节奏练习

充分热身之后，在基本平坦的路面或跑步机上，以3区配速（最佳）或3区心率跑很长的一段时间，其间不做恢复。从10 ~ 15分钟的3区节奏跑训练开始，每周增加5分钟左右的节奏部分，最终达到30 ~ 45分钟甚至更多。这项训练每周可以进行1 ~ 2次。

ME2：巡航间歇练习

在进行这一训练主体部分之前要充分热身。在相对平坦的路线或跑步机上，完成3 ~ 5次间歇练习，每次练习时长6 ~ 12分钟，最好每次练习都以4区配速或者4区心率进行。如果你使用的是心率监测器，那么在开始高强度跑步时，练习就已经开始了——而不是在心率达到4区时才开始。在心率滞后的阶段，以0 ~ 10自我感知评级中7或8的强度跑步（有关RPE的详细信息参见第4章）。每个练习之间，以1区强度慢跑或者步行来恢复，恢复时间为练习时间的1/4左右。另一种方法是以4区配速在1.6～3.2千米（1～2英里）的跑道上进行巡航间歇训练，保持放松的昂首挺胸的姿态和高步频，同时密切监测自己的呼吸状况。

ME3：爬坡巡航间歇练习

这一训练和上述的ME2巡航间歇是一样的，只不过它是在一个长而坡度较缓（2%～4%）的山坡上进行的。注意保持昂首挺胸的姿态和高步频。恢复间隔的时间比ME2要长，因为你必须要慢慢地步行或跑步回到坡底。

ME4：交叉间歇练习

在进行这一训练之前，至少完成2次巡航间歇训练，并在开始主体部分的训练之前充分热身。在基本平坦的路面上，以4区和5a区配速（最佳）或4区和5a区心率跑10～20分钟。一旦强度达到4区，请在1～2分钟内逐步提高到5a区的上限。然后再花1～2分钟时间慢慢地减弱强度，回到4区的下限。之后在整个跑步的过程中持续进行这一模式。

ME5：阈值跑练习

开始前要充分热身。在基本平坦的路面上，以4区和5a区配速（最佳）或4区和5a区心率跑步10～20分钟。保持良好的技术动作，同时全程注意你的呼吸。在至少完成4个其他的ME间歇训练之前，请不要尝试做阈值跑的训练。

无氧耐力训练

AnE1：团队跑练习

这是一项非结构化的训练。在充分热身之后，和能力相当的其他铁人三项运动员一起进行快速跑。跑步的速度逐步加快，直至达到你的心率4区和5a区，或者配速4区和5a区（最佳）。你可以通过周期性的冲刺或爬坡来达到5b区强度。这一训练可以在混合地形，特别是在和你将要进行的短程比赛赛道相似的路线上进行。快速跑部分的持续时间可能会根据你的比赛目标和目前的身体素质水平而有所调整。

AnE2: $VO_2 max$ 间歇练习

在长时间的热身之后，来到平坦路面、跑步机或跑道上。进行几次30秒到4分钟的间歇练习，每次练习的强度都控制在配速5b区。每次练习结束后，以1区配速轻松地慢跑和步行来进行恢复，恢复时间与训练时间相同。随着你身体素质的提升，将恢复时间减少一半。从训练的总时长为5分钟左右（例如，10×30秒）开始，逐步在几次训练课中增加到15分钟（例如，5×3分钟）。GPS设备是测量训练强度的最佳工具，因为心率的滞后性使得心率监测器无法测量如此短时间内的训练强度。如果你没有GPS设备，以0～10自我感知评级中9的强度（有关RPE的详细信息，请参阅第4章）进行每一次间歇练习。训练过程中，要专注于良好的跑步技术。

AnE3：爬坡间歇练习

找一个相对陡峭（坡度6%～8%）的、需要2～3分钟才能爬上去的山坡。在充分热身之后，做5～7次爬升，强度为0～10自我感知评级中的9（关于RPE的详细信息参见第4章），总练习时间为10～15分钟（例如，7×2分钟或5×3分钟）。（心率的滞后性使得心率监测器对这一训练无效）慢慢地步行下山或慢跑来进行恢复，当你到达坡底之后，再开始新一轮的间歇训练。这是一项非常艰苦的训练，最好一周只做1次，并且之后要有不少于48小时的恢复时间。你至少应该先完成2次AnE2训练和2次MF训练，再开始这一训练。

测试训练

T1：无氧阈值（AeT）测试

这项针对有氧身体素质的测试最好是在训练量大幅减少3～5天之后进行，这样你可以有一个休息和恢复的过程。按照上述的AE2的训练说明开展训练。虽然你可能也会在一个"正常"的非恢复性训练周进行AE2训练，但艰苦训练后经过短暂的休息－恢复之后的测试结果会更好地反映出你的进步情况，因为这样一来疲劳就不再会是一个限制因素了。就像上述的AE2训练一样，训练结束后，用你AeT部分的标准化分级配速（NGP）除以AeT部分的平均心率来确定当前的EF值。随着有氧身体素质的提升，你的EF值将会上升。在训练量大幅减少的时期，如赛季末，你应该预料到自己的EF值会稳步下降，这标志着有氧能力的损失。但这是正常的，也是可以预见的，因为身体素质必然会在一年中的某些时候有所下降。

这项测试应该在全年范围内进行，至少每6～8周测试一次。如果可能的话，每次测试都应采用相同的路线，并保持各次测试中的其他条件不变（例如鞋子、热身、一天中进行测试的时间、训练前一餐的饮食情况等）。

T2:功能阈值测试

这项测试的目的是确定你跑步的功能阈值配速（FTPa）和功能阈值心率（FTHR），从而设置你的训练区间。请在3～5天的主动休息和恢复之后进行这一测试。测试路线应该是相对平坦的，或者在跑道上进行（最佳）。每次测试都应采用相同的路线。（大多数跑步机都无法校准到本项测试所要求的精度。）测试中你要努力奔跑，就像在参加一场持续时间为20分钟的比赛一样。在刚开始的5分钟内请稍微保守一点（大多数运动员都会起步过快）。每隔5分钟，再决定自己在接下来的5分钟内是要快一点还是慢一点。测试结束之后以慢跑和步行来冷身。每次训练后，用你在20分钟测试中得到的平均心率减去5%，就能很好地估算出你的FTHR，而后使用表4.4计算出自己的心率训练区间。如果你在道路进行测试且使用的是GPS设备，那么请在你的NGP上增加5%来确定FTPa。如果你是在跑道上进行测试，那么请使用跑道的已知参数来确定配速，并在此基础上增加5%来得到FTPa的估算值。你可能会用到表4.6来设置自己的配速训练区间。

T3：功能有氧能力测试

用这一测试来确定你的功能有氧能力（VO₂max）配速。如果测试是在道路上进行的，那么就需要一台GPS设备。如果是在跑道上进行的，那么就用它的已知参数来确定配速。（大多数跑步机都无法校准到本项测试所要求的精度。）这项测试最好在3～5天的训练减量后进行。先进行充分的热身，然后稳定、全力以赴地跑步5分钟。无论是在道路上测试出的NGP，还是在跑道上测试出的配速，这5分钟测试的结果对你有氧能力的配速来说，都是非常好的预测指标。因此，这一测试可以作为十分昂贵的临床VO₂max测试的替代。

T4: VO₂ max估算计时测试

这一测试可以代替昂贵的临床测试，来预测你的VO₂max（O₂每千克每分钟的毫升数）。进行10～20分钟的热身之后，在跑道或平坦且精确测量过的道路上完成最大努力下的约2.4千米（1.5英里）计时测试。（大多数跑步机都无法校准到本项测试所要求的精度。）将计时测试所用的时间记录在你的训练日记当中，与将来的计时测试进行比较。除了时间，还要记录你的平均心率和峰值心率。在每次计时测试中应保持各项条件不变。利用表D.1所示的2.4千米计时测试，你可以估算出自己的VO₂ max。

2.4 千米用时（分：秒）	VO$_2$ max 估值 （毫升每千克每分钟）
7:30 或更快	75
7:31 - 8:00	72
8:01 - 8:30	67
8:31 - 9:00	62
9:01 - 9:30	58
9:31 - 10:00	55
10:01 - 10:30	52
10:31 - 11:00	49
11:01 - 11:30	46
11:31 - 12:00	44
12:01 - 12:30	41
12:31 - 13:00	39
13:01 - 13:30	37
13:31 - 14:00	36
14:01 - 14:30	34
14:31 - 15:00	33
15:01 - 15:30	31
15:31 - 16:00	30
16:01 - 16:30	28
16:31 - 17:00	27
17:01 - 17:30	26
17:31 - 18:00	25

附录E 骑行-跑步组合训练（搬砖训练）

这些基础的骑行-跑步组合训练根据第6章中所述的5个基础能力进行了分类，分别是：有氧耐力（AE）、肌肉力量（MF）、提速技巧（SS）、肌肉耐力（ME）和无氧耐力（AnE）。骑行-跑步组合训练通常被铁人三项运动员称为搬砖练习。还有许多其他以此为基础进行了变型的搬砖练习，包括多种能力的训练——可能是骑行或跑步的单项训练中涉及了两项能力，或者是两项运动分别针对不同的能力。例如，骑行或跑步部分既包括有氧耐力练习也包括肌肉耐力练习。另一个变型可能是骑行部分集中在有氧能力而跑步部分更关注肌肉耐力。可能性还有很多，你可以根据自己目标赛事的预期需求，调整你的搬砖练习以满足自己的特定需求。唯一的限制是你在设计训练时的创造力。运动员通常会在赛季的建设期中将两个或更多的能力融合在一个搬砖训练当中（更多关于训练周期的信息，参见第7章和第8章）。

搬砖训练的运动顺序通常是先骑行后跑步。但骑跑两项的运动员经常会进行跑步-骑行-跑步训练，因为这是他们常见的比赛流程。你也可以交替进行几次这两项运动作为搬砖练习，比如骑行-跑步-骑行-跑步。这类训练通常是在跑道上进行的，旁边有一个固定骑行台用于自行车部分的训练。游泳-骑行搬砖训练比较少见，但提前演练第1个换项肯定是有好处的。你将在下述的SS训练中看到一个例子。

在搬砖训练中，当你从骑行过渡到跑步时，建议你遵循即将在目标赛事中采用的相同的换项流程，这可以作为比赛换项的一次练习。将你的换项区布置得与比赛日的换项区尽可能相似。当你结束骑行时，快速高效地换上跑鞋，穿上其他的运动服，同时也拿好一切你所需要的食物或装备。

搬砖练习的跑步部分应该多长呢？这当然取决于你的目标赛事。但通常最好让跑步部分短一些，因为长时间的骑行会使双腿疲劳，这会增加受伤的风险。备战长距离比赛时，在长距离骑行后进行15分钟的跑步练习，这对于学习应付骑行后疲惫的双腿在跑步时的奇怪感觉也很有帮助。对于短距离的比赛，搬砖练习通常与你比赛中的骑行和跑步部分的预期时长相同。然而对于长距离比赛来说，不推荐这样做，因为这样的练习所需的恢复时间太长了。

当搬砖练习的骑行部分需要肌肉耐力或无氧耐力时，在运动之前应该进行热身（肌肉力量训练最好不要作为搬砖练习的一部分）。这两种能力类别的练习只应该出现在搬砖训练的主体当中，即既不是热身也不是冷身的主体部分。请注意，训练主体的强度越大，热身的时间就应该越长。在搬砖练习当中，骑行部分总是作为后续跑步的热身。

有氧耐力训练

AE：有氧阈值搬砖练习

以2区心率完成一个长距离的绕圈骑行训练。然后换项到在大致平坦的路线上进行的跑步训练，心率也维持在2区。这项搬砖练习的总用时可从90分钟到5小时不等，这取决于你所备战的比赛的距离和所处的训练周期。你可以前一周重点放在跑步部分，下一周换到骑行部分。

AE2：高强度耐力搬砖练习

热身之后在绕圈赛道上骑行，超过一半的时间要维持在2区和3区功率（首选）或心率，尽可能多地累积3区的时间。然后换项到跑步，也主要维持在2区和3区配速（首选）或心率。你可以把训练重心交替放在骑行和跑步的部分，前一周骑行时间长一些，跑步时间短一些，然后下一周再对调。当你备战长距离比赛时，这是一项特别好的训练。

肌肉力量训练

MF训练最好作为独立的骑行或跑步训练单独完成。把它们与其他训练相结合大大增加了受伤的风险。

提速技巧训练

SSI：第一换项区（T1）演练

在游泳池或其他游泳场地中，把自行车放在骑行台上。以比赛配速进行几组游泳练习，然后切换到骑行项目，并以比赛强度骑行5分钟。换项包括穿上锁鞋、戴好头盔，可能还需要脱下胶衣（如果你正在进行一场需要穿着胶衣进行游泳的比赛，那么就需要练习这一项）。重复3～5次。重点应放在让T1变得尽可能快速和高效上。

SS2：第二换项区（T2）演练

在跑道或其他方便的场地，把自行车放在骑行台上。热身之后，以比赛配速骑行5分钟，然后进行换项，换上跑鞋、戴上帽子或在跑步赛段使用的任何其他装备。在换项之后，离开T2，以目标比赛的配速跑3～5分钟。重复3～5次这样的骑行–跑步练习。重点应放在让T2变得尽可能快速和高效上。

肌肉耐力训练

ME1：节奏搬砖练习

根据你下一场比赛的时间长短，以接近于你下一次A级（头等重要）或B级（中等重要）赛事的强度骑行60 ~ 90分钟，距离为10千米（半程标铁）、20千米（标铁）、30千米（半程大铁）或40千米（大铁）。以与下一个重要比赛计划相似或稍大的强度进行骑行部分练习。然后转换到以接近目标赛事的配速进行跑步练习，持续时间为10分钟、20分钟、30分钟，或40分钟。

ME2：爬坡搬砖练习

在准备一场爬坡较多的比赛时，请设计一个与比赛赛道非常接近的搬砖训练路线。可以是爬坡骑行赛道和平坦跑步赛道的组合，也可以是平坦骑行赛道和爬坡跑步赛道的组合，或者两者可以都是爬坡赛道。这项训练强调的是爬坡部分，你需要预演出合适的爬坡配速。骑行和跑步路段应该比正式比赛中的赛道短很多，大约是比赛距离的一半或更少。在平路部分，以与比赛中相似的强度（功率、配速、心率或RPE）平稳地骑行和跑步。在上坡部分，提升自己的功率、速度或心率，但不要超过两个区间。建议在比赛中也使用这样的强度变化，因此训练可以作为一次预演。

无氧耐力练习

AnE1：骑行间歇搬砖练习

此项训练仅适用于短短距离铁人三项比赛的运动员。在平坦的路段上骑行45 ~ 90分钟，骑行热身之后，进行3 ~ 5次每次持续时间为2 ~ 4分钟的间歇练习，其强度应该高于你的功能阈值功率（FTPo）。功率是首选的测量方法，但如果你使用的是心率监测器，由于心率的滞后性，你不太可能达到4区以上的心率。在这种情况下，在心率增加的这段时间内，请以0 ~ 10自我感知评级中的8 ~ 9（有关RPE的详细信息，参见第4章）来达到应有的强度。在每次间歇练习后进行恢复，恢复时间为前一次练习用时的一半。例如，在4分钟的练习后，恢复2分钟。在自行车上进行的练习总时间大约为15分钟。之后换项到跑步阶段，持续时间约为自行车部分的一半（例如，如果骑行了60分钟，就跑步30分钟）。换项后的跑步阶段，立即开始以稳定的4区配速（首选）或心率跑步10 ~ 20分钟。

AnE2：跑步间歇搬砖练习

把你的室内骑行台带到跑步赛道旁。以1～3区配速（首选）或心率跑步10～20分钟进行热身。然后在骑行台上骑行5～10分钟，同时在大约最后1分钟达到4区功率（首选）或心率。之后换上跑鞋，完成2～4次持续时间为2～4分钟的间歇练习，强度上升到5b区的配速（首选），或者以0～10自我感知评级中的8～9（有关RPE的详细信息，参见第4章）来进行这项训练。由于练习的时长很短，心率无法反映出训练强度。训练中的恢复时间是前一练习的一半，以1区强度完成。然后回到自行车上，再骑行5分钟，达到4区强度。重复这个交替的骑行－跑步模式1～3次，最后在骑行台上冷身10分钟左右。跑步练习的总量应为20分钟或4.8千米。

后记

如果你能一直坚持读到这里，那么我相信，你对铁人三项的爱一定和我一样深沉。追求远大目标的激情点燃了你对这项运动的热爱。希望你可以在这本书中找到一些能够帮你完成目标的东西。我写这本书的目的，就是想要向大家介绍运动科学背景下的最新的训练发展趋势，以及我在30多年的教练生涯中所积累的经验。希望你在阅读本书上所投入的时间，能为你带来身体素质的提升和更好的运动表现。

仔细研究过老版本的朋友肯定会发现，在这个最新版中很多东西都发生了变化。那是因为铁人三项训练和运动科学相互影响的世界正处于一个不断变化的阶段，它们发展的脚步从不停歇。通过与运动员和其他教练交谈、观察运动员对训练的反应和钻研运动科学的研究成果，我在不断地学习新的训练方法。请不要去回避那些没有尝试过的训练方法，相反你应该好好思考，甚至把它们作为挑战欣然接受，因为这些新方法可能会帮你实现更大的目标。作为运动员，想要提高比赛成绩就必须积极地寻求改变。

考虑到这些，我向你保证，这本书中所描述的升级版的铁人三项训练方法也会随着时间的推移而改变。它们现在不该也永远不该被奉为圭臬。新思维会不断涌现，我自己关于如何有效训练的思路也会随之发展变化。这项运动本身将不断发展进步，这是我们能够预见的，也是我们所热切期盼的。

尽管书中的内容都是我仔细研究、审慎思考后写下的，但请不要把这本书看作是一套不可变更的训练"准则"。相反，请把它当作是能够在诸多训练影响因素中帮你做出明智决策的一系列经过实践检验的参考指南。

也就是说，你不应该期待在读完这本书后，就一劳永逸地知晓了从今往后该如何进行铁人三项训练，因为你必须持续去追求更好的训练方法。不要害怕尝试，训练是一项有且仅有一个研究对象的研究课题，那个唯一的研究对象就是你自己。如果你总是以同样的方式训练，那你的表现最终会停滞不前，而其他有远见和勇于创新的运动员则会保持进步。

铁人三项的训练是个颇具可塑性的活动。作为一名铁人三项运动员，如果你想不断地成长，那么就必须做好准备不断学习新的备赛方法。不管目前广为接受的训练程序是怎样的，你总要去追求更好的方案。

这本书并非严格规定运动员必须做什么以达到高水平的竞技状态。它只是引导你成为一个更有知识、更具智慧的铁人三项运动员的敲门砖。创新精神、好奇心和追求进步的意愿，才是你最终达到高水准的关键。

术语表

能力训练。在本书中，指的是在备赛过程中专注于某一特定目的性身体适应的一类训练。参见适应、有氧耐力、肌肉力量、提速技巧、肌肉耐力、无氧耐力和冲刺能力。

主动恢复。为恢复而进行的低强度运动。参见**被动恢复**。

适应。在一段时间内，身体对训练压力做出的生理调整，目的在于提升某一方面的身体素质。适应的过程要求训练能力在几个星期内被反复施压。参见**能力**和**身体素质**。

有氧。有氧代谢主要利用氧气产生能量。也指任何低于无氧阈值的运动强度。

有氧能力（AeC）。运动员在最大强度且长时间的力竭练习中，身体能够用于产生能量的最大氧气量，也被称为最大摄氧量（VO_2max）。可以使用梯度测试确定有氧能力，用测定的氧气摄取量（以毫升计）除以运动员的体重（以千克计），再除以在最大强度下的运动时间（以分钟计）。参见**VO_2max**。

有氧耐力。在本书中，指强度范围恰在或临近有氧阈值的一类练习，旨在提升运动员的有氧能力。

有氧阈值（AeT）。血液中的乳酸开始高于静息水平时的运动强度。这个强度的运动是充分有氧的，主要由体内储存的脂肪来供能。就心率而言，有氧阈值大约比无氧阈值或乳酸阈值低20 ~ 40次/分钟。

主动肌肉。在游泳、骑行和跑步等活动中为了推动身体前进而收缩的肌肉。参见**拮抗肌肉**。

无氧。从字面上看是"没有氧气"，其实描述的是对氧气的需求程度大于供给能力的、强度非常高的运动。在无氧运动中主要供能的物质是碳水化合物，无氧也被用来描述高于无氧阈值或乳酸阈值的运动强度。

无氧耐力。在本书中，是指为了提升运动员长时间保持强度超过无氧阈值的高强度运动的能力而进行的一类训练。

无氧阈值（AnT）。在运动变为无氧前的那一瞬间，所达到的很高的运动强度水平。高于这个水平，能量的产生就变成无氧过程了，变成由储存的碳水化合物来供能。大于

AnT的强度可以维持几分钟到1小时左右不等，具体取决于强度到底有多高。

拮抗肌肉。收缩方向与主动肌肉正相反的肌肉。例如，肱三头肌是肱二头肌的拮抗肌肉，因为肱二头肌收缩肘部的同时肱三头肌会伸展。参见**主动肌肉**。

基础期。在赛季周期化中，没有针对某一特定的目标赛事，而是进行"普适性"训练的阶段。这个阶段训练的目的是让身体准备好承受建设期的训练压力。参见**准备期**、**建设期**、**巅峰期**、**竞赛期**、**过渡期**。

心率（次/分钟）。运动时每分钟的心跳次数。

撞墙。在持续时间非常长的耐力训练中，由于糖原耗尽而出现的一种极度疲惫的状态。参见**糖原**。

突破（BT）。一种具有挑战性的练习，旨在引起显著的、积极的、适应性的反馈。为了得到充分恢复，这类练习之后必须有36小时甚至更长的主动休息时间。

搬砖训练。铁人三项运动员经常做的骑行-跑步连续的组合练习。

建设期。在赛季中，这一时期的训练内容是针对某一项目标赛事特别制订的。在这一阶段，训练的目的是使身体能够承受比赛的强度。参见**准备期**、**基础期**、**巅峰期**、**竞赛期**和**过渡期**。

节奏。游泳时的划水频率、骑行时的踏频、跑步时的步频。

毛细血管。动脉和静脉之间的小血管，是组织（例如肌肉）和血液之间氧气与营养物质进行交换的场所。一般来说，特定部位的毛细血管会形成毛细血管床。随着特定肌肉有氧能力的提升，其毛细血管床会扩张。

碳水化合物补充。在比赛前几天加强碳水化合物的摄入来提高肌肉和肝脏糖原储量的饮食过程。

心肺系统。由心脏、血管和肺部组成的系统，它们相互作用，在运动过程中为肌肉提供营养物质和氧气。

抓水。自由泳划水过程中的一部分，此时手臂在运动员身体前方完全伸展，同时运动员的手指指向池底。划水时抓水开始于手指入水而结束于手部出水，是游泳的主要推进动作，对运动员的运动表现至关重要。

中枢神经系统。大脑和脊髓。

循环训练。 按照规定顺序依次循环进行的训练，常用于肌肉力量训练。

复合运动。 在进行肌肉力量训练时的一种会用到多个关节的练习，其中关节的运动方式与游泳、骑行和跑步是类似的。例如，深蹲是一个涉及臀部、膝盖和脚踝的复合运动，与踩踏自行车时下半身的动作相似。

向心收缩。 肌肉变短时的肌肉收缩，例如肱二头肌在手臂卷曲运动中的收缩。在自行车踩踏过程中股四头肌也是向心收缩。参见**离心收缩**。

冷身。 一场训练结束时的低强度运动，旨在让身体逐渐回到休息状态。

曲柄。 自行车脚踏所连接的杠杆。

交叉训练。 包含了非运动员主项运动的训练，例如举重和越野滑雪对于铁人三项运动员来说就是交叉训练。

方向。 自由泳中，手部入水前伸展手和手臂在运动员身体前方的落点方位。手和手臂必须指向目标路径的方向。

跟游/跟骑/跟跑。 游泳、骑行或跑步时，紧紧跟在另一位运动员身后以降低阻力。

下把位。 弯把的下半部分，常见于公路自行车上。

持续时间。 某一给定练习的时长。

离心收缩。 肌肉伸长时的肌肉收缩，例如在手臂弯曲时肱二头肌用力以慢慢放低被举起的重量。跑步时股四头肌的用力方式也是离心的。参见**向心收缩**。

效率。 游泳、骑行或跑步时单位时间或距离内所消耗的生理成本，通常以给定持续时间或给定距离的运动中的氧气消耗量来呈现。当一名运动员的效率变得更高时，任何给定配速或者给定功率下所消耗的氧气都会减少。参见**身体素质**。

效率因子（EF）。 在本书中，指的是在一个稳定有氧的训练或赛段，如有氧间歇训练中，标准化功率除以平均心率所得到的数值。EF值随着时间增长，意味着有氧能力的提升。参见**标准化功率**。

耐力。 能够较长时间地坚持运动或抵抗疲劳的能力。

助剂。 能够提升运动表现的物质、设备或现象。例如，咖啡因通常被看作是耐力运动的助剂。某些助剂在铁人三项中是禁止使用的。

法特莱克。意为速度游戏的瑞典语词汇。指的是一种非结构化的间歇式训练，其间歇的强度、时长，以及间隔中的恢复次数完全是主观且即兴决定的。

快肌（FT）纤维。收缩快、无氧能力强、有氧能力弱的一类肌肉纤维。它的所有特点都适合冲刺等高功率的训练活动。参见**慢肌纤维**。

疲劳。对于运动而言，指的是由训练所带来的长期积累的疲倦。

身体素质。耐力运动中，运动员有氧能力、无氧阈值（有氧能力的百分比）以及效率的综合产物。参见**有氧能力**、**无氧阈值**和**效率**。

足部触地。跑步时脚接触地面的短暂瞬间。

力量。肌肉为克服阻力所做的功，例如下踩自行车脚踏就是在施加力量。参见**扭矩**。

状态。运动员比赛时的准备就绪程度。具体来说就是，在比赛当天运动员应该有相对高水平的身体素质并且充满活力，没有疲劳感。

自由配重。不属于健身器械的独立配重器材，如杠铃、哑铃。

频率。运动员每周训练的次数。

功能阈值（FT、FTPa、FTPo）。术语"功能阈值配速（FTPa）"适用于游泳和跑步，而术语"功能阈值功率（FTPo）"则适用于骑行。两者均指与无氧阈值或乳酸阈值相当的强度水平。这一强度水平需要通过实地测试来确定，而不能通过临床上对氧气消耗或乳酸积累的测量来确定。最常见的测试持续时间为20分钟，FTPa值要通过减去测试中游泳和跑步平均配速的5%算得的，而FTPo值要减去测试中骑行平均功率的5%算得。参见**无氧阈值**和**乳酸阈值**。

高齿比和低齿比。在高齿比状态下，曲柄旋转一圈时自行车所行进的距离，会比在低齿比状态下曲柄旋转一圈行进的距离更长。骑行过程中相对低齿比来说，高齿比需要用更大的力量来驱动曲柄。

糖原。一种主要来自膳食中碳水化合物的运动燃料，是人体内糖的储存形式。

GPS设备。运动员穿戴的一种电子设备，通常戴在手腕上或安装在自行车的车把上。借助全球定位系统，它可以确定运动员的位置并测量运动距离和速度。在训练课程结束后，运动员可以从设备中下载数据到电脑上来进行分析。

锤子。描述快速、持续而近乎全力状态的俗语。

腘绳肌。 大腿后侧的肌肉，用以弯曲膝盖和拉伸臀部。

心率监测器。 一种测量和显示运动员脉搏的电子设备，在训练课程结束后，运动员可以从设备中下载数据到电脑上来进行分析。

手变套。 在车把上包裹刹车杆的橡胶套。

人体生长激素。 一种由脑垂体前叶分泌的激素，作用是刺激机体的成长和发育。

个性化原则。 不同运动员对训练的反馈往往差异巨大，因此任何训练计划都必须考虑到所针对个体的具体需要和具体能力。

强度。 与费力程度、速率、速度、配速、力量和功率有关的定性化训练要素。

强度因子（IF）。 一种量化训练强度的功率指标，等于训练的标准化功率除以自行车手的功能阈值功率（IF=NP÷FTP）。参见**强度**、**标准化功率**和**功能阈值功率**。

间歇训练。 一种普遍强度很高的训练体系，以短暂且规律重复的艰苦训练阶段和穿插其中的恢复阶段为标志。参见**训练间隔**和**恢复间隔**。

单腿训练（ILT）。 为了专注于提升技巧，只用一条腿踩踏自行车的训练，通常在室内骑行台上进行。

打腿浮板。 在打腿训练时泳者手持的扁平漂浮装置。

千焦耳（kJ）。 使用功率计训练时，这一单位用来描述练习或部分练习所消耗的能量。在给定时间段如一周时间内所累积的训练负荷也可以用千焦耳来衡量。千焦耳数就是练习或者其中某一部分的平均功率（瓦）乘以秒数，然后再除以1000所得到的数值。参见**训练负荷**。

乳酸盐。 肌肉产生乳酸后，在体内形成并进入血液的一种化学物质。参见**乳酸**。

乳酸阈值（LT）。 训练过程中，由于身体无法继续代谢而造成血液中乳酸盐开始堆积、导致呼吸变得困难时的运动强度。LT类似于无氧阈值（AnT），但LT是由采样测定血液乳酸盐含量来确定的，而AnT则是由采样测定吸入和呼出的氧气量来确定的。参见**无氧阈值**。

乳酸。 葡萄糖（糖）在肌肉能量产生的过程中不完全分解形成的副产物。休息期间和运动期间都会产生乳酸。参见**乳酸盐**。

泳池长度。通常指的是游泳池中的一趟。

长距离铁人三项赛。比赛距离等于半程大铁（113千米/70.3英里）或大铁（226千米/140.6英里）的比赛。参见**短距离铁人三项赛**。

长距离慢速（LSD）。一种运动员以较低强度进行持续训练的训练形式，通常强度低于有氧阈值并持续很长的时间。

大循环。训练周期化中包含多个中循环的训练阶段，通常指整个赛季，但也可以指单个比赛的准备阶段。参见**中循环**和**小循环**。

训练主体。专注于某一特定能力的训练的主体部分，通常在热身之后、冷身之前进行。

重踩。以低踏频来推动自行车的高齿比。

中循环。训练周期化中，一般持续2 ~ 6周的训练阶段。参见**大循环**和**小循环**。

小循环。训练周期化中，时长大约为1周的训练阶段。参见**大循环**和**中循环**。

肌肉耐力。在本书中指的是，为提高肌肉或肌群在克服阻力的同时长时间反复收缩的能力所进行的一类训练。

肌肉力量。在本书中指的是，为了提高运动员运动特异性的力量，在最大强度下进行的简短重复，并且在重复动作之间进行长时间恢复的一类训练。

后程加速。训练、比赛或者间歇训练的后半段用更短的时间、更快的配速，或是更高的功率输出来完成。参见**配速**。

标准化分级配速（NGP）。跑步爬坡时，运动员所采用的调整性配速。在这种情况下，NGP比平均配速更能体现出努力程度。测量NGP需要借助GPS设备和软件。参见**GPS设备**。

归一化功率（NP）。一种衡量运动表现的方式，该算法是以骑行过程中的平均功率为基础，并给速度起伏变化的阶段分配更大的加权权重来计算的。一次训练的NP数值通常略高于平均功率的数值。计算NP需要借助功率计和软件。参见**功率计**和**突然加速**。

公开水域。指的是非泳池的游泳场地，例如湖泊、河流和海洋等。

超负荷原则。一种挑战机体当前身体素质水平，并引起适应性变化的训练负荷。参见适应和**身体素质**。

　　激进训练。如果这样的训练负荷持续足够长的时间，就会导致训练过度。

　　过度训练。一种极度疲劳的身体和精神状态，因超过身体所能适应的训练负荷进行了过长时间所导致。这是训练的压力和休息失衡的结果。

　　配速。一种基于时间和距离之间的关系而得出的，用以衡量游泳或跑步训练强度的方式。

　　节奏控制。在训练、比赛或间歇训练中认真分配体能，以获得稳定的速度或功率输出，从而造就最佳运动表现的做法。不稳定的节奏控制会浪费体能。参见**后程加速**和**突然加速**。

　　被动恢复。以完全休息为目标，不进行任何训练的一至数天。参见**主动恢复**。

　　巅峰期。赛季周期化中，以"针对性"训练为特点的一个阶段，常常旨在服务于目标赛事，训练时长降低但强度保持在很高的水平。巅峰期通常在建设期之后、竞赛期之前。这一阶段的目标是慢慢调整出状态，让身体从前一阶段的艰苦训练中恢复，同时稳健地为比赛做好准备。参见**状态**、**基础期**、**准备期**、**建设期**、**竞赛期**和**过渡期**。

　　周期化。一种规划赛季训练的方法，基于训练量和训练强度将训练划分成为多个阶段，每个阶段都专注于特定的训练目标。参见**强度**、**训练量**、**大循环**、**中循环**以及**小循环**。

　　姿势。自由泳中的流体力学姿态，要求运动员的头部、脊柱和臀部呈一条直线，且与水面接近平行。

　　功率计。一种用来测量踏频和扭矩（骑行）或者力量（跑步）的电子设备，能够提供瓦数值作为运动强度的指标。运动员可以在一场训练结束之后将其记录的数据下载到电脑中进行分析。

　　准备期。是赛季周期化中，非常具有"普适性"的一个训练阶段，并不像服务于目标赛事的阶段那样有针对性。这一阶段的训练目的，是从前面一个专注训练后休息的过渡期逐步恢复到结构化的训练中来。参见**基础期**、**准备期**、**建设期**、**竞赛期**和**过渡期**。

　　渐进原则。运动员的训练负荷必须随着时间逐步地增加，并且配以穿插其中的恢复周期。

浮板。置于大腿间的漂浮装置，游泳者为了集中注意力于上半身的动作，在某些类型的练习中会用到。浮板也可以用于降低练习强度，例如仅在游泳恢复时使用。

股四头肌。大腿前部的大块肌肉，作用是伸展小腿和弯曲臀部。

竞赛期。赛季周期化中，以"针对性"训练为特点的阶段，常常旨在服务于目标赛事，训练时长降低但其强度保持在很高的水平。这一阶段通常在巅峰期之后，并随着目标赛事的结束而终止，其目的是从之前艰苦训练的阶段中完全恢复过来并为比赛做好准备。参见**准备期**、**基础期**、**建设期**、**巅峰期**和**过渡期**。

自我感知评级（RPE）。一种对于训练难易程度的主观评价，通常数值范围在0（低）到10（高）之间。

恢复间隔。在一个间歇训练中处于训练间隔之间的放松阶段，恢复间隔由其持续时长和强度来确定，强度往往是非常低的。参见**训练间隔**。

最大重复值（RM）。进行重量练习时，运动员在单次尝试中可以举起的最大重量。也称作1次–最大重复值（1RM）。

重复（reps）。一项练习的重复次数，例如某一间歇训练的重复次数，或举起某一重量的重复次数。参见**组**。

休息–恢复（R&R）期。在周期化中，处于一段艰苦训练之后的温和训练阶段。R＆R期的重点是被动恢复和主动恢复。通常会在进行2～3周基础期和建设期的集中训练后引入R＆R期。

划臂。一种在俯卧或仰卧姿态下只用手臂和手部推动身体前进的游泳练习。手臂和手部呈八字形运动以在水中移动身体，有点类似于踩水时的动作。

场。单次训练或比赛。

组。一系列的重复练习。参见**重复**。

短距离铁人三项赛。冲刺距离和奥运标准距离的比赛（分别为 25.75千米和51.5千米）。参见**长距离铁人三项赛**。

瞄视。为了在公开水域游泳时不偏离路线，运动员会不时抬头在水线上方瞄一眼，以看清路线浮漂或岸上的地标。

慢肌（ST）纤维。以收缩慢、无氧能力差而有氧能力强为特征的肌肉纤维。这些特征使得慢肌纤维更适合低功率、长时间的活动。

针对性原则。这一理论认为，为了获得期望的训练适应，训练中必须把重点放在对最佳运动表现起到关键作用的那些特定的系统上。

提速技巧。在本书中，是指注重于提升机体有效移动的能力（例如高步频、高效跑动的能力）以获得最佳运动表现的一系列训练。

冲刺能力。在本书中，指的是在很短时间内以最大的努力去完成项目的一类训练。它通常以非常快的节奏进行，伴随有较长的恢复期。此类训练旨在提高冲刺能力。冲刺能力训练在公路自行车竞赛等运动项目中很常见，但对不能跟骑的铁人三项运动员而言并不推荐。

突然加速。非匀速进行的游泳、骑行、跑步会在短暂加速时消耗大量额外的能量，这在铁人三项中是非常浪费体力的。因此突然加速在铁人三项中是很浪费体能的。参见**节奏掌控**和**后程加速**。

减量。在重要比赛开始前的几天或几周开始实施的一种训练方法，逐步减少训练量，使运动员在比赛日当天有一个良好的状态。参见**状态**。

节奏。在有氧阈值和无氧阈值之间，保持一个适当的运动强度。

扭矩。在踩踏自行车时施加在脚踏上使其旋转的力矩。参见**力量**。

训练。运动员为了准备比赛而进行的一系列综合性活动或其中的一部分。

训练压力评分（TSS）。基于持续时间和强度的公式计算得出的，用以评估一场训练的数值。为精确测量强度数据，功率计、心率监测器、GPS等设备都是必需的。由于同时涉及了持续时间和强度这两个方面，也可以用累积的TSS指标来制订赛季的训练计划。参见**功率计**、**GPS设备**、**心率监测器**、**周期化**、**持续时间**、**强度**和**训练负荷**。

训练区间。基于心率、速度或功率划分的连续性强度分区，根据每位运动员身体能力的差异而各不相同。训练区间通常由运动员特异性生理指标的百分比而定，如无氧阈值、乳酸阈值或功能阈值等生理指标。我们通常可以用训练区间来预先确定好整体或部分练习的强度。参见**无氧阈值**、**乳酸阈值**和**功能阈值**。

换项区。铁人三项比赛中的封闭区域，在这里每位运动员都有一个指定位置来存放自己的游泳、骑行和跑步装备。运动员从游泳到骑行（换项1或称为T1）以及从骑行到跑步（换项2或称为T2）的装备更换都在这一区域内进行。

过渡期（tran）。在赛季周期化中，所做练习相当容易的一个训练阶段，能让身体在目标比赛后的几天里完全恢复过来。这一阶段的目的就是从近期的训练和比赛的压力中完全恢复。参见**准备期**、**基础期**、**建设期**、**巅峰期**和**竞赛期**。

波动指数（VI）。一个显示训练、比赛或间歇训练的节奏稳定性（或不稳定性）掌控程度的指标，需要通过自行车功率计得到。VI值等于标准化功率除以平均功率，1.05或更低说明节奏稳定性较好，升高到1.05以上则表示骑行节奏愈加不稳定，这种不稳定常以突然加速为标志。参见**节奏掌控**、**后程加速**和**突然加速**。

供氧阈值（VT）。在体能输出稳定增加的过程中，呼吸开始变得困难的那一时间点，紧密对应于乳酸阈值和无氧阈值。

最大摄氧量（VO_2max）。运动员在最大耐受程度的运动中消耗氧气的生理能力，也称为有氧能力和最大耗氧量。VO_2max在数值上等于每千克体重每分钟所消耗的以毫升计的氧气量。VO_2max值的大小与耐力身体素质的好坏紧密相关。参见**有氧能力**和**身体素质**。

训练量。训练中的一个定量化要素，表示在给定的时间范围内（如一周中）完成了多少训练。训练量通常基于累积训练压力评分（TSS）、总千米数或总体训练小时数而得出，由个人训练的持续时间和频率共同决定。参见**训练压力评分**、**持续时间**和**频率**。

热身。训练开始时逐步增加运动强度的阶段，目的是让身体为承受接下来训练主体部分所带来的生理压力做好准备。参见**训练主体**。

训练间隔。在间歇训练中由恢复间隔所分开的高强度训练间隔。训练间隔通常由其持续时间和强度来确定。参见**间歇训练**和**恢复间隔**。

训练负荷。在给定时间内（如一周中），结合频率、强度和持续时间来衡量训练压力的指标，它将训练的定量和定性这两方面的特征反映在一个数值之中。常用的指标是某一时间范围内累积的训练压力评分（TSS）和千焦耳数（kJ）。参见**训练压力评分**和**千焦耳**。

一场训练。一场完整的、专注于特定产出目标的训练过程，通常包括热身、训练主体和冷身等几部分。参见**热身**、**训练主体**和**冷身**。

关于作者

　　乔·弗里尔是美国铁人三项教练界的奠基人之一。1983年，他开始了自己的铁人三项运动和教练生涯；1984年，创立了美国第一家铁人三项用品商店；1997年，作为创始成员之一，与他人共同创建了美国国家铁人三项教练委员会。

　　乔拥有运动科学方向的硕士学位，他的训练方法以运动科学原理为基础，并且在30多年的私人教练实践中不断得以改进和完善。从新手到业余精英，从职业运动员到奥运选手，各种各样的铁人三项运动员都得到了他的指导。他不但经常出席各类体育研讨会和教练会议，也时常受世界各国体育联合会之邀，向教练们讲授最新的最佳训练方法。此外，乔还会牵头组织全球范围内的运动员训练营，为多个运动领域的顶级耐力运动员和教练提供指导建议。同时，也为诸多运动装备公司担任咨询顾问。

　　乔有很多耐力运动训练方面的著作，包括最为畅销的针对铁人三项运动、公路自行车运动训练方面的书籍。此外，乔还经常为杂志撰稿。

　　1999年，乔与人联合创办了TrainingPeaks公司，目前该公司已发展为全球公认的顶尖的耐力运动培训软件提供商。

　　作为一名多项全能运动员，乔曾完成了包括全美和世界锦标赛在内的数百次比赛，并曾多次当选全美年龄组运动员代表，同时他还是美国铁人三项协会（USAT）的地区多项全能冠军。冬天，乔会在亚利桑那州的斯科茨代尔生活和训练，而夏天则转战科罗拉多州的博尔德。